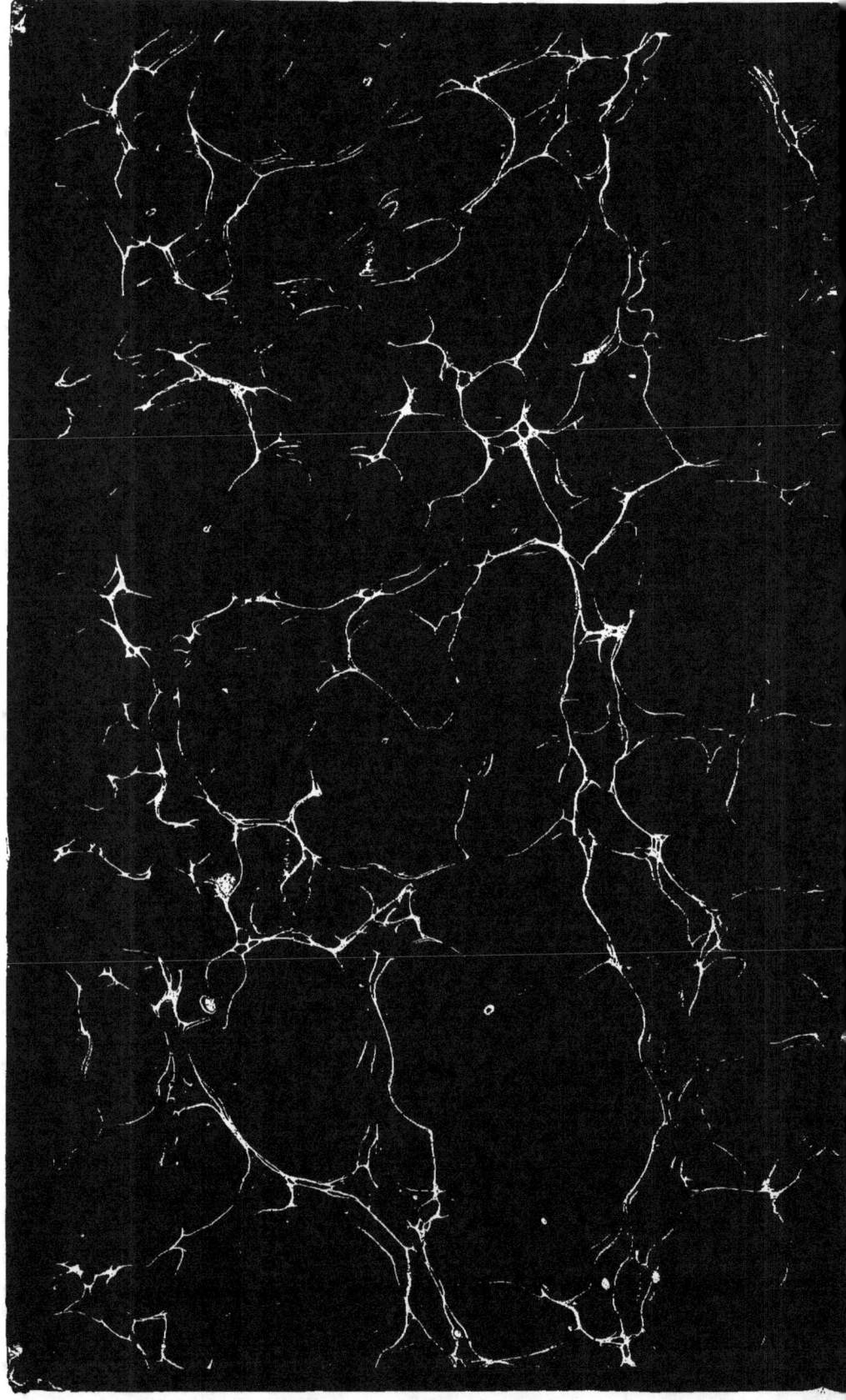

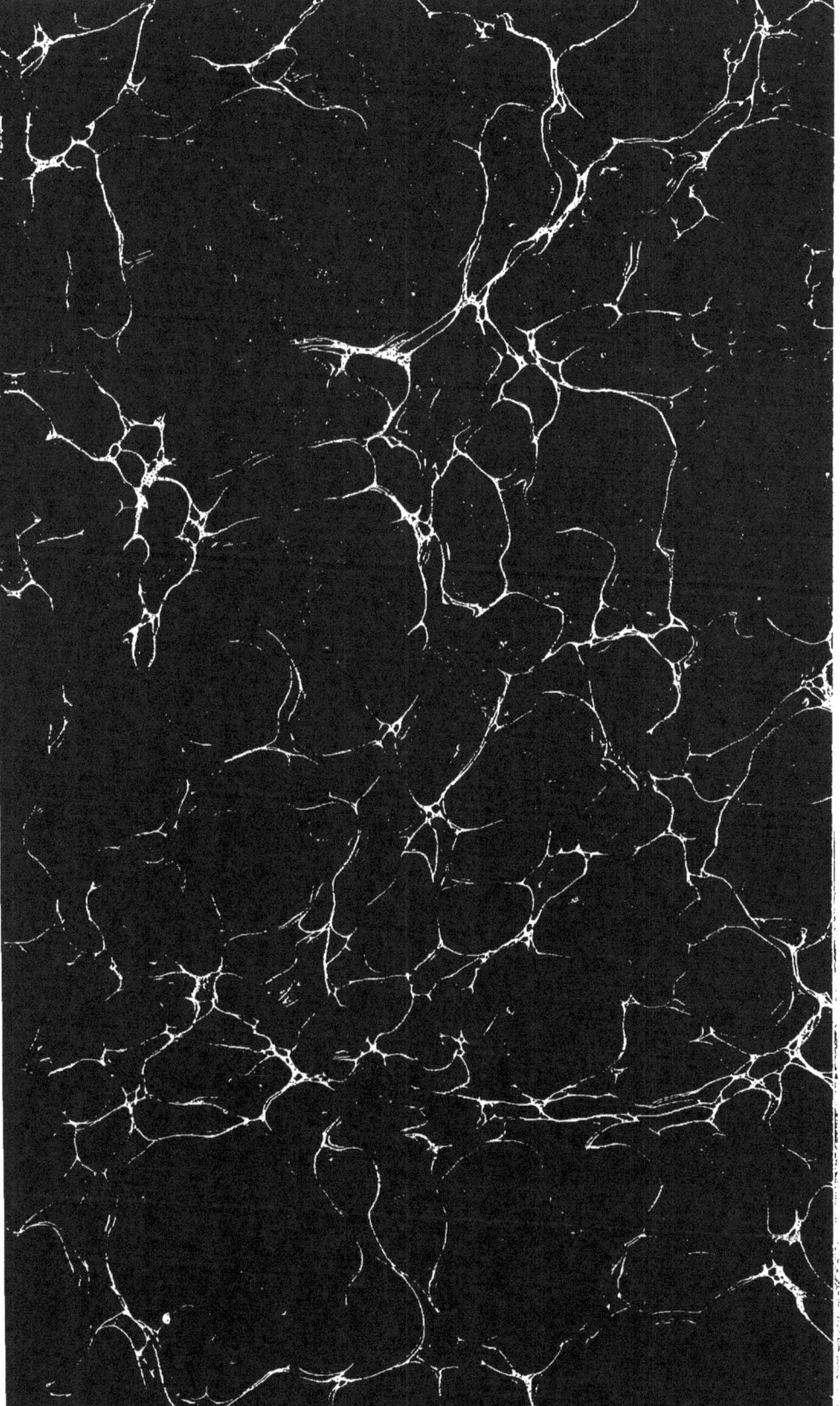

Souvenir de l'auteur
le Docteur Émile Blgi[?]
attaché à la Bibliothèque Na[...]

HISTOIRE
DE NAPOLÉON

DE SA FAMILLE ET DE SON ÉPOQUE

AU POINT DE VUE

DE L'INFLUENCE DES IDÉES NAPOLÉONIENNES SUR LE MONDE.

TOME PREMIER

PARIS, TYPOGRAPHIE DE PLON FRÈRES,
IMPRIMEURS DE L'EMPEREUR,
36, RUE DE VAUGIRARD.

HISTOIRE
DE
NAPOLÉON

DE SA FAMILLE ET DE SON ÉPOQUE

AU POINT DE VUE
DE L'INFLUENCE DES IDÉES NAPOLÉONIENNES SUR LE MONDE

PAR ÉMILE BÉGIN.

TOME PREMIER.

PARIS,
PLON FRÈRES, ÉDITEURS,
RUE DE VAUGIRARD, 36.
—
MDCCCLIII

PRÉFACE DE L'ÉDITEUR.

La grande figure de Napoléon occupe tant de place dans les annales contemporaines, qu'il ne faut pas s'étonner du nombre infini d'ouvrages enfantés par une si glorieuse et si féconde époque; mais presque tous ces ouvrages sont écrits d'après certains systèmes d'investigations ou d'idées, les uns trop écourtés, les autres trop étendus, en sorte que chaque jour, au milieu d'une abondance embarrassante, le lecteur nous demandait une *Histoire de Napoléon, de sa famille et de son époque,* qui résumât toutes les autres histoires, qui, large fleuve au cours majestueux, rapide et mesuré, dérivât de mille sources différentes et marchât vers son but sans porter spécialement le caractère de l'une d'elles.

Ce livre, œuvre d'une raison réfléchie, relevant la poésie des faits par le charme de l'expression, consacrant, sans acception de drapeau, la valeur individuelle de chaque personnage; peignant chez Napoléon le soldat, l'organisateur, le conquérant, l'homme politique, l'écrivain, le poëte, l'artiste et l'homme privé; éclairant l'un par l'autre tous ces reflets étonnants de la même intelligence; ce livre qui manquait encore à notre littérature, à l'expression nationale de notre gratitude, nous croyons l'avoir trouvé dans le travail de M. Émile Bégin.

L'auteur a senti que pour faire convenablement ressortir la physionomie de l'Empereur, il ne suffisait pas de parcourir l'Europe au pas de charge et d'aller vérifier sur le front des capitales l'empreinte de nos victoires. C'était dans les heures fugitives dérobées aux exigences sans cesse renaissantes d'un vaste empire; c'était dans les intimités domestiques, dans ses liaisons si souvent brisées par les événements; c'était dans les mystères de sa pensée rêveuse, dans les élans de son cœur, dans les combats difficiles de sa grandeur d'âme avec les devoirs d'une politique inflexible, qu'il importait surtout d'observer et de suivre Napoléon. Plus le souverain a répandu d'éclat autour de lui, plus la taille de l'homme public semble colossale, plus l'étude de l'homme privé devenait intéressante et nécessaire. Il s'agissait donc de rapprocher, de compléter ces deux aspects d'une même individualité, afin qu'ils pussent s'éclairer mutuellement; il fallait contrôler les faits par les faits, les actes par les actes, les idées par leur application, saisir la trame d'événements inouïs, et jusque dans le choix des matériaux ne s'écarter jamais du respect qu'impose un tel sujet.

Dans une introduction étendue, remontant aux premières origines des Bonaparte, l'auteur a cru ne devoir omettre presque aucun des renseignements relatifs à cette famille qui a pris place parmi les dynasties européennes. Pour donner à des choses si lointaines la valeur qu'elles méritent, il indique leurs sources; mais dans le reste du livre, comme le moindre obstacle eût ralenti la marche des idées, comme il importait de conserver aux événements leur majestueuse grandeur sans les embarrasser de discussions stériles ou d'inopportunes citations, il n'appuie de preuves que les faits, les pensées ou les paroles qui pèseraient d'un poids trop grave sur sa responsabilité personnelle.

Après d'indispensables détails relatifs au berceau des Beauharnais et des Tascher de la Pagerie, cette histoire proprement dite commence à l'année 1768. Elle constitue une série d'actes solidaires entre eux, anneaux d'une même chaîne, représentant groupés autour du personnage principal les membres de sa famille et toutes les illustrations contemporaines, satellites obligés de l'astre qui les domine et qui les entraîne dans la sphère de son activité. On voit de la sorte les idées napoléoniennes éclore en France sous le soleil de 1789, remuer l'Italie, franchir le Rhin, le Danube, l'Èbre et la Vistule, ranimer l'Orient, agiter les mers, s'allier au mouvement artistique, littéraire, scientifique, religieux et social de tous les peuples, et transporter au loin nos principes et notre civilisation avec la gloire de nos armes. Ce mouvement devait survivre aux désastres de 1815, au trépas du 5 mai 1821. Quand la voix souveraine qui, pendant vingt ans, parla seule à l'Europe attentive, cesse de se faire entendre, l'historien nous montre les mêmes idées continuant de s'infiltrer sous la Restauration dans le corps social, dominant d'une manière irrésistible le règne de Louis-Philippe, puis épurant les principes démocratiques dont l'inauguration sanglante menaça l'Europe épouvantée. Il nous conduit ainsi jusqu'au 2 décembre 1852, qui a réalisé le triomphe des idées napoléoniennes.

En suivant cette marche, notre livre se produit appuyé sur des mémoires inédits d'hommes d'État, de chefs d'armée, de dignitaires ecclésiastiques, et sur trente mille lettres autographes que nous avons en main et dont jusqu'aujourd'hui personne n'a fait usage. Bien plus, M. Bégin, avec un rare scrupule, a parcouru la France, l'Allemagne, les Pays-Bas, l'Espagne, la Corse, l'Italie, la Suisse, examinant les lieux, interrogeant les archives, recueillant les souvenirs, et d'une histoire déjà composée tant de fois recomposant une histoire neuve, non moins riche de détails inconnus que de descriptions fidèles et d'aperçus judicieux. Les documents nombreux et la plupart nouveaux qu'il possède seront ultérieurement déposés dans une des bibliothèques publiques de la capitale.

GÉNÉRALITÉS.

L'ITALIE. — LA CORSE. — LES BONAPARTE.

> Italie! de tant d'efforts et de tant de gloire, que te reste-t-il? Des ruines.
> — SHAKSPEARE.

> J'ai quelque pressentiment qu'un jour cette petite île étonnera l'Europe.
> — J.-J. ROUSSEAU, *Contrat social*, ch. x.

> Il y a une avant-scène à la vie de l'Empereur; un Bonaparte inconnu précède l'immense Napoléon; la pensée de Bonaparte était dans le monde avant qu'il y fût de sa personne : elle agitait secrètement la terre.
> — CHATEAUBRIAND, *Mémoires d'outre-tombe.*

I.

Postérieurement aux âges primitifs du monde, quand plusieurs cataclysmes eurent dessiné les côtes qui enserrent la Méditerranée; quand des profondeurs de l'abîme différentes îles, oasis improvisées, se furent placées entre les trois continents, on vit apparaître deux natures distinctes, dont les mélanges ou les contrastes sont venus, jusqu'à nos jours, implanter sur les hommes, les animaux et les productions végétales, leur cachet héréditaire. Ici, la mobilité d'aspect de la Suisse ou du Tyrol; plus loin, l'amplitude grandiose mais simple des terrains ondulés de l'Atlas; parfois, la solennité silencieuse des paysages de l'Orient....

Le long de ces immenses rivages, dans la multiplicité

fantastique et pittoresque des sommités rocheuses qui se groupent diversement à l'horizon, ou qui s'avancent en coupant les flots, il existe certaines conditions d'harmonie sous l'influence desquelles vivaient et vivent encore leurs populations indigènes; populations se chauffant au même soleil et qui, frappées des mêmes brises, se rencontrent du regard en contemplant le même ciel et le même Océan!... On dirait d'innombrables fidèles groupés dans un temple gigantesque ayant pour autels des îles verdoyantes et des îles dorées; pour enceinte, l'enceinte méditerranéenne; pour gradins, les Alpes, l'Apennin, les Pyrénées, l'Atlas; pour dalles, les ondes bleuâtres de la mer au reflet argenté; pour sommet, l'infini.

En disposant ainsi plusieurs groupes d'îles au milieu des mers, peut-être la Divinité aura-t-elle voulu ménager aux proscrits un choix d'asiles solitaires, où chacun d'eux retrouvât quelque chose du sol natal; où le Germain pût s'abriter sous un chêne, l'Italien à l'ombre d'un oranger, et le Maure sous l'impénétrable feuillage du caroubier. Dès lors, rien d'étonnant que toutes ces îles aient été, depuis vingt siècles, des points de refuge, vers lesquels venaient s'abattre, à chaque révolution sociale, des familles épouvantées, comme les oiseaux de passage levés de terre par un temps serein, et qu'une tempête entraîne et disperse.

Sur l'une des routes maritimes qui vont d'Europe en Asie, à distance presque égale de la France, des côtes liguriennes et de la Péninsule, s'élève une île dont le territoire accidenté, la configuration du sol, les produits et les liens traditionnels se rattachent aux contrées qu'elle regarde. Ces contrées lui ont légué quelque chose de leur ciel chaud, de leur terre féconde, de leur vie politique; elles ont voulu qu'une chaîne d'intérêts et de sympathies la rattachât au continent, et qu'elle demeurât dans la condition sociale des hommes placés entre deux familles, à l'une desquelles ils doivent l'existence, à l'autre la gloire et le bonheur : on a deviné la *Corse*.

II.

Les Tyrrhéniens s'étaient assis sur ses rives, les Phocéens d'Ionie, venus ensuite, y avaient fondé quelques bourgades, lorsque Carthage et Rome s'en disputèrent la possession. Deux colonies établirent alors dans les districts d'Aléria et de Mariana les institutions républicaines du grand peuple. La guerre civile entre César et Pompée, les proscriptions d'Octave, le despotisme ombrageux des empereurs remplirent la Corse d'exilés; aux débris romains qui s'y rencontrent, on reconnaît, d'une part, la condition transitoire de populations vivant avec l'espérance de regagner le berceau commun; d'autre part, la vie simple des peuplades agricoles, ne laissant guère de leur passage en ce monde que la trace des sillons qu'elles creusent.

Chasseurs, pasteurs et guerriers, nourris de viande, de miel et de lait; esclaves dociles quand le maître s'en faisait aimer, indomptables s'il les maltraitait; mourant de chagrin loin du sol natal, tous les Corses indigènes portaient dans le cœur un sentiment profond de justice et de gratitude, dans l'âme une indomptable fierté. Sous l'écorce de la barbarie ressortait déjà le type des insulaires d'aujourd'hui.

Autant l'introduction du christianisme fut aisée parmi les populations maritimes et les colonies romaines de la Corse, autant il éprouva d'obstacles derrière la montagne, où l'esprit nomade des familles, la difficulté des communications, l'étrangeté de la langue nationale, s'opposaient à ses progrès. Depuis longtemps, à la voix d'un apôtre, s'était élevée, du sein de la cité coloniale de Mariana, sur la rive gauche du Golo, une basilique romane, rendez-vous des populations nouvellement converties, lorsque les collines du Nebbio, du Niolin se prosternèrent à leur tour devant le signe de rédemption. Alors apparurent çà et là quelques constructions imposantes, à lourds chapiteaux, à colonnes massives, à cintres surbaissés, dont le caractère semblait vouloir s'harmonier avec le double point d'origine du culte chrétien, la crèche et le sépulcre.

III.

Deux mouvements opposés, comme les deux pôles de l'aimant, précipitaient les nations italiennes vers l'indépendance ou vers la servitude. Tombée au dernier degré d'avilissement auquel le despotisme puisse réduire un peuple, l'Italie venait de voir le Scythe Odoacre revêtu de la couronne d'Augustule; mais pendant qu'elle gémissait obéissante sous la farouche dictature d'un barbare, l'Église cherchait à relever son front humilié. Ainsi, deux forces contraires étaient en présence, et la Corse participait à leur mutuel antagonisme, lorsque Théodoric, vainqueur, tâcha de rendre heureuses les différentes races d'hommes soumises à son empire (493).

Plus tard, Bélisaire (526) lava l'étendard grec de ses souillures, soumit la péninsule italienne et chassa de la Corse les Vandales qui l'occupaient. Quelque temps après, un peuple plus civilisé survint: les Visigoths, conduits par Totila, ravagèrent la Corse; mais Narsès les expulsa. Sur divers points isolés s'enracinèrent alors, comme à Venise, comme à Gênes, comme dans la plupart des cités méridionales ou maritimes d'Italie, des germes d'indépendance municipale. Il fallait bien que les empereurs byzantins tolérassent ce qu'ils ne pouvaient empêcher.

Prescrivant l'émancipation humaine, l'égalité devant le Christ, l'Église favorisait une semblable politique. Elle la prêchait, et toutes les âmes énergiques que n'avait point amollies la volupté, toutes celles qu'avait froissées le malheur, acceptaient l'enseignement de l'Évangile. L'insulaire corse s'y montrait sensible. Les sources les plus abondantes, les fleuves les plus rapides, qui, descendant par nappes du sommet des montagnes, fertilisent au loin les empires, n'ont-elles pas eu pour origine la simple goutte d'eau qui s'infiltre sans bruit à travers les rochers les plus durs?... Ainsi faisait le christianisme.

IV.

En abandonnant forcément sa souveraineté d'Italie, Narsès s'était tourné vers Alboin, roi des Lombards, nation d'origine scandinave, fière, indépendante, courageuse, groupée dans la Pannonie sous un réseau d'institutions fortes. Narsès lui avait dit : — Viens recueillir ma riche succession; elle est à toi ! — Et sans attendre davantage, Alboin, accompagné des races saxonnes, s'était précipité sur les plaines de la péninsule italienne (568).

De cette invasion soudaine résulta le royaume des Lombards, dont la durée se prolongea deux siècles, avec une gloire suffisante, un caractère énergique, une religion, une langue, des mœurs, des habitudes à part. Les Vénitiens retranchés dans leur lagunes, Rome et son duché, l'exarchat de Ravenne, la Pentapole de la Romagne, les cités maritimes d'Italie, le duché de Bénévent, Gênes du haut de ses montagnes arides, la Corse derrière ses parapets granitiques, sont restés libres sous l'autorité commode des empereurs de Byzance, sous l'action spirituelle des papes. Les Lombards n'ont fait, par intervalles, que heurter l'indépendance urbaine, sans la compromettre ni l'ébranler. Cependant jamais ces races blondes ne se sont mêlées aux races brunes du Latium : des haines trop légitimes, des préjugés religieux trop profonds les séparaient.

Exposés sans cesse aux ravages des écumeurs de mer qui sillonnaient la Méditerranée, obligés de lutter tantôt avec les Liguriens, tantôt avec les Lombards, plus souvent contre eux-mêmes, on a vu les Corses descendus à ce comble de misère inouïe, qu'ils se trouvaient forcés, pour payer le fisc, de vendre leurs propres enfants. Rome s'en émut! Grégoire le Grand fit un appel à la charité du monde chrétien, et le monde y répondit. Mais que peut la charité sans les institutions? C'est une bienfaisante rosée ranimant les plantes qu'un ouragan furieux va de nouveau flétrir ou déraciner.

V.

Tous les peuples septentrionaux avaient horreur des villes fermées ; ils les considéraient comme de véritables prisons attentatoires à l'indépendance humaine. La liberté, chez eux, existait sans lien social, sans famille, sans patrie; l'abnégation personnelle ne leur était pas moins étrangère qu'aux nations méridionales qu'ils dominaient.

Ce fut le christianisme qui rapprocha la patrie du

citoyen ; et lorsque, amollis, corrompus, les Lombards laissaient tomber leur lourde épée, il s'organisait, en quelques points, des foyers d'idées libérales dont l'incandescence devait plus tard embraser toute la péninsule italienne. Beaucoup d'individus, riches ou pieux, fuyant l'arianisme et l'autorité barbare de leurs dominateurs, se réfugièrent alors dans les îles difficilement accessibles, dans les Baléares, la Sardaigne et la Corse. Le Romain s'unit au Romain, le Grec s'unit au Grec. Le besoin de se suffire donna des forces aux plus faibles ; et peu à peu l'on vit naître ces confédérations politiques, ces républiques urbaines, ces communautés sorties spontanément tout armées de la profonde léthargie où l'Italie dormait depuis plusieurs siècles. Le mouvement d'émancipation municipale commençait, lorsque Charlemagne, ceint de la couronne des Lombards, revêtu de la pourpre des empereurs d'Occident, fonda cette monarchie presque universelle où le patriotisme local, germe de la vie des peuples, languit étouffé sous le colosse d'un pouvoir sans limites.

VI.

Despote intelligent, dominant l'époque de toute l'élévation de son génie, Charlemagne fut un héros exterminateur, et non point un héros pacifique. Il imita plutôt qu'il ne créa ; sa législation devint, comme l'art et la littérature du temps, une législation d'emprunt, copiée sur des textes consacrés. L'admiration qu'inspirait l'empereur, la crainte que faisait ressentir son épée, formaient les seuls liens possibles entre les peuples vaincus. Dans cette solidarité d'esclavage, leur chaîne n'avait même pu se river complétement ; de sorte qu'à la mort de Charlemagne, les habitudes nationales, lois puissantes de l'instinct, ne s'étaient pas encore alliées, d'une manière intime, aux lois organiques de son vaste système administratif. Le monarque avait dû marcher isolé de ses sujets ; aussi rien après lui ne devait retarder la rupture des faibles attaches qui les unissaient à la dynastie carlovingienne.

Beaucoup d'écrivains ont comparé Napoléon à Charlemagne : c'est une fausse analogie. Charlemagne ne fondait point une dynastie, il la trouvait fondée ; il pouvait se dire *son petit-fils* et réaliser le souhait si plein de sens du premier des Bonaparte. Loin d'avoir, comme Napoléon, un plan d'organisation et de pacification générale, Charlemagne régnait par la crainte. Il exterminait les peuples et les rois coupables d'aimer l'indépendance : Napoléon, au contraire, n'en voulait qu'aux rois de l'état d'ilotisme où languissaient les peuples. Pour consacrer son système, le temps n'a pas manqué à Charlemagne : il a manqué à Napoléon, qui n'a fait que prévoir les résultats du sien.

VII.

Sous les Carlovingiens, la Corse, devenue l'un des domaines temporels du souverain pontife, perdit en sécurité ce qu'elle gagna peut-être en tendances pacifiques et morales. Pour défenseurs, Rome lui adressa ses missionnaires. Aussi, dans leurs courses dévastatrices du midi au nord, les Sarrasins, forbans intrépides, n'hésitaient-ils jamais d'y prendre pied. Ils en ravageaient les points accessibles ; ils en dépeuplaient les vallées ; ils révélaient, sans le vouloir, au peuple corse le système défensif qui lui convenait, l'abandon de la plaine, l'occupation fortifiée des hauteurs. Louis le Débonnaire, compatissant aux infortunes d'une population ainsi délaissée, chargea Bonifacio, marquis de Toscane, de la protéger. Bonifacio chassa les Sarrasins; mais bientôt d'autres Sarrasins survinrent, et la lutte continua.

De cette époque reculée date certainement pour la Corse, la Sardaigne, la Romagne et pour la plupart des subdivisions territoriales d'Italie, une distinction nettement tranchée entre la population agricole et la population guerroyante, entre le laboureur et le capitaine rural. Personnage mixte, tenant à l'ordre civil autant qu'à l'ordre militaire; véritable gentilhomme suzerain toujours armé, faisant marcher les vassaux et les esclaves, soit à la guerre, soit à la culture, le capitaine rural surveillait, protégeait les domaines, convoquait ou renvoyait, selon le besoin, les populations ouvrières, et régularisait le travail. En Corse, en Sardaigne, ces populations résidaient au delà des côtes maritimes, tandis que le capitaine rural occupait quelque point intermédiaire. Il y avait plusieurs ordres de paysans et plusieurs ordres d'esclaves, sans doute aussi plusieurs ordres d'officiers ruraux, les uns indépendants, les autres attachés aux domaines des barons, des comtes et des ducs. Ces officiers, ces paysans, ces esclaves constituaient la population campagnarde, rivale de la population aristocratique et industrieuse des villes, qui ne possédait presque aucune partie du sol.

Primitivement, la division territoriale s'était effectuée avec l'inégalité la plus grande; il en résulta parmi les nobles une disproportion notable de fortune dont les témoignages extérieurs n'offrirent rien de choquant jusqu'au douzième siècle, époque où le luxe commença d'envahir la société. Telle fut en Corse l'origine des fiefs, domaines d'autant plus étendus que la terre s'y montrait moins fertile.

VIII.

Quand la terre eut pris un nom, le possesseur s'en empara bientôt et l'on vit apparaître les Abbatucci, les Arrighi, les Bonaparte, les Cappo d'Istria, les Ornano, les Rocca, les Sebastiani, etc., illustres lignées dont l'efflorescence continue a traversé les siècles sans déchoir de son éclat. Dans des circonstances analogues naissait alors, sur le continent voisin, entre les côtes du Languedoc et l'Adriatique, une autre branche des Bonaparte, obscure à son origine comme tous les grands cours d'eau, comme toutes les races prédestinées. Déjà, sans doute, ce nom existait en Corse. Un acte public, cité par l'historien Limperani, le montre, chose remarquable, écrit à la française dès l'année 947 [1]. Lorsque tant d'autres noms s'altèrent, se modifient, en passant d'un dialecte dans un autre, le nom de Bonaparte traverse les âges avec son caractère indélébile.

IX.

Pâle rejeton de Charlemagne, le roi Charles le Gros venait de descendre dans la tombe et d'y engloutir les derniers lambeaux d'une gloire éclipsée (887). L'anarchie régnait partout. Les peuples cherchaient une patrie rapprochée d'eux, depuis qu'en sa vaste pensée Charlemagne pour patrie leur avait assigné le monde. Sous la pression des malheurs publics, sous les étreintes de la terreur qu'inspiraient les Sarrasins toujours prêts à fondre sur une proie facile, les liens sociaux se raffer-

---

[1] Acte par lequel les seigneurs Othon Dominique et Guidon del Corto donnent à Silverius, abbé de Monte-Cristo, leur propriété de Venaco (Corse). Messer Bonaparte figure ici comme témoin.

missaient; le caractère national se développait; les idées républicaines prenaient de l'accroissement et de la consistance. Afin d'éviter un ennemi qui cherchait le butin sans combat; qui ne tenant aucun point isolé, couvrait de ses ailes rapides des provinces tout entières; qui paraissait et disparaissait soudain, après avoir semé derrière lui la désolation et la mort, on comprit la nécessité de fermer les villes, d'organiser des milices, de créer une magistrature, de développer l'esprit local, le patriotisme du clocher, linéaments nécessaires du patriotisme général, et de remettre au peuple la garde de sa propre destinée. Ce sentiment ne fit que s'accroître quand on vit Hongrois et Sarrasins, sous l'inspiration intelligente du pillage, se partager la péninsule italienne. Les uns la ravagent vers le nord, les autres vers le midi. L'organisation municipale et militaire de San Miniato, Trévise, Bologne, Padoue, Florence, etc., villes où les Bonaparte joueront incessamment un grand rôle, remonte à la même époque. De bonne heure ils se sont identifiés avec l'esprit de ces populations inquiètes, turbulentes, agitées, que divisaient au moins deux partis, le parti des papes et le parti des empereurs. « On servait deux maîtres, dit Luitprandus, afin de contenir l'un par la terreur qu'inspirait l'autre. » (*Ticinensis hist.*, lib. I, cap. x.)

Éloignée du régime municipal des villes, la campagne existait dans des conditions absolument opposées; luttant presque toujours avec elles; forcée d'accepter les passions de ses seigneurs; s'épuisant en querelles, en guerres intestines; compromettant des intérêts positifs pour courir après des intérêts futiles. C'était là qu'une profonde désorganisation sociale semblait attendre l'imminence de la mort avant de reconquérir la vie.

X.

Dans la droiture de son cœur et l'intelligente élévation de son esprit, l'empereur Bérenger, le plus grand des monarques italiens du moyen âge, espérait opposer une digue au désordre : vain espoir ; il fut précipité du trône (926). Hugues, proclamé roi d'Italie, sacrifia, les uns après les autres, les grands qui lui portaient ombrage : ducs, évêques, barons, capitaines ruraux, chefs d'abbayes, furent chassés, ruinés, emprisonnés ou mis à mort. A leur place il appela des Bourguignons, des Languedociens, des Provençaux ; il anéantit le droit de succession aux fiefs, il bouleversa la constitution municipale des villes ; il organisa la terreur. Le régime du supplice devint permanent, ses familiers, transformés en bourreaux, agissaient avec impunité. Fermant les yeux sur les exactions des Sarrasins, de leurs redoutables phalanges il formait un cordon mobile qui veillait aux frontières, ou qui, messager de ses atroces vengeances, enlaçait et frappait instantanément les populations rebelles. Tout le monde courbait la tête. Cependant, de cet abîme d'humiliations et de misères un ressort caché s'est détendu ; le sentiment populaire a réagi ; l'outrage a fait explosion ; couverte de ses propres souillures, la face du tyran a provoqué l'insulte, le cri de liberté a retenti tout à coup, et du fond des vallées, du sein des villes, une révolte légitime est sortie tout armée. Alors, pour assister à l'agonie du despotisme et fouler aux pieds son cadavre, on a vu les Corses saillir de leurs abrupts refuges, les cités transpadanes s'élancer d'un seul bond au-dessus de l'Apennin, la noblesse vénitienne descendre précipitamment des crêtes euganéennes ; on a vu la Lombardie s'agiter, et sur ses flancs Gênes et Pise hisser à leurs grands mâts le signal d'indépendance. Le nom de Bérenger, marquis d'Ivrée, petit-fils du dernier empereur, était dans toutes les bouches. Il dut fuir, car Hugues l'eût immolé; mais en même temps qu'il cherchait un refuge près d'Othon le Grand, le plus magnanime des potentats, vingt petits peuples prenaient pour lui les armes. Secondé par quelques troupes allemandes, et plus encore par la haine qu'on vouait au comte de Provence, Bérenger triompha. Le trône le séduisit : il y monta malgré l'héritier légitime. Pour l'en faire descendre, Othon le Grand, cédant aux sollicitations de la noblesse italienne, vint d'Allemagne apporter la guerre dans la Lombardie. La guerre!... — nous devrions dire la liberté.

XI.

De toutes les imposantes figures du moyen âge, peut-être n'en est-il pas d'aussi majestueuse que la figure d'Othon, chef de la maison de Saxe. Capitaine illustre, législateur profond, doué d'une force d'âme remarquable, d'un rare esprit de sagesse; allié non moins fidèle qu'ami généreux et dévoué, chéri du soldat, respecté du clergé, jamais il ne combattit que l'injustice, la rébellion ou la barbarie. Les ennemis de la civilisation et de l'humanité étaient ses ennemis personnels; il les poursuivait jusque sous la tiare, et les deux pontifes qu'il a fait descendre du Vatican n'ont pu faire suspecter ni sa modération ni sa piété. Protecteur de ses sujets, soutien des villes qui aspiraient après l'indépendance, il les aidait dans la réalisation de leurs efforts. Lorsqu'il eut posé sur sa tête la couronne de Lombardie, sa munificence, sa politique libérale, à la fois chrétienne et philosophique, assura l'émancipation du peuple; il permit à l'esprit d'isolement des petits États d'acquérir certaine consistance; et les races germaines mêlées aux races italiennes, achevèrent de relever le sentiment moral de ces dernières. Non moins organisateur que Charlemagne, Othon exerça une influence bien autrement favorable aux futures destinées du genre humain. Les grands feudataires qu'il créa n'eurent jamais assez de puissance pour inquiéter l'Empire, et les peuples, devenus beaucoup moins malheureux, ne cherchèrent point à secouer son autorité. La politique libérale consacrée deux siècles plus tard par le traité de Constance, date du règne d'Othon le Grand. Il fut le point d'arrêt de l'arbitraire aveugle, le point d'origine de la discussion libre des faits et du système électoral. C'est depuis lui que les villes, divisées en quartiers distincts, ont offert un système d'organisation municipale et militaire; que les magistrats appelés *schultheiss* par les Lombards, *consuls* par les Francs, ont été remplacés par des consuls annuels chargés de juger dans les *plaids*, de commander les forces nationales, de présider le conseil de l'aristocratie et le conseil populaire.

XII.

En tenant compte de la différence des époques, nul monarque au monde plus qu'Othon le Grand ne se rapproche de Napoléon. A huit siècles d'intervalle, tous deux traversent les Alpes afin d'accomplir une mission de concorde et d'affranchissement; ils rencontrent en Italie des obstacles analogues dont ils triomphent; ils y font un long séjour; ils y ferment des plaies profondes; ils y opèrent, sans effort, l'adjonction d'éléments germaniques et d'éléments français qui s'infiltrent dans le sang, les mœurs, les habitudes, la littérature et la langue de ces populations impressionnables. Excellents pères de famille, ils sèment pour la grande famille humaine, sans recueillir à leur propre avantage autre chose qu'une gloire incontestée. — Aux deux guerriers législateurs les plus éminents des siècles modernes, vont aboutir ainsi, comme à deux bases génératrices, tous les mouvements, tous les efforts d'amélioration sociale observés dans le monde.

XIII.

Othon mort (973), le sceptre mais non le pouvoir passe à ses successeurs; la prépondérance des villes s'en accroît; des luttes de rivalité se succèdent entre les petits États et les grands feudataires; les diètes impériales, cours plénières en rase campagne, ne peuvent y mettre un terme; la *trêve de Dieu* se prêche sans succès au sein du peuple le moins chrétien de la chrétienté; des pontifes romains s'oublient, des monarques s'endorment sur un volcan; tandis qu'un corsaire intrépide, le calife Musa, ravage impunément la Sardaigne et la Corse.

Pour ces deux îles, sœurs jumelles élevées au même berceau, la chute de Musa fut un événement heureux. Il l'eût été plus encore si des concessions territoriales faites aux chefs génois et pisans n'avaient engendré d'interminables luttes, à l'histoire desquelles se rattachent les noms des Bonaparte, des Cajetan, des Malaspina, des Sardi. La Corse continua d'être comprise dans le domaine temporel du pontificat romain, subissant tour à tour le protectorat ou la tyrannie des républiques maritimes qui l'avoisinaient, des marquis de Massa ses gouverneurs, de gentilshommes ligués sous diverses bannières; déplorable pêle-mêle au sein duquel la Terre des Communes, *Terra di Commune*, jouissait seule d'un certain bien-être. Cette terre, qui s'étendait depuis Lavasina jusqu'au sud de l'Abatesco, régie par des institutions romaines, plus civilisée, plus sage que les autres parties de l'île, a toujours été le point d'appui des réactions libérales. Généralement, Rome protégeait les communes; Pise appuyait les seigneurs, et l'on voit, dans les archives de cette république, des lettres de sauvegarde accordées aux Bonaparte, aux Cinarca, aux Ornano, etc.

XIV.

Lorsque ces choses se passaient, un moine audacieux, Hildebrand, pape sous le nom de Grégoire VII, relevait la tiare de l'humiliation profonde où elle avait dû tomber. En faisant consacrer comme principe le célibat des prêtres, il donnait à Rome une milice dépendante et soumise, il créait un État dans tous les États; en obtenant la liberté d'élection aux bénéfices ecclésiastiques, sans investiture des empereurs, il détruisait le contre-poids du système d'usurpation de l'Église; d'un pouvoir de conciliation et de paix, d'une expression d'amour entre les hommes personnifiée dans les souffrances du Sauveur, il préparait une dictature théocratique devant laquelle s'est longtemps courbé le front des potentats (1053-1085).

Laissons l'Empire lutter avec le Vatican, les foudres de l'Église se mêler aux foudres de la guerre; laissons les Normands renouveler, à travers l'Italie, les aventureuses pérégrinations armées des fils du fameux Tancrède de Hauteville. Que les derniers vestiges du royaume de Lombardie s'écroulent, que les Grecs abandonnent l'Italie, que les Sarrasins efféminés tombent d'impuissance et de mollesse, qu'un simple gentilhomme, Robert Guiscard, à la tête d'une horde de brigands, fasse fuir devant lui, dérision amère, un saint pape et deux empereurs, qu'importe? tout ne semble-t-il pas pour le mieux? Et de la manière phénoménale dont les événements se précipitent et s'enchaînent, ne voit-on pas qu'une ère va finir, qu'une ère nouvelle commence, qu'il y a par le ciel et par la terre je ne sais quelles voix intérieures, quels échos cachés annonçant une transformation imminente dans les destinées humaines?... C'est l'époque des constructions d'églises, des plantations de croix, des longs pèlerinages, de ces vœux solennels qui résument une existence tout entière. Rien ne fait mieux ressortir l'inquiète agitation des esprits, le défaut de coïncidence entre les actes de la vie publique et ceux de la vie de famille. Le but manque. On le cherche. Pour le trouver, la vieille Europe va traverser les mers, stationnant de distance en distance, comme si chaque pèlerin, avant d'aborder la crèche, voulait secouer les impuretés de ses sandales et disposer son âme au rayonnement de cette lumière.

XV.

Dans les conciles de Plaisance et de Clermont, le pape Urbain II vient de prêcher la croisade; les peuples enthousiasmés y répondent et s'ébranlent. A leur tête marchent quelques-uns de ces noms que du haut de son trône Dieu lui-même jette dans l'espace, à travers l'immensité des siècles, pour servir de fanaux ou d'égides à la pensée humaine : les Bonaparte de Corse et d'Aragon, les Salinguerra et les Montecchio de Vérone, les Vivario de Vicence, les d'Este et les Adelardi de Ferrare, les Sismondi, les Doria de Gênes, les Cinarca de la Corse et tant d'autres noms qui chacun sont une histoire.

Simple épisode dans les fastes des nations septentrionales, la première croisade donnait aux États maritimes de Venise, de Gênes et de Pise une existence politique complétement nouvelle en leur ouvrant avec l'Orient des rapports nécessaires. Quand, chez les peuples navigateurs, la gloire ou la liberté se trouvent à l'étroit, elles s'élancent sur les mers, et leurs navires, citadelles flottantes, agrandissent la mère patrie de tout l'espace qu'ils sillonnent.

L'insulaire corse ne se croyant pas dépaysé tant qu'à ses regards se dessinait le même horizon, suivait volontiers la fortune des Pisans, devenus alors ses alliés, ses amis, plutôt que ses maîtres. Il les accompagna contre Nazarédech, roi de Majorque, dans cette expédition chanceuse où, conduits par la brise sur les rives catalanes qu'ils prirent d'abord pour les Baléares, les soldats éperdus se livrèrent au plus profond désespoir. Raimond, comte de Barcelone, les rassura; puis il les guida lui-même vers une conquête si témérairement entreprise (1114). Dans la gloire du chef s'absorbera celle des vaillants capitaines qui lui auront fourni l'appui de leur courage. Nous n'hésitons point à placer parmi eux quelques membres de la famille Bonaparte, car les monuments héraldiques de Palma, de Barcelone et de Saragosse les font remonter jusque-là.

XVI.

Pour mieux unir les Corses aux Pisans, le pape Gélase II décora l'évêque de Pise du titre d'archevêque métropolitain, et mit la Corse dans sa juridiction épiscopale. Ce fut un sujet d'allégresse bien vive : les consuls, les sénateurs pisans, conduisirent eux-mêmes avec pompe leur métropolitain en Corse, afin qu'il y reçût le serment d'obéissance des évêques, et qu'il consacrât les églises. L'île entière se leva joyeuse; les rivalités intestines demeurèrent suspendues, comme si du ciel fût émané le signal de l'oubli, et l'on rêva le bonheur!... Le rêver, hélas! Pauvre humanité, n'est-ce point en posséder la portion la plus réelle?

Inquiets d'une prépondérance religieuse qui pouvait amener une prépondérance politique, les Génois suscitent des prétextes d'hostilités : bientôt la guerre s'allume (1119); les Corses y prennent une part d'autant plus active, qu'ils font de la question religieuse une question nationale; et, pendant quatorze années, d'impitoyables luttes continuent, sans que la prospérité générale des deux républiques en souffre aucune atteinte. Au contraire, leurs mutuels efforts accrurent l'industrie; l'industrie augmenta la fortune publique, et la mer Tyrrhénienne, écumée sans cesse par des corsaires, n'obéit plus qu'à deux maîtres, Gênes et Pise. Pour les réconcilier, le pape Innocent II jugea convenable de partager entre eux la circonscription ecclésiastique de la Corse et de la Sardaigne.

XVII.

La république pisane embrassait alors toute la Maremme, depuis les Alpes liguriennes jusqu'au Serchio, depuis Cocina jusqu'à l'État de l'Église ; territoire accidenté, marécageux, improductif et malsain, comprenant les petites cités maritimes de Lorici, Viareggio, Massa, Piombino, Grossito. Les Pisans ne pouvaient s'étendre davantage ; mais une alliance des plus intimes les attachait à la fortune de Florence, dont la grandeur commençait, et devant eux ils avaient la mer, la mer qui leur permettait de prolonger indéfiniment l'horizon de leur domaine.

Assis au fond du même golfe, les Génois mesuraient les mêmes abîmes. Leur territoire, qui ne valait guère mieux que le territoire pisan, offrait beaucoup plus d'étendue ; il comprenait Lavagna, Ventimiglia, Albenga, Savone, etc., confédération urbaine connue sous le nom de *Confédération des Rivières*.

Une administration consulaire, ordinairement composée de gentilshommes élus par le peuple, gouvernait ces deux États. Un sénat, sorte de conseil municipal, assistait les consuls, et dans les circonstances graves on assemblait en *parlement* le peuple sur la place publique. Quelquefois, des *correcteurs des lois*, pris parmi les jurisconsultes, modifiaient ou complétaient la législation. C'est le suffrage populaire qui, dans Gênes, a fait monter de l'obscurité modeste de la vie civile au comble des honneurs les Doria, les Fornari, les Negri, les Ruffo, les Spinola, etc. Pise, tout en observant le système d'élection, subissait l'influence de sept familles seigneuriales.

Gouvernée militairement mais avec une indépendance

absolue par le marquis Albert, représentant de l'Empire; administrée civilement par un juge bisannuel, *giudice*, établi par la république pisane; dirigée canoniquement par cinq ou six évêques qui dépendaient les uns de l'archevêque génois, les autres de l'archevêque pisan, la Corse ne pouvait se remuer, sans qu'à l'instant Gênes et Pise observassent ses mouvements, sans que le flot poussé par elle vînt porter l'inquiétude et l'agitation jusque dans leurs ports.

XVIII.

Lorsque s'opéra la réconciliation solennelle de l'Empire avec Rome, la terre abreuvée de tant de fiel sembla reposer satisfaite : elle espéra. Pour répondre à de nouvelles idées, l'architecture prit de nouvelles formes. L'art toscan, l'art pisan, riches d'emprunts faits à l'école des Arabes, commencèrent leur révolution, et l'on vit le christianisme implanter peu à peu, sur la byzantine perfectionnée, l'efflorescence poétique de ses doctrines, les reliefs hardis de ses images.

Il y eut en Corse un mouvement d'ascension vers l'idéal; il y eut le long des rivages liguriens une réaction industrielle autant qu'artistique amenée par les voyages au Levant, par le spiritualisme mieux compris des doctrines religieuses. Malheureusement cette impulsion morale s'arrêta : les torts du clergé, traduits avec une fulminante éloquence à la barre des nations, produisirent un schisme, le schisme des *politiques*, dont fut chef Arnaud de Brescia, disciple d'Abeilard (1139).

Dans toute l'Italie Arnaud eut de nombreux partisans : le peuple captivé l'écouta volontiers. Pour opposer à ces vagues une digue salutaire, il fallait que saint Bernard sortît de sa cellule de Clairvaux, et qu'interprète habile de la lettre du dogme, il apportât l'appui de son génie au trône pontifical prêt à tomber. La croisade prêchée par lui ne fut pas seulement une œuvre pieuse, ce fut une œuvre politique, une tentative d'épuration. Après l'ébullition morale de l'époque, il fallait un écoulement lointain à l'écume débordée du vase dans lequel avaient bouillonné les passions humaines : alors, désignant les lieux saints où les mystères du vieux monde reposent environnés de leur propre gloire, saint Bernard avait béni le glaive de l'empereur Conrad, du roi Louis VII, des hauts barons réunis autour d'eux sous le même étendard, et il leur avait dit : *Allez, Dieu le veut!*

Parmi ces champions valeureux inféodés aux gloires de la croix, comme parmi les hardis jouteurs qui avaient contre-balancé l'attitude belliqueuse de Gênes et de Pise, il y eut des Bonaparte : déjà ce nom se mêlait aux cliquetis d'armes, aux chants de l'Église; sur lui s'arrêtaient déjà le ciseau du sculpteur, la plume du miniaturiste, le souvenir du prône, en attendant qu'il surgît seul pour monter au faîte de l'administration municipale.

XIX.

Dans le fond de l'Allemagne vaillante et rêveuse, deux familles princières, les *Gueibelinga*, branche de la maison de Souabe, et les *Welf*, branche ducale de la maison de Bavière, représentaient depuis quelques années les deux grands intérêts temporels qui divisaient le monde, l'intérêt de l'Empire et l'intérêt de la papauté. Leurs partisans respectifs constituaient une puissance. Ils prirent le nom du chef, traduit par les dénominations de *Gibelins* et de *Guelfes*, sous lesquelles vont éclore les éternelles divisions qui, pendant trois siècles, ensanglanteront l'Italie.

L'avénement de Frédéric Barberousse au trône impérial suspendit les querelles intestines de l'Allemagne, mais elles n'en furent que plus avivées au delà des Alpes. Appelé par le pape Adrien au secours du Vatican destitué de ses prestiges, le jeune empereur consolida la tiare sur la tête d'un ingrat qui, redoutant l'éclat de cette épée victorieuse, souleva contre elle l'Allemagne saxonne et bavaroise, et partie de la péninsule italienne. Milan, Plaisance, Tortone, placées en tête de la ligue ourdie contre l'empereur, la soutinrent avec une intrépidité rare, qui causa leur ruine. Mais bientôt retentit le cri désespéré des nations revendiquant leur berceau (1163); beaucoup de villes y répondirent : jusqu'à ce qu'enfin, après une lutte opiniâtre, Frédéric eût abandonné ses possessions transalpines (1167). Les Pavisans seuls lui restaient alors pour alliés; les Génois et les Pisans, comblés des bienfaits du monarque, avaient la pudeur de demeurer neutres. Liée à la fortune de Pise, reconnaissante envers elle du maintien de son ancienne organisation, la Corse n'en était guère plus heureuse : rivalités de gentilshommes, rivalités de ville à ville; volontés souvent capricieuses et prétentions exagérées d'indépendance chez le pâtre et le marin, toutes ces choses remuaient l'esprit irascible des insulaires; on eût dit le rugissement des vagues devenu l'écho du feu caché qui les soulève.

XX.

Tandis que les gentilshommes de la Toscane, de l'Ombrie et de la Romagne, toujours hostiles aux libertés populaires, s'unissaient à l'Empire, les podestats et les consuls des confédérés, sous la dénomination de *recteurs de la société des villes,* organisaient la résistance. Parmi les recteurs, véritables tribuns, tous gens d'élite, figurait Jehan Bonaparte, consul de Trévise (1171), qu'on retrouvera douze années plus tard au nombre des magistrats supérieurs de la même ville. Ainsi, c'est dans le suffrage libre et spontané du peuple, que le plus ancien personnage connu de cette grande lignée des Bonaparte acquit ses titres d'illustration; il apparaît pour être l'un des parrains politiques d'une nation qui brise les chaînes du despotisme, et qui s'avance à la conquête de sa liberté. En 1178, Bonaparte fut chargé par Trévise de sonder Padoue sur la destination des armements considérables que cette ville effectuait; mission délicate, exigeant de la pénétration et ne pouvant s'effectuer qu'à l'aide d'une haute considération personnelle (Bonifazio, *Histoire de Trévise,* p. 128).

L'exaltation du courage, l'indomptable ténacité des résolutions caractérisaient la lutte dans le nord de l'Italie : à distance presque égale de Novi, Tortone et Valence, un vaste camp, rendez-vous général de la ligue lombarde, s'était organisé sur l'Alba. Décoré du nom pontifical d'Alexandre, son baptême fut un baptême de gloire, car les aigles impériales fléchirent devant son enceinte, devenue plus tard la ville d'Alexandrie. Frédéric s'avoua vaincu; mais il voulut résister à Rome, et Rome ayant refusé la paix, une guerre nouvelle s'alluma. Complétement battu dans les plaines de Lignano, par ces Milanais dont il croyait avoir broyé la nationalité, Frédéric fugitif aura compris l'impuissance des despotes quand ils espèrent ne régner que par le glaive.

A ce jeu terrible, qui subissait depuis vingt-deux

ans d'étranges alternatives, sept armées nombreuses s'étaient successivement usées; cinq cent mille âmes s'étaient donné rendez-vous dans les champs funèbres ouverts à l'aveugle ambition des princes, à l'héroïsme désintéressé du soldat. Toutefois, le sang humain n'arrosa pas vainement la terre; car le 25 juin 1183 fut signé le célèbre traité de Constance, base du droit public international. L'empereur cédait aux villes ses droits régaliens; il leur assurait le privilége de lever des armées, de se clore de murailles, d'exercer une juridiction civile et criminelle; chose étonnante, il consentait au maintien de la confédération des villes, et s'engageait à ne jamais séjourner dans l'une d'elles assez longtemps pour y mettre en péril la liberté. L'ancienne administration consulaire des municipalités était confirmée, sous condition d'investiture impériale, ou tout au moins épiscopale. De leur côté, les villes s'engageaient à payer le *fodero* royal, droit de joyeux avénement; de réparer les ponts et les routes, de fournir, en cas de guerre, des vivres aux armées de l'Empire; d'accepter un juge d'appel, qui décidait les causes d'une valeur au-dessus de 25 livres, et de maintenir le *podestat*, sorte de gouverneur électif, supérieur aux consuls; magistrat qu'on devait appeler des villes voisines, afin qu'il n'eût aucun intérêt à favoriser tel parti plutôt que tel autre. La magistrature du podestat était une magistrature suprême, assez puissante pour faire pencher le gouvernement dans un sens aristocratique ou démocratique, selon qu'elle épousait les intérêts de la noblesse ou ceux du peuple. Les conseils pouvaient arrêter ses empiétements, mais presque toujours il s'en faisait un appui.

XXI.

Jehan Bonaparte, *recteur*, peut-être même *podestat* de Trévise en l'année 1183, eut la satisfaction d'inscrire sur les registres de la commune ces priviléges à la conquête desquels il avait puissamment contribué; puis, comme dernier legs d'une honorable vie consacrée aux intérêts de son lieu natal, il institua dans Trévise l'ordre espagnol militaire et hospitalier de *Santiago*, dont l'un des premiers il avait été chevalier, lors de sa fondation, en 1170 (Federici, *Storia de' cavalieri Gaudent.* et *Chron. de Mauro*).

Séjour d'un nombre considérable de riches seigneurs, dont les châteaux couronnaient les derniers mamelons de la chaîne alpine, la Marche Trévisane était le point d'Italie où l'aristocratie dominait avec le plus d'indépendance et d'autorité. Il semblait qu'entravée par ses lagunes, et pour s'affranchir du contact incommode de la démocratie urbaine, la noblesse vénitienne se répandît exprès le long des collines euganéennes, influençant ainsi la campagne et la ville de Trévise. Dans le district d'Asolo, où Jehan Bonaparte, deuxième du nom, fils du podestat, remplissait les fonctions de syndic, tout dépendait également des gentilshommes. Par cela même qu'ils régnaient presque sans obstacle, leur domination s'exerçait avec une douceur qui, pendant près d'un siècle, fit la prospérité de la Marche Trévisane, comme elle a causé celle de Brescia, qu'on voit lutter contre Crémone et contre les cités voisines, mais échapper en même temps aux grandes convulsions intestines des autres États républicains. Ce fut par l'entremise du syndic Jehan Bonaparte qu'un traité de paix fut conclu, le 21 décembre 1208, entre Padoue, Vérone, Vicence et Trévise [1]; par lui que les feudataires du Frioul s'allièrent avec les Trévisans pour résister à leur souverain ecclésiastique, patriarche d'Aquilée [2].

A Bologne, Modène, Padoue, Parme, Plaisance, Reggio, Vérone et généralement dans toutes les petites républiques transpadanes, les progrès de la démocratie furent tels, qu'à la fin du douzième siècle les nobles, tout en conservant certaines prérogatives, ne formaient plus une puissance à part, rivale jalouse de la cité; ils s'y étaient incorporés en qualité de bourgeois, surtout à Bologne et Reggio; et, dès lors, les familles qui voulaient gouverner n'avaient d'autre ressource que de s'allier au peuple pour écraser leurs rivales : c'est ce qui a rendu si vivace la lutte des Guelfes et des Gibelins.

Chargés de réprimer le désordre général, les *podestats* ne s'enquéraient point du maintien ou de l'exercice de l'indépendance individuelle. Chacun veillait sur sa propre liberté : pour la garantir, on s'enveloppait d'épaisses murailles, on ne recevait le jour que par des fenêtres étroites à double grille; on élevait au centre des villes ces forteresses crénelées, ces tours orgueilleuses qui semblaient se mesurer du regard et se défier l'une l'autre, comme des athlètes en champ clos.

Les Bonaparte trévisans avaient aussi leur donjon dans le cœur de la cité, leur *villa* dans la banlieue, leurs clients en ville, leurs vassaux à la campagne. Ils contractèrent de bonne heure d'illustres alliances. Vers l'époque où Jehan Bonaparte, syndic d'Asolo, fut nommé

---

[1] *Interfuerunt in dicto consilio Ergus Joannes Bonapars.* (Verci, t. I, n. xliii, p. 51.)

[2] *In præsentiam Bonisperii filii Joannis Bonapartis*, 15 sept. 1219. (*Monum. Eccles. Aquilejensis*, par le P. de Rubeis.)

commissaire pour recevoir la soumission de Monte-Gallo, il se rendit à Florence, ville natale de sa mère, et il y épousa une jeune fille de distinction. D'elle naquirent quatre fils qui menèrent la plus honorable existence : nous en parlerons ultérieurement.

XXII.

Arme dangereuse entre des mains novices, la liberté, d'instinctive qu'elle était, devenue l'expression d'un droit, enfanta des haines sans générosité, des volontés sans objet, des soulèvements sans but, des usurpations sans grandeur. On vit apparaître beaucoup de noms nouveaux, météores d'un jour, qui brillaient et disparaissaient comme de vains fantômes, ne laissant derrière eux ni souvenirs ni gloire. Sous l'explosion des passions populaires, sous la pression des nobles, Milan se heurta contre Pavie, Parme contre Plaisance, Brescia contre Crémone; triple lice ouverte à la plupart des autres villes d'Italie, à presque tous les gentilshommes, qui vinrent animer ou prolonger la querelle. Un événement inattendu, la prise de Jérusalem par Saladin, en consternant les esprits les rapprocha. Rome appela de nouveau l'Europe à la délivrance des lieux saints; la France fit la paix avec l'Angleterre; Venise avec les Hongrois; Gênes avec Pise, et les flottes réunies des trois puissances maritimes d'Italie transportèrent au delà des mers une armée conduite par Frédéric Barberousse, Philippe-Auguste et Richard Cœur-de-lion.

On croit que l'un des Bonaparte trévisans, peut-être Jehan II, s'est trouvé parmi les preux qui accompagnèrent l'empereur Barberousse. La mort de ce monarque attiédit leur zèle. Ils revinrent presque tous en Italie, fiers de montrer l'écu distinctif de leur lignée. Les Bonaparte portaient alors *de gueules, à deux barres d'or* (1189).

XXIII.

La férocité brutale, la foi punique de Henri VI, successeur de Frédéric Barberousse, fit regretter ce souverain des peuples mêmes qui détestaient son pouvoir. Il avait été cruel, mais il avait été juste ; et, dans l'enfance des nations, se montrer juste c'est se montrer vertueux. Favorisée par la possession définitive des îles de Corse, de Caprara, d'Elbe et de Pignosa, par des droits électifs et régaliens considérables, Pise eut seule à se féliciter du changement de règne. La sécurité de la Corse y gagna momentanément ; mais l'avénement d'Innocent III, la lutte entre deux prétendants à l'Empire se disputant l'héritage d'un souverain au berceau, rallumèrent l'incendie. San Miniato devint le point de réunion d'une nouvelle ligue toscane : beaucoup d'exilés riches s'y fixèrent. Nous y verrons bientôt arriver la branche des Bonaparte, qui plus tard a consolidé le rameau vigoureux implanté dans l'île de Corse.

Attachés aux empereurs, séparés d'ailleurs d'intérêts avec les Génois, qui étaient plutôt Guelfes que Gibelins, les Pisans ne voulurent pas entrer dans la ligue toscane. Ils subirent l'interdit lancé par Innocent III contre ses adversaires, et, tandis que Henri Dandolo, doge de Venise, transportait sur les vaisseaux, les galères et les palandres de l'Adriatique, l'armée nombreuse que le pape poussait en Asie ; tandis que Constantinople succombait, perdant presque sans profit pour l'Europe six cents millions de valeurs immobilières, Gênes, Pise, et même quelques gentilshommes isolés, formaient dans l'Archipel divers établissements durables. Ce furent des stations à la fois militaires et commerciales ; de sorte que d'un triple foyer le commerce rayonnait sur le monde. Et quand nous disons le commerce, peut-être devrions-nous dire la pensée ; car, les relations commerciales, que sont-elles, sinon l'expression matérielle des besoins et le véhicule de l'intelligence humaine ?

XXIV.

Il serait extraordinaire qu'aucun des Bonaparte trévisans n'eût pris part à ces déplacements d'intérêts, à cet échange momentané de patrie, à cette multiplicité de rapports qui constituaient l'existence intime des nations les plus avancées, des familles les plus illustres. En cherchant bien, on trouverait, nous en sommes convaincu, quelque aliénation patrimoniale ou quelque engagement temporaire qui prouveraient le fait d'une manière irrécusable.

Des gentilshommes d'origine corse se sont alors établis, sous le patronat de Gênes ou de Pise, dans la mer Ionienne, le long des côtes d'Albanie, et parmi les îles presque riveraines du continent, qui s'étendent depuis Corfou jusqu'à Candie. Conséquemment, rien d'impossible qu'à la fin du siècle dernier le général corse Gentily et ceux de ses compatriotes qui l'accompagnaient, chargés par Bonaparte d'un établissement français à Corfou, Zante et Céphalonie, s'y fussent rencontrés avec les tombeaux de leurs ancêtres. Le hasard seul a-t-il ici déterminé le choix du général en chef Bonaparte ? ou l'instinct de concordance et d'à-propos, si merveilleux en sa nature, lui révélait-il, au milieu des mers, un rivage sur lequel s'éveilleraient peut-être, pour les Corses, certaines sympathies tumulaires qui sont de moitié dans l'amour qu'on porte à sa patrie ? Quoi qu'il en soit d'un tel fait, il prouve qu'à des distances infinies les époques se touchent, et que, de siècle en siècle, les raisons qui séparent ou rapprochent les humains se reproduisent sous des formes nouvelles.

Tandis qu'Innocent III, tuteur du jeune roi de Sicile, tâchait de relever dans ce royaume le parti guelfe, en appelant à son aide Gaultier de Brienne, héritier direct des Tancrède de Hauteville; Othon, roi des Romains, créature naguère si dévouée au saint-siége, semblait n'être venu recevoir des mains du pontife la couronne impériale qu'afin d'augmenter ses embarras. Souverain par le pape, il voulut l'être par son droit et par les peuples ; de Guelfe qu'il était, il devint Gibelin ; il fut appuyé des Padouans, des Trévisans, des Pisans, des Milanais, des Parmesans, des Modénois, des seigneurs suzerains les Bonaparte, les Eccelino, les Salinguerra, les Montecchi, etc. Dans le parti guelfe figuraient les Génois, les Pavisans, les Crémonois, le marquis de Montferrat, les Adelardi de Ferrare, les San-Bonifazio de Vérone, de Mantoue ; le marquis Azzo d'Este, sans compter Frédéric II, roi de Naples, surnommé le roi des prêtres. Grâce à l'épée de Philippe-Auguste, aux foudres du Vatican, aux prédications du clergé, à l'or plus peut-être qu'à la valeur intelligente de Frédéric, la tiare, après des chances diverses, demeura triomphante ; mais de sa gloire Innocent III se fit bientôt un linceul (1216).

XXV.

Une guerre civile des plus animées, fruit d'un amour fatal, d'une haine irréconciliable entre familles, commençait d'agiter profondément la Toscane. Ici encore, c'étaient des Guelfes et des Gibelins : les Guelfes sous la conduite des Bondelmonti; les Gibelins excités par les Uberti. A tout instant, l'Arno voyait ensanglanter ses ondes. Il n'existait de sécurité nulle part; la vie civile subissait l'empreinte des luttes intestines, et la ville, posée sur l'un des sites les plus riants du monde, prenait jusque dans son architecture, un caractère sombre de méfiance inquiète, d'hostilité menaçante, dont elle a conservé quelques traces jusqu'à nos jours.

Étudiez les rues de Florence; examinez ses vieux hôtels, et vous apprendrez à connaître, là mieux qu'en mille pages d'histoire, l'existence politique et l'existence intime des grandes familles au moyen âge; sur leurs façades significatives, embellies par l'orgueil, mutilées par la haine, règne beaucoup moins de poésie que d'éloquence; on peut y deviner d'étranges mystères, lire de touchants épisodes, y voir cheminer la chronique des rues tour à tour opprimées ou triomphantes; c'est l'aristocratie dans l'aveugle ténacité de sa résistance; la démocratie dans l'intempérance de ses désirs; l'individualisme dans la rigueur de son isolement.

A l'un des angles d'une ancienne basilique consacrée sous le vocable de Saint-Pierre, s'élevait l'hôtel des Bonaparte, patriciens alliés aux Bonaparte trévisans, et qui, politiquement, vivaient avec les Lamberti, les Gangalandi, ou dans la solidarité de l'implacable haine vouée aux Bondelmonti par les Uberti. Il résulte d'un nobiliaire manuscrit déposé à la bibliothèque de Florence, *fonds Médicis*, que ces Bonaparte portaient *de gueules, à deux barres d'or, accosté de deux étoiles d'or*.

XXVI.

Au milieu des interminables luttes que se livraient les villes d'Italie, Frédéric II porta ses regards sur la couronne de Lombardie. Il marchait contre les villes confédérées, quand la papauté, s'interposant, lui montra l'Orient comme plus digne de ses efforts; et, monarque docile, il traversa les mers.

Les craintes légitimes qu'inspirait Frédéric étant évanouies, l'agitation intérieure des villes recommença. Les cités populeuses inclinaient vers la démocratie, les petites républiques vers l'aristocratie, les nobles vers l'omnipotence. Du désordre naissait chaque jour un nouveau désordre. Alors commencèrent à prêcher en Italie, avec la réputation de sainteté la plus grande, Pierre de Vérone, Roland de Crémone, Léon de Péregon. Ils conseillaient, ils imposaient la paix comme un devoir de conscience, comme une arche de salut. Ils préparaient la venue du célèbre Jehan de Vicence, dont l'éloquence remarquable rapprocha les peuples, au point qu'à l'assemblée de Paquara les populations de vingt villes différentes vinrent avec leur évêque, leurs magistrats, entendre prononcer de sa bouche vénérée l'arrêt de réconciliation générale (1233). Ce fut son dernier succès. Ange d'inspiration religieuse sous l'apparence humaine, il s'était élevé trop haut. L'orgueil, l'ambition, idole des grands cœurs qui font oubli de Dieu, le perdirent. Du jour qu'il voulut échanger la chaire de vérité contre la chaise curule et devenir homme politique, il tomba. La première pierre lui fut jetée par ses admirateurs eux-mêmes, et les haines surgirent d'autant plus vives qu'elles avaient été plus comprimées.

Deux orateurs éminents, deux saints personnages, habitués aux luttes de la dialectique, mais agissant sur l'âme bien plus encore que sur l'intelligence, saint François d'Assise et saint Antoine de Padoue, apparurent. Leur mission fut un bienfait du ciel. Quoique s'exprimant en latin, les populations méridionales leur prêtaient une oreille attentive; l'auditeur s'initiait à la politesse d'une langue dont il ne connaissait que les formes dégénérées; et, de son côté, descendant jusqu'à l'intelligence de ceux qui l'écoutaient, le prêtre, en popularisant le dogme, ouvrait aux éléments du langage poli la voie littéraire qui leur convenait.

Quand on voit d'illustres familles, les Bonaparte, les Canino, les Romano, les marquis d'Est et les marquis de Montferrat, se passionner pour la littérature, la cultiver ou protéger ceux qui la cultivent; quand on voit un souverain, Frédéric II, grand par les armes, s'estimer plus grand par la protection qu'il accorde aux gens de lettres et se faire honneur d'être compté parmi les troubadours du siècle; quand un génie comme Dante, résumant en soi-même un long passé, vient imprimer à son époque son cachet, il faut se dire qu'au sein des entrailles sociales un important labeur s'est accompli. Mais nous anticipons sur des faits qui marchent et qui n'arriveront point à leur but avant la fin du siècle.

XXVII.

Dans Florence, la querelle si vivace des Uberti avec les Buondelmonti s'était terminée par l'exil de ces derniers; époque mémorable de laquelle date l'aurore des libertés populaires en Toscane (1250).

Gibelins à Trévise, avec toute la haute noblesse, les Bonaparte furent également Gibelins à Florence, leur position l'exigeait. Ils entraient, contre Rome, dans la ligue de Manfred, roi de Naples et de Sicile; ils avaient des intelligences avec toute la Toscane, avec Brescia, Crémone, Pavie, Plaisance, et préparaient une résistance opiniâtre au comte Charles d'Anjou, arrivant d'Orient pour secourir Rome et supporter le choc d'événements graves qui écrasaient les derniers jours d'Alexandre IV (1260-1261). Aussi la branche de cette famille qui de la Vénétie se rendit en Toscane n'y sera point allée pour cause d'opinion, mais par suite des mesures tyranniques d'Eccelino, tyran des Marches Trévisanes. En aucune ville la faction gibeline ne jouissait d'une sécurité plus complète qu'à Trévise; les Bonaparte y possédaient honneurs, considération, fortune : torts manifestes aux yeux du despotisme.

XXVIII.

Frère de saint Louis, beau-frère de deux autres rois, souverain de Provence par sa femme; actif, brave, éclairé, juste, résolu, doué de mœurs sévères et de talents militaires incontestables, il ne manquait rien à Charles d'Anjou pour être heureux. Il voulut une couronne royale, et sur sa tête ambitieuse le ciel déchargea tous les ennuis du pouvoir. Un Français, le cardinal de Narbonne, devenu, par son influence, pape sous le nom de Clément IV, l'attendait à Rome afin de lui donner l'investiture des deux royaumes de Pouille et de Sicile, tandis que, d'autre part, la faction guelfe l'élisait sénateur ou tribun romain. Ce fut revêtu de ces dignités, suivi d'une armée nombreuse, qu'il marcha sur le Milanais.

L'homme qui le premier au moyen âge porta dignement le nom sonore de Napoléon, *Napoleone della Torre, anziano* perpétuel du peuple à Milan, courut recevoir Charles d'Anjou et guider les Français jusqu'à l'Oglio. Della Torre ne trahissait point son pays. Arbitre des destinées de presque toute la Lombardie, aimé du peuple, il croyait le servir en opposant à l'aristocratie envahissante deux grands pouvoirs, le pouvoir de l'Église et celui du plus puissant vassal de la chrétienté.

Vainqueur à Grandella, où périt Manfred après les prodiges d'une bravoure qui méritait un meilleur sort, le fastueux Charles d'Anjou déploya un luxe oriental dont l'éblouissante magie impressionna vivement les Napolitains. Autant son prédécesseur Frédéric II s'était préoccupé des formes de la pensée, autant Charles d'Anjou parut étudier les formes de la représentation, progrès réels, se développant l'un par l'autre, élevant l'imagination, épurant le goût et donnant aux choses saisissables un caractère, une physionomie qui de la vie intime et de la vie sociale passaient dans les arts. L'envahissement du luxe coïncidait, cela devait être, avec le développement du génie commercial, avec les spéculations usuraires sur l'argent considéré comme marchandise. Les banques lombardes d'Asti, point d'origine des autres banques, datent de la même époque. L'inégalité dans les fortunes s'en accroît, mais peu à peu cesse la perturbation qu'amènent les choses nouvelles, et l'on ne ressent plus que les avantages qu'elles procurent.

XXIX.

Dernier protecteur des Gibelins, le comte Guido Novello, gouverneur de Florence, avait dû quitter cette ville : dès lors on avait vu le parti guelfe chasser les Gibelins, et constituer une sorte d'État politique libre au milieu de la Toscane, État ayant des alliances avec les villes situées entre les Apennins et le Pô, un point d'appui dans la noblesse florentine, une administration spéciale, des consuls, un trésor, des moyens d'action personnelle. Ce fut cette confédération qui souleva contre Pise et Sienne, où s'étaient retirés les Gibelins proscrits, une guerre soutenue de part et d'autre, pendant deux années, avec la plus grande animosité ; elle qui servit de contre-poids au pouvoir despotique du roi Charles d'Anjou ; elle enfin que les peuples s'habituèrent à considérer comme un point d'appui contre le despotisme des grands.

Les Bonaparte toscans furent alors chassés de Florence par les Guelfes, *ob nimiam potentiam*, en raison de leur puissance excessive, dit le *procès-verbal des séances de la députation impériale* déléguée pour les affaires de la noblesse. (*Arch. delle Decime Granducali.*) Leur chef, Nicolas Bonaparte, capitaine et conseiller, c'est-à-dire commandant une grande partie des forces militaires florentines, était le plus jeune fils de Jean, deuxième du nom, qui demeurait à Trévise. Nicolas, ainsi que nous l'avons dit, avait abandonné la maison paternelle du temps d'Eccelino. Arrivé dans la famille de sa mère, posée très-honorablement en Toscane, il s'était promptement élevé aux plus hautes fonctions de l'État; aussi fut-il exilé des premiers quand les Gibelins eurent le dessous. Son hôtel du quartier *San Nicolo*, d'aspect formidable, fut rasé. Dépouillé de toute sa fortune, il alla chercher un refuge avec sa famille à *San Miniato al Tedesco*, où dominait la faction gibeline, qui ne put d'abord lui procurer qu'une existence précaire, tant se montrait soupçonneux, implacable et vif le sentiment d'animosité des Guelfes contre leurs ennemis vaincus. Plusieurs fois Nicolas Bonaparte changea de nom, de costume et de demeure, errant à travers les montagnes, au milieu d'embûches sans cesse renaissantes. Enfin, le peuple san-miniatin, mieux éclairé, appela l'illustre proscrit dans le conseil communal. Devenu seigneur de *Castel-Vecchio*, vieux château situé sur le territoire de cette république, il ne voulut point, lorsque les Gibelins furent rappelés à Florence, échanger sa nouvelle patrie contre la ville ingrate qui l'avait persécuté, et il continua de vivre fort honoré des San Miniatins jusqu'en 1280, époque où il mourut. Deux fils lui survécurent : *Corrado* et *Giovanni*.

XXX.

Nordius ou Nordille, *Buonsembiante* et *Hildebrand*, frères du capitaine Nicolas Bonaparte, accrurent, comme l'a fait ce dernier, la réputation de leur famille, et ne quittèrent que momentanément Trévise, pour exercer des fonctions publiques dans les autres villes d'Italie, ou remplir des missions diplomatiques. Membre du grand conseil de Trévise en 1256, quand commencèrent les premiers mouvements insurrectionnels contre Albéric Eccelino, Hildebrand Bonaparte aura mieux aimé s'éloigner du sanglant théâtre de tant d'excès que d'y prendre part, puisque nous le voyons, en 1260, à Milan, recteur de l'hôpital de *la Scala*. Il mourut sans laisser d'enfants, peut-être même sans avoir été marié.

Nordius et Buonsembiante Bonaparte, plus fermes ou plus engagés qu'Hildebrand par leurs alliances et leur position pécuniaire, suivirent tous deux une voie presque identique. En 1258, Nordille avait été donné comme otage par la ville de Trévise au seigneur Eccelin de Romano, qui revendiquait une indemnité considérable. L'année suivante, il intervint et donna sa garantie pour le renouvellement des anciennes conventions internationales du Trévisan avec la ville de Conegliano (Federici, t. I, p. 246; Verci, t. II, p. 24). La solidarité réciproque, l'esprit d'équité profonde des frères Nordille et Bonsemblant éclatèrent dans la cause, devenue si célèbre, des princes de Caminèse revendiquant l'héritage de Gabriel Camino. Nommés *fideicessores*, Nordius et Buonsembiante concilièrent les partis (1264). Trois années plus tard, la république trévisane chargea Bonsemblant de conclure un traité de paix avec Padoue et Vicence (Verci, t. II, p. 19, n° clxx); tandis qu'elle confiait à Nordille le soin de la représenter près du gouvernement de Bellune; la marche à la fois prudente et noble qu'employa Nordille, si différente des subtilités cauteleuses du moyen âge, fut cause qu'une ville non moins puissante qu'éclairée, Padoue, sœur jumelle de Trévise, lui conféra la dignité presque dictatoriale de podestat.

XXXI.

Fatiguée de son fardeau, la terre d'Italie s'apprêtait à renverser Charles d'Anjou du faîte d'un pouvoir dont il abusait. Un prince jeune, vertueux, brillant, plein de courage et de sens; neveu, fils et petit-fils de rois; élevé par sa mère Élisabeth, Conradin chaque jour à son réveil regardait l'illustre épée que lui avaient léguée ses ancêtres ; il brûlait de la saisir et d'aller venger sur Charles d'Anjou les infortunes des trois dernières générations de la maison de Souabe ; et toujours Élisabeth cherchait à tempérer sa fougueuse ardeur. Il y a dans le cœur des mères un esprit particulier de divination qu'on pourrait appeler la sauvegarde de l'espèce humaine.

Pise et Sienne, les cités lombardes, les villes trévisanes, le marquis Palavicino, les Siciliens amis de Manfred, les Sarrasins de Nocera députaient vers Conradin ambassade sur ambassade. On le pressait, on le conjurait de ne pas différer son départ, et, non contente de mettre à sa disposition toute sa marine, Pise, craignant qu'il n'eût besoin d'argent, lui envoyait cent mille florins. Dès lors Élisabeth crut entendre la voix du ciel même dans cette voix presque unanime des peuples ; elle laissa partir, non sans verser d'abondantes larmes, l'enfant chéri qu'elle ne devait plus revoir.

Accompagné d'un corps de noblesse allemande considérable et d'une armée de dix mille hommes, Conradin arrive à Vérone, passe de Vérone à Pise, reçoit de l'aristocratie gibeline les témoignages sympathiques les plus grands, et entre autres du chevalier Nordius Bonaparte venu à sa rencontre, le prix des droits de douane que devaient payer ses effets [1]. L'empressement manifesté par la noblesse italienne, les égards, les préférences mêmes que devait lui montrer le prince, devinrent un sujet d'irritation pour la noblesse germanique ; elle

---

[1] Bonaparte, au lieu d'écus, mit en dépôt chez un certain Nasciben, fermier de la douane de Trévise, quelques balles de coton. (VERCI, t. II, p. 123, n° CLXXVII.)

reprit la route d'Allemagne, et laissa Conradin livré presque seul à la capricieuse mobilité du peuple d'Europe le plus capricieux et le plus mobile.

En cette circonstance, les Pisans, fidèles alliés de la maison de Souabe, firent des prodiges d'activité; leurs vaisseaux allaient à Tunis et sur les côtes d'Espagne chercher des secours, en Sicile débarquer une armée; ils livraient à la flotte de Charles d'Anjou un combat victorieux; ils accompagnaient Conradin dans sa marche triomphale sur Lucques, Sienne, Sarzane et Rome; ils ne s'intimidaient pas plus que lui des menaces pontificales, et, par les rapports qu'ils établissaient entre les États et les villes maritimes, ils favorisaient l'insurrection de la Toscane, des Abbruzes, de la terre de Labour; ils aidaient aux mouvements du sénatoriat romain tenu par le prince Henri de Castille avec des forces espagnoles et sarrasines. Pise centralisait ainsi le foyer dont les rayons irradiaient dans toute l'Italie. La Corse, gibeline par sa nature intime, quand encore elle ne l'eût pas été par sa politique, soutenait volontiers les efforts de la république pisane; et plusieurs milliers d'insulaires s'étaient levés pour grossir les phalanges de Conradin. Tout cédait devant lui, lorsqu'une ruse change en déroute une victoire à moitié gagnée. Fait prisonnier, on le conduit à Charles d'Anjou; Charles le condamne au supplice; bien plus, il descend de son trône pour y assister; comme s'il eût voulu, par sa présence, assumer sur sa propre tête tout l'odieux d'une semblable condamnation.

Est-il vrai qu'au moment de mourir, Conradin, du haut de l'échafaud, a jeté son gantelet au milieu des spectateurs, défi suprême lancé de la tombe à la face d'un bourreau couronné; invocation muette mais impérative aux sympathies nationales, à ce sentiment de justice qui repose au fond des cœurs même les plus corrompus? Est-il vrai qu'ayant mis la main sur la garde de leur épée, les Gibelins ont aussitôt murmuré vengeance, et que les Bonaparte trévisans, principalement Nordius, se sont associés aux grandes familles dont la haine légitime, couvant sous la cendre d'un cratère, devait enfanter plus tard l'indépendance de l'Italie? Quoi qu'il en soit, Nordille Bonaparte continua d'exercer une influence considérable dans les affaires des villes italiennes; en 1271, il conclut, au nom des Trévisans, un traité commercial avec Venise. L'année suivante, de nombreux suffrages l'élevèrent à la dignité de podestat dans la ville de Parme. (VERCI, t. II.)

XXXII.

La somnolence des peuples opprimés n'est jamais qu'apparente; un noble cœur ne fléchit que pour se relever plus tard avec toute l'amplitude de ses moyens. Chassés de Florence, de Gênes, de Pise, de Sienne et de beaucoup d'autres villes, les Gibelins trouvèrent dans le rapprochement que dut opérer entre eux une destinée commune, des forces qui doublèrent leur puissance. A Gênes, on vit deux familles, les Doria et les Spinola, s'allier avec le peuple pour triompher des Guelfes, qui furent proscrits à leur tour. A Pise, on vit les Donoratico cacher sous le manteau du deuil les poignards aiguisés contre le meurtrier royal de leurs proches. A Milan, à Plaisance, les Visconti; à San Miniato, à Sienne, à Trévise, les Bonaparte, solidaires en quelque sorte des secours qu'ils avaient prêtés à l'infortuné Conradin, préparaient contre Charles d'Anjou un soulèvement efficace et définitif.

Grégoire X, monté sur le trône de saint Pierre après trois années d'interrègne, avait eu la généreuse idée de rapprocher les esprits, de cimenter, par des otages, une réconciliation; et déjà les Gibelins, au nombre desquels figurait la branche des Bonaparte toscans, rentraient dans Florence. Charles d'Anjou, qu'une semblable paix sauvait de sa ruine future, n'y voyant que la perte de son influence, menaça de mort les Gibelins rétablis à Florence, et les Gibelins en sortirent. Alors recommença, pour quelque temps, la vie errante des deux fils du célèbre capitaine Nicolas Bonaparte, *Corrado* et *Giovanni*.

Au lieu de subordonner au triomphe d'un parti sur un autre parti qui reste opprimé, la grande question de la paix publique, Grégoire X envisageait les choses chrétiennement. Mais, en quelque lieu que se portassent les vues conciliantes du pontife, il y rencontrait l'opposition, tantôt directe, tantôt occulte du roi Charles d'Anjou. Ne pouvant le combattre qu'en amoindrissant son autorité, il lui ferma l'Orient par la reconnaissance de Michel Paléologue comme empereur grec de Constantinople; il tira de l'illustre maison de Habsbourg un roi des Romains, Rodolphe, qui fit cesser l'interrègne et qui contre-balança l'influence du roi Charles d'Anjou dans la politique du Saint-Siège. Malheureusement, au milieu de ses courses à travers l'Europe, pour apaiser les haines et montrer aux hommes le ciel comme un but beaucoup plus digne de leurs efforts, Grégoire mourut: perte sensible aux peuples, plus sensible à l'Église (1276).

XXXIII.

Moins pur de cœur que Grégoire X, moins désintéressé mais plus adroit et plus fin, Nicolas III, son successeur, ménagea d'une manière fort habile la dignité du saint-siége, l'indépendance des peuples, la fierté de Rodolphe, la vaniteuse jalousie de Charles d'Anjou. Ayant réconcilié ces deux monarques, il reçut des mains de Charles une renonciation au vicariat impérial en Toscane, ainsi qu'au sénatoriat romain; et de Rodolphe la reconnaissance formelle, la délimitation positive du domaine temporel des papes, tel qu'on le voit encore aujourd'hui.

Afin d'arriver le plus vite possible au rapprochement des esprits, il organisa des prédications dans la Romagne, la Toscane et la Lombardie, et donna le premier l'exemple d'une mansuétude pastorale digne d'éloges en relevant les Gibelins de l'excommunication prononcée contre eux par ses prédécesseurs. Un fait politique des plus importants, l'alliance presque générale des nobles gibelins, c'est-à-dire des grandes familles italiennes avec le peuple, fait duquel le siècle suivant emprunte son caractère, favorisa les intentions pacifiques, l'esprit de concorde et d'union de Nicolas III. Son œuvre allait s'achever, quand une mort inopinée l'arracha au juste sentiment d'orgueil de l'avoir accomplie (1280).

XXXIV.

Dans la décade que nous venons d'esquisser, où tant de cités et de familles se sont mêlées aux luttes des grands pouvoirs, où parmi les cités Florence, San Miniato, Sarzane, Sienne, Parme, Trévise, habitées, administrées par des *Bonaparte*, ont chacune joué leur rôle, il serait impossible d'écrire la biographie complète d'hommes ignorés au milieu de la foule, qu'on perd de vue, qu'on ressaisit par intervalle et qu'on ne réussit presque jamais à mettre sous le véritable jour qui leur convienne. N'oublions pas toutefois Giovanni, fils du capitaine Nicolas Bonaparte, d'où sont issus les Bonaparte de la Corse.

En 1272, selon Muratori [1], Nordius Bonaparte avait quitté sa charge de podestat. Le sénat parmesan satisfait, l'honora du diplôme de chevalier *Godente*. C'était quelque chose qu'une association à un ordre où trois conditions, noblesse, fortune, vertu, devenaient indispensables; où l'on avait pour collègues les comtes de Montfort, de Dreux, de Montmorency, de Lévis, de Chartres, de Mauléon, de Clermont, de Vendôme, de Coucy, etc.; où la défense des institutions religieuses du christianisme, rendue obligatoire, comportait protection pour le faible, propagande de la morale et des doctrines d'humanité. Toulouse, Parme, Bologne, avaient été le triple berceau des chevaliers *Godenti*. Ils avaient pour patronne la *bienheureuse Marie Glorieuse*, cette mère de miséricorde et de paix; ils portaient une tunique blanche, un manteau noir décoré d'une croix épatée; ils cachaient sous leur costume symbolique l'âme du chrétien, le cœur du soldat.

Ce sont deux chevaliers *Godenti* qu'avait appelés à Florence le comte Guido Novello, pour réconcilier le peuple avec lui. Nordius ou Nordilius Bonaparte et Conradin de Piombino ont été, dans la Marche Trévisane, les plus zélés propagateurs de l'ordre; préoccupation

[1] *Rer. Ital.*, t. IX, p. 786.

grave qui n'empêchait pas Nordius de veiller, comme jurisconsulte, aux intérêts particuliers, comme conseiller d'État, aux intérêts publics.

Non moins distingué que Nordius, Bonsemblant Bonaparte s'est fait remarquer dans la ligue de l'année 1279 entre les Padouans, les Trévisans et les Vénitiens. On lui attribue la pacification de Padoue, et l'on vante la prudente fermeté avec laquelle il a servi les intérêts politiques de plusieurs ligues italiennes.

XXXV.

A l'époque où nous sommes arrivés, Pierre III, dit le Grand, régnait sur l'Aragon et résidait à Barcelone. Il avait épousé Constance, fille de Manfred, héritière de la maison de Souabe. Nourrissant le projet de reconquérir la Sicile, d'avance il réunissait autour de lui des Napolitains et des Provençaux capables de l'aider dans cette difficile entreprise.

Ce fut alors qu'un nom d'origine languedocienne ou provençale, Bonpar, traversa les Pyrénées, et se fit jour parmi les noms illustres qui formaient l'auréole de la couronne aragonaise. On le trouve sur deux actes datés de 1276, conservés à la bibliothèque de Barcelone dans le registre : *Indice: Pedro III,* tom. II, des archives d'Aragon.

Postérieurement, passant d'un idiome à un autre idiome, le nom de Bonpár se sera transformé en Bonapart, sans subir l'addition de la voyelle finale, tant que le mot ne s'est pas italianisé. Nous l'avons rencontré tel sur des monuments lapidaires à Barcelone, Saragosse, Majorque et Minorque, où, dès le quatorzième siècle, il avait déjà fait moitié du chemin de l'Aragon à l'île de

Corse, pour s'allier au nom patronymique des Bonaparte. Cette coïncidence nous semble infiniment remarquable. On aurait tort néanmoins d'établir entre eux une liaison héraldique positive, à moins de révélations subséquentes.

XXXVI.

Le 30 mars 1282 venait de jeter sur la Sicile et sur l'Italie sa sinistre lueur : dans des ruisseaux de sang français les peuples transalpins avaient assis leur indépendance, indépendance féroce qui va grossir pendant un siècle les annales du crime; qui, permettant aux Guelfes de s'entre-égorger avec les Gibelins, aux papes d'Avignon de croiser leurs foudres contre les foudres des papes de Rome, aux monarques d'intervenir et d'usurper des royaumes, aux Castruccio, aux Doria, aux d'Este, aux Sinarca, aux Spinola, etc., de se créer des allures omnipotentes, aux *condottieri* de ravager les campagnes, de rançonner les villes, appellera les chevaliers *Godenti*, parmi lesquels figurent plusieurs Bonaparte, dans l'exercice d'un rôle d'abnégation généreuse et de conciliation chrétienne.

Plénipotentiaire choisi par le gouvernement de Trévise pour conclure un traité définitif entre la Marche trévisane et Bellune (1283), Nordius Bonaparte, deux années plus tard, devient l'arbitre d'une grave et longue contestation soulevée à l'occasion de l'évêché supprimé d'Oderzo, dont les trois États de Bellune, de Feltre et de Trévise revendiquaient les revenus. Syndic, puis procureur général de l'ordre des *Godenti* (1288-1289), Nordius Bonaparte bâtit une église, un cloître; il y réunit des chevaliers conventuels et des prêtres, administra sagement les biens considérables de la communauté qu'il représentait, et termina son honorable carrière en fondant de ses propres deniers, près de la ville de Trévise, un hospice que devaient desservir les chevaliers d'un ordre militaire appelé *San Giacopo della Spata*, Saint-Jacques de l'Épée. Nordius Bonaparte, chevalier de la bienheureuse Vierge Marie, décédé le 3 avril 1290, fut inhumé dans l'*église des Malades*, qu'il avait fait construire. (*Nécrologe* de la paroisse Saint-Nicolas de Trévise, et Federici, tom. I, pag. 346.)

A cette époque, Bonsemblant Bonaparte existait encore. Il avait été pour beaucoup dans la conclusion d'un traité d'alliance entre Padoue, Trévise et Vicence (1279); et il avait apaisé une sédition populaire qui menaçait Padoue.

Bonsemblant, ainsi que Nordius Bonaparte, occupait à Trévise le quartier dit *contrée de Saint-André*. Des actes de vente citent le *portique du chevalier Nordius* et le *portique du chevalier Bonsemblant Bonaparte*, preuve qu'ils avaient chacun leur hôtel particulier. La femme de Nordius, appelée *Marmagna*, possédait un terrain considérable, situé entre le fleuve Silère, la voie publique, la place aux *Moulins* et le monastère de Sainte-Marie-Nouvelle, à Trévise. La femme de Bonsemblant, *Elica*, fille de Constantin del Pero, appartenait à la plus illustre des familles trévisanes. Rien ne prouve que Bonsemblant ait eu une descendance; mais Nordius laissa un fils du nom de Pierre, qui soutint dignement la réputation paternelle. Nous en parlerons plus loin. L'hospice de Trévise, dont Bonsemblant fut le bienfaiteur, posséda longtemps son testament.

XXXVII.

Les Bonaparte toscans ont presque tous rempli des emplois élevés. Il en a été de même d'une lignée bonapartienne, inscrite, dès le treizième siècle, au livre d'or de Bologne, et dont les écussons armoriés couvraient les dalles de plusieurs sanctuaires. Ils portaient, comme les Bonaparte toscans, *de gueules, à deux barres d'or, accompagné de deux étoiles d'or*. Parmi ces monuments funéraires, justifiables à divers titres, s'en trouvait un, dans l'église Sainte-Elgide ou Sainte-Marie-Solaire, qui attirait encore, au dix-huitième siècle, de nombreux pèlerins, c'était le corps du bienheureux Bonaparte. Il avait, dit-on, soulagé, guéri quantité de monde, et mérité l'inscription suivante, gravée en lettres d'or sur son tombeau :

Arca Bonapartis corpus tenet ista beati :
Multa sanavit, se sanctum esse probavit [1].

Le corps du bienheureux fut transféré de l'église Sainte-Elgide à l'église *Santa Maria della Vita,* où la famille Ghisilieri le conserve dans l'oratoire qu'elle y a fondé, sous le vocable de saint Jérôme.

XXXVIII.

Des excès du despotisme naît l'indépendance. Fatiguée d'obéir à des maîtres si peu dignes de commander, le vassal s'insurge contre son seigneur; la herse qui

---

[1] Remarquez la licence littéraire qui, devançant les âges, supprime l'*u* du nom de Buonaparte, pour l'enchâsser dans un mauvais vers, avant que de lui-même il se soit glorieusement enchâssé dans l'histoire.

s'abaisse est rompue; la tour, du haut de laquelle tombe un projectile, est rasée; les créneaux qui résistent sont abattus; la vengeance du prolétaire nivelle ces fiers pignons dont la tête orgueilleuse surplombe sa modeste cabane, et partout la commune s'implante à travers les ruines de la féodalité. En Corse, ces ruines n'ont pas eu l'importance qu'elles présentent ailleurs, car la noblesse y jouissait d'une médiocre fortune; aussi n'en resterait-il rien si des haines héréditaires ne s'étaient chargées de perpétuer leur souvenir.

Sous le doge Simon Boccanegro (1356), la république ligurienne ayant fortement incliné vers la démocratie, les Corses se donnèrent spontanément aux Génois, tandis que Henri de la Rocca, agent du roi d'Aragon, proclamé comte et gouverneur de l'île, défendit avec vigueur les intérêts de son souverain et ceux de la noblesse. C'est le moment d'une réaction remarquable dans l'intérêt des races privilégiées. Les nobles reconstruisirent leurs donjons, les vilains aiguisèrent leurs poignards, et, jusqu'à la fin du siècle, la lutte continua. Les villes ou bourgs murés sont occupés soit par les Génois, soit par les Aragonais, soit par les républicains indigènes. Ces derniers épousent même des intérêts différents, notamment dans le Fiumorbo, territoire où, depuis les Romains, les institutions municipales ont survécu. En tous lieux l'anarchie déborde : anarchie féodale, anarchie démocratique, anarchie universelle; ne cherchez point la patrie; ce nom, devenu sans valeur, ne s'appliquerait à rien. Il n'y a point de patrie possible chez les peuples dont le lien social se disjoint sous l'empire des préoccupations exclusives de l'individualisme.

Quoique les États voisins de la Corse n'offrissent pas des conditions normales d'existence, il s'en fallait bien qu'ils fussent divisés par des plaies aussi profondes : les arts, les lettres, l'industrie grandissaient à Florence avec l'élément démocratique; à Bologne, à Gênes, à Pise avec l'élément contraire. L'étoile brillante des Bonaparte rayonnait sur Bologne, Padoue, San Miniato, Sienne, Sarzane, Florence et Trévise : magistrats pacifiques et guerriers, ils tiraient l'épée pour y suspendre la balance de la justice ; ils voulaient que la force servît à la consolidation du droit; ils tentaient ce qu'a cherché d'opérer, cinq siècles plus tard, celui dont la foudre se montrait toujours suivie de la rosée qui féconde.

XXXIX.

A Sienne, en 1311, on voit Conrad Bonaparte, fils du capitaine Nicolas, revêtu des insignes de l'ordre impérial de l'Éperon d'or, remplir les fonctions de podestat. A Sarzane, Giovanni, frère de Conrad, honoré de la confiance publique, est chargé de négocier un traité de paix entre cette ville et Lucques. Il meurt en 1314, après avoir eu deux femmes, Vita de Pasqualini et Jeanne Sacheti, de laquelle naquirent deux enfants, Jacques et Giovanni.

Jacques Bonaparte, époux de Gisla Vivalda, occupait, en 1324, le syndicat de Sarzane, tandis que son frère Giovanni Bonaparte de Dascoli, un des Gibelins les plus puissants de la Toscane, exerçait, en 1333, dans la ville de Florence, les hautes fonctions de podestat, et qu'un autre Bonaparte tenait la charge importante de capitaine du peuple (M. C. STEFANI, *Delizie degli erud. Toscani*, t. XVII, p. 150).

En 1312, Pierre Bonaparte, fils de Nordius, secondé par les Apponi et les Beroaldi de Trévise, détruit l'influence tyrannique qu'exerçaient sur sa patrie Richard et Guecello, princes de Caminesi; service dont les Trévisans reconnaissent l'importance en donnant aux Bonaparte le château de Saint-Zénon : Trévise fait beaucoup plus encore, elle leur rend un témoignage de confiance non moins rare qu'honorable, par l'autorisation qu'elle leur concède de porter des armes et de cheminer dans les rues accompagnés d'une garde personnelle.

Le 3 novembre 1213, Pierre eut une ambassade près de Can le Grand, seigneur della Scala, souverain de Vérone; il reçut ensuite le titre de *vir sapiens*, ou conseiller d'État; puis il remplit une mission militaire à Breda, au-dessus d'Arlo (Federici, p. 346, n. xix; Verci, t. VI, p. 36; Bonif., p. 251). Créé commissaire général, pour la défense du pays (1314), il proposa des mesures vigoureuses, des alliances utiles, devint podestat de Feltre en 1316, prit les armes pour la délivrance de l'évêque de cette ville, chassé par les Caminesi, et montra de l'énergie autant que de l'habileté (Verci, t. VII, p. 5, 104, 176; Bonif., p. 263).

Après la chute des Caminesi, Pierre Bonaparte se ligue avec les Scaligères de Vérone, qui dominaient là d'une manière absolue, devient podestat de Padoue le 12 février 1318, et prend pour exemple l'équitable administration de son père dans le Trévisan. Nommé, l'année suivante, ambassadeur des Trévisans près l'empereur Frédéric d'Autriche, il clôtura de la sorte, selon toute apparence, sa carrière diplomatique (Verci, t. VIII, p. 97; Bonif., p. 280, 301). Il laissa deux fils, *Oderic* et *Servadius*.

Oderic Bonaparte, enrôlé parmi les *Godenti*, mit un religieux scrupule à faire exécuter les dipositions testamentaires de son aïeul, concernant l'hospice *San Giacopo della Spata;* hospice dont les chevaliers ont pris possession solennelle en 1342, sous sa présidence. Depuis lors, la famille Bonaparte a conservé sur l'hospice et sur l'église un droit de maîtrise, qui s'est perpétué jusqu'à nos jours.

Servadius Bonaparte, membre des *Godenti,* comme son frère, fut élu prieur de l'ordre. A l'année 1352, le registre capitulaire porte ce témoignage authentique :

Au nom du Christ, amen. Les nobles du premier rang ont présenté à M. le capitaine et podestat de Trévise l'honorable chevalier Servadius de Buonaparte, élu par eux pour être leur prieur; demandant, selon l'usage, qu'il soit confirmé : M. le podestat et le grand maître de l'ordre, l'ont en conséquence confirmé de suite publiquement. — Servadius demeura quarante-cinq ans prieur, et mourut en 1397.

Oderic, devenu, comme son père, un des quatre sages de la municipalité trévisane, *sapientum primi gradûs,* envoyé à Venise avec le titre d'ambassadeur, pour traiter de l'adjonction du Trévisan au gouvernement de Vérone, a laissé deux fils, Pierre et François, tous deux chevaliers *Godenti* (Verci, t. XII, p. 34). La postérité de Pierre s'éteignit vite, à défaut de descendance mâle; celle de François dura jusqu'en 1400. Après cette époque, on ne la voit plus à Trévise; non plus que la branche des Jean Lombard Bonaparte, venus de je ne sais où, partis je ne sais comment, emportés sans doute par l'ouragan des révolutions, et ne voulant point demeurer dans une ville devenue sujette de Venise. Ici se placerait la division prétendue des Bonaparte en deux branches, celle des Bonaparte, proprement dite, et des *Malaparte,* division imaginée par Casati [1]. Nous trouvons, vers le même temps, à Sarzane, un Nicolas Bonaparte, remplissant les fonctions de notaire impérial; un *Giovanni Bonaparte*, syndic de la même localité en 1404. Ce fut lui qu'on chargea de négocier la paix avec Gabriel Visconti, duc de Milan, et qui épousa, en 1397, Isabelle Calandrini, nièce du pape Nicolas V.

XL.

Dès la fin du quatorzième siècle, la somptueuse cathédrale de Barcelone et l'élégante église du couvent de Sainte-Catherine de la même ville, ouvraient leurs caveaux à la dépouille mortelle des gens de bien, *las sepulturas de personas de be*. Près d'un duc de Lorraine, près des princes du sang royal d'Aragon sont allés y dormir de l'éternel sommeil plusieurs Bonpart ou Bonapart. Leurs armoiries étaient, 1° *Parti d'azur, chargé de six étoiles d'or à six pointes, posées,* tantôt *deux,* tantôt *deux et deux,* tantôt *deux, une et deux;* 2° *de gueules, au lion hissant d'or léopardé; au chef d'or chargé d'un aigle naissant, aux ailes éployées de sable.*

Vers la même époque, dans la grande Baléare, l'église des Dominicains de Palma recevait aussi dans ses caveaux funéraires plusieurs membres de la même famille, administrateurs ou guerriers, désignés, avec l'altération mallorquine, sous le nom de Bonapart. Tels sont, entre autres, certains Bonapart, alliés aux Dameto, aux Luégo, aux Romana, etc., tel l'estimable père de Hugo Bonapart, qui joua un si grand rôle sous le règne de Martin d'Aragon.

[1] *Connexion entre les Bonaparte de Trévise et les Bonaparte de Toscane*, par Jos. CASATI, préfet de Tagliamento.

Il y aura trente ans bientôt, lorsque le libéralisme espagnol croyait faire œuvre méritoire, en profanant l'antique majesté de son culte et de ses souvenirs; lorsque les saints tombaient de leur piédestal, et que la cendre des morts, sur laquelle ils veillaient, subissait dispersée la désolation du sanctuaire, le hasard nous conduisit à travers ces tombes où roulait en éclats le nom des Bonaparte; voyageur ignoré, sans titre et sans consistance, il ne nous restait plus qu'à gémir avec le Psalmiste sur la vanité de nos grandeurs, nées d'un souffle, et d'un autre souffle disparaissant soudain avec les empires.....

XLI.

A peine la petite république de San Miniato fut-elle organisée, qu'on vit les Bonaparte d'Étrurie s'allier aux principales familles du pays et prendre la direction administrative des affaires. Ils figurent dans presque tous les démêlés importants. Le San Miniatin Léonard-Antoine Bonaparte, accusé d'être Gibelin et d'avoir conspiré contre l'État, fut décapité dans Florence. Un registre, déposé dans les archives municipales de San Miniato, et renfermant l'état des confiscations opérées sur les rebelles, présente la nomenclature assez longue des biens de Léonard-Antoine, dont les enfants ne purent conserver que le tiers.

Le frère de cette infortunée victime, Jacques, épousa N. de Federighi, qui lui donna deux fils, Jean-Jacques Muccio ou Mucci, et Pierre, devenu doyen du chapitre noble de Florence.

Jean-Jacques Mucci, diplomate habile, homme érudit, honoré de la confiance du pape Nicolas V, conclut plusieurs traités de paix importants, et devint, pour son époque, l'homme le plus distingué de sa patrie. C'est ce qu'exprime l'inscription suivante dictée par son fils :

Clarissimo suæ ætatis et patriæ viro Joanni Jacobo Mucio de Bonaparte, qui obiit anno MCCCCXXXXI, die XXV septembris. Nicolaus de Bonaparte, apostolicæ cameræ clericus, fecit genitori benè merenti et posteris. Mort le 25 septembre 1441, l'année même où fut décapité Léonard-Antoine, Mucci Bonaparte reçut, dans l'église Saint-François, à San Miniato, une sépulture d'honneur.

Ce Nicolas Bonaparte, dont la mère était une Grandoni (Maria), tenait un rang fort distingué. Les professeurs Étienne Fabrucci et Chesio en font le plus grand éloge ; ils le présentent comme ayant poussé très-loin les études littéraires, et lui attribuent l'introduction de la jurisprudence civile dans l'école universitaire de Pise : *Primo introduttore della giuriprudenza culta nello studio di Pisa.* Une comédie intitulée *la Veuve* et divers autres ouvrages émanent du même écrivain.

Trois siècles plus tard, un arrière-neveu de ce même Nicolas Bonaparte suivait la chaire qu'il avait illustrée, et semblait accomplir une mission de gratitude et de déférence envers l'université pisane ; nous voulons parler du roi Joseph Bonaparte, dont plusieurs ancêtres ont également puisé leur instruction à la même source.

XLII.

Lorsque les différentes branches des Bonaparte d'Italie brillaient dans les armes, dans les lettres et dans les sciences, un Bonaparte d'Aragon, Hugo Bonapart, natif de Mallorca, passait, en 1411, dans l'île de Corse, avec le titre de régent ou gouverneur pour le compte de son souverain. Quelques auteurs se sont trompés en prétendant qu'Hugo Bonapart est devenu la souche des Bonaparte d'Ajaccio. Son séjour en Corse, subordonné à une mission temporaire, n'y a point laissé d'autre trace. Mais doit-on regarder comme rien l'apparition dans l'île de cet orgueilleux panonceau, de ces armoiries expressives qu'un Bonaparte semble être venu suspendre ex près en regard du berceau futur de Napoléon, pour laisser à l'évolution des siècles le loisir de s'y préparer, et produire sur eux l'influence qu'exerce l'imagination d'une mère sur ses entrailles devenues fécondes ?

« En effet, dit George Sand, jamais écu fut-il plus fier et plus symbolique que celui des chevaliers majorquins du nom de Bonàpart? Ce lion dans l'attitude du combat, ce ciel parsemé d'étoiles d'où cherche à se dégager l'aigle prophétique, n'est-ce pas comme l'hiéroglyphe mystérieux d'une destinée peu commune? Napoléon, qui aimait la poésie des étoiles avec une sorte de superstition, et qui donnait l'aigle pour blason à la France, avait-il donc connaissance de son écu majorquin ; et, n'ayant pu remonter jusqu'à la source présumée des Bonpar provençaux, gardait-il le silence sur ses aïeux espagnols? C'est le sort des grands hommes après leur mort, de voir les nations se disputer leurs berceaux ou leurs tombes. »

XLIII.

Trois puissances rivales, Rome, Gênes et l'Aragon, disséminant les éléments de leurs fureurs, traînaient avec elles toute la noblesse valide, lui faisaient sillonner les mers, la précipitaient en d'aventureuses expéditions, et la rendaient oppressive après l'avoir rendue pauvre.

Le peuple, fatigué, s'insurgeait contre elle. En Corse, du bras dont il avait secondé si vaillamment les Cinarca, les Ornano, les Rocca, les Vincentello, le peuple attaqua les Caporaux, agents tyranniques du gouvernement génois; il marcha contre Janus Frégose, conspira pour le roi d'Aragon avec Giudice d'Istria; et, dans ce pêle-mêle de misère, il devint tour à tour l'adversaire et l'ami du même homme. Jamais peut-être la dignité seigneuriale ne fut aussi gravement compromise; cependant aucun Bonaparte n'a souillé l'éclat de son écu.

Thomas de Sézanne, évêque de Bologne, ayant été fait pape sous la qualification de Nicolas V (1447), les Bonaparte toscans s'acheminèrent avec lui dans les voies honorables à travers lesquelles ce pontife promena glorieusement la tiare. Charitable, libéral, pieux sans fanatisme, miséricordieux et juste, comprenant la dignité de l'Église, ami des sciences, des lettres, des arts et recherchant ceux qui les cultivaient, Nicolas réunissait autour de lui des hommes d'élite, parmi lesquels plusieurs Bonaparte, notamment l'illustre fils de Mucci[1]. Ce clerc apostolique eut deux frères, Jacques et Pierre: 1° Jacques, surnommé le colonel Bonaparte, habitait Sarzane et fut la tige d'une branche propre à cette ville qui ne s'est éteinte qu'en 1803.; 2° Pierre, qu'on revoit à Florence, mais presque incognito, cachant ses armes, son nom, pour éviter les poursuites et les haines des Guelfes. Il épousa Catterina degli Albizze, d'une des premières maisons de Florence, et il en eut deux fils, Benoît et Jacques. Ce dernier, chevalier de Saint-Jean de Jérusalem, prêtre bénéficiaire, fut un

[1] Il occupait à Rome le quartier *S. Spirito Gonfalone scala*. V. *Dixmes impériales pour 1427*, et fol. 30 du registre de ces mêmes dîmes.

GÉNÉRALITÉS. 59

écrivain distingué témoin du sac de Rome. Nous en parlerons plus loin.

L'un des neveux du pontife avait pris pour femme une Jeanne Bonaparte dont le portrait, exécuté de main de maître, décora la grande galerie Florentine jusqu'au dix-neuvième siècle, qu'il fut envoyé à Napoléon par Marie-Louise, reine d'Étrurie.

A son grand déplaisir, Nicolas V venait de voir échouer les tentatives de l'évêque d'Aléria pour rétablir en Corse l'autorité temporelle du saint-siége. Cette lutte lui déplaisait; aussi céda-t-il volontiers ses droits à Thomassin Frégose, qui combattit d'abord les Aragonais, puis la maison de Saint-Georges, chargée d'administrer l'île. Mais la Corse fut comprise avec Gênes dans l'apanage des ducs de Milan. Ces princes ne l'ayant pas gardée, on la retrouve qui se débat et se déchire tantôt sous l'étendard de Frégose, tantôt sous celui de la maison de Saint-Georges. Les Lira, les Montecchi, les Ornano, les Rocca, et, sur un plan secondaire, les Bonaparte, les Ceccaldi, les Cortinchi, les Pietri, etc., marchaient à la tête des Pièves.

Nous voyons à Sarzane un César Bonaparte, prieur, chef des anciens (1465), épouser Apollonie de Malaspina, puis sa postérité continuer dans la personne du conseiller Giovanni Bonaparte (1496), ami de Fabrice Colonna. Giovanni eut deux fils, François et César. Ce dernier fut chanoine. L'autre, passé au service de la république de Gênes, est venu en Corse comme grand capitaine (1512). Il y épouse Catherine Guido de Castelletti et meurt en 1529, laissant une postérité qui semble demeurer quelque temps oublieuse de sa grandeur.

Nous remarquons la même chose dans la destinée des Bonaparte de Florence et de San Miniato. A cette époque d'agitation, de rivalités haineuses, un parti ne s'élevait jamais qu'aux dépens des autres. L'humiliation, le triomphe réciproques des Gibelins ou des Guelfes cheminaient sans cesse sur deux lignes parallèles. (*Voyez* les registres du cadastre de Florence et de San Miniato pour 1427, 1461, 1490.)

XLIV.

Le quinzième siècle, ce siècle si fécond en grandes choses, en événements imprévus, en circonstances exceptionnelles, vient, comme un oiseau perdu dans les courants de l'atmosphère, d'agiter ses ailes mourantes sur la Corse, sur les rives liguriennes, sur toute la péninsule italienne, et de s'abîmer dans un océan d'anarchie. D'autres courants non moins sinistres se sont ouverts au seizième siècle, qui, précipitant son vol, marche précédé par des idées de reconstitution sociale, et suivi d'hommes capables d'en réaliser l'application.

Lorsque s'accomplit le sac de Rome (1527), un de ces esprits élevés, gentilhomme toscan, Jacques Bonaparte, vivait à la cour pontificale : philosophe observateur, *di summo gusto, ed erudizione,* il écrivait ses impressions personnelles; il laissait à sa descendance, à la postérité, le soin de les recueillir et de lui faire prendre un rang parmi les membres d'une famille illustre dans les lettres, *insigni per letteratura*. Chaque fois que les affaires publiques appelaient à Rome Jacques Bonaparte, il y descendait chez les des Ursins, ses amis intimes, dont les salons splendides réunissaient tous les dignitaires de l'Église, de la politique et de l'intelligence. C'est là qu'il a personnellement connu les hommes si bien caractérisés par sa plume indépendante : *Carat-*

teri dei primarii personaggi che si figurano sulla scena. C'est là qu'en s'occupant des grands intérêts d'Italie, il a fait poser chaque personnage devant le tribunal de l'histoire [1].

Il était digne d'un arrière-neveu de Jacques Bonaparte d'accepter son héritage, de remettre en lumière son œuvre oubliée et de s'identifier avec elle en la traduisant [2]. Cette solidarité du cœur, cet attrait mystérieux de sympathie cachée qui lie réciproquement les membres d'une même race comme les anneaux d'une même chaîne, m'a toujours paru quelque chose d'infiniment respectable; et quand pour la première fois on a dit : *noblesse oblige,* on aurait pu s'empresser d'ajouter : *noblesse accomplit.* Étudiez sans prévention la biographie généalogique des grandes familles, vous verrez, en chacune d'elles, dominer quelque idée génératrice qu'à des intervalles plus ou moins longs un membre de la famille s'approprie, élabore, utilise. C'est un caractère d'identité morale analogue au caractère d'identité physique qu'impriment certains traits du visage.

XLV.

L'historien Jacques Bonaparte posséda toute la confiance du pape Clément VII et fut mêlé aux grandes

---

[1] *Tableau historique des événements survenus pendant le sac de Rome en 1527*; par Jacopo BONAPARTE, gentilhomme de *San Miniato*, témoin oculaire.
Transcrit du *manuscrit original,* et imprimé pour la première fois à Cologne en 1756, avec une *note historique* sur la famille des *Bonaparte.*
Traduit de l'italien par M. ***. Paris, Gabriel Warée, libr., MDCCCIX, in-8° de 279 p.

[2] *Sac de Rome* écrit en 1527 par Jacques BONAPARTE, témoin oculaire. Traduction de l'italien par A. L. B. Florence, imprimerie grand-ducale, 1830, gr. in-8° de XVII-91 p., titre et pl. gravés.

affaires politiques de l'époque. Son frère Benoît, *Benedetto,* dont nous parlerons plus loin, semble, au contraire, avoir mené constamment une existence plus modeste.

Les Bonaparte de Florence et de Sarzane, cruellement éprouvés par les persécutions et ne voyant de bonheur possible que dans l'obscurité, s'y résignèrent. On n'entend presque plus parler d'eux jusqu'au dix-huitième siècle, la branche florentine ne reprit même son nom qu'en 1738.

Dans le cours du seizième siècle, les basiliques d'Ajaccio, de Barcelone, Palma, Bologne, San Miniato, Sarzane, etc., abritèrent les tombeaux de plusieurs Bonaparte, tous alliés aux premières familles du pays. Leurs noms se rencontrent en divers nécrologes manuscrits conservés parmi les archives de la couronne d'Aragon, à Barcelone; dans la précieuse collection du comte de Montenegro, à Palma; sur les livres d'or de Bologne, de Gênes, de Padoue et sous les combles du Vatican. C'est presque constamment le même blason. Quand il varie en certains points, la différence porte plutôt sur des transpositions, sur des changements d'émaux que sur les signes caractéristiques de l'écu. Les étoiles, le lion, l'aigle y dominent. Cependant, un blason beaucoup plus simple, sans doute aussi plus ancien, portant: *de gueules, à deux barres d'or, accompagné de deux étoiles,* se montre en tête de la lignée étrurienne de la famille Bonaparte [1]. Comment se fait-il que ce dernier blason ait prévalu sur les autres? Comment est-il arrivé que l'*aigle de sable* et le *lion d'or* aient traversé

---

[1] Ce blason a été reconnu bien authentique par le prince A. L. Bonaparte, fils aîné de S. M. la Reine Hortense, car il l'a fait graver sur la couverture de la traduction précitée.

la Corse sans s'y arrêter plus d'un siècle, sans laisser d'autre trace qu'un vague souvenir? Ils y avaient été implantés par la conquête, et la couronne royale d'Aragon, planant sur eux, n'a même pu sauver leur mémoire.

LXVI.

L'historien du sac de Rome, qu'on voit dès l'année 1500 figurer sur les *Registres du Cadastre de San Miniato*, fol. 7, comme prêtre bénéficier de la cour romaine et doyen de l'Église florentine, a dû mourir dans la première moitié du seizième siècle. Un de ses frères ou cousins germains, Benedetto Bonaparte, épousa Thomasa Alberti, d'une famille considérée, qui lui donna trois enfants : 1° Giovanni Bonaparte, colonel, homme d'armes du comte Valerio Orsini, à la solde de la république florentine, devenu l'époux de Maria-Costanza Altavanti, d'une des premières familles toscanes, et qui n'eut qu'une fille appelée Catherine ; 2° Pietro-Antonio ; 3° Caterina, mère de Fausto Beltrami, chevalier de l'ordre religieux et militaire de Saint-Étienne. Quand Beltrami fut sur le point d'en prendre les insignes, il dut faire ses preuves de noblesse (1570-1571). Alors intervint un décret du gonfalonier de justice et des prieurs du magistrat de San Miniato, qui attesta l'ancienne illustration des Bonaparte, qualifiés seigneurs de Castel-Vecchio près San Miniato [1].

Vers la même époque, un Gabriel Bonaparte, chanoine de Saint-Roch, était lecteur théologique d'Ajaccio. Filippini, l'historien populaire de la Corse, en parle

---

[1] *De l'Apprensione d'Abito*, lett. A, fol. 42; *Archives de l'ordre de Saint-Étienne*, lettres P et M, liasse VIII, *Preuves de noblesse* (années 1570-1571).

avec éloge. Un autre Bonaparte, portant aussi le surnom de Gabriel, citoyen d'Ajaccio, marin fort distingué, combattait les Barbaresques et rendait à la république génoise non moins qu'à la Corse des services signalés. Sa sœur Antonia s'était alliée à la maison Montani.

Nous voyons encore, vers le second tiers du seizième siècle, un Jérôme Bonaparte occuper le fauteuil de président du conseil des anciens d'Ajaccio, chargé des intérêts de sa ville natale près le sénat de Gênes; un François Bonaparte, membre du même conseil, et de plus capitaine des milices bourgeoises (1596).

Les derniers rejetons, le reflet final de la branche aragonaise des Bonpart ou Bonaparte, avaient disparu dès lors presque à la fois du rivage espagnol et du territoire des îles méditerranéennes [1]. Il n'existait en Corse que la descendance directe des Bonaparte de Sarzane, devenue plus tard le rameau fécond et glorieux de la souche impériale des Bonaparte français.

XLVII.

Fièrement appuyés sur leurs armes, les Corses, du haut des crêtes rocheuses qu'ils occupent, avaient pu voir la France et l'Empire se mesurer dans les plaines milanaises; ils se félicitaient d'être en dehors du choc de ces deux puissances : mais voilà que certain jour Henri II regarde la Corse avec convoitise, et soudain la Corse, fatiguée d'épreuves, lui tend les bras.

A l'âge de dix-huit ans Napoléon Bonaparte décrivait cette expédition, il y joignait le drame de Vannina d'Or-

---

[1] Un *Bonpart* qui était, sous Louis XIV, gouverneur de l'île Sainte-Marguerite, figure dans l'Histoire du Masque de Fer; mais il n'y a nul rapport probable entre son origine et celle des Bonpart d'Aragon.

nano; il les colorait d'une teinte chaude puisée dans le sentiment profond de ses impressions personnelles, et perçait déjà de son œil d'aigle les voiles de l'histoire. Ce récit, nous le donnons parce qu'il peint l'Italie, la Corse, la Gênes du seizième siècle; parce qu'il fait connaître l'indomptable ardeur de l'esprit insulaire, la haine bouillante et froide, la soif de vengeance, touchant de si près à la dignité de l'homme, qu'elles semblent se confondre avec elle; parce que l'essai candide de l'écrivain adolescent apparaît comme une lueur littéraire dont s'illumine d'avance l'allure philosophique du futur empereur.

XLVIII.

« Le roi d'Alger, Lazzaro, Corse de nation, qui avait conservé dans ce haut rang le même amour pour sa patrie, ne pouvant la délivrer, la vengeait en détruisant le commerce de l'*offizio* [1]; mais rien ne pouvait adoucir le sort des Corses. Ils vivaient sans espérance, lorsque Sampiero de Bastelica, couvert des lauriers qu'il avait conquis sous les drapeaux français, vint faire ressouvenir ses compatriotes que leurs oppresseurs étaient ces mêmes Génois qu'ils avaient tant de fois battus. Sa réputation, son éloquence les ébranlaient, et à l'arrivée de de Thermes, que le roi Henri II expédia avec dix-sept compagnies de troupes pour chasser l'*offizio*, les Corses s'armèrent du poignard de la vengeance, et, réduits à la seule ville de Calvi, les protecteurs de Saint-Georges reconnurent, mais trop tard, que, quelque accablés

---

[1] L'*offizio* formait à Gênes une puissante compagnie de commerce équipant des flottes et possédant des provinces. C'était une association qui, en petit, ressemblait à la compagnie anglaise des Indes orientales.

qu'ils fussent, ces intrépides insulaires pouvaient mourir mais non pas vivre esclaves.

» Le sénat de Gênes, fidèle au plan qu'il s'était tracé, avait sans cesse travaillé et contre l'*offizio* et contre les Corses. Il voyait avec plaisir s'entr'égorger des peuples qu'il voulait soumettre, et s'affaiblir une compagnie qui lui donnait ombrage; mais dans ces circonstances il sentit qu'il fallait le secourir puissamment ou se résoudre à voir recueillir par les Français le fruit de tant de peines et d'intrigues. Il offrit donc ses galères et ses troupes, et sollicita l'empereur Charles V, son protecteur, qui lui envoya une armée et des vaisseaux. Vains préparatifs! Les Corses triomphèrent; le grand Andréa Doria vit périr dix mille hommes de ses troupes sous les murs de San Fiorenzo. L'immortel Sampiero battit les Génois sur les rives du Golo, à Petreta; mais s'étant brouillé avec de Thermes, le roi de France l'appela à sa cour; dès ce moment nos affaires déclinèrent et ne furent plus rétablies que par son retour; après diverses vicissitudes, l'*offizio* allait être expulsé à jamais, lorsque par le traité de Cateau-Cambrésis les Français évacuèrent l'île. Les Corses firent leur paix, les pactes conventionnels de Lago-Benedetto furent renouvelés de part et d'autre. L'*offizio* promit de gouverner conjointement avec la nation, et de gouverner avec justice. Gouverner avec justice n'était pas ce que voulait la politique du sénat, qui, voyant les Corses sur le point de s'attacher sérieusement, d'oublier leur ressentiment et de céder à la fatalité une portion de leur indépendance, voyait se renverser tous ses projets. La circonstance, d'ailleurs, était favorable; il obligea les protecteurs de Saint-Georges à lui céder la possession de l'île. Outré de ce changement qui s'était fait sans son consentement, le peuple soupire après l'arrivée de son libérateur Sampiero. Cet homme ardent avait juré dans son cœur la ruine des tyrans et la délivrance de son pays. Voyant la France trahir ses promesses, il dédaigne les emplois que ses services militaires lui ont mérités, et parcourt les différents cabinets pour susciter des ennemis aux oppresseurs et des amis aux siens... Mais les rois de l'Europe ne connaissent de justice que leurs intérêts ; d'amis que les instruments de la politique. Il s'embarque pour l'Afrique ; il est accueilli par le bey de Tunis qui lui promet des secours ; il gagne la confiance de Soliman qui lui promet assistance. Soliman avait l'âme noble et généreuse ; il devint le protecteur de Sampiero et de ses infortunés compatriotes. Tout se dispose en leur faveur ; bientôt le croissant humiliera jusque dans nos murs la croix ligurienne ! Gênes cependant suit d'un œil inquiet les courses de son implacable ennemi, et, ne pouvant pas l'apaiser, elle cherche à lui lier les mains par l'amour de ses enfants et par l'amour de sa femme ; douces affections qui maîtrisent l'âme par le cœur comme le sentiment par la tendresse... Sampiero aime tendrement sa femme Vannina, qu'il a laissée à Marseille avec ses enfants, ses papiers et quelques amis... C'est Vannina que les Génois entreprennent de séduire par l'espoir de lui restituer les biens immenses qu'elle a en Corse et de faire un sort si brillant à ses enfants que son mari lui-même s'en trouvera satisfait. Ainsi elle vivra tranquille sous leur gouvernement, elle vivra tranquille au milieu de ses terres et de ses parents, contente de la considération de ses enfants, et ne sera plus exposée à mener une vie errante en suivant les projets d'un époux furibond. Mais pour cela il faut aller à Gênes, donner aux Corses l'exemple de la soumission au nouveau gouvernement et de la confiance dans le sénat. Vannina accepte : elle enlève tout, jusqu'aux papiers de son mari, et s'embarque avec ses enfants sur un navire génois. Ils étaient déjà arrivés à la hauteur d'Antibes, lorsqu'ils sont atteints par un brigantin, monté par les amis de Sampiero, qui s'emparent du bâtiment où est la perfide et la conduisent à Aix avec ses enfants.

» La nouvelle du crime de Vannina élève dans le cœur de l'impétueux Sampiero la tempête et l'indignation. Il part de Constantinople comme un trait ; les vents secondent son impatience. Il arrive enfin en présence de sa femme. Un silence farouche résiste obstinément à ses excuses et aux caresses de ses enfants ; le sentiment aigre de l'horreur a pétrifié sans retour l'âme de Sampiero. Quatre jours se passent dans cette immobilité ; à la fin desquels ils arrivent dans leur maison de Marseille. Vannina, accablée de fatigue et d'angoisses, se livre un moment au sommeil. A ses pieds sont ses enfants ; vis-à-vis est son mari, cet homme que l'Europe estime, en qui sa patrie espère, et qu'elle vient de trahir. Ce tableau remue un instant Sampiero ; le feu de la compassion et de la tendresse semble se ranimer en lui. Le sommeil est l'image de l'innocence ! Vannina se réveille ; elle croit voir de l'émotion sur la physionomie de son mari ; elle se précipite à ses pieds ; elle est repoussée avec effroi.... *Madame,* lui dit avec dureté Sampiero, *entre le crime et l'opprobre il n'est de milieu que la mort !...* L'infortunée et criminelle Vannina tombe sans connaissance ; les horreurs de la mort s'emparent, à son réveil, de son imagination ; elle prend ses enfants dans ses bras : *Soyez mes intercesseurs ; je veux la vie pour votre bien. Je ne me suis rendue criminelle que pour l'amour de vous !*

» Le jeune Alphonse va alors se jeter dans les bras de son père, le prend par la main, l'entraîne auprès de sa mère, et là, embrassant ses genoux, il les baigne de larmes, et n'a que la force de lui montrer du geste Vannina, qui, tremblante, égarée, retrouve cependant sa fierté à la vue de son mari, et lui dit avec courage : *Sampiero, le jour où je m'unis à vous, vous jurâtes de protéger ma faiblesse et de guider mes jeunes années; pourriez-vous souffrir aujourd'hui que de vils esclaves souillassent votre épouse? Et puisqu'il ne me reste plus que la mort pour refuge contre l'opprobre, la mort ne doit pas être plus avilissante que l'opprobre même.... Oui, monsieur, je meurs avec joie. Vos enfants auront pour les élever l'exemple de votre vie et l'horrible catastrophe de leur mère; mais Vannina, qui ne vous fut pas toujours si odieuse, mais votre épouse mourante ne demande de vous qu'une grâce : c'est de mourir de votre main !...* La fermeté que Vannina mit dans ce discours frappa Sampiero sans aller jusqu'au cœur. La compassion et la tendresse qu'elle eût dû exciter trouvèrent une âme fermée désormais à la vie de sentiment..... Vannina mourut.... Elle mourut par les mains de Sampiero. »

XLIX.

Placez ce touchant épisode au pied du Monte del Oro, parmi ses bosquets de figuiers et de lauriers-roses; encadrez-le des rinceaux d'architecture toscane qui s'introduisaient alors dans l'île; groupez autour de lui les pâtres indigènes, magnifique race d'hommes, dont l'œil brille comme un phosphore au milieu de leur barbe épaisse; pour animer la scène, évoquez les ombres des Casabianca, des Ornano, des Istria, des Gentili, des

Pallavicini, du poëte Biagino Leia, de l'historien national Filippini, du prédicateur Jean de Calvi, contemporains illustres de Sampiero; laissez passer la famine au teint pâle, la peste au front livide, la guerre avec ses horreurs; puis les capucins moralisant le peuple, le peuple baisant la robe des capucins, et vous aurez presque réalisé la Corse telle qu'elle était lorsque Sampiero voulait la rendre indépendante.

Sampiero mort, les Génois comprirent la nécessité d'être cléments et miséricordieux. Augustin Doria, nommé gouverneur, pacifia l'esprit public. On lui fit des concessions très-libérales; le principe électif s'étendit et se régularisa; le peuple eut la nomination libre des podestats, des députés de chaque piève; il obtint des garanties de censure envers les juges, des droits d'avocatie près du gouvernement, et paya désormais peu d'impôts. D'autre part, les insulaires hostiles aux Génois, ayant la faculté de trouver en France un asile, s'y rendirent presque tous; le fils de l'infortunée Vannina leva huit cents Corses, dont il fit un corps spécial, et devint maréchal sous le nom d'Alphonse d'Ornano.

Voilà comment a commencé l'alliance réciproque du peuple français et du peuple corse; comment notre civilisation est venue l'inféoder à ses doctrines en le mêlant aux faits glorieux ainsi qu'aux grands noms de notre histoire.

L.

Le dix-septième siècle est véritablement pour la Corse un siècle de colonisation. Quantité de familles viennent y remplir les vides occasionnés par les guerres, et jouir de l'existence facile et libérale qu'on y mène. Tel fut Louis-Marie-Fortuné Bonaparte, qui vint de Sarzane se joindre à ses ancêtres, et qui prit aussitôt, comme eux, pour l'orthographe de son nom, la forme syncopale qu'autorisait le langage corse; orthographe adoptée par Napoléon, après les premières campagnes d'Italie. Fortuné Bonaparte habita la ville d'Ajaccio, se fit estimer, remplit des emplois publics; il marcha l'émule d'un neveu du capitaine François, Louis Bonaparte, qui épousa Marie de Gondi (1632), et d'un autre Bonaparte (Sébastien) beaucoup plus remarquable par ses profondes connaissances et par son habileté administrative. Ce Bonaparte, né en 1603, laissa les plus honorables souvenirs.

Les Bonaparte de San Miniato, les Bonaparte demeurés à Sarzane, à Florence et dans plusieurs autres villes de l'Italie septentrionale, continuèrent d'occuper avec distinction des charges civiles; d'illustrer la chaire et le barreau; de mêler, par des alliances, leur nom à quelques grands noms de la péninsule. La branche des Franchini-Bonaparte portait sur son écu *trois fleurs de lis d'or,* témoignage de quelque service éminent rendu jadis aux Bourbons. Nous apercevons, en 1681, un Charles Bonaparte, dans le conseil des anciens d'Ajaccio; le 3 mars 1702, un autre Bonaparte (Joseph) est élu chef du même conseil.

Depuis cette époque jusqu'à la fin du dix-huitième siècle, les Bonaparte toscans et les Bonaparte corses reconnurent leur communauté d'origine : des sympathies réciproques existaient entre eux; et l'université de Pise, arène paisible où se sont mesurées tant de belles intelligences, devenait, pour les Bonaparte du littoral méditerranéen, une sorte de quartier général dans lequel, d'année en année, chaque famille cimentait les liens de l'étude avec les liens de la parenté.

Du même siècle date en Corse la parenté des Bonaparte avec les Abatucci, les Arrighi, les Casabianca, les Fiubiga, les Ornano, les Palavicini, etc., souches patriciennes qui jouissaient depuis longtemps d'une considération profonde, et dont, plus tard, l'euphonie du nom s'est mêlée à l'euphonie de la gloire. Ce fut après ces premières alliances que le sang impérial des Comnène se mêla au sang des Bonaparte, comme si le ciel eût voulu d'avance y produire l'incubation de la souveraineté.

LI.

Le 3 octobre 1675, Constantin Comnène, dixième protogéras de Mania, descendant du dernier empereur de Trébisonde, abandonnait cette patrie d'adoption, suivi de trois mille personnes qui préféraient l'exil au joug des Ottomans. Le 1er janvier, il abordait à Gênes, et le 14 mars il prenait, en Corse, possession des terres de Paonia, Salogna et Reviuda, que le gouvernement génois lui avait cédées ainsi qu'à sa colonie. Constantin Comnène possédait plusieurs enfants. L'un d'eux, appelé Calomeros, fut chargé par son père d'une mission près le grand-duc de Toscane. Constantin étant mort sur l'entrefaite, Caloméros s'établit à Florence. Plus tard, un Calomeros, sorti de la Toscane, gagna la Corse; il y trouva ses ancêtres chassés des domaines de Paonia, Salogna, Reviuda, qu'ils avaient occupés cinquante-trois ans, mais réunis dans le canton fertile de Cargèse, où leur active industrie faisait florir l'agriculture.

Calomeros, posé convenablement, s'unit, par des alliances, aux grandes familles du pays, toutes moins illustres que la sienne, et son nom *italianisé* produisit l'expression littérale Bella-parte ou Buona-parte, type appellatif de la plus grande renommée historique des temps modernes. Chose remarquable, dit madame la duchesse d'Abrantès, c'est que les Comnène, en parlant de la famille Bonaparte, n'employaient jamais pour la désigner que les mots *Calomeros*, s'il s'agissait d'un seul individu, ou *Calomeri, Calomeriani*, s'il s'agissait de plusieurs.

Mais, laissons des rapprochements, des analogies sans portée, à travers lesquels ont pu se glisser quelquefois certaines idées spéculatives d'amour-propre, et voyons comment, du sein des révolutions, le peuple corse naquit à l'indépendance souveraine ; comment, du choc de cette indépendance contre le despotisme, s'est élevée brillante la famille Bonaparte.

LII.

L'année 1725 apparaissait sur le cadran des siècles, quand le peuple corse, qu'on venait de désarmer et de frapper d'impôts, sortit spontanément du long calme où l'avait maintenu la douceur pacifique des Génois. Il réclama ses armes, le retrait des troupes étrangères, la libre fabrication du sel, l'admission aux emplois, la suppression des taxes.... « Non ! s'écrie le capitaine Félix Pinelli. — Eh bien, mort aux tyrans ! » répondent les insulaires ; et bientôt à leur tête marchent les Pompiliani, les Colonna Ciaccaldi, les Giaffari, les Hyacinthe Paoli, héros qu'on croirait taillés sur les modèles de Plutarque. Gênes redouble d'efforts compressifs ; un digne homme, nommé gouverneur, Jérôme Venerosa, cherche en vain à rapprocher les esprits ; plus ils se touchent plus ils s'irritent ; les Grecs de Paonia, population agricole, industrieuse, ouvrière et paisible, demeurés fidèles à la métropole, sont attaqués, ruinés, dispersés; la religion s'immisce aux querelles humaines; la consulte d'Orezza déclare que cette guerre est sainte; un théologien l'affirme jusque sur le pilori de Bastia, où l'a fait monter l'autorité génoise; les chefs du mouvement révolutionnaire écrivent à leurs compatriotes : « Nous avons imploré la miséricorde de Dieu par des pénitences publiques, par la fréquence des sacrements, l'exposition du vénérable, et par d'autres précautions pieuses. » — Ainsi les deux grands ressorts qui poussent une nation au sublime, la religion et le patriotisme soutenaient l'énergie nationale. L'Empereur intervint. Amnistie, franchises, prérogatives diverses furent accordées; mais un nouveau soulèvement eut lieu, et, sur le refus du roi d'Espagne d'être souverain de la Corse, le peuple se tourna vers l'indépendance absolue.

L'île, placée sous le protectorat de l'Immaculée Conception de la Vierge Marie, livrée au régime du suffrage universel, prit des formes monarchiques et républicaines. On créa primats du royaume trois généraux, chargés, avec une junte composée de six membres, du pouvoir exécutif. La diète nationale devait élire les membres de cette junte et statuer sur les impôts. Deux juges, qualifiés d'illustrissimes, exerçaient la police et pouvaient en secret condamner les traîtres à la mort. Les primats prirent le titre d'altesses royales, les membres de la junte et de la diète celui d'excellences. La moindre insulte envers les magistrats encourait le dernier supplice et la confiscation des biens. On traitait de la même manière ceux qui refusaient les charges publiques; et l'on brûlait tout village dont les habitants ne voulaient point payer l'impôt.

Après des succès, puis des revers, les Corses, réduits

aux plus pénibles expédients par le général Rivarola, voient débarquer dans l'île (15 avril 1736) le fameux Théodore, fils d'Antoine baron de Neuhoffen. Cet aventurier célèbre, qui ne manquait ni d'habileté ni de courage, ayant rétabli leurs affaires, est proclamé roi dans la consulte générale d'Alesani et porté sur les bras des grands devant le peuple, dont il captive les suffrages enthousiastes. Créer un conseil d'État, fixer l'impôt direct à 3 francs par chef de famille, déclarer les Corses seuls admissibles aux emplois publics, confisquer les biens des Génois et proscrire ces derniers, organiser l'armée, former une noblesse : telles sont les principales mesures du nouveau monarque. Malheureusement les Corses n'étaient point d'accord; plusieurs grandes familles appuyaient Gênes, et Rivarola opposait aux volontaires du roi Théodore d'autres volontaires corses appelés *Oriondi*. Pour en finir, le roi va demander des secours à la Hollande. Pendant son absence, trois marquis, Paoli, Giafferi, Luc d'Ornano, créés par lui maréchaux généraux ou régents, triomphent d'une manière définitive des Génois, qui réclament l'appui de la France. Celle-ci n'hésite point à l'accorder. Trois mille Français sous les ordre de Boisseux, neveu du maréchal de Villars; l'année suivante, une nouvelle armée conduite par Maillebois, rendent inutiles l'active ténacité du roi, le courage des Corses et l'habile tactique des trois maréchaux. Le 16 juin 1739, Paoli, le dernier qui ait combattu, fit ses soumissions; puis il s'exila volontairement, non sans espoir de reconquérir un jour cette indépendance pour laquelle tant de nobles cœurs s'étaient sacrifiés.

LIII.

Les Bonaparte ne pouvaient, ne devaient être ni pour Gênes ni pour la France : ils défendaient avec vigueur la nationalité corse; et, depuis Sébastien Bonaparte, élu chef des anciens du conseil d'Ajaccio le 17 avril 1720, jusqu'à Joseph Bonaparte, qui fit partie du même conseil en 1760, on a vu ce nom surgir avec certain éclat dans la défense des libertés insulaires.

Sébastien Bonaparte eut deux frères : le premier, appelé Napoléon, qui se distingua dans la carrière des armes et dont la fille unique entra dans la maison d'Ornano; le second, Lucien, archidiacre d'Ajaccio, devenu plus tard le mentor, le bienfaiteur de l'illustre lignée sortie des flancs de Letizia Ramolino.

Charles-Marie Bonaparte, qui épousa Letizia, était fils du conseiller Joseph Bonaparte et vit le jour le 29 mars 1746. Il y avait presque parité d'âge entre sa femme et lui. Tous deux grandirent sous l'influence des mêmes circonstances, sous l'impression des mêmes généralités physiques; mais l'action intime des affaires domestiques n'eut guère d'analogie dans les maisons Bonaparte et Ramolino. Madame Letizia éprouva le contre-coup du second mariage de son père, tandis que Charles Bonaparte ne ressentit autour de lui que d'affectueuses impressions. Cette différence dut entrer pour beaucoup dans le contraste de leur caractère, qui désormais ressortira, d'une manière frappante, à travers les destinées du pays et les destinées de la famille.

HISTOIRE DE NAPOLÉON

DE SA FAMILLE ET DE SON ÉPOQUE

1768-1853

CHAPITRE PREMIER.

LES ANTILLES.

BERCEAU DES TASCHER DE LA PAGERIE ET DES BEAUHARNAIS.

Naissance de l'impératrice Joséphine; ses parents; sa vie enfantine; son caractère. — Les Beauharnais; leur origine; leur position princière. — Naissance, éducation d'Alexandre Beauharnais, premier mari de Joséphine. — Projets d'alliance entre les Beauharnais et les Tascher de la Pagerie. — Position différente des deux maisons, devenue la cause d'un manque de sympathie entre Alexandre Beauharnais et Joséphine. — Développement de Joséphine et de sa sœur Maria. — Joséphine surnommée la *belle Créole;* ses talents; ses succès prématurés. — Alliance. — Premiers troubles du cœur chez Joséphine.

> « Je ne puis oublier que ma grand'mère, l'impératrice Joséphine, est née dans ces îles où retentissent aujourd'hui des plaintes contre la concurrence des produits de la métropole. »
> NAPOLÉON-LOUIS BONAPARTE, *Question des sucres.*

Les lois d'équilibre et d'harmonie qui président aux mouvements du globe, les liens sympathiques qu'on voit régner entre les peuples aussi bien qu'entre les hommes reposent dans les replis mystérieux de la Providence. A voir la France si splendide, si forte et si glorieuse, aurait-on jamais supposé que, du milieu des mers, s'élèveraient bientôt pour elle des éléments nouveaux de gloire, de force et de splendeur, et qu'un contrat, formulé dans le ciel avant de l'être sur la terre, réunirait sur le plus beau trône de l'Europe la fille des Antilles à l'enfant de la Méditerranée : alliance providentielle, rapprochement efficace de deux natures différentes, tempérées, harmoniées l'une par l'autre; la molle gracieuseté des créoles à l'énergique constitution des montagnards; le ciel brûlant du nouveau monde au ciel tiède du vieux continent; notre horizon grisâtre à l'horizon bleu de la Martinique; deux berceaux qui semblent flotter sur la plaine liquide pour mieux se rapprocher un jour, comme ce pollen des plantes que les vents transportent à d'énormes distances, afin d'unir la double individualité qui perpétue l'espèce.

Le 24 juin 1763, jour où fut signé le traité qui restituait la Martinique à la France, naissait, dans la portion de l'île appelée les Trois-Ilets, une charmante créature appelée Marie-Françoise au baptême; ultérieurement connue sous le nom d'impératrice Joséphine. Issue d'un capitaine de port, Français d'origine, M. Tascher de la Pagerie, et d'une Américaine, mademoiselle de Sanois, elle semblait déjà résumer, en son berceau, la généreuse pensée d'union, qui, plus tard, conduisait nos flottes au delà de l'Océan pour conquérir les libertés américaines [1].

Grande fut la joie de la famille, magnifique la cérémonie du baptême. Aux nègres esclaves on accorda douze heures de liberté; aux colons malheureux des secours abondants. Tous ceux qu'attirait habituellement la bienfaisance héréditaire des Tascher de la Pagerie

[1] Primitivement la famille Tascher de la Pagerie habitait la Suisse, qu'elle abandonna pour passer dans le Perche, et de là dans les Antilles.

vinrent en foule leur offrir de sincères félicitations, décorer, semer de fleurs et de rameaux la maison natale de Joséphine, et disposer autour de son lit ces bouquets symboliques, ces paniers tressés, ces fruits odoriférants qui formaient les témoignages matériels d'une gratitude expansive.

A l'ombre du bananier aux larges feuilles, du balisier rouge, on dansa jusque bien avant dans la nuit. Les gens de couleur, abreuvés d'un tafia grossier, préférable pour eux au nectar coulant de la coupe d'Hébé, accompagnaient de cris d'allégresse la voix stridente du tam-tam, tandis que les maîtres, sous la double clarté des flambeaux de résine et des pâles rayons de la lune, suivaient avec animation la cadence inégale du violon, du fifre et du tambourin, musique classique de l'aristocratie coloniale.

C'était une vie douce et somptueuse que la vie menée par les riches habitants des Antilles : seigneurs souverains, fiers et dédaigneux, imbus de principes sévères, vivant seuls, régnant sur des centaines d'esclaves, il fallait à chacun d'eux, pour faire le tour de leurs domaines respectifs, magnifiques thébaïdes, le temps que le soleil met à monter et descendre à l'horizon. Prodigue envers eux, le ciel récompensait avec libéralité leurs moindres efforts ; une nature inépuisable produisait sans cesse, et, de quelque part que vinssent les impressions extérieures, elles agissaient sur l'âme comme la chaleur et la lumière sur les plantes.

Pendant la semaine, depuis la *barre du jour* jusqu'à la *barre de la nuit* [1], on travaillait avec ardeur ; on ne consumait point en oiseuses visites, en occupations frivoles, la moitié du temps ; le voyageur passager ne venait qu'à de longs intervalles troubler le calme uniforme

---

[1] Expression créole qui signifie le lever et le coucher du soleil.

de ces lieux solitaires; l'unique jouissance des colons était l'étude d'eux-mêmes, l'éducation de leur famille, la contemplation d'objets disséminés le long des côtes, véritable échelle graduée qu'ils montaient et descendaient avec les ailes de l'imagination. Le dimanche, au contraire, tout s'animait : des cases les plus éloignées accourait la *négraille,* menu *populaire* des Antilles; l'église resplendissait inondée de bouquets; sur des chevaux fins et des hamacs, sur des palanquins, des voitures dites *américaines, briska, porto-rico,* apparaissaient mille têtes, où, depuis le noir geai jusqu'au bistre du jaune le plus pâle, se mêlaient une infinité de nuances; où quelques figures blanches se montraient çà et là comme des perles fines perdues parmi d'autres coquillages, ensemble bordé d'étoffes éclatantes, couronné de guirlandes fleuries et de parasols; de sorte qu'aux premières sonneries de la grand'messe, dont le *commis à la police* donnait le signal, on eût dit une flottante marqueterie, qui, de ses ondulations bruyantes, couvrait un espace quelquefois considérable.

Après l'office s'ouvrait le marché; au marché succédaient les heures de repos; au repos le festin, au festin la danse, le jeu, la promenade, le silence et le sommeil. Voilà comment les années s'écoulaient entre deux sourires continus, le sourire du ciel et le sourire d'une terre toujours épanouie, toujours féconde.

L'indépendance d'allures, l'indépendance d'idées caractérisaient le système d'éducation coloniale. Jamais liens constricteurs n'empêchaient le développement physique des nouveau-nés. Ils croissaient avec la liberté de l'agneau qui bondit en sortant du sein maternel; ils recevaient, par tous les pores, cette vie suave des tropiques dont l'influence donnait à leurs membres une agilité gracieuse, à leurs poses un mol abandon, à leurs pensées quelque chose d'idéal et de parfumé ; nature d'élite, qui s'efface à mesure qu'on avance ; non que le climat diffère, mais les institutions humaines, les habitudes modifient l'action providentielle.

Lorsque Joséphine et sa sœur aînée, Maria, nommée communément Manette, enveloppées des plis ondoyants d'une mousseline blanche, folâtraient parmi les fleurs, non moins fraîches, non moins pures, non moins animées qu'elles, on eût dit deux angéliques créatures descendues sur terre pour représenter l'innocence. Un groupe de négresses veillaient près d'elles, les portaient dans leurs bras, les balançaient avec des tissus de liane entrelacés, chassaient les insectes à l'aide de larges éventails, et les égayaient tantôt par des chansons naïves, tantôt par des danses originales. On demeurait attentif aux gestes, aux moindres plaintes, aux moindres désirs de ces enfants. Presque reines dans la circonscription du domaine paternel, l'instinct d'exigence, l'esprit d'autorité croissaient avec l'âge chez Joséphine et Maria. — D'un regard, Joséphine faisait obéir tout le monde ; ses négresses, soumises aux variations de son humeur capricieuse, n'osaient élever la voix, et ses dépits enfantins troublaient parfois la quiétude dont M. et madame de la Pagerie jouissaient sous leur toit domestique. Parents débonnaires, d'une tendresse trop aveugle, ils voulaient qu'on satisfît la volonté mobile de leurs filles, et, sans le prévoir, ils contribuaient à l'altération insensible de la douceur de caractère qu'elles avaient reçue du ciel.

Dans une sphère sociale beaucoup plus élevée que celle où vivait Joséphine trônaient pour ainsi dire les Beauharnais. Descendus de Guillaume Beauharnais, sire de Miramion et de la Chaussée, qui, le 20 janvier 1390, avait épousé Marguerite de Bourges, cette famille, d'origine orléanaise, portait *d'argent, à la fasce de sable, surmontée de trois merlettes du même.* Sa devise : *Autre ne sers,* rappelait quelque éclatant souvenir de fidélité; une couronne de marquis relevait la simplicité de son blason.

Féconde en guerriers, la maison Beauharnais, après cinq siècles d'illustrations militaires, se trouvait, dans le milieu du siècle dernier, représentée dignement par deux frères, François et Claude, rivaux en mérite, rivaux en services, chefs d'escadre des armées navales, chevaliers des ordres du Roi, et qui tenaient à la Martinique un état princier. La même année, chacun d'eux s'était vu revivre dans la personne d'un fils : Claude, comte de Beauharnais, frère puîné, époux de Marie-Anne-Françoise Mouchard de la Garde, connue sous le nom littérairement célèbre de comtesse Fanny de Beauharnais, avait eu pour héritier, le 26 septembre 1756, le père de la princesse Stéphanie, épouse du grand-duc de Bade ; tandis que, le 12 août précédent, était né, dans la ville de la Rochelle, le comte François de Beauharnais. Alexandre, vicomte de Beauharnais, frère du comte François, qui fut mari de l'impératrice Joséphine, a vu plus tard le jour aux Antilles. Ainsi, l'un des deux frères venait au monde Vendéen, sur la terre classique du dévouement, quelquefois aveugle, aux dynasties royales; l'autre, Américain, naissait sur la terre classique de l'indépendance : antagonisme du berceau qui se reproduira dans un déplorable antagonisme politique, dont l'assassinat juridique du vicomte, l'émigration du marquis sont devenus la double conséquence.

A l'époque où croissait Joséphine, le père de ces deux

derniers enfants, sorte de vice-roi par l'importance et l'étendue de son commandement, possédait une position des plus brillantes. Lieutenant général, gouverneur des Antilles, il administrait la Martinique, la Guadeloupe, la Désirade, Marie-Galande, la Dominique, Sainte-Lucie, la Grenade, Tabago et plusieurs autres îles que nous a ravies l'Angleterre. C'était un homme sévère, vain, fastueux, mais accessible et bon. Les créoles se louaient de son intégrité; les hommes de couleur redoutaient sa justice en la bénissant. Les infortunes, auxquelles il ne pouvait compatir du haut rang qu'il occupait, trouvaient dans la personne de la marquise de Beauharnais [1] un avocat toujours officieux, un réparateur toujours intelligent.

Heureux mélange de sensualités orientales et d'habitudes européennes; concours animé d'individus nombreux appartenant à des nations, à des races différentes, et qui, pour agir, convergeaient tous du même point, subissaient la même volonté, l'hôtel Beauharnais retraçait la souveraineté du pouvoir dans le mouvement qu'il imprime autour de lui, et l'existence patriarcale dans les soins qu'exigeaient les possessions territoriales du gouverneur vice-roi : double exploitation de l'intelligence et de la force organisées sous un régime exceptionnel qui ne rencontrait en Europe aucune analogie.

S'étonnera-t-on qu'élevés au milieu des jouissances matérielles de la vie, au sein d'hommages rendus par des subordonnés d'autant plus humbles que la puissance d'un gouverneur était plus illimitée, les deux fils Beauharnais aient aimé le luxe et la représentation ; qu'ils aient apprécié la liberté, compris le pouvoir selon leurs impressions d'enfance? Les droits de primogéniture appartenant au comte François, un système d'abnégation

[1] Née Pyvart de Chastullé (Marie-Anne-Henriette).

étant imposé au vicomte Alexandre, il y eut dans leur politique une nuance tranchée de laquelle découlera, plus encore que de leur caractère, la marche opposée qu'ils suivront à travers les premiers conflits de la révolution française.

On concevra qu'entre les Tascher de la Pagerie, colons gentilshommes d'origine honorable, mais modeste, et les Beauharnais, se trouvait la distance, énorme au dix-huitième siècle, de la haute noblesse de cour à la petite noblesse provinciale ; qu'ainsi les charmes, les vertus, les talents, le cœur de Joséphine ne pouvant remplir cette lacune, équilibrer cette différence, un projet d'union matrimoniale entre les deux maisons ne manquerait pas d'amener les discussions, les conflits pénibles et les violences honnêtes qui compromettent le bonheur des familles et l'avenir de ceux qui les provoquent. Aux grandes souches aristocratiques semblait réservé le triste privilége des débats judiciaires, des scandales du prétoire. Les Beauharnais n'en devaient point être exempts : un procès pour cause de séparation juridique, entre Claude de Beauharnais, comte des Roches-Baritain, et sa femme la comtesse Fanny, eut beaucoup de retentissement ; il affligea cette famille. Les querelles de l'autre branche devaient un jour la peiner plus profondément encore.

Laissons les deux fils du lieutenant général marquis de Beauharnais, François et Alexandre, perfectionner en France les dons qu'ils ont reçus du ciel ; François regagner la Martinique pour s'initier aux devoirs d'un chef de famille noble ; Alexandre prendre du service, dès l'âge de quatorze ans, dans une compagnie de mousquetaires ; laissons leurs deux cousines germaines, filles de la comtesse Fanny de Beauharnais, attendre derrière la grille d'un couvent que l'alliance rêvée entre elles et les fils du marquis ait pu s'accomplir, et retournons aux Trois-Ilets, où croissent, s'embellissent et s'instruisent, sous le toit domestique, les demoiselles Tascher de la Pagerie.

Maria, l'idole de sa mère, dont elle avait la froide réserve, esprit mélancolique et studieux, âme plus tendre qu'expansive, ressemblait à ces jeunes Anglaises au teint pâle, aux traits fins et délicats, fleurs d'un jour qu'un toucher ternit, qu'un souffle déracine. Aussi vive, aussi pétulante que Maria l'était peu, Joséphine sentait bien plus qu'elle ne réfléchissait. Habile à saisir une idée, à constater un fait, cette idée, ce fait glissaient de sa mémoire sans presque y laisser la moindre trace, et la peine comme le plaisir ne produisaient sur ses traits qu'une fugitive empreinte. Elle avait acquis le surnom de *belle créole;* son père en était fier; il lui témoignait un faible qui rétablissait entre les deux enfants l'équilibre rompu par les préférences de madame de Tascher. Joséphine s'est peinte elle-même d'une manière exacte : « Je n'aimais point la gêne dans mes habits, ni la contrainte dans mes actions; je courais, je sautais, dansais du matin au soir; pourquoi aurait-on réprimé les mouvements de ma pétulante jeunesse? Je n'avais aucune envie de nuire à ceux de qui je recevais des témoignages d'amour. La nature me donna une grande facilité pour toutes les choses que je voulais entreprendre : j'appris à lire et à écrire en jouant; il en fut de même de ce que mon père m'enseignait, et il y avait peu d'hommes plus instruits, ni qui eussent une manière plus facile de se faire comprendre. Je n'eus de maîtres étrangers qu'à douze ans; ils reçurent de lui les mêmes instructions qu'il leur avait données pour Maria, et on ne m'enseigna rien que par forme d'amusement. J'ignore si cette méthode réussirait pour tous les enfants, je sais bien que pour moi elle eut les plus heureux résultats. »

Les Tascher de la Pagerie, riches et considérés, goûtaient avec bonheur, sous la fécondante activité du soleil des tropiques, cette molle et voluptueuse existence qui réalise l'oubli des maux, qui de la vie matérielle fait un tissu d'illusions charmantes où l'on berce l'avenir. Tandis qu'ailleurs, maîtresse sans entrailles, gorgée d'or, repue d'ignobles jouissances, la cupidité régnait sur des milliers d'esclaves, au teint d'ébène, retranchés de la loi commune, et cultivant une terre que leur sang même ne fertilisait pas pour eux, dans les habitations patriarcales des Galifet, des Tascher de la Pagerie, le chrétien relevait l'esclave, et le bien-être, la possession, l'indépendance, devenaient pour les nègres la juste récompense du travail. — « Les maîtres, disait Joséphine à ses enfants lorsqu'un retour vers le passé lui suggérait l'idée de leur révéler quelques-unes des impressions les plus vraies, les plus suaves de sa vie, les maîtres se montraient sans dureté; les esclaves, pleins de zèle, vivaient sans douleurs. A la liberté près, les noirs partageaient tous les avantages de la société et quelques-uns les plaisirs de la vie. L'amour ne leur était pas interdit, et des mariages assortis récompensaient leur longue tendresse. Loin de leur patrie, ils voyaient croître leur famille et se développer leurs alliances. Et lorsqu'au son du tambourin ils exécutaient, sous des berceaux de palmiers, leurs danses nationales, ils pleuraient de joie et croyaient avoir retrouvé leur pays. Je n'étais point étrangère à leurs jeux, parce que je n'étais ni insensible à leurs peines, ni indifférente à leurs travaux. »

Le dessin, la musique instrumentale et vocale, la

danse absorbaient presque toutes les facultés de Joséphine. Elle y fut superficielle, comme en d'autres choses, et bien malavisé serait celui qui le trouverait mauvais, car c'est d'un tel ensemble que se formait la femme gracieuse, la reine si généralement aimée.

Madame de Tascher, affligée de ne lui voir ni la froide raison, ni les connaissances positives de Maria, voulait la mettre au couvent. M. de Tascher ne le croyait point utile et comptait sur l'influence ultérieure de l'âge. Un jour cependant que Joséphine, par sa nonchalance et ses étourderies, avait mécontenté sa mère plus que d'habitude, madame de Tascher obtient de son mari l'arrêt d'exil, et le départ immédiat de la jeune créole pour la France est décidé. — « Ma bonne enfant, lui dit madame de Tascher, ton âme et ton cœur sont excellents; mais ta tête... oh! quelle tête!... Tendre jusqu'à la faiblesse, je ne t'ai jamais contrariée; j'ai consulté tes penchants, au lieu de les diriger; j'ai prié lorsqu'il fallait ordonner, cédé quand il importait d'exiger. Un tel système, dont je ne saurais aujourd'hui me départir, te deviendrait préjudiciable. Il faut nous séparer. Ici, tu n'as autour de toi que des créoles nonchalantes dont l'exemple te gâte, ou des négresses aveuglément esclaves de tes caprices; en France, tu trouveras des compagnes, des émules qui stimuleront ton amour-propre et corrigeront tes défauts. Tu nous reviendras instruite, posée, raisonnable; notre tendresse pour toi ne fera que s'en accroître... »

Joséphine, profondément émue, verse des larmes abondantes; les sanglots l'étouffent : on s'alarme, on appelle M. de la Pagerie, qui accourt consoler sa fille. Dans cet accès de désespoir, Joséphine prononce le nom de William et révèle ainsi le véritable état d'un jeune cœur qui s'ignorait encore lui-même.

William, jeune Anglais dont les ancêtres, alliés aux Stuart, avaient partagé l'infortune de ces derniers, captiva le cœur de la *belle créole* à un âge où l'amour sommeille heureusement incompris au fond de notre être. Les parents de William, amis et voisins des Tascher, caressaient l'idée de s'unir à eux d'une façon plus intime, en leur offrant William pour gendre, et les Tascher ne repoussaient point cette éventualité. « Nous croissions chaque jour sous les yeux paternels, disait Joséphine; ils aimaient à présider à nos jeux enfantins... J'informai mon jeune ami de la menace que m'avait faite madame de Tascher de m'éloigner de la Martinique; dès cet instant nos âmes ressentirent les mêmes déchirements, la même douleur, et l'un et l'autre nous résolûmes de nous soustraire aux chagrins dont nous menaçait une fatale séparation. »

Cette séparation n'eut point lieu. William, tombé malade, conjura sa mère d'intercéder pour lui, pour sa Joséphine, et l'arrêt fut révoqué, mais à certaines conditions dont souffrit l'amour-propre de Joséphine. Une année s'écoula paisible, pendant laquelle nos deux jeunes amants, instruits par le même maître, firent des progrès d'autant plus sensibles qu'un autre maître, l'amour, stimulait leur intelligence.

Tout à coup, l'héritage de lord Lova rappelle les parents de William en Angleterre. Ils s'y rendent avec leur fils, perdu dès lors pour Joséphine, laquelle, dans la superstitieuse crédulité de son âme, imitant J.-J. Rousseau, consultait l'avenir en essayant contre un arbre le jet de petites pierres dont elle interprétait la direction.

Plus la vie s'écoule uniforme, plus les peines du cœur sont difficiles à guérir : Joséphine ne trouvait de ressources contre elle-même que dans le sentiment de la bienfaisance et dans la contemplation de la nature. Souvent il lui arrivait de parcourir le vaste territoire des Trois-Ilets pour alléger les misères, soigner les malades. L'habitude qu'avait prise M. de Tascher de fêter l'anniversaire de son mariage ou de la naissance de ses filles, en accordant la liberté à quelque esclave qui s'en était rendu digne, développait du maître à l'affranchi une solidarité réciproque de services et de gratitude dont nos jeunes créoles devenaient les intermédiaires. Elles aidaient leurs noirs à contracter mariage; elles leur faisaient comprendre les douceurs de la famille et les dirigeaient pour l'éducation des êtres qui naissaient d'eux. « Bonnes maîtresses, nègres à vous auront beaucoup d'enfants, » disaient-ils, et tous, du plus loin qu'ils apercevaient Joséphine et sa sœur, couraient se prosterner à leurs pieds, baiser leurs mains, leurs robes, et donner les marques extérieures d'une sincère gratitude.

Quand les rayons rougeâtres d'un soleil couchant coloraient les pitons des montagnes, Joséphine, accompagnée tantôt de son père, tantôt de quelque esclave ou de son chien fidèle, suivait ces allées de bambous et de lataniers à grandes feuilles qui formaient autour de l'habitation un méandre de verdure. La brise du soir enlevait aux basilics l'odeur de girofle qu'ils recèlent, les cocotiers balançaient leurs palmes évasées, les bananiers leurs feuilles longues, larges et lustrées, les palmistes, leurs flèches aiguës et flexibles. Elle s'arrêtait volontiers au bord de l'eau, s'y reposait sur de longues feuilles de scolopendre qui, de leurs rubans vert-pourpré, festonnaient le rivage; elle s'abritait contre un buisson d'aloès ou de cierges épineux, adoptait pour parasol un agathis aux grappes blanches pendues sur sa tête comme des girandoles, et de là voyait l'oiseau blanc du tropique, l'alouette marine, exilés de l'Océan indien, chercher leur route à travers le ciel, comme elle-même cherchait à orienter son imagination rêveuse. D'autres fois le chant si doux des bengalis, les évolutions des cardinaux à l'aile flamboyante, l'attiraient dans quelque bosquet où le tamarin, le papayer constituaient des chapiteaux successifs, véritables reposoirs, presque impénétrables au soleil. De ces promenades, elle revenait plus calme, mais peut-être encore plus aimante.

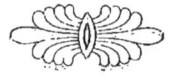

CHAPITRE DEUXIÈME.

LA CORSE,

BERCEAU DES BONAPARTE.

La Corse sous le gouvernement de Paoli. — Les Abbatucci; les Arrighi; les Bonaparte; les Casabianca; les Ornano; les Pietri, etc. — Le comte de Marbœuf. — Occupation de la Corse par les Français. — Les Comnène; les Ramolini; les Fesch. — Mariage de Charles Bonaparte et de Letizia Ramolino. — Naissance de Joseph Bonaparte. — Soulèvement et dernière lutte de la Corse contre la France. — Le palais de Paoli. — L'hôtel de Gaffori. — Attitude de la famille Bonaparte. — Napoléon est conçu dans la maison des Gaffori. — Vie errante de Charles Bonaparte et de sa femme. — Le Monte-Rotondo, asile des vaincus fugitifs. — Charles Bonaparte s'exile avec Paoli. — Son arrivée au Porto-Vecchio, à Livourne, à Pise. — Rentrée de madame Letizia dans Ajaccio. — Précurseurs de Napoléon.

> Le Monte-Rotondo est comme la première patrie de Napoléon; il semble digne d'avoir enfanté un tel colosse de gloire.
> VALÉRY, *Voyage en Corse*.

Figurez-vous une terre volcanisée, où coulent des torrents de laves à travers un monceau de cendres, chaudes encore d'irruptions récentes; figurez-vous des hommes, dans la témérité de leur patriotisme énergique, hardis constructeurs, élevant avec des ruines un édifice politique, opposant à la marche des laves autant de digues qu'elles peuvent offrir de courants divers, rêvant l'ordre au sein du désordre, et préparant les bases d'une stabilité future, vous aurez l'image de la Corse quand elle luttait pour ses libertés.

Paoli régnait; il avait su fixer l'esprit mobile du peuple le plus mobile de l'Europe; il avait triomphé de

Gênes et des complots, acculé l'ennemi dans quelques places maritimes, construit des fortifications, régularisé la levée en masse, qu'il divisa par tiers, chaque section devant marcher à son tour; il recevait de plusieurs puissances des témoignages d'estime, du bey de Tunis une ambassade et des présents, du grand Frédéric une épée; il frappait une monnaie nationale, faisait prêcher l'insurrection comme devoir, et plaçait l'honneur insulaire sous la sauvegarde d'un peuple constamment armé.

Battus chaque fois qu'ils sortaient de leurs villes crénelées, les Génois n'osaient tenir campagne. Repoussés avec perte s'ils essayaient d'escalader un rempart, les Corses s'en éloignaient à distance; de sorte qu'entre ces rivaux irréconciliables existait une trêve obligée, qui n'était ni la paix ni la guerre. Les jours passés sans combattre, Paoli les consacrait à l'organisation intérieure, aux préparatifs d'une lutte qu'il voulait rendre décisive. Il établissait un arsenal, une fonderie de canons, une imprimerie, un journal, une espèce d'université de laquelle sont sortis les Arena, les Carlo Bonaparte, les Boerio, les Castelli, les Cataneo, les Lorenzo Giubega, les Pietri, les Pompei, personnages distingués dans les lettres, la législation et les sciences. Souvent il visitait ses États accompagné d'un nombreux cortége, plus imposant par sa valeur que par l'éclat de ses costumes militaires. C'étaient surtout les principaux élèves de cette même université, parmi lesquels se groupaient des Abbatucci, des Arrighi, des Casabianca, des Ceccaldi, des Gentili, des Ornano, des Salicetti, des Sebastiani, etc., noms chers à la Corse comme ils le sont devenus depuis à la France, et qui restaient gravés dans la mémoire du montagnard avec le grand nom de Paoli.

Gênes alarmée, prévoyant l'expulsion prochaine de

ses derniers soldats, et ne voulant pas continuer des hostilités ruineuses, sollicita l'intervention du gouvernement français, qui ne demandait pas mieux de lui venir en aide. Six bataillons, sous les ordres du lieutenant général comte de Marbœuf, furent chargés de remplacer aussitôt les garnisons génoises (1764).

En Corse, on n'avait point d'antipathies pour nous, notamment depuis qu'une légion considérable, levée dans cette île, servait sous nos propres drapeaux [1]. Aussi préférait-on mille fois notre présence à celle des troupes liguriennes, dont le retrait fut considéré comme un premier pas dans les voies de la paix et du bonheur.

Bastia reçut Marbœuf avec cordialité. Il n'arrivait précédé, ni d'une réputation brillante, ni d'une réputation fâcheuse ; on le savait honnête, brave, désintéressé. Sa figure ouverte, ses manières gracieuses, ses habitudes d'exquise politesse confirmaient cette opinion, et chacun voyait en Marbœuf la main qui protége plutôt que la main qui menace. Après certaine hésitation, Paoli ne craignit point de nouer avec lui des relations suivies, d'où ne pouvait manquer de naître une estime réciproque, et pendant quatre années d'occupation, notre colonie militaire vécut heureuse, la Corse exista tranquille. Marbœuf laissa même au dictateur Paoli une telle liberté d'action, qu'il put s'emparer de Caprara, petite île dont la population belliqueuse, composée d'environ quinze cents marins intrépides, accrut notablement sa puissance militaire.

A dater de cette époque, la présence dans la ville d'Ajaccio d'une partie des Grecs de Paonia, et celle d'une colonie française assez considérable, tempérèrent la rudesse des indigènes, mêlèrent nos mœurs, nos idées avec les habitudes locales, et modifièrent quelque peu le ton

---

[1] Tite Buttafuoco la commandait.

de la société. Parmi les familles aristocratiques tenant maison se trouvaient les Bonaparte, les Comnène, les Ramolini; et, parmi les jeunes filles les plus belles, les plus séduisantes de l'île, mademoiselle Comnène, mère de la future duchesse d'Abrantès; mademoiselle Letizia Ramolino, mère de Napoléon. Leurs caractères différaient beaucoup l'un de l'autre; elles se voyaient souvent néanmoins, et rivalisaient de coquetterie.

Maria-Letizia Ramolino, née le 24 août 1750, descendait, par son père, des comtes de Colalto, Génois d'origine, qui, dans leur parenté, citaient orgueilleusement plusieurs doges. Sa mère, remariée en secondes noces avec François Fesch, premier lieutenant du régiment suisse de Bonard, au service de France, en avait eu deux enfants : Catherine, décédée fort jeune, et François Fesch, né le 3 janvier 1763, qui, devenu prêtre, fut cardinal, placé sur le siége archiépiscopal de Lyon.

Les hommages ne faisaient point faute à la signora Letizia. Plusieurs prétendants briguaient sa main; mais entre eux elle avait distingué Carlo Bonaparte, jeune homme d'une taille élégante, d'une mise recherchée, d'un maintien noble et d'une figure agréable. Spirituel, plus étourdi qu'on ne devrait l'être à vingt ans, mais plein de patriotisme et de courage, il avait rendu quelques services dans la guerre d'indépendance, et mérité les éloges, la confiance de Paoli, dont il devait se montrer un des soutiens les plus énergiques, un des amis les plus fidèles.

En partageant son amour, Letizia partageait ses convictions politiques, son ardeur à défendre les libertés nationales. Ne pouvant combattre avec lui, elle brodait des drapeaux, faisait de la charpie, versait dans le tronc des blessés les petites sommes accordées à ses fantaisies, et pratiquait, par le monde, cette sorte de propagande animée qu'une jolie personne opère avec un succès si prompt et si facile.

Passionnés pour les mêmes choses, Bonaparte et Letizia ne devaient point tarder de le devenir l'un pour l'autre. S'aimant d'un amour brûlant, l'impatience d'être unis leur faisait envisager comme beaucoup trop éloigné le terme qu'assignait à cette union la sagesse paternelle, et semait d'ennuis, d'inquiétudes jalouses l'existence des deux amants. Ils vivaient souvent séparés, Bonaparte ayant abandonné l'université corse pour suivre les cours de droit de l'université pisane.

Le père et la mère de Napoléon s'appartenaient depuis un an, lorsque, le 7 janvier 1768, Letizia mit au monde un premier né, Joseph, petit ange de bonté, souriant à tous. Elle habita pendant quelque temps la campagne, exclusivement préoccupée de lui. Ce fut là qu'une agitation vague, symtôme précurseur de graves événements politiques, semblable au malaise que fait ressentir l'incubation des tempêtes, vint la saisir, en même temps qu'elle irradia jusque sur l'université pisane, où se trouvait alors Charles Bonaparte.

Le 4 du mois d'août expiraient les quatre années de l'occupation française. Bien des gens s'imaginaient qu'enfin la Corse, pacifiée sous l'égide du drapeau blanc, arborerait, au faîte de tous ses clochers, les couleurs nationales, et se constituerait définitivement en royaume.

Déjà quelques philosophes, J.-J. Rousseau, Raynal, etc., avaient crayonné pour elle des projets de constitution; déjà le génie révolutionnaire la regardait comme un trépied, d'où plus tard il s'élancerait d'un bond sur l'Europe ébranlée. Mais les esprits froids, initiés à la pratique des hommes autant qu'à la pratique des affaires, n'ayant vu dans l'acte d'occupation qu'une simple trêve sans acquiescement, sans reconnaissance de principes, estimaient une nouvelle lutte inévitable. C'était l'opinion de Paoli : aussi chaque jour s'y disposait-il; et quand le gouvernement français, substitué aux droits de Gênes, donna l'ordre de l'attaquer, Paoli fut assez fort pour riposter avec avantage.

Le 28 août, la France lève hardiment son masque. Elle fait publier en Corse l'édit du roi qui décide la réunion de cette île à notre territoire, et met sous les ordres du marquis de Chauvelin une armée vaillante chargée d'appuyer sa volonté. D'autre part, sans redouter les chances malheureuses d'une lutte inégale, sans prendre la peine de compter leurs ennemis, les insulaires se lèvent : enfants et vieillards prennent les armes; l'insurrection s'avive comme un vaste brasier au souffle de tous les vents.

Occupant le centre de l'île, la petite ville de Corté forme un point stratégique d'où peuvent se disséminer sans obstacle toutes les forces belligérantes. Paoli en avait fait judicieusement sa résidence : il y habitait un hôtel dont les portes massives et les épais volets doublés de liége le garantissaient des coups de fusil de la *vendetta*, et dont la garde, composée de six chiens énormes, lui présentait plus de sécurité qu'il n'en trouvait dans les quatre-vingts soldats que lui imposait la sollicitude soupçonneuse de la consulte générale.

Ce fut là qu'un jour, montés sur de petits chevaux indigènes aux vives allures, accompagnés d'amis et de serviteurs fidèles, munis d'armes excellentes, mais légers de bagage, arrivèrent Charles Bonaparte et sa femme. Ils venaient offrir leurs services à Paoli, qui, les ayant acceptés volontiers, leur désigna l'hôtel de Gaffori pour demeure.

Gaffori! quel est ce nom? d'où vient-il? quel biographe en a buriné l'histoire? quel poëte l'a chanté? quelle palette habile en a retracé l'effigie? Descend-il des héros de Plutarque ou des martyrs de l'Évangile? Le caractère chrétien dont il apparaît revêtu semble rehausser sa gloire, autant que son exceptionnelle actualité semble l'éloigner de notre époque d'égoïsme, et le confondre avec les grandes figures d'Homère.

Il y eut un Gaffori, contemporain du roi Théodore, vaillant capitaine, qui pressait vivement la citadelle de Corte. Pour glacer son audace, les Génois exposent sur la brèche son fils unique, livré par une nourrice perfide. — « Soldats, s'écrie Gaffori, marchez, continuez le feu. Je suis citoyen avant d'être père. » — Et bientôt la citadelle tombe sans que l'enfant reçoive la moindre atteinte.

Sa femme n'était pas moins intrépide. En l'absence de son mari, menacée d'être prise par les Génois, elle se barricade chez elle, met dans une salle basse un baril de poudre, s'entoure de quelques défenseurs et leur dit : — « Je vais descendre avec une mèche allumée, et si j'entends que votre feu cesse, je me fais sauter avec vous. » — Cette résolution la sauva.

Peu de temps après Gaffori périssait assassiné par son frère, surnommé le Caïn de la Corse ; et sa femme, saisissant la chemise ensanglantée de cette honorable victime, la montrait à son fils âgé de douze ans : « Cher enfant, ajoutait-elle, jure-moi de ne jamais pardonner aux Génois, cause indirecte de l'assassinat de ton père; jure-le par sa tête, par le sang de ses blessures, par la douleur de ta mère ! »

Voilà dans quel lieu, dans quel sanctuaire de patriotisme et de gloire, entouré de quels souvenirs, fut conçu Napoléon. Les traces du meurtre de Gaffori s'y reconnaissaient encore; son épée, celle de sa femme brillaient appendues aux lambris; leurs portraits, ceux de leurs ancêtres, galerie vivante, semblaient veiller sur leur postérité. Des stigmates de guerre, des milliers de cicatrices produites par les espingoles génoises sillonnaient les sombres murailles de cette vénérable demeure, digne assurément de couver un empire.

Malgré trois nouveaux régiments débarqués en Corse le 18 septembre, Chauvelin fut battu presque dans toutes les rencontres. Affaibli, démoralisé, sans ressources, il demande une trêve, il ouvre des négociations. — « Dites-lui, répond aux envoyés le général Paoli, que je traiterai de la paix quand les Français nous auront rendu tous les postes dont ils se sont emparés. »— N'espérant pas, à moins de forces nouvelles, réduire ces fiers insulaires, Chauvelin quitta la Corse vers la fin du mois de décembre, et le comte de Marbœuf tâcha, non sans peine, de garder les points occupés.

Rentrés dans la ville d'Ajaccio, M. et madame Charles Bonaparte y suivaient avec anxiété les phases si variables de l'opinion. Ils s'étaient bien douloureusement émus d'une tentative d'assassinat dirigée contre Paoli par le comte Pérès et par deux prêtres fanatiques, Fabiani et Salicetti; et le temps que Charles Bonaparte n'employait point à guerroyer, il l'utilisait pour ranimer dans les campagnes le zèle qui paraissait s'attiédir : — « Compagnons, s'écriait-il un jour, si, pour être libres, il ne s'agissait que de le vouloir, tous les peuples le seraient; cependant l'histoire nous apprend que peu sont arrivés au bienfait de la liberté, parce que peu ont eu le courage, l'énergie, les vertus nécessaires. »

CHAPITRE II.

Au printemps, la guerre prit des proportions qu'elle n'avait jamais eues; c'était la lutte suprême. La France voulait en finir, et le général de Vaux arrivait avec vingt mille hommes de troupes fraîches. D'autre part, les Corses redoublèrent d'énergie; mais la victoire s'attache aux gros bataillons. Surpris entre deux feux, battus dans la sanglante affaire de Ponte-Nuovo, les Corses, pour charger, se sont fait un rempart de leurs morts et de leurs blessés. Paoli voyait s'accomplir les dernières destinées indépendantes de la patrie.

Charles Bonaparte, devenu chef d'état-major, désirait combattre : il le conseillait, on le pouvait ; mais Paoli ne voulut point prolonger cette agonie d'une nation qui descend vers la tombe, sans savoir si les pièves montagnardes lui prêteraient main-forte. Bonaparte eut mission de les sonder, de se mettre à leur tête et d'opérer une diversion. Malheureusement elles demeurèrent immobiles. Dès lors, Paoli se retira sous Vivario, défendit avec vaillance le passage du Vecchio, dernier boulevard de sa petite armée, centralisa ses forces, et, pendant un mois, stationna comme le lion blessé du Sahara, que n'ose approcher le chasseur.

Ce fut dans cette lutte d'une poignée d'intrépides montagnards contre un colosse comme la France qu'apparurent avec tout leur éclat le dévouement patriotique et le courage de la signora Letizia Bonaparte. On la vit, déjà grosse depuis plusieurs mois du héros qu'elle portait, faire à pied, à cheval, des courses longues à travers les flancs escarpés du Monte-Rotondo, quelquefois poursuivant les Français, ordinairement poursuivie, manquant des choses les plus nécessaires ; de jour, escaladant des rochers, traversant de longues bruyères ; de nuit, bivouaquant couchée sur le sol, animant du geste et de la voix les familles patriotes qui la suivaient, et ne voulant autour d'elle ni gardiens ni défenseurs. — « Leurs efforts suprêmes sont pour la Corse, disait-elle ; qu'ils se battent jusqu'au dernier, qu'ils triomphent ou périssent. » — Elle eût voulu bien moins encore que Bonaparte l'accompagnât. — « Allez, s'était écriée cette femme héroïque ; allez, sans vous inquiéter de ma personne, retrouver Paoli. Plus le danger s'accroît, moins il faut songer à vos affections domestiques. Ne déposez l'épée qu'avec l'épée de votre général, et s'il doit céder au nombre, tâchez d'adoucir l'amertume de sa défaite. » — Et Charles Bonaparte suivait avec résolution les conseils de la signora Letizia, et le mari restait digne de sa femme, la femme digne de son mari. Il fut du petit nombre de braves qui accompagnèrent Paoli jusqu'à Porto-Vecchio et qui veillèrent sur lui jusqu'à ce que, embarqués sur deux vaisseaux anglais qui les conduisirent au port de Livourne, ils l'eurent mis hors d'atteinte du poignard des Génois et de la *vendetta* de quelques familles corses.

Le 13 juin 1769 Paoli partit pour Londres avec son frère, toute sa famille, plusieurs amis et trois cent quarante vieux soldats, plus attachés à leur général qu'ils ne l'étaient à leur île. Charles Bonaparte voulait aussi l'y suivre ; mais le général lui conseilla de demeurer sur les frontières d'Italie, et d'attendre, avant de rejoindre sa femme, que l'intervention des Français eût pacifié l'île. En conséquence, il se rendit à Pise pour reprendre ses études de droit et subir les examens du doctorat. Après les avoir honorablement passés, il couronna l'œuvre par une thèse brillante et par une fête somptueuse où toute l'école fut conviée.

Durant cet intervalle, les proscriptions cessaient : madame Letizia rentrait dans Ajaccio. Longtemps d'avance les Arrighi, les Gentili, les Giubega, avaient tâché d'y paralyser les effets d'une haine héréditaire que portaient aux Bonaparte les Arena, les Capo d'Istria, les Salicetti, voir même les Abbatucci et les Bacciochi, devenus depuis si dévoués à leur cause! Parmi les Bacciochi grandissait alors un enfant, Félix [1], qui plus tard devait épouser Élisa Bonaparte, sœur de l'Empereur, et serrer le nœud de réconciliation des deux familles.

Fanaux précurseurs, qu'on dirait allumés d'avance autour du berceau de Napoléon pour l'éclairer de leur lumière, plusieurs belles âmes, plusieurs nobles cœurs s'élevaient alors sur divers points : en Auvergne, Desaix [2]; dans la Guyenne, Bessières [3]; dans les Pyrénées-Occidentales, Harispe [4]; tandis que Joseph Bonaparte, rapporté sous le toit maternel, s'amusait des joyaux monarchiques qu'en partant Paoli avait laissés, pour souvenir d'affection, entre les mains de madame Letizia.

[1] Né le 18 mai 1762.
[2] Général en chef des armées de la République, né à Saint-Hilaire-d'Ayat (1768), tué à Marengo.
[3] Maréchal de l'Empire, duc d'Istrie, né à Preissac (1768).
[4] Maréchal de France depuis 1852, né le 5 décembre 1768.

CHAPITRE TROISIÈME.

PREMIÈRE ENFANCE DE NAPOLÉON.

Fête de l'Assomption. — Naissance de Napoléon et de plusieurs grandes illustrations contemporaines. — Baptême de Napoléon. — Sa première enfance; sa physionomie; son caractère. — Rapprochement, similitudes entre Napoléon, Tasse, Pascal et Byron. — Maison et vie d'intérieur des Bonaparte. — Premières années de Joseph Fesch, de Joseph et de Napoléon Bonaparte, de Joachim Murat, etc. — Nécessité qu'il y a de remonter au berceau d'un homme pour bien apprécier son génie. — État politique et social de la Corse. — Retour de Ch. Bonaparte en Corse; sa position nouvelle; son influence; il devient favorable à la France. — Administration du comte de Marbœuf. — Liaison intime des Bonaparte avec la maison du comte. — Développement de Napoléon. — Sa turbulence. — Naissance et vie enfantine de Ch.-Emm. Leclerc, futur beau-frère de Napoléon; de Lucien, d'Élisa et de Louis Bonaparte. — Études, inclinations, jeux, goûts particuliers de Joseph et de Napoléon Bonaparte. — Joseph Fesch au séminaire d'Aix; Joachim Murat au collège de Cahors. — Missions politiques de Ch. Bonaparte.

> « Je naquis quand la patrie périssait. »
> NAPOLÉON, *Lettre à Paoli* (1789).

C'était le 15 du mois d'août : jamais soleil plus radieux n'avait illuminé le monde; jamais accord n'avait semblé plus parfait entre les joies d'en haut et les joies d'ici-bas. Tout se préparait pour célébrer dignement une fête devenue, depuis le vœu de Louis XIII, la fête patronale des Français; et comme il entre dans les secrets desseins de la Providence d'unir par la religion les peuples que la politique isole les uns des autres, on voyait, à l'occasion de cette solennité, depuis le détroit de Gibraltar jusqu'aux rivages siciliens, la population continentale tendre les bras à la population maritime, afin d'honorer ensemble la Vierge de concorde et de paix. Ainsi la Corse, qui ne voulait être ni génoise, ni toscane, ni française, mais qui voulait vivre de sa vie propre, partageait nos sympathies chrétiennes avant de partager nos sympathies nationales. Ses vœux montaient en holocauste avec les nôtres; et la Vierge attentive, recueillant la prière du faible et la prière du fort, pour les confondre sous un même réseau de protection mystérieuse et d'amour, la Vierge donnait à la France la Corse; à la Corse, un nid d'aigles dont cette île méditerranéenne, bouquet de granit, de verdure et de fleurs, devenait l'auguste berceau.

Au bruit sonore de l'airain matinal, Ajaccio s'était éveillée; les muletiers du Valinco avaient attaché leurs bouquets rubanés au cou de leur cavale; le nautonier, dans la rade, avait arboré le pavillon au grand mât; et des troupes de montagnards, revêtus d'habits à couleurs éclatantes, arrivaient en nombre considérable, précédés ou suivis de mais de verdure, portant à la main des couronnes, semant de fleurs le chemin qu'ils foulaient, et chantant, à partie double, au son du cornet ou de la cornemuse, de retentissantes villanelles. Tout prenait une physionomie poétique et religieuse. Par les rues, on ne voyait que tapisseries tendues, banderoles flottantes, autels dressés. La foule ondulait bruyante et compacte, et la population des maisons, que comprimait la population des rues, allait s'épandre le long des balcons et jusque sur les toits. A peine si les arquebusiers de service pouvaient conserver leur immobilité. Chacun s'animait, se heurtait dans ce pêle-mêle immense.

Une femme, au terme de sa grossesse, tenant à la main un enfant d'environ six années, qui devait plus tard occuper le siége archiépiscopal de Lyon, cheminait alors précédée de deux domestiques, accompagnée d'un homme grave, au maintien distingué, l'archidiacre d'Ajaccio, son beau-frère. De leur habitation à l'église où la messe allait commencer, ils se faisaient aisément un passage; c'est qu'au-devant de cette femme, comme jadis à l'aspect de la mère des Gracques, le peuple respectueux s'effaçait, et l'on entendait dire : *Place à la signora Letizia, à la signora Bonaparte!* L'entrée dans le sanctuaire offrait des difficultés plus grandes encore. Elles furent aplanies par d'autres prévenances analogues dont il ne faut pas être surpris chez des insulaires à formes rudes, qui ont hérité de la fierté romaine et du profond respect que les enfants du Tibre portaient aux femmes devenues épouses et mères.

Madame Letizia avait en Marie la confiance la plus absolue; bien qu'elle fût d'une remarquable énergie, propre à dominer le sort, souvent il lui arrivait de réclamer l'intervention de son auguste patronne; et, dans ces mille riens qui font la vie d'intérieur, dans les froissements qu'amène le contact de l'humanité, elle aimait d'avoir recours à la Vierge et de lui confier les secrets ennuis qui tourmentaient son cœur. Aussi, chez les Bonaparte, la fête universelle était en même temps un anniversaire de famille, la fête du toit domestique. Madame Letizia venait au pied des autels, forte de sa propre foi et de la piété des siens; elle y trouvait sa place accoutumée; la petite famille s'y groupait selon l'usage; laissant vide, par esprit de convenance respectueuse, le siége qu'eût occupé son chef *Carlo Bonaparte*.

Aux premiers chants du prêtre, des douleurs aiguës saisissent madame Letizia. La souffrance devenant de plus en plus significative, elle se voit contrainte d'y céder; elle sort de l'église, et s'empresse de regagner sa demeure, dont elle ne peut même atteindre la chambre à coucher. Ce fut au salon sur un canapé qu'elle accoucha. *Mammucia Caterina*, vieille femme, depuis longtemps au service de la famille, reçut l'enfant dans ses bras, lui fit sa première toilette, et, triomphante, courut le présenter à madame Letizia, ainsi qu'à sa belle-mère, augurant bien pour l'avenir de ce que résolûment il suçait son pouce. N'eût-on pas dit qu'en madame Bonaparte la nature impatiente s'était hâtée de produire celui qui devait être l'orgueil de sa race, et qu'en le faisant naître si bas, sur un sol presque nu, l'éternelle sagesse voulait d'abord le confondre avec le commun des hommes, sous le niveau de l'égalité chrétienne !

Midi sonnait. A la même heure, car dans ce merveilleux enfantement, tout tenait presque du prodige, l'astronome Messier découvrait la comète qu'il a baptisée depuis du nom de Napoléon. Étrange corrélation dans les faits, qui explique la persistance des esprits vulgaires à croire qu'un astre est monté dans les cieux quand l'âme du grand empereur est descendue sur la terre, et que le même astre a disparu dès que lui-même n'a plus fait partie de la cohorte des vivants. Si la science repousse une telle idée, la poésie doit s'en emparer; car l'humanité grandit et s'élève chaque fois que dans ses actes elle accepte ou recherche la solidarité du ciel. A cet astre nouveau nous pourrions d'ailleurs assigner sa pléiade, le montrer entouré de satellites apparus presque en même temps que lui, et qui l'ont accompagné dans sa course rapide, pour servir de reflets à ses rayons : Cuvier, conquérant infatigable de la science, le souverain d'un monde, monde fossile, monde éternel dont jamais ses héritiers ne resteront dépossédés; Chateaubriand, monarque de l'empire des lettres, à l'orgueilleux génie duquel le génie napoléonien n'a point laissé suffisamment d'échos ni d'espace ; Walter Scott, qui, non content de régner sur d'incommensurables plaines découvertes au sein du passé par son imagination créatrice, est descendu librement d'un trône qu'il s'était élevé, pour lutter avec la politique, pour épouser les aveugles passions de l'époque, et consacrer une plume, hélas ! trop complaisante, à justifier les haines du cabinet britannique... Ces rois de la pensée humaine, et beaucoup d'autres illustrations, nées à quelques mois, à quelques jours d'intervalle du futur empereur, ont vu monter presque simultanément avec la sienne leur brillante étoile à l'horizon. Pozzo di Borgo, par exemple, le mauvais génie de Napoléon, recevait le jour dans le village d'Alata, vis-à-vis d'Ajaccio ; Belliard, Lannes, Lavalette, Ney, Soult, état-major improvisé, surgissaient presque à la fois ; Ducis écrivait Hamlet, sa plus belle tragédie ; Picard venait consoler la scène des pertes qu'elle allait éprouver...

 Tous les membres de la famille Bonaparte, présents dans la ville d'Ajaccio, les *Ornano*, les *Ramolini* eurent bientôt salué la *signora Letizia*. Ce fut ensuite au tour des parents et des amis de la campagne, les *Arrighi*, les *Giubega*, les *Paravicini*, etc., c'était à qui verrait l'enfant *di nostra donna*, à qui tirerait un pronostic avantageux de sa venue le 15 août, à qui reconnaîtrait en lui certaine ressemblance, souvent imaginaire, avec quelque grand parent. Chaque matin, les patriciens d'Ajaccio s'inscrivaient à sa porte ; les partisans de Paoli, dont *Carlo Bonaparte* courait la fortune adverse, venaient, avec sollicitude, s'enquérir d'une héroïne qui leur était si chère. Son rétablissement fut prompt, et devançant l'époque habituelle des relevailles, elle eut hâte de remercier la Vierge au lieu même où, trois semaines auparavant, elle invoquait une assistance qui se montra si prompte. L'offrande accoutumée du cierge, du petit pain et de la pièce de monnaie, rigoureusement suffisante, lui semblait alors trop au-dessous des sentiments d'une pieuse gratitude. Elle fit hommage au ciel de ce qu'elle possédait de plus cher, de sa famille; elle promit d'adopter pour ses enfants les couleurs symboliques de la mère des anges, et d'appeler désormais du nom de *Maria* chacune des filles qu'elle mettrait au monde. Pieuse et touchante effusion d'un cœur noble et pur, tu fus accueillie : trois filles charmantes naquirent successivement, et, chaque fois, le nom de *Maria* forma l'auréole sacrée de leur baptême.

Celui de Napoléon eut lieu sans apparat. On a répété maintes fois que Pascal Paoli avait été son parrain. Erreur : les Bonaparte, les Ramolini, malgré de vives sympathies pour le dernier *palladium* des libertés nationales, ne se seraient point exposés, par une intempestive démonstration d'amitié, au courroux du vainqueur. L'*illustrissime Laurent Giubega* ou *Jiubega,* de Calvi, et *Geltruda Bonaparte,* nièce de madame *Letizia,* femme d'un *Paravicino,* furent appelés à l'honneur insigne de tenir sur les fonts l'enfant du siècle. Par autorisation de l'archidiacre *Lucien Bonaparte,* l'abbé Jean-Baptiste Diamante l'ondoya dans la maison paternelle, sous le nom si pompeusement euphonique de *Napoleone,* dévolu, depuis des siècles, aux cadets de la famille, en mémoire d'un *Napoleone Ursino,* célèbre dans les fastes d'Italie, mais surtout à cause d'un sentiment de gratitude envers *Napoleone Ornano,* qui par des bienfaits avait consacré cette adoption. La cérémonie baptismale, remise à l'époque du retour de *Carlo Bonaparte*, se fit le 21 juillet 1771 [1].

Après avoir, aussi longtemps que possible, combattu à côté de Paoli; après avoir accompagné ce chef fugitif en Toscane, partagé avec lui le pain amer de l'exil, et s'être fait proclamer docteur en droit dans cette ancienne Université de Pise qui s'honorait, depuis quatre siècles, de compter plusieurs Bonaparte parmi ses membres, *Carlo* s'était tourné vers la Corse. Une femme aimante, un fils charmant, un autre qu'il brûlait de connaître, une famille bien unie, une nombreuse société d'intimes, un peuple reconnaissant et dévoué l'y rappelaient. L'autorité française, sachant le crédit politique dont il jouissait dans l'île, lui faisait des avances; Paoli lui-même, se disposant à passer en Angleterre, avait engagé son jeune compagnon d'infortune d'aller attendre près des siens de meilleurs jours; et le cœur affectueux de *Carlo*, d'accord avec sa raison, venait de le ramener sur le sol natal.

Ce fut pour la maison Bonaparte une joie bien vive de reconquérir son chef. A vingt et un ans, toutes les faveurs du ciel, toutes les jouissances d'amour-propre,

---

[1] Extrait du registre des baptêmes de la paroisse et cathédrale de Notre-Dame d'Ajaccio, coté et paraphé par M. François Cunco, conseiller du roi, juge royal de la province d'Ajaccio (5e feuillet *verso*) :

« L'an mil sept cent soixante et onze, le vingt et un juillet, ont été faites par moi, soussigné, économe, les saintes cérémonies et les prières sur Napoléon, fils né du légitime mariage de M. Charles-Marie (fils de Joseph Buonaparte) et de la dame Marie Letizia, sa femme, lequel avait été ondoyé à la maison, avec la permission du très-révérend Lucien Buonaparte, étant né le 15 août mil sept cent soixante-neuf. Ont assisté aux saintes cérémonies, pour parrain, l'illustrissime Laurent Giubega de Calvi, procureur du roi, et pour marraine, la dame Geltrude, épouse du sieur Nicolas Paravicino. Présent le père. Lesquels ont signé ci-dessous :

JEAN-BAPTISTE DIAMANTE, économe d'Ajaccio; LAURENT GIUBEGA; GELTRUDE PARAVICINO; CHARLES BUONAPARTE. »

toutes les vicissitudes d'une destinée contraire s'étaient accumulées déjà sur sa tête; il avait, dans l'intérêt de la patrie, compromis gravement une fortune honnête, en gagnant par échange l'estime profonde, la confiance, la gratitude de tous ceux qui s'étaient battus pour l'indépendance insulaire. La France, désireuse de s'attacher les hommes de son mérite, lui fit l'offre d'emplois honorables et lucratifs. Il pouvait les accepter sans scrupule, car c'était encore servir la Corse; il les refusa néanmoins. Nous opprimions la Corse au lieu de la gouverner, et le sceptre de Louis XV ne semblait point à Charles Bonaparte d'un éclat assez pur pour honorer les vaincus.

Délicat, maigre et laid, portant sur un corps chétif une tête démesurément forte qu'il soutenait avec peine, Napoléon, à ce dernier point de vue, offrait, dans sa première enfance, le type caractéristique des Bonaparte. L'orgueil de sa mère ne pouvait s'en prévaloir, comme elle le faisait pour Joseph, si remarquablement beau; et de cette opposition dans la nature des deux frères commencèrent, au profit de l'aîné, certaines préférences qu'on ne s'avoue pas, mais qui percent en toutes choses, et qu'un enfant saisit à merveille. Au lieu d'affectueuses caresses, les procédés méthodiques d'une raison sévère firent la base d'éducation du futur empereur; il fut confié presque exclusivement à des mercenaires; c'était *Mammucia Caterina*, femme prévoyante et bonne, mais criarde, têtue, pointilleuse, en guerre continuelle avec tous ceux qui l'entouraient; c'étaient la nourrice *Saveria*, femme d'un marin, et le pâtre *Bagalino*, type d'insouciance heureuse. Mammucia surveillait la lingerie, la toilette des enfants, les berçait en chantant de vieux rondeaux du pays, les veillait dans leurs indispositions et les accompagnait au dehors. Quand une promenade devait être longue, Bagalino portait tantôt Joseph, tantôt Napoléon sur ses bras nerveux. La nourrice du grand homme avait aussi d'excellentes qualités. Non moins animée, non moins vive que Mammucia, elle rivalisait avec elle de soins et de tendresse; elle offrait un développement d'intelligence qui donnait à son esprit les inspirations que Mammucia trouvait dans son cœur; mais elle était d'une laideur repoussante, d'une indépendance insulaire poussée jusqu'au fanatisme.

Dès le principe, l'existence de Napoléon présenta quelques phases maladives importantes à signaler, puisque de l'état des organes dépend particulièrement l'essor des facultés intellectuelles. Tasse, Raphaël, Pascal, Byron, enfants sublimes, doués d'une organisation physique qui offrait quelque analogie avec celle de notre héros, eussent été beaucoup moins précoces, si, chez eux, des fonctions d'assimilation énergiques avaient empêché le développement prématuré du cerveau. Atteint, pendant sa dentition, d'une irritation d'intestins et d'un trouble dans la sécrétion de la bile, qui se manifestaient extérieurement par la sécheresse, la couleur jaune-foncé de la peau et la maigreur des extrémités inférieures, Napoléon formait un pénible contraste avec ces enfants roses et blancs dont les chairs sont si fermes et si pleines, dont les mouvements ont autant de grâce que d'ampleur. Sa physionomie triste, méditative, son air chagrin ne différaient pas moins de la nature expansive des autres enfants. On l'accusait d'être maussade et criard; on lui reprochait ses insomnies, son excitabilité nerveuse : tort réel, mais aussi légitime que celui d'avoir des cheveux châtains au lieu de cheveux blonds. Enfin, la part de la petite *chouette*, car on l'appelait quelquefois ainsi, fut rapidement tracée; l'horoscope tiré à son plus grand désavantage, et Joseph, admirable de gentillesse, demeura, du moins pour quelque temps, le préféré de la maison.

Les détails dans lesquels nous venons d'entrer seraient peut-être taxés de puérilité par quelques esprits sérieux, si nous ne nous empressions de faire remarquer qu'il n'y a rien d'indifférent dans la destinée d'un grand homme; qu'en retraçant jusqu'aux moindres linéaments de sa vie, on montre les germes de l'arbre qui portera ses fruits; on dérobe à la nature des secrets qu'elle cache au fond de l'organisation intime de chaque être, et d'avance on rend compréhensibles une infinité d'actes quelquefois étranges, dont l'individualité physique donne la clef. Pour apprécier l'homme, il faut l'étudier enfant; il faut le voir au fond de son berceau, sur les genoux de sa nourrice, dans ses attitudes, dans ses caresses, dans ses jeux, dans le timbre de sa voix, et jusque dans l'agencement des syllabes qu'il prononce. Observez bien: si l'enfant posé devant vous a quelque chose de caractéristique et d'arrêté, ce quelque chose, vous le trouverez trente années plus tard sous d'autres formes, sous d'autres enveloppes, malgré l'éducation, malgré des habitudes acquises. C'est comme une émanation de l'âme, qui domine le mouvement matériel de la vie; c'est la pensée mère mise en relief par le Créateur lui-même.

Depuis le départ de Paoli, le désarmement des Corses s'était opéré; tout le monde, hormis quelques patriotes exaltés, avait fait ses soumissions, et le maréchal de Vaux, rentré en France avec l'armée, avait laissé, comme précédemment, le comte de Marbœuf chargé de l'administration générale de l'île. On la divisa en neuf districts ayant chacun son tribunal de première instance; on lui donna un conseil supérieur composé de six conseillers français et de quatre conseillers corses. Elle eut des assemblées d'états formées d'un nombre égal de députés appartenant aux trois ordres, tous élus, excepté les cinq évêques, par les représentants des pièves. Dans l'intervalle des sessions, douze particuliers, aristocrates ou plébéiens, désignés sous la dénomination des *Douze-Nobles*, veillaient à l'exécution des mesures prises par les états, et disposaient le texte de la session suivante.

Un podestat et deux pères du commun, élus annuellement dans chaque commune par les chefs de famille, remplissaient à la fois les fonctions municipales et celles de juges de première instance pour les causes personnelles qui ne dépassaient pas une valeur de 50 livres. Ils étaient aussi chargés de percevoir les impôts. Le trésorier de chaque commune, père du commun, annuellement élu, lisait, en quittant sa charge, ses comptes dans l'assemblée générale des chefs de famille qui délibéraient sur l'opportunité des dépenses. Un podestat major, élu dans chaque piève, inspectait l'administration des podestats particuliers, des pères du commun, et correspondait avec l'inspecteur provincial, qui devait être noble. Les impôts étaient modérés, sans exemption pour la noblesse ou le clergé. Le tableau détaillé des produits agricoles, dressé chaque année par le podestat, les pères du commun et le curé, servait de base à la répartition des impôts. On les paya même en nature quand on les eut fixés au dixième du produit net. Dès l'année 1770, l'opération cadastrale fut commencée; et ce fut le 15 septembre 1771 qu'eut lieu la première session des états, dont les députés refusèrent toute espèce d'in-

CHAPITRE III.

demnité pour ne point grever les finances. Voilà d'après quelles bases d'opération administratives s'exerçait la sollicitude du comte de Marbœuf.

Plusieurs années s'écoulèrent pendant lesquelles, étranger aux affaires publiques, Charles Bonaparte ne parut préoccupé que du soin de ses propriétés et de l'avenir de sa famille. Entretenant avec Paoli une correspondance active, il gémissait des abus d'autorité commis par les agents subalternes de l'administration française, secourait le plus possible la misère, guérissait les plaies saignantes, et nourrissait l'espérance de voir tôt ou tard la Corse reconquérir sa nationalité. La nationalité corse! c'était le thème ordinaire des conversations du foyer domestique, conversations presque toujours graves entre personnes également instruites, devant des enfants précoces, observateurs, sensibles, qui ne laissaient rien échapper. Napoléon, celui des trois frères dont l'âme s'émouvait davantage au récit des malheurs de la Corse, apprenait à connaître la grande nation que plus tard il devait tant aimer.

Lorsque Fesch, Joseph et Napoléon Bonaparte croissaient ensemble, et recevaient ainsi l'empreinte des convictions, des sentiments de leurs mentors, deux jeunes gens rapprochés d'âge, mais fort différents de caractère, qui devaient s'allier plus tard à la même famille, Joachim Murat et Charles-Emmanuel Leclerc d'Ostein, préludaient bien modestement à leur brillante destinée : Murat, issu d'une famille de cultivateurs aisés, menait, dans les champs d'oliviers de la Bastide-Fortunière, son lieu natal, une enfance fort peu docile, tant la fougue de son humeur imprimait d'agitation à sa vie[1]. Leclerc d'Ostein, au contraire, cet époux

[1] Il était né en 1771.

passager de Pauline Bonaparte, issu d'un honorable négociant de Pontoise apportait jusque dans ses plaisirs la sérieuse et prudente retenue de son caractère [1].

Prompt, adroit, turbulent, Napoléon avait pris, de très-bonne heure, sur Joseph comme sur tous les autres enfants de son âge, un ascendant marqué. Au moindre mot, au moindre geste, il répliquait. — « Rien ne m'imposait, disait-il à Sainte-Hélène; rien ne me déconcertait : j'étais querelleur, lutin; je ne craignais personne. Je battais l'un, j'égratignais l'autre; je me rendais redoutable à tous. Mon frère Joseph était battu, mordu, et j'avais porté plainte contre lui quand il commençait à peine de se reconnaître. Bien m'en prenait d'être alerte : maman Letizia eût réprimé mon humeur belliqueuse; elle n'eût pas souffert mes algarades. Sa tendresse était sévère; elle punissait, récompensait indistinctement; le bien, le mal, elle nous comptait tout. Mon père, homme éclairé, mais trop ami des plaisirs pour s'occuper de notre enfance, cherchait quelquefois à excuser nos fautes. — « Laissez, lui disait-elle, ce n'est pas votre affaire, c'est moi qui dois veiller sur eux. » — Elle y veillait, en effet, avec une sollicitude qui n'a pas d'exemple. Les sentiments bas, les affections peu généreuses étaient écartés, flétris; elle ne laissait arriver à nos jeunes âmes que ce qui était grand, élevé. Elle abhorrait le mensonge, sévissait contre la désobéissance; elle ne nous passait rien. Je me rappelle une mésaventure qui m'arriva à cet égard, et la peine qui me fut infligée. Nous avions des figuiers dans une vigne, nous les escaladions; nous pouvions faire une chute, éprouver des accidents; elle nous défendit d'en approcher à son insu. Cette défense me contrariait beaucoup; mais elle était

[1] Il était né le 27 mars 1772.

faite, je la respectais. Un jour cependant que j'étais désœuvré, ennuyé, je m'avisai de convoiter des figues. Elles étaient mûres. Personne ne m'observait, n'en devait rien savoir; je m'éclipsai, je courus à l'arbre, je récoltai tout. Mon appétit satisfait, je pourvus à la route et je remplissais mes poches, lorsqu'un malheureux garde parut. J'étais mort de peur; je demeurai longtemps collé sur la branche où il m'avait surpris. Il voulait me lier comme un animal, me conduire à ma mère : la crainte me rendit éloquent. Je lui dépeignis mes ennuis en termes pathétiques; je jurai de respecter les figues, je lui prodiguai les promesses; il parut apaisé. Déjà je me félicitais de l'avoir échappé si belle, et je me flattais que cette mésaventure ne transpirerait pas; mais le lendemain, la signora Letizia voulut aller cueillir des figues. Je n'en avais pas laissé. Mon traître de garde survint alors : grands reproches, révélations; le coupable expia sa faute [1]. »

Vers la même époque, pour réprimer la fougue impétueuse de ce futur dominateur des peuples, ses parents le placèrent dans une pension de petites demoiselles, dont ils connaissaient intimement la maîtresse. — « J'étais joli alors, et m'y trouvant seul, chacune me caressait, disait un jour Napoléon sur son rocher d'exil. Mais j'avais toujours mes bas sur mes souliers, et, dans nos promenades, je ne lâchais pas la main d'une charmante enfant qui fut l'occasion de bien des rixes. Mes espiègles de camarades, jaloux de ma *Giacominetta*, réunirent les deux circonstances dont je parle, et les mirent en chanson. Je ne paraissais pas dans la rue qu'il ne m'escortassent en fredonnant :

> *Napoleone di mezza calzetta*
> *Fa l'amore a Giacominetta!*

[1] Mém. d'Antommarchi, I, 352 et suiv.

Je ne pouvais supporter d'être le jouet de cette cohue. Bâtons, cailloux, je saisissais tout ce qui se présentait sous ma main, et m'élançais en aveugle au milieu de la mêlée. Heureusement qu'il se trouvait toujours quelqu'un pour mettre le holà et me tirer d'affaire; mais le nombre ne m'arrêtait pas : je ne comptais jamais [1]. » — Rentré chez lui, l'enfant terrible jouait aux soldats, faisait manœuvrer un petit canon de cuivre qu'on a longtemps conservé, même après 1814, dans la maison paternelle d'Ajaccio, et préludait de la sorte aux grands jeux de la guerre qui devaient plus tard préoccuper sa vie.

Il se formait en Corse un parti français dont la consistance augmentait chaque jour, et dans lequel figuraient, dès l'année 1770, les Arrighi, les Ornano, les Giubega, familles alliées aux Bonaparte. Quand on frappa la médaille commémorative de la réunion de cette île à la France, Laurent Giubega, le parrain de Napoléon, fut un des trois députés chargés d'aller la présenter au roi. Accueillis honorablement, fêtés par les ministres, ils rapportèrent de Versailles l'assurance d'une prochaine amnistie en faveur des fugitifs, amnistie qui fut promulguée le 15 août 1772, anniversaire triennal de la naissance de Napoléon.

Quatre juntes, chargées de régulariser la police insulaire, rétablirent l'ordre, rassurèrent les honnêtes gens, intimidèrent les bandits. Cependant, un mouvement insurrectionnel fort sérieux eut encore lieu. Nicodème Pasqualini, ami de Paoli, originaire comme lui du Rostino, révolutionna toute la province du Niolo, et s'empara même d'Aléria, entreprise presque aussitôt réprimée que conçue, et qui donna la mesure des progrès d'estime faits par l'administration française dans l'opinion publique.

[1] Mém. d'Antommarchi, I, p. 180.

CHAPITRE III.

Le comte de Marbœuf y avait introduit ces principes d'équité, de justice rémunérative sans lesquels rien n'est solide ni durable ; et madame de Marbœuf, bienfaisante et bonne, captivait, par ses manières aimables, par ses charités abondantes, autant de cœurs que pouvait en gagner son mari par l'intelligente vigueur de son épée, l'à-propos de ses mesures et l'affabilité de ses discours. Il menait le train d'un gouverneur vice-roi, donnant des fêtes, réunissant dans ses salons la noblesse insulaire, d'abord rebelle à ses prévenances, puis y cédant par degrés insensibles. Après s'en être scrupuleusement éloignés, les Bonaparte suivirent aussi le courant de l'opinion publique. Charmés de l'accueil que leur faisaient le comte et la comtesse de Marbœuf, leurs préventions contre la magistrature française s'amoindrirent ; leurs préférences exclusives en faveur du régime intérieur de la Corse établi par l'illustre Paoli se modifia quelque peu, et bientôt ils sentirent qu'en perdant certains intérêts de localité, ils gagnaient pour l'avenir un protectorat à l'abri duquel grandiraient peut-être, sans secousse, les libertés municipales.

De cette époque date un changement notable dans les habitudes domestiques des Bonaparte. Ils avaient jusqu'alors vécu retirés comme des chefs de pièves, ne voyant guère que les membres de leur famille, ou ceux de leurs amis qui, manifestant des principes d'opposition à l'incorporation de cette île à la France, ne voulaient être sujets d'un roi que sous la condition de rester Corses. La rigidité de leurs sentiments d'indépendance républicaine perçait jusque dans leur maintien, dont la roideur contrastait avec le gracieux abandon de la société polie de l'époque. Les femmes ont du coup d'œil, l'intelligence innée du monde et l'inspiration soudaine d'une coquetterie permise. Aussi madame Letizia ne tarda point à s'apercevoir du contraste, et à faire tout ce qui dépendait d'elle pour le vaincre. Habitude de maintien, habitude de langage, habitudes de toilettes, tous ces accessoires indispensables aux succès de salon lui manquaient; mais un hiver d'observations n'eut point passé sur sa tête, qu'elle réussit à les réunir aux qualités solides qu'elle possédait. Madame Bonaparte et madame de Permon furent dès lors citées comme les deux femmes les plus remarquables d'Ajaccio; seulement madame de Permon l'emporta toujours sur madame Letizia par la politesse et la pureté de son langage, car elle avait constamment vécu dans les hautes régions de l'aristocratie; à l'étude du grec moderne elle avait associé celle de l'italien toscan et du français; elle possédait une variété pittoresque d'expressions, des tours originaux, des mots heureux qui donnaient à sa phrase quelque chose d'élégant dont ne pouvait approcher, dont n'approcha jamais la gravité brève, la période plus substantielle qu'ingénieuse, le ton plus animé qu'aimable de madame Letizia.

Six années s'étaient écoulées depuis la naissance de Napoléon sans que sa mère eût d'enfant. Elle désirait ardemment une fille; mais le ciel lui envoya Lucien, créature du naturel le plus patient et le plus doux, du caractère le plus caressant et le plus expansif. Les vérités vulgaires, les observations tangibles sont toujours celles qui passent inaperçues. On s'est étonné de cette différence absolue entre deux enfants tels que Lucien et Napoléon sortis des mêmes entrailles, et l'on en a cherché la raison je ne sais où. Rien, toutefois, n'était moins difficile à trouver. Engendré pendant l'agitation révolutionnaire de la Corse; porté sept mois de rivage en rivage, à travers les montagnes, par une femme sur laquelle agissaient tour à tour la crainte, l'espérance, la douleur, femme qui accompagnait son mari, moins pour triompher qu'afin de mourir avec lui sous les débris des libertés insulaires, Napoléon devait recéler en lui les stigmates de l'imagination maternelle, le contre-coup des souffrances physiques et morales de Letizia Ramolino. Lucien, au contraire, arrivait par un temps calme, sans secousses ni tourmentes, lorsque de toutes parts se dissipaient les influences mauvaises qui avaient assombri le berceau de Napoléon : image de deux navires partis du même point, parvenus au même port; l'un à travers d'incroyables tempêtes, l'autre par un temps serein; celui-ci avec ses agrès, sa mâture, ses signaux de réjouissance hissés à l'extrémité des vergues; celui-là moitié brisé par le choc des vagues, la rencontre des récifs et la violence des tempêtes.

Lucien fut accueilli comme on accueille le bonheur : Il y avait pour lui place au foyer, place à la table; il y avait assurance d'un lendemain, tandis que naguère, avant de donner au monde celui dont le monde devait être si fier, Letizia ne savait à quels destins se confier, sur quelle terre fixer le berceau du nouveau-né. Passionnée, expansive et caressante, la joie rayonna autour du front de Lucien, et, des regards de sa famille, elle passa dans son cœur. Autant on avait été ménager d'affectueuses démonstrations envers Napoléon, autant on en devint prodigue envers Lucien. Cette différence, qui tenait à la différence des deux époques, à la différence d'âme et d'esprit des deux enfants, ne fut pas sans exciter chez Napoléon quelque arrière-pensée jalouse, cause première du défaut de sympathie qui exista toujours entre ces deux frères. Ils se sont estimés, ils se sont généreusement entr'aidés; mais jamais ils ne se sont aimés comme s'aimaient les autres membres de la famille.

Lucien, dès son plus jeune âge, fut pour madame Letizia l'objet de préférences qui ne se sont jamais démenties, et dont le rendit bien digne le respectueux attachement qu'il ne cessa de lui montrer. Ces préférences néanmoins demeurèrent suspendues quelques mois par la naissance de Marie-Anne-Élisa Bonaparte, venue au monde le 8 janvier 1776. Lucien n'avait pas encore un an; il exigeait des soins assidus; et la contrariété de se voir enceinte avait encore accru, si c'était possible, l'affection inquiète que madame Letizia portait à son fils.

Quatre enfants! Charles Bonaparte avait atteint le chiffre extrême, la dernière limite que, dans ses prévisions paternelles, il avait rêvé : une fille pour confidente et compagne de madame Letizia, un fils aîné qu'on pensait faire prêtre, un second fils militaire, un troisième légiste, gardien du foyer et des traditions domestiques. Le caractère de chacun d'eux se pliait fort bien aux conditions de ces rôles différents; et, dans la part que M. et madame Bonaparte faisaient à leurs enfants pour l'avenir, on doit reconnaître un tact remarquable. Quant au jeune Fesch, demi-beau-frère de madame Letizia, il avait déjà terminé quelques classes latines sous la direction de l'abbé Lucien Bonaparte, lorsqu'il fut décidé, l'année même de la naissance de Lucien, qu'on l'enverrait au séminaire d'Aix. Il avait treize ans. Son intelligence précoce, son application le mettaient à même d'être un excellent humaniste; mais il ne parlait guère qu'italien, et, pour lui, comme plus tard pour Napoléon, le dédain de la langue des dominateurs de la Corse devait apporter quelque obstacle à ses progrès.

Lorsque Joseph Fesch entrait au séminaire, où le

conduisait l'archidiacre Lucien Bonaparte, fier d'avoir fait, dans sa propre famille, une conquête à l'Église, Joachim Murat allait suivre le collége de Cahors, d'où le tira bientôt un de ses oncles, prêtre, qui, voulant lui résilier son bénéfice, le fit placer au petit séminaire de la province. Certes, on n'accordera point à cet honnête ecclésiastique la perspicacité des parents de Napoléon. En Murat rêver l'étoffe d'un prêtre !....

Lucien, Élisa croissaient à vue d'œil; Napoléon, beaucoup mieux depuis que la révolution septennale s'était accomplie, prenait une physionomie plus ouverte et permettait au sourire d'errer sur ses lèvres. Joseph continuait de charmer la famille. Pour mieux remplir les devoirs d'épouse, les devoirs de mère, madame Letizia demeurait momentanément retirée du grand monde; tandis que Charles Bonaparte, fastueux et prodigue, fréquentait la haute société, prenait des habitudes de dissipation, faisait des dettes. Pour célébrer sa réception au doctorat en droit, il avait autrefois dépensé six mille francs; c'était encore chez lui même tendance vers la prodigalité. Letizia, beaucoup plus sage, le retenait autant qu'elle le pouvait. L'archidiacre Lucien, de son côté, lui donnait l'exemple d'une rare économie. Mais chaque année le budget des dépenses dépassait celui des recettes. On avait environ quatre mille livres de rente, jolie fortune pour l'époque, surtout pour la Corse; et l'archidiacre, qui vivait sous le même toit, qui versait une certaine somme dans la communauté, jouissait d'un revenu de cinq mille livres. Par conséquent, il entrait au budget annuel des Bonaparte une somme équivalant à vingt mille francs aujourd'hui.

Après le départ de Joseph Fesch, l'archidiacre reporta sa sollicitude entière sur Joseph et sur Napoléon, dont il commença l'éducation religieuse et grammaticale. Au faîte de ses grandeurs, au comble de ses infortunes, Napoléon en conservait le plus tendre souvenir. — « J'ai toujours trouvé, disait-il, un charme infini à me rappeler la piété de mon enfance et ces bonnes prières que je faisais sur les genoux de notre vieil oncle quand il nous enseignait la religion. Il nous disait : — Priez, mes enfants, et Dieu vous aidera. »

Louis XV mort, Marbœuf fut appelé près du nouveau roi. Son successeur provisoire, le comte de Narbonne-Pelet, d'humeur bien opposée, exerça sur la Corse une compression déplorable. Esprit impatient, rigoureux, il prétendait gouverner les insulaires en peuple conquis et briser leur caractère altier; il s'en fit détester. On demanda son remplacement; mais le puissant crédit dont sa famille jouissait à la cour rendit vaines toutes les tentatives. Le proconsul n'en devint que plus redoutable et plus sévère; peu s'en fallut même que Marbœuf ne lui fût sacrifié. Alors différentes municipalités décidèrent qu'une députation serait chargée d'exposer au roi les griefs de ses nouveaux sujets et de justifier le comte de Marbœuf. Désigné comme président de la députation, Charles Bonaparte n'hésita point d'accomplir cet acte de patriotisme courageux qui pouvait compromettre gravement sa famille et le perdre lui-même. Il partit pour Versailles dans les premiers mois de l'année 1778, et, par son langage franc, lucide, énergique, par son attitude imposante, il réussit à sauver Marbœuf. « Cette circonstance, a dit Napoléon, nous fit de Narbonne un ennemi mortel; et, plus tard, j'ai toujours cru que la haine que me portait sa fille, madame de Chevreuse, se rattachait à cette vieille inimitié [1]. »

[1] Montholon, Mémoires, II, p. 18.

Charles Bonaparte revint en Corse fier d'un succès aussi complet, et la malheureuse affaire du colonel Abbatucci, l'un des hommes les plus considérés de l'île, accrut encore sa popularité [1]. Un Abbatucci, faussement accusé d'avoir écrit une lettre anonyme contre Marbœuf et Boucheporn, venait d'être condamné aux galères. Bonaparte, secondé par quelques personnes honorables, obtint une révision de la procédure, et le parlement d'Aix réhabilita le nom ainsi que la famille des Abbatucci, dont la Corse tout entière portait le deuil.

Le 2 septembre 1778, madame Letizia venait de mettre au monde un nouvel enfant, Louis-Napoléon, roi futur de Hollande. Aisance, quiétude, considération, intérieur modeste coïncidant d'une manière parfaite avec les exigences de l'aristocatie; confiance de la part des plébéiens, déférence chez les grands, tout se réunissait alors pour élever les Bonaparte au niveau de leur mérite. Depuis l'important service rendu par Charles Bonaparte au comte de Marbœuf, il n'était sorte de prévenances et de soins que ne lui rendît ce général. Les deux familles se voyaient avec intimité; et le ton d'exquise politesse, d'urbanité charmante qui régnait dans la maison Marbœuf, contribua beaucoup à développer chez Joseph et chez Napoléon, devenus assez grands pour en faire une étude d'imitation, ces manières de bonne compagnie qu'on adopte sans les rechercher et sans y prétendre.

Enfants intelligents, Joseph et Napoléon montraient une certaine aptitude d'observation, un esprit ni plus ni moins précoce que celui des Méridionaux, mais de l'émulation, du cœur, un juste orgueil, de la tendresse filiale et fraternelle, germes précieux qui se développèrent sous la main de madame Letizia et de l'oncle l'ar-

[1] C'est le même Abbatucci qui fut lieutenant général.

chidiacre. Quoique d'une nature passablement indolente et paresseuse, Joseph se sentait entraîné vers la littérature et les langues plutôt que vers les sciences; tandis que Napoléon, dès ses plus jeunes années, repoussait toute espèce d'études qui n'avaient point pour objet la géographie, l'histoire ou le calcul. Il parlait l'idiome corse, mêlé de formes plus souvent italiennes que françaises; et l'oncle l'archidiacre, préférant la langue italienne à celle des maîtres du pays, entretenait les enfants Bonaparte dans le sentiment d'une exclusion dédaigneuse envers notre langue nationale.

La sévérité, cette raison inflexible des parents d'autrefois, continuait de présider au système d'éducation employé dans la famille Bonaparte. Joseph, généralement docile, en souffrait peu; mais Napoléon, qui excitait parmi les siens des préventions plus ou moins légitimes, recevait assez souvent le fouet. Jamais il ne pleurait; et quand la douleur lui arrachait quelques larmes, il les essuyait aussitôt.

Un jour, on l'accuse d'avoir mangé une grande corbeille de raisins, de figues et de cédrats : ces fruits provenaient d'une vigne de l'oncle archidiacre. Il faudrait avoir vécu dans l'intérieur de la famille pour comprendre l'énormité d'un tel méfait. Interrogatoire scrupuleux s'ensuivit; Napoléon niait : il fut fouetté. On lui dit de demander grâce, on lui promet le pardon s'il se soumet. Napoléon continue d'affirmer son innocence, et l'exécuteur de l'œuvre ne désempare point. Enfin l'obstination de la victime lasse le bras du flagellant, et, pour punition complémentaire, on le condamne à ne manger pendant trois jours que du pain et du fromage. Le quatrième jour seulement, une amie d'Élisa Bonaparte, apprenant ce qui s'est passé, court s'accuser et dire qu'elle et

Marie-Élisa ont commis la faute. Napoléon se doutait bien de la culpabilité d'Élisa, mais il avait mieux aimé souffrir que d'accuser. Plus tard, Napoléon se plaisait à rappeler le fait, l'un des plus honorables de sa vie enfantine.

Ce n'était point dans la grotte de Casone, ainsi qu'on l'a tant de fois répété, que Napoléon enfant portait habituellement ses pas, le jardin qu'elle occupe appartenant alors aux jésuites. Il allait volontiers aux Salines, ancienne propriété paternelle, où croissaient en pleine terre le magnolia, la canne à sucre, le figuier d'Inde. Un jardin botanique se trouve aujourd'hui dans cet emplacement.

Telle a été l'intéressante évolution d'une couvée d'aiglons royaux éclos sur le même rocher au milieu des mers; comme si la nature eût voulu qu'ils essayassent leurs ailes dans la tourmente des tempêtes, et que l'agitation des vagues fût le témoignage précurseur de l'agitation de leur propre vie.

CHAPITRE QUATRIÈME.

ADOLESCENCE DE JOSÉPHINE.

Illusions, tourments, mécomptes, séparation. — Projets de mariage. — Maria, sœur de Joséphine, part pour la France et meurt. — Existence, habitudes de Joséphine. — Nouvelles espérances d'amour. — La mulâtresse Euphémie; son antre sibyllin. — Joséphine va la consulter. — Prédictions étranges. — Lettre de madame Renaudin à son beau-frère Tascher de la Pagerie. — Le départ de Joséphine pour la France est décidé. — Séparation; adieux touchants; traversée. — Maladie; pensées mélancoliques et pensées d'espérance de Joséphine. — Son débarquement à Marseille. — Analogie singulière entre ce débarquement et celui de Napoléon.

> Elle sut des grandeurs ce qu'il faut en savoir ;
> Et comme un songe vain d'amour et d'espérance,
> Dans les troubles du cœur s'écoula son enfance.
> *Les Napoléonides*, poésies de mon père (inédites).

Qu'est-ce donc que l'illusion ? Un voile épais interposé dans les mystères du monde, voile auquel la douleur donne parfois une fatale transparence, mais qui, déchiré, se remplace, et jusqu'au tombeau nous dérobe les tristes réalités de l'avenir.

Péniblement affectée du brusque départ de William, plus affectée encore de son silence, notre aimable créole comprenait le désespoir et voyait s'évanouir les séduisantes chimères dont elle s'était bercée. William paraissait l'oublier. La confidente habituelle de Joséphine fut sa rivale, et, pendant plusieurs années, l'Océan interposa ses flots aux vaines espérances de rapprochement qu'elle avait conçues. D'autres préoccupations non moins pénibles venaient la tourmenter encore. Une sœur de M. de Tascher, madame Renaudin, habitait Paris. M. Renaudin, riche colon de Saint-Domingue (car il avait cent cinquante mille livres de rente), était lié d'intérêt au marquis de Beauharnais, et nourrissait l'idée d'unir son fils Alexandre avec Joséphine ou Maria, afin de placer sur leur tête une des plus belles fortunes des Antilles. Ce projet flatta les Tascher de la Pagerie. Il fut décidé que Maria irait immédiatement en France ; mais, tombée malade peu après son arrivée à Paris, elle vit l'autel nuptial se changer en autel funéraire.

Pour les Tascher de la Pagerie, pour madame de Tascher surtout et pour Joséphine, cette perte fut des plus douloureuses. Longtemps madame de Tascher repoussa toute espèce de consolation, et la vie sembla la quitter. Peu à peu cependant son cœur s'épancha dans le cœur de Joséphine, qui, sous la pression d'un double chagrin, eut une humeur moins volage et prit quelque chose du caractère de celle dont ses parents regrettaient si vivement les qualités.

Vivre aux Antilles, entourée de souvenirs et d'impressions d'enfance, y vivre solitaire en regrettant William et Maria ; attendre l'un, invoquer l'autre ; puis, par des soins affectueux, adoucir la pente qui, chaque jour, rapprochait ses parents du tombeau, tels étaient les vœux de Joséphine. Elle ne supposait pas d'autres possibilités. S'estimant utile à son père, elle se croyait indispensable. De cette époque datent ses études sérieuses, son goût pour les collections d'histoire naturelle, ses excursions botaniques, ses courses aux papillons, ses recherches de coquillages. Dès l'aube matinale, elle partait en palanquin, traversait d'immenses plaines de cannes à sucre, qui, changeant de nuance d'après leur âge, se montraient tantôt vertes, tantôt jaunes, tantôt rouges et *fléchées*, c'est-à-dire couronnées d'un panache qui présentait au loin l'apparence des carrés de lanciers polonais aux banderoles agitées. Les plaines avaient pour lisière des palétuviers dont le feuillage rempant serpentait autour d'elles. Puis survenaient de grandes forêts, puis de nouvelles plaines, puis la mer, la mer des Antilles aux reflets toujours bleus, mais d'un bleu variable, sombre ou lumineux, clair ou foncé selon les temps, lisérée d'une frange d'écume blanche formée par les lames qui se brisent au rivage. Quand les chaleurs devenaient insupportables, Joséphine choisissait de préférence, pour but de promenade, les allées architecturales de balisiers et de palmiers dont l'île se trouvait sillonnée. Elle y passait des journées entières, enregistrait d'utiles observations, et s'initiait, sans le savoir, aux délicieuses créations de la Malmaison, dont les serres reproduisirent la nature des Antilles.

Riche depuis le décès de Maria, Joséphine devenait un des plus beaux partis de la colonie, et se flattait de l'idée, si William n'héritait point de la pairie d'Angleterre, de pouvoir quelque jour lui offrir une compensation équivalente. La pauvre fille ignorait qu'en déclarant William son héritier, lord Laa exigeait, pour condition formelle, qu'il épousât sa nièce; elle ignorait que vingt lettres de William, interceptées par M. et madame de la Pagerie, ne lui avaient pas été remises; et néanmoins quelque chose d'instinctif lui disait : Non, William n'est point coupable. Aussi nourrissait-elle encore la secrète espérance de le retrouver, même de l'épouser, lorsqu'un jour, après avoir mis sous les yeux de Joséphine le néant de ses conjectures, M. de Tascher lui dit de n'y plus penser désormais. Ce fut pour elle un coup de foudre, ce fut le déchirement du voile que l'illusion, mère des songes heureux, étend d'une main si complaisante sur le premier âge de la vie. Joséphine versa bien des larmes, dont madame de Tascher, du mieux qu'elle put, adoucit l'amertume. Les femmes se comprennent, et d'une fille à sa mère existent certaines sympathies qui font leur consolation, quand elles ne font plus leur félicité.

Devenue superstitieuse en raison directe des mystères qu'elle voulait pénétrer, des influences mauvaises qu'elle voulait fuir, Joséphine interrogea le sort. La mulâtresse Euphémie, surnommée David, ancienne esclave de M. Renaudin, née d'un père irlandais et d'une femme de couleur des Antilles, avait dans la colonie la plus haute réputation de divination, de prescience et de sagesse. Elle habitait, au voisinage des Trois-Ilets, une modeste cabane, dont l'avenue, formée d'une double muraille de cocotiers à larges palmes, de bambous et de palmistes, offrait en nombre considérable l'arbrisseau peut-être le plus élégant des Antilles : c'était l'amaryllis *gigantea,* dont la fleur globulaire, à longue tige, garnie de feuilles épaisses, se présente nuancée de couleurs éclatantes. Assise sur des nattes, au fond d'un réduit simple, la pythonisse noire proclamait ses oracles avec une gravité fort risible pour quiconque ne la trouvait pas imposante.

Joséphine, ayant pris la résolution de l'aller trouver avec deux de ses amies, se fait accompagner des servantes négresses qui la suivaient d'habitude, se pose en palanquin, et, tremblante mais décidée, aborde l'antre sibyllin. A la vue de ces trois jeunes filles, qu'elle connaissait sans doute, Euphémie laisse échapper soudain les paroles suivantes : — « Vous ne verrez point s'exhaler de ma bouche une vapeur dangereuse, vous ne verrez point de flamme ni de fumée environner cette enceinte, vous ne verrez point un volcan vomir autour de moi des tourbillons de matières sulfureuses. Non, belles créoles, ne craignez rien; ne regrettez pas de m'avoir honorée de votre présence. » Puis elle prit un son de voix plus doux, et, tendant la main à la plus jeune des consultantes, qui lui présenta la sienne, elle lui dit : « Ma fille, malgré votre âge si tendre, vous avez déjà quelque expérience des choses; vous aidez votre mère dans les soins qu'exige l'administration de plusieurs grands domaines; mais vous nous quitterez bientôt pour épouser un homme d'une colonie voisine; vous deviendrez mère d'une seule fille, et vous jouerez en Europe, sur le théâtre du monde, un rôle éphémère [1]. » L'autre compagne de Joséphine s'approcha la main pleine de café moka réduit en poudre. — « Que de choses j'aperçois dans cette main! s'écria l'inspirée. Vos parents vont incessamment vous envoyer en Europe. Votre navire sera pris par des corsaires algériens, ils vous emmèneront captive dans un sérail; là, vous aurez un fils qui ne régnera pas sans gloire, mais dont les marches du trône se trouveront souillées du sang d'un de ses derniers prédécesseurs. Vous ne jouirez jamais des honneurs publics de la cour, mais vous occuperez un magnifique palais soumis à vos ordres. Votre bonheur s'évanouira comme un songe : une maladie de langueur vous fera descendre prématurément dans la tombe. » Joséphine écoutait l'oracle d'un petit air dédaigneux, et le trouvait si bizarre, qu'elle ne voulait plus consulter pour elle-même. Euphémie, l'ayant saisie par la main, fit aussitôt un geste de surprise et formula nettement la pré-

---

[1] La prédiction s'est accomplie de point en point.

diction suivante, l'une des plus remarquables qu'on connaisse :

— « Vous serez unie à un homme blond, destiné à quelqu'un de votre famille. La jeune personne que vous êtes appelée à remplacer ne vivra pas longtemps. Un créole que vous aimez ne cesse de penser à vous : jamais vous ne l'épouserez néanmoins, et vous ferez d'utiles tentatives pour lui sauver la vie. Votre étoile vous promet deux alliances. Le premier de vos époux est né à la Martinique, mais il habitera l'Europe et ceindra l'épée. Il aura quelques moments de bonheur. Un procès fâcheux vous désunira ; et, par suite de grands troubles qui adviendront au royaume des Francs, il périra d'une manière tragique et vous laissera veuve avec deux enfants en bas âge. Votre second mari sera très-brun, d'origine européenne, peu fortuné ; pourtant il deviendra célèbre, remplira le monde de sa gloire, soumettra même à son pouvoir un grand nombre de nations. Vous deviendrez alors une dame éminente et vous serez élevée à un pouvoir suprême ; mais un jour beaucoup de gens ingrats pourront oublier vos bienfaits. Après avoir étonné le monde vous mourrez malheureuse. Le pays dans lequel ce que je vous annonce doit arriver, fait partie de l'ancienne Gaule. Au sein de vos prospérités futures, plus d'une fois vous regretterez la vie douce et paisible que vous meniez dans la colonie ; et quand vous la quitterez pour la première fois, un prodige, premier avant-coureur de votre étonnante destinée, apparaîtra dans les airs. »

Cette consultation singulière se faisait en 1776. A peine sorties de l'antre sibyllin, nos trois amies se regardent, se prennent à rire du bout des lèvres et restent quelque temps rêveuses, dissimulant assez mal la vague inquiétude dont elles sont agitées. Peu à peu néanmoins, mais non sans y avoir souvent pensé, d'autres impressions effacent les impressions produites par Euphémie; et déjà l'oracle, rejeté dans l'ordre des choses purement imaginaires, perdait son caractère de coïncidence avec certains événements prévus, lorque la seconde des jeunes créoles sembla vouloir justifier la véracité d'Euphémie. Embarquée pour la France, où ses parents veulent lui faire achever son éducation, des corsaires algériens capturent le vaisseau qu'elle occupe, deviennent eux-mêmes la proie de pirates tunisiens, qui vendent leur jolie créole sur le marché de Constantinople. Bientôt, odalisque du sultan, puis sultane favorite, elle met au monde un fils, connu sous le nom de Mahmoud, et règne, comme l'avait dit Euphémie, sans jouir des honneurs publics de la cour. Joséphine ne connut que beaucoup plus tard cette aventure étrange; mais elle en apprit assez pour rendre à la négresse inspirée toute sa confiance, et compter un peu sur l'accomplissement de l'horoscope qui la concernait.

Dans son agitation inquiète, Joséphine initia M. de Tascher aux oracles d'Euphémie; et M. de Tascher, homme sérieux, ne pouvait s'empêcher de rapprocher des faits accomplis la destinée de cette autre enfant des Antilles, petite-fille d'Agrippa d'Aubigné, passée du lit de Scarron dans celui de Louis XIV, et à laquelle un simple maçon somnambule avait prédit qu'elle monterait sur le trône.

Plusieurs fois, dans les entretiens du soir, M. de Tascher revint sur les révélations magiques d'Euphémie. Madame de Tascher souriait d'un sourire d'incrédulité moqueuse, désirant au fond qu'il n'en fût rien : « car les grandeurs, disait-elle, compromettent les vraies jouissances d'ici-bas. » Joséphine, qu'une haute fortune éblouissait, la voyait à travers William, sorte de prisme réfléchissant sur son âme les purs rayons d'un amour vertueux, et disait en soupirant : « Qui promet trop inspire la défiance. » D'autre part, M. de Tascher, glorieux de sa fille, de sa fortune présente, de ses espérances, adoptait presque comme possibles les impossibilités dont Euphémie annonçait la prochaine réalisation.

Les Tascher en étaient là de leurs projets, lorsqu'une lettre pressante de madame Renaudin, qui demandait Joséphine, fit naître une scène des plus pénibles entre elle et son père. Joséphine le conjura vainement de la laisser vivre aux Antilles, de ne pas la forcer d'échanger un lien d'amour qu'elle caressait encore contre une chaîne dont elle redoutait le poids, et de ne point sacrifier la seule fille qui lui restât. M. de Tascher fut inflexible, parce que depuis longtemps il s'était nourri de l'idée d'une alliance avec les Beauharnais, et qu'ayant l'arrière-pensée de quitter les Antilles, il voulait d'avance fixer son enfant bien-aimée dans le pays qu'il habiterait.

— « Sois raisonnable, ma chère Joséphine, ajouta M. de Tascher d'un ton qui ne permettait aucune réplique, va trouver ta bonne tante; n'oppose pas des caprices d'enfance aux vues sérieuses dont elle poursuit l'accomplissement avec un zèle si louable. Bientôt nous te suivrons en France; et nos revenus, ajoutés aux revenus de notre beau-frère Renaudin, nous permettront de tenir un état fort honorable. Ton attachement pour William, payé d'une ingratitude si noire, d'un oubli si complet, ne doit influer en rien sur tes déterminations. Il n'y a, d'ailleurs, de félicité durable que dans les unions préparées, méditées par la sollicitude des familles. Pour mon compte, je serais ravi d'une alliance avec les Beauharnais, et je ne doute pas que plus tard tu n'en sois enchantée toi-même. » — Des larmes furent toute la réponse de Joséphine. Madame de Tascher y mêla les siennes. Mère affectueuse et bonne, sentant, par les déchirements qu'avait éprouvés son propre cœur, ceux qu'éprouvait sa fille bien-aimée, elle eût voulu plaider la cause de la tendresse contre l'arrêt paternel; mais le maître s'était prononcé : dût Joséphine y succomber, il fallait obéir.

Plusieurs semaines s'écoulèrent dans les pleurs. Le chagrin de Joséphine réveillait l'exquise sensibilité de madame de Tascher, qui lui disait un jour : — « Pauvre enfant, nous sommes l'une et l'autre bien malheureuses. Tu vas entreprendre une longue et pénible navigation : les vents furieux de l'hiver agiteront violemment les flots; mais la mer sera moins agitée que mon âme. » — Un autre jour, lui tenant compte de l'étendue de son sacrifice, et voulant à ses yeux en relever le mérite, madame de Tascher la remerciait de son abnégation personnelle, qui devait, ajoutait-elle, concourir au bonheur des deux familles. — « N'en doutez point, ma mère, répliquait Joséphine, le meilleur titre qu'un mari puisse faire valoir à mes yeux, c'est d'être agréé par vous; mais il existe des souvenirs qu'on ne déracine pas aisément... » — Pour toute réponse, madame de Tascher serra Joséphine contre son cœur.

Le moment du départ approchait. Notre jeune créole avait fait le tour des lieux qu'elle aimait, effacé les chiffres, les emblèmes dont l'association devenait un mensonge, porté ses derniers bienfaits aux malheureux qu'elle protégeait, et reçu, pour échange, un concert de bénédictions.

Une sœur de son père, que ses vertus et ses aumônes faisaient surnommer *la sainte fille*, habitait alors le

Fort-Royal de la Martinique. Joséphine fut la voir, et reçut d'elle, comme talisman, une *piccola madona*, précieuse relique qu'elle conserva longtemps avec la plus grande vénération, et dont elle ne se sépara qu'en faveur de l'abbesse de Panthemont.

Deux amies surtout lui étaient chères : mademoiselle Arthur de Dillon, sa cousine, qui plus tard épousa le lieutenant général comte Bertrand, et mademoiselle Fanny, devenue madame Lefèvre. Cette dernière, filleule de madame Renaudin, protégée par elle, dut accompagner Joséphine dans son voyage. Elles n'eurent garde d'oublier leurs poupées : Joséphine affectionnait particulièrement la sienne.

Le matin du jour fixé pour le départ, tous les travaux cessèrent dans l'habitation; les planteurs, les esclaves réunis autour d'elle faisaient retentir l'air de leurs gémissements. M. de Tascher, fort ému, mais ferme et résolu jusque dans sa douleur, couvrait de baisers sa fille chérie, tandis que madame de Tascher, accablée, anéantie, se soutenait avec peine. « Mon Dieu! s'écriait Joséphine, donnez-moi la force de quitter tout ce que j'aime! » Puis elle embrassait sa terre natale, ses suivantes, ses chiens fidèles; elle portait autour d'elle un regard avide, pour distinguer plus d'objets à la fois et leur adresser un adieu d'ensemble. Des bras d'un groupe d'amis accourus auprès d'elle, Joséphine se précipitait dans les bras de sa mère défaillante, faisait quelques pas, revenait, s'en allait de nouveau, puis revenait encore, jusqu'à ce que les amis qui devaient l'accompagner au vaisseau l'eussent arrachée de cette scène déchirante et presque portée jusqu'à la rade. M. de Tascher l'y accompagna. Le vent ayant fraîchi quand le navire fut en mer, M. de Tascher prit un bateau pêcheur; et il eut le temps de porter à sa fille de nouveaux baisers, pendant que, du rivage, des bras tendus, des mouchoirs flottants lui faisaient le signal d'adieu. Après deux heures de calme, un souffle impétueux s'éleva, et le vaisseau rapide traça majestueusement son sillage à travers cet océan bleu, dont les vagues élancées vers les mâts retombaient frémissantes comme des gerbes de perles.

Le soir du même jour, lorsque Joséphine, accablée des impressions qu'elle venait d'éprouver, ressentant les atteintes du mal de mer, gisait étendue sur son hamac, des cris d'admiration se font entendre, et la tirent de l'espèce de stupeur où languissait son esprit. On venait d'apercevoir un feu Saint-Elme, phosphorescence magique qui s'attachant au navire, contournait les mâts et lui formaient une espèce de couronne. Ainsi s'accomplissait, de point en point, la prédiction d'Euphémie. Joséphine n'y songeait guère, mais elle y a souvent pensé depuis, et se plaisait à raconter cette anecdote, lorsque les événements eurent justifié la véracité de la sibylle.

Le lendemain du départ, le vaisseau se trouvait en vue d'Antigue; il filait rapidement ses nœuds le long de cette chaîne d'îles épanouies sur la mer des Caraïbes, comme autant d'étoiles scintillantes sur un ciel d'azur; îles fortunées alors, couvertes de cultures, d'habitations prospères, ruinées aujourd'hui depuis l'émancipation des noirs. Le troisième jour, Joséphine traversait l'archipel des îles Vierges, entassements rocheux, véritables polypes de pierre et de sable, aux formes fantastiques, qui, de loin, ressemblent aux géants des contes orientaux. Leur bizarre silhouette la frappait d'admiration, surtout quand les rayons de l'aurore ou les feux mourants du crépuscule animaient ces récifs solitaires sans habitants, sans verdure, où les oiseaux ne s'arrêtent que le temps nécessaire pour reposer leurs ailes. Dans un horizon assez rapproché se dessina bientôt la baie de Tortoles, muraille maritime auprès de laquelle nos ports de l'Océan ne sont que des miniatures, car les flottes du monde entier y manœuvreraient avec l'aisance d'une nacelle sur la grande pièce d'eau de Versailles. Le quatrième jour, on avait fait cent cinquante lieues; on mouillait à Saint-Thomas, ville assise d'une manière infiniment pittoresque sur trois collines, et dont les maisons, superposées les unes au-dessus des autres, taillées, découpées, enjolivées, comme les jouets de Nuremberg, ont remplacé le nid de pirates auquel n'échappaient pas toujours les pilotes les plus habiles. Pendant que l'équipage y faisait de l'eau, le capitaine fut assez galant pour conduire Joséphine et la dame qui lui servait de camériste, dans l'immense bazar colonial formé par la Compagnie des Indes, où se trouvaient réunies les provenances des deux hémisphères.

Voici les Bermudes, îles sauvages au nombre d'environ deux cents, plus variables dans leurs formes que dans leurs produits; îles chantées si souvent par les poëtes mélancoliques de l'Angleterre; plages où Thomas Moore accorda sa lyre; sorte de bastion sous-marin, de chaîne montagneuse qui joint la mer des Antilles à la mer des Indes. Il ne coule aux Bermudes ni rivière, ni ruisseau, ni fontaine; les cèdres sont les seuls arbres qu'on y rencontre; mais cette absence de grande végétation se rachète par une harmonie d'ondulations océaniques, dont les voyageurs sont ordinairement frappés, et dont Joséphine, revenue du premier trouble d'une séparation cruelle, fut capable d'apprécier la majestueuse ordonnance. L'aspect sombre des Bermudes cadrait d'ailleurs avec sa disposition d'esprit. Il lui semblait, en les voyant, lire une nuit d'Young ou bien une méditation d'Hervey sur les tombeaux.

Dix jours venaient de s'écouler quand le vaisseau fut en vue des Açores, groupe d'îles aussi riantes que les Bermudes sont tristes; territoire peuplé d'orangers et de citronniers d'une réputation qu'ils surpassent; véritables jardins flottants sur les eaux, dont l'Éternel lui-même a pris soin de marier les bouquets, et qu'il entretient sans culture. Le navire mouilla trois jours aux Açores. Joséphine, fatiguée du mal de mer, avait bien besoin de ce repos; mais à peine eut-elle franchi ces parages, qu'une horrible tempête survint et la rendit beaucoup plus malade encore qu'elle ne l'avait été. Plusieurs voiles se déchirèrent; le grand mât se rompit; chacun fut dans l'attente d'une fatale catastrophe, jusqu'à ce qu'enfin, après une lutte de douze heures, la mer redevint calme et permit de cingler avec rapidité vers la France, dont les côtes apparurent au bout d'une navigation de quarante jours.

A mesure qu'elle en sentait l'approche, Joséphine devenait moins triste; elle nourrissait l'espoir, d'autres diraient le pressentiment de retrouver William. Elle pensait faire entendre raison au vicomte Alexandre de Beauharnais, et le détourner d'une alliance qui pouvait ne pas lui sourire. — « D'ailleurs, madame Renaudin, se disait-elle, m'a toujours aimée; je la crois bonne, sensible; elle reculera devant la responsabilité du malheur de sa nièce, et finira peut-être par suggérer à M. de Tascher quelque autre combinaison dont William ne sera pas exclu.... » — Fort bien; mais William lui-même est-il resté fidèle? Ses parents n'ont-ils point leurs vues particulières en opposition avec les désirs secrets de Joséphine?... Voilà dans quel labyrinthe de réflexions tournait l'imagination mobile de cette jeune créole, lorsqu'aux cris de France! France! terre! elle se leva presque joyeuse pour saluer sa patrie adoptive. Bientôt, une chaloupe canonnière garde-côte héla le vaisseau, qui répondit : Martinique! Le grand mât étant brisé, on arbora le pavillon blanc fleurdelisé d'or au mât de misaine. Le navire jeta l'ancre, et les canots mis à flots transportèrent les passagers dans le port de Marseille. Madame Renaudin s'y était rendue d'avance pour recevoir Joséphine et la conduire à Fontainebleau, ville devenue depuis quelque temps sa résidence habituelle.

Ce débarquement s'opérait en 1778. Par une coïncidence remarquable, la même année, le même mois peut-être, Napoléon traversait la mer ligurienne, abordait Marseille et gagnait le collége d'Autun. Ainsi, les futurs souverains de la France surgissaient en même temps du milieu des mers, pour commencer leur règne, Joséphine sur les cœurs, Napoléon sur les intelligences, sur le monde et sur l'avenir.

CHAPITRE CINQUIÈME.

SECONDE ENFANCE DE NAPOLÉON.

Napoléon quitte la Corse pour se rendre au collége d'Autun. — Séjour à Autun. — Départ d'Autun pour Brienne. — Séjour à Brienne. — Attitude physique et morale de Napoléon. — Caractère de ses relations avec les maîtres et les élèves. — Caporal, sergent, il se fait estimer et craindre. — Existence de Joseph Bonaparte à Pise; de Lucien à Autun; de Joseph Fesch au séminaire d'Aix; de Joachim Murat au séminaire de Cahors. — Maison paternelle des Bonaparte. — Embarras de fortune. — Naissance de Marie-Pauline et de Marie-Annonciade-Caroline Bonaparte. — Lettre curieuse de Ch. Bonaparte sur l'état et les causes de la gêne profonde à laquelle il se trouve réduit. — Réunion de Napoléon et de Lucien à Brienne. — Murat quitte le séminaire de Cahors et Napoléon l'école de Brienne. — La famille Bonaparte vient se fixer à Montpellier, où meurt Charles Bonaparte. — Madame de Permon. — Un berceau près d'un tombeau. — Retour des Bonaparte en Corse. — Naissance de Jérôme Bonaparte. — Madame Letizia devenue chef de famille.

> « Pour ma pensée, Brienne est ma patrie. C'est là que
> j'ai ressenti les premières impressions de l'homme. »
> *Paroles de Napoléon à Sainte-Hélène.*

Création ingénieuse de l'allégorie, l'antiquité représentait l'enfance couronnée de roses, joyeuse et folâtre, bercée par de jolis songes; ici, marchant sur l'herbe nouvelle d'un pas tellement léger qu'elle en effleure à peine les sommités fleuries; là, naviguant portée par des cygnes sur des flots tranquilles, et, sans efforts, atteignant les rivages éloignés où vont se réaliser ses désirs. C'est qu'en effet, au début de la vie, l'homme chemine insouciant à travers des écueils dont il ne soupçonne même pas l'existence; c'est qu'il adopte des illusions trompeuses, et qu'au lieu de mesurer la distance qui le sépare des régions inconnues qui lui restent à parcourir, afin de lester convenablement son navire, il peuple l'espace des plus chimériques espérances. Insensiblement, ces fantômes séduisants disparaissent et le scepticisme naît d'illusions trompées; bientôt on n'accepte la réalité que des objets qu'on touche; dans le monde on n'aperçoit que les tristes combinaisons du mensonge; dans la vie, les ennuis, les embarras, les fatigues décourageantes d'un pénible voyage.

Plus heureux peut-être sont les enfants sérieux et réfléchis, comme Joseph et Napoléon Bonaparte. Ils n'ont pas le fol enivrement de ceux dans la tête desquels l'imagination domine; ils conçoivent moins d'espérances; ils réalisent plus de conquêtes sur leur propre nature; et, quand arrive l'âge de la raison, la raison trouve en eux un domaine déjà prêt à recevoir la semence qu'elle doit y répandre.

L'idée d'être un jour soldat fermentait dans la tête de Napoléon et bouillonnait jusque dans ses veines. Bien qu'affectionnant avec tendresse et la Corse, et la maison paternelle, il aspirait après l'heure où, libre des langes du berceau qui le retenaient captif, affranchi des verges tutélaires de ses parents, il pourrait vivre de sa propre vie, respirer à pleine poitrine un air nouveau et s'ouvrir une carrière.

Les inclinations décidées de Napoléon, les vues de sa famille se trouvaient d'accord avec la politique française, intéressée à ce que les enfants de nobles des pays nouvellement incorporés au royaume y vinssent recevoir leur éducation. Aussi M. de Marbœuf demanda-t-il une bourse à l'école de Brienne en faveur du jeune Bonaparte. Elle n'était pas encore obtenue lorsque Charles, député une seconde fois vers Louis XVI par la noblesse des états, résolut d'emmener avec lui son fils et de le placer provisoirement dans un pensionnat de la ville ou des environs d'Autun, jusqu'à ce que la place sollicitée pour Brienne fût devenue vacante. « La destinée est immuable, il faut obéir à son étoile, disait Napoléon quarante années plus tard, la mienne était de parcourir les extrêmes de la vie; je partis pour accomplir la tâche qui m'était imposée [1]. » Ce jour, la famille entière fut triste; la vieille mère Bonaparte et *Mammucia Caterina*, qui s'aimaient beaucoup et se querellaient sans cesse sur des têtes d'épingle, ayant fait trêve à leurs disputes, comme il arrivait dans les grandes circonstances, s'accordaient sous l'impression sentimentale de la même douleur et versaient des larmes abondantes; la nourrice, le pâtre ne pouvaient supporter l'idée d'une séparation si longue; Joseph ressentait un chagrin amer; Lucien, Élisa pleuraient de voir les autres pleurer; mais l'oncle Lucien et madame Letizia disaient : Courage!...

Partis d'Ajaccio pour Livourne dans les premiers jours de décembre, Charles Bonaparte et son fils se rendirent à Florence; ils furent présentés au grand-duc, qui, les ayant reçus comme d'anciens sujets dignes de considération et d'estime, leur remit une lettre écrite en leur faveur à la reine Marie-Antoinette. Le 15, ils s'embarquaient au port de Livourne et cinglaient vers Marseille. Suivant un cahier manuscrit de la main de Napoléon, intitulé *Époques de ma vie*, le 1ᵉʳ janvier nos deux voyageurs arrivaient dans la ville d'Autun, que Charles Bonaparte quitta presque aussitôt pour s'acheminer sur la capitale, après avoir mis son fils dans un pensionnat.

Ce fut un moment fort pénible que celui où, se trouvant

[1] Mém. d'Antommarchi, I, 251, 252.

seul, isolé, parmi des enfants dont il ne connaissait pas la langue, Napoléon se trouva forcé de lutter à la fois contre les ennuis qui l'obsédaient loin des siens et contre son amour-propre offensé par les risées qu'excitait son langage insolite. Il ne fut là que trois mois et demi, pendant lesquels l'usage, l'observation plus que les maîtres lui apprirent les éléments d'une langue qu'il devait parler un jour avec tant de volubilité. Sa nomination au collége de Brienne vint le surprendre agréablement. De cette époque Napoléon fit dater son bonheur : autant il s'est plu, jusqu'à la tombe, à rappeler ses petites aventures collégiales, autant il a semblé repousser les souvenirs d'Autun.

« J'entrai à Brienne, dit Bonaparte, j'étais heureux. Mais, en y arrivant, j'avais été reçu dans une salle où se trouvait le portrait du duc de Choiseul. La vue de cet homme odieux qui avait trafiqué de mon pays m'arracha une expression flétrissante. C'était un blasphème, un crime dont le souvenir effaça, chez certaines gens, la bienveillance méritée par mes succès [1]. » De ces soulèvements de patriotisme et d'amour-propre dans un cœur jeune et chaud, on a fait pour Napoléon l'objet d'un reproche immérité. Napoléon pouvait déplorer l'asservissement de la Corse sans haïr la France, qui lui offrait une hospitalité généreuse ; il pouvait en vouloir aux hommes politiques, tels que Narbonne-Pelet, Choiseul, mais respecter Louis XVI ; il devait chérir l'archevêque de Marbœuf, ministre de la feuille des bénéfices, lequel venait d'ouvrir à ses désirs la porte du collége, et savoir gré à M. Loménie de Brienne, archevêque de Sens, des recommandations qu'il lui avait données pour les familles les plus considérables de cette ville. Le sentiment multiple résultant des impressions précitées ressort

[1] Mém. d'Antommarchi, I, 252.

en beaucoup d'actes honorables de la vie de l'Empereur, et le justifient du soupçon d'ingratitude ou de partialité.

Toutes les petites vexations d'élèves qui avaient accueilli Bonaparte au pensionnat d'Autun l'attendaient à Brienne; mais peu à peu les préventions suscitées contre lui par sa qualité d'étranger cédèrent à la fermeté de sa contenance, à la régularité de sa conduite, aux preuves d'intelligence qu'il donna. Les élèves eurent pour lui de la considération, l'amitié vint plus tard. « Au rebours de toutes les histoires apocryphes, dit Las Cazes, Napoléon, à Brienne, fut doux, tranquille, appliqué et d'une grande sensibilité, » qualités qui attirent l'affection des autres. « Ma tête commençait alors à fermenter, a-t-il dit quelque part en parlant de ses impressions d'école; j'avais besoin d'apprendre, de savoir, de parvenir; je dévorais les livres. Bientôt il ne fut bruit que de moi dans l'école. J'étais admiré, envié; j'avais la conscience de mes forces; je jouissais de ma suprématie [1]. » Cette suprématie, toutefois, ne s'étendait point à l'ensemble des facultés. Faible en grammaire, non moins faible en latin, Napoléon réussissait admirablement en histoire, en géographie, en mathématiques. Aussi le père Patrault, qui professait les sciences exactes, témoignait-il au jeune Napoléon une prédilection particulière. Il l'estimait profondément, et lui accordait une intelligence remarquable demeurée quelque temps inaperçue aux autres professeurs qui le jugeaient d'après l'écorce. « Un jour, dit Las Cazes [2], le maître de quartier, brutal de sa nature, sans consulter les nuances physiques et morales de l'enfant, le condamne à porter l'habit de bure et à dîner à genoux à la porte du réfectoire : c'était une es-

[1] Mém. d'Antommarchi, I, 252.
[2] Mémorial, I, 62.

pèce de déshonneur. Napoléon avait beaucoup d'amour-propre, une grande fierté intérieure ; le moment de l'exécution fut celui d'un vomissement subit et d'une violente attaque de nerfs. Le principal, qui passait par hasard, l'arracha au supplice en grondant le maître de son peu de discernement, et le père Patrault accourut, se plaignant que, sans nul égard, on dégradât ainsi son premier mathématicien. »

Les plus grandes difficultés qu'eût à vaincre Napoléon étaient des difficultés grammaticales. On le sentait. Aussi les bons pères minimes ne négligeaient-ils rien de ce qui pouvait faciliter ses progrès dans la langue française. Le père Dupuy, sous-prieur, littérateur émérite, homme de goût, doué d'une complaisance extrême, d'une patience d'ange, s'attacha beaucoup à lui ; mais tel était l'empire des habitudes d'enfance, telle était sa prédilection pour des formes linguistiques auxquelles se rattachaient les souvenirs les plus chers, qu'officier, fréquentant le grand monde depuis plusieurs années, il écrivait encore *soupplier, soupporter, foutilité* [1]. Ses études latines, entravées par l'obligation de substituer le français à l'italien, demeurèrent languissantes tant qu'il fut à Brienne. « Je suis resté constamment avec lui dans la classe de mathématiques, dit Bourrienne, où, selon moi, il était incontestablement le plus fort de l'école. J'échangeais quelquefois avec lui contre des thèmes et des versions dont il ne voulait absolument pas entendre parler la solution des problèmes que l'on nous donnait à résoudre, et qu'il trouvait sur-le-champ avec une facilité qui m'étonnait toujours [2]. » Le même écrivain

---

Article *Libri* dans la Revue des Deux Mondes (1852, 1er trimestre) intitulé *Jeunesse de Napoléon*.

[2] Mémoires de Bourrienne.

assure qu'à la sortie de l'école on n'eût pas fait de Napoléon un bon élève de quatrième. C'est vraisemblable [1].

D'accord avec madame d'Abrantès et avec quelques dépréciateurs du grand homme, Bourrienne affirme que Napoléon, bref, décidé dans son langage, aigre dans ses propos, fréquentait peu les autres élèves. Cependant, sans courir au-devant des liaisons nouvelles, il ne les repoussait pas; il était plutôt rêveur que sombre, plutôt réservé que misanthrope. Il voyait intimement Bourrienne; il distinguait Dangeais, Desmazy, Montarby, Gudin, Nansouty. Estimé de ses camarades, il tenait parmi eux cette position morale élevée qu'inspirent un mérite positif, une conduite exemplaire; mais il souffrait beaucoup de ne pouvoir soutenir, comme les autres, l'honneur de sa naissance. Ce fut dans la profonde amertume d'un cœur ulcéré qu'il écrivit à son père la lettre suivante :

« École militaire de Brienne, le 5 avril 1781.

» Mon père, si vous ou mes protecteurs ne pouvez me fournir les moyens de paraître plus dignement dans cette école, faites-moi revenir à la maison et cela sur-le-champ. Je suis fatigué d'être regardé comme un mendiant et de voir d'insolents condisciples, qui n'ont que leur fortune pour toute recommandation, se moquer de ma pauvreté; il n'y a pas un seul individu parmi eux qui ne me soit inférieur par les nobles sentiments dont mon âme est enflammée. Quoi, Monsieur, votre fils sera-t-il

---

[1] Il venait d'atteindre sa dixième année, lorsque le célèbre Pichegru, maître de quartier et répétiteur du père Patrault, n'ayant d'autre ambition alors que d'être religieux minime, l'avait initié aux premiers éléments des mathématiques, ce qui le charmait au point de l'absorber tout entier.

continuellement en butte aux sarcasmes de ces jeunes gens riches et impertinents, qui affectent de plaisanter des privations que j'éprouve? Non, mon père, je me flatte que non; si ma position ne peut être améliorée, retirez-moi de Brienne, faites-moi apprendre un métier, s'il est nécessaire; placez-moi avec mes égaux, et je réponds que je serai bientôt leur supérieur. Vous pouvez juger de mon désespoir par la proposition que je vous fais. Encore une fois, j'aimerais mieux être premier garçon dans une manufacture que d'être exposé à la risée publique dans la première académie du monde.

» N'allez pas vous imaginer que ce que j'écris est dicté par le désir de me livrer à de dispendieux amusements; ils n'ont aucun attrait pour moi; je n'ai d'autre ambition que celle de prouver à mes camarades que j'ai comme eux les moyens de me les procurer.

» N. Buonaparte. »

Entre la naissance de Marie-Pauline Bonaparte, qui vit le jour le 20 octobre 1780, et la naissance de Marie-Annonciade-Caroline, venue au monde le 25 mars 1782, madame Letizia, profitant de la faveur que M. de Marbœuf venait d'obtenir pour sa fille Élisa d'être élevée dans la maison royale de Saint-Cyr, fit avec son mari le voyage de France. Ils conduisirent Lucien au pensionnat d'Autun, où Napoléon avait passé un trimestre, maison dépendante de l'archevêque de Sens, qui protégeait leur famille; ils déposèrent à Saint-Cyr Élisa et coururent embrasser leur fils. Ce fut alors que Charles Bonaparte emprunta du chevalier Durosel de Beaumanoir vingt-cinq louis, restitués si généreusement par Napoléon premier consul. « Quand ma mère vint me voir, disait un jour l'Empereur au général Montholon, elle fut si ef-

10.

frayée de ma maigreur et de l'altération de mes traits, qu'elle prétendit qu'on m'avait changé, et qu'elle hésita quelques instants à me reconnaître. J'étais en effet très-changé, parce que j'employais à travailler les heures de récréation, et que souvent mes nuits se passèrent à méditer sur les leçons de ma journée. Ma nature ne pouvait pas supporter l'idée de ne point être tout d'abord le premier de ma classe. Ma mère avait alors vingt-neuf ans; elle était belle comme les amours [1]. »

Le teint de Napoléon, image fidèle des irrégularités fonctionnelles de ses organes et des préoccupations de son âme, était jaune, même terreux. L'étonnante vivacité de son regard et la contractilité nerveuse de ses lèvres disaient ce qu'il recélait en lui-même avant que sa pensée prît une forme. Il venait de faire sa première communion sous la direction du père Charles; et cette initiation religieuse à l'existence morale de l'homme, Napoléon l'avait accomplie avec la ferveur d'une âme pure. Au point de vue des études, c'était une entrave écartée; au point de vue du caractère, c'était une lutte commencée entre le devoir et les passions, entre l'esprit et le corps; c'était l'enfant s'élevant à la grandeur de sa destinée. Aussi Napoléon disait-il : « Pour ma pensée, Brienne est ma patrie [2]. » Vers cette époque le duc d'Orléans étant venu à Brienne avec madame de Montesson, on les pria d'honorer de leur présence une distribution de prix où Napoléon fut couronné. Madame de Montesson posa la première branche de laurier sur ce front qui devait en porter tant d'autres, et l'Empereur ne l'a jamais oublié. Il n'oublia pas davantage le brave Gudin, sorti de l'école, en 1782, pour entrer dans la gendarmerie, et

---

[1] Mémoires de Montholon, II, p. 17-18.
[2] Ibid., 19.

avec lequel, peu de temps auparavant, il avait reçu le premier baptême de la poudre. C'était le jour de la Saint-Louis, les élèves préparaient des pétards en l'honneur du supérieur; tout à coup le feu y prend, la détonation imprime à Bonaparte une pirouette et brûle Gudin au visage [1].

Au temps où nous sommes arrivé, Joseph Fesch commençait avec succès ses études théologiques à l'université d'Aix : il y avait pour condisciple le cardinal Isoard, le poëte Raynouard, auteur des *Templiers*, le poëte Esménard, l'évêque André-Joseph Jauffret, qui devait plus tard partager avec lui le fardeau de la grande aumônerie. Joachim Murat était au séminaire de Cahors, avec le comte Agar de Mosbourg, l'un de ses ministres et courtisans futurs. Joseph Bonaparte, qu'on tenait toujours à faire prêtre, qui, des archevêques de Marbœuf et de Brienne, n'eût pas manqué d'atteindre les premières dignités de l'Église, sous le protectorat quand encore son frère ne se fût pas élevé si haut, Joseph obtenait enfin qu'on l'enverrait étudier à l'université de Pise, où depuis un temps immémorial les Bonaparte jouissaient de certaines immunités scolaires.

Fait successivement caporal, sergent, sergent-major, même sous-lieutenant *ad honores*, Napoléon à l'école de Brienne commençait d'appliquer cette faculté de guider les autres hommes qu'il avait reçue de la nature. Il maintenait l'ordre, distribuait les postes, et s'en acquittait fort bien. En 1782, le jour de la Saint-Louis, les élèves devaient représenter *la Mort de César*, tragédie revue, corrigée, amendée. Bourrienne remplissait le rôle de Brutus. Napoléon commandait un poste. La

[1] Gudin, tué au champ d'honneur, a joui d'une réputation de bravoure incontestée.

consigne portait défense d'entrer sans une carte signée du principal ou du sous-principal. La femme du concierge de l'école, pourvoyeuse des élèves en friandises, se présente et veut forcer la porte. Après d'inutiles représentations, le sergent court se plaindre à son officier Napoléon Bonaparte : « Qu'on éloigne cette femme, dit-il, puisqu'elle apporte ici la licence des camps [1]. »

Chez Napoléon, l'intelligence, la maturité d'esprit devançaient l'âge. A treize ans, il ne conservait déjà presque plus rien de l'enfance ; et la puberté n'eût peut-être attaché qu'un cachet de perfection à son caractère, si des malheurs, des chagrins de famille n'étaient point venus jeter le découragement et l'inquiétude à travers une vie d'application sérieuse acceptée comme un devoir. L'insouciante prodigalité de Charles Bonaparte, sa persistance à mener, en contractant des dettes, l'existence inoccupée des gentilshommes d'alors ; les pertes imprévues qu'il avait essuyées, les procès qu'il avait dû soutenir, mettaient sa famille dans une position des plus critiques. Napoléon ne l'ignorait pas. Mais si la chose lui importait peu pour lui-même, car nul enfant, nul homme ne fut jamais moins intéressé, bon fils et bon frère, il envisageait avec terreur et mélancolie le gouffre où s'engloutissait l'avenir des siens. A cette époque, « il devint morose, sombre, et le besoin d'aliments qu'avait son âme autant que son esprit le rendit plus studieux encore que d'habitude. La lecture fut pour lui une espèce de passion poussée jusqu'à la rage, il dévorait tous les livres [2]. » C'est le temps, ses notes autographes le témoignent [3], où, s'isolant des élèves, il

---

[1] Mémoires de Bourrienne.
[2] Las Cases, Mémorial, paroles de Napoléon, I, 62.
[3] Ces notes si curieuses sont en Angleterre, chez M. Libri.

passait à la bibliothèque presque toutes les heures de récréation. Amoureux de l'antiquité, du merveilleux, des aventures extraordinaires et des grands coups d'épée, il lisait volontiers Hérodote, Homère, Arrien, Pausanias, Polybe, Diodore de Sicile, Strabon, César, Tite-Live, Tacite, et s'y attachait au point d'en faire des extraits. Bien qu'Alexandre fût son héros de prédilection, Quinte-Curce lui plaisait moins que les autres historiens anciens. Parmi les modernes, il affectionnait Bossuet, Saint-Réal, Vertot et Voltaire ; il s'ennuyait de Rollin ; il préférait nos tragédiens à nos auteurs comiques, et sentait son imagination s'épanouir aux scènes majestueuses décrites par Buffon avec la pompe de son style imagé. Le Tasse, l'Arioste lui plaisaient beaucoup. On voit à Brienne un vieux chêne sous l'ombrage duquel, assis maintes fois, notre héros futur lisait, dans son texte original, cette poésie brillante du seizième siècle qui servit de passe-port aux prouesses des paladins et peut-être de levain pour sa propre gloire. Les annalistes, les chercheurs d'analogie, se copiant l'un l'autre, ont presque tous répété que Napoléon, à l'instar des plus grandes célébrités modernes, méditait assidûment Plutarque et qu'il s'y proposait un modèle. C'est une erreur ; avant la révolution française, jamais Napoléon n'avait eu l'occasion de lire Plutarque.

Déjà maître dans l'art de commander à ses passions, de réprimer ses désirs, Napoléon s'isolait volontiers. Certain jour, qu'appuyé sur une fenêtre, il souriait aux jeux de ses camarades : — « J'examinais, dit-il à Dangeais devenu comte sous l'Empire, cette bande d'écervelés qui perdent le temps le plus précieux de la vie. Et, après tout, quels sont leurs amusements ? Ils se fatiguent pour jeter une balle dont aucun d'eux ne peut expliquer mathématiquement la surface. Je conçois bien que leur âge nécessite une récréation quelconque; mais ne pourraient-ils pas en trouver de plus nobles que celles qu'ils ont choisies? par exemple, la promenade, la conversation, l'aspect du ciel et des planètes : voilà de dignes amusements, capables de faire des hommes de génie. En vérité, ces enfants me font sourire de pitié. Venez avec moi, Dangeais, dans la partie la plus retirée du bosquet, je vous lirai la vie de Cromwell. C'était véritablement un homme. Quel génie! quelle audace! quelles ressources dans son esprit! Mais pourquoi avoir fait partie du tribunal qui jugea son roi? Il n'ignorait pas qu'en tout pays une telle action est regardée comme contraire aux idées reçues. Je doute que le temps efface jamais la faute d'avoir donné sa signature au bas de la sentence qui condamna Charles Ier à mort.... »

Lucien Bonaparte, qui, depuis deux années, faisait avec succès ses études latines au collége d'Autun, venait d'en être tiré par sa famille et d'arriver à l'école de Brienne. Ce fut pour les deux frères une circonstance bien heureuse; pour Napoléon, un allégement à ses ennuis; pour Lucien, un sujet d'émulation. Sous la pression douloureuse des désastres de leur maison, M. et madame Bonaparte avaient cru devoir modifier le plan d'études arrêté d'avance à l'égard de leurs enfants. Sur les observations de M. de Marbœuf, Napoléon était destiné à la marine royale, Lucien à l'artillerie, Louis au barreau, et l'on espérait encore captiver Joseph par la perspective séduisante d'un riche canonicat. Sans être vieux, l'oncle l'archidiacre craignait de mourir avant d'avoir trouvé parmi ses neveux un successeur; et Joseph, âgé de quinze ans, lui semblait beaucoup plus propre que ses frères à garantir cette expectative.

CHAPITRE V.

En 1783[1], écrit Las Cases d'après une dictée authentique du héros-martyr, Napoléon fut un de ceux que le concours d'usage désigna pour aller achever son éducation à l'école militaire de Paris. Le choix était fait annuellement par un inspecteur qui parcourait les douze écoles militaires. Cet emploi se trouvait alors rempli par le chevalier de Kéralio, officier général, auteur d'une *Tactique*, de *Mémoires sur l'archéologie*, et qui avait été le précepteur du duc de Deux-Ponts, devenu depuis roi de Bavière. Vieillard agréable, aimant les enfants, jouant avec eux après les avoir examinés, et retenant près de lui, à la table des mimimes, ceux qui lui plaisaient davantage, le chevalier de Kéralio semblait fait pour les fonctions dont il était revêtu. Il vouait au jeune Napoléon Bonaparte une affection toute particulière, excitait son zèle, et, bien qu'il n'eût point l'âge requis, il venait de le désigner parmi les élèves qui devaient passer de l'école de Brienne à l'école militaire de Paris. L'enfant n'était fort que sur les mathématiques. Les moines représentèrent qu'il serait mieux d'attendre à l'année suivante, que Napoléon aurait ainsi le temps de se fortifier sur les autres facultés. Mais Kéralio ne voulut pas les écouter. — « Je sais ce que je fais, leur dit-il. Si je passe par-dessus la règle, ce n'est point ici une faveur de famille : je ne connais pas celle de cet enfant ; c'est tout à cause de lui-même. J'aperçois ici une étincelle qu'on ne saurait produire trop tôt[2]. » — Peu

---

[1] 15 ou 16 septembre.
[2] Voici la note de M. de Kéralio : « M. de Buonaparte (Napoléon), né le 15 août 1769 : taille de quatre pieds dix pouces dix lignes ; de bonne constitution ; excellente santé ; caractère soumis. Il a fait sa quatrième. Honnête et reconnaissant ; sa conduite est très-régulière. Il s'est toujours distingué par son application aux mathématiques ; il sait passablement l'histoire et la géographie ; il est faible dans les exercices d'agrément. Ce

après, Kéralio fut mis à la retraite. M. de Regnaud, son remplaçant, eut égard aux notes qu'il avait données. Cependant la désignation de Napoléon éprouva des retards, des difficultés imprévues qui le préoccupèrent. Il s'en plaignit à ses parents; et le chevalier Charles Bonaparte écrivit au comte de Ségur, ministre de la guerre, une requête ainsi conçue :

« Monseigneur,

» Charles Bonaparte d'Ajaccio, réduit à l'indigence par l'entreprise du desséchement des salines et par l'injustice des jésuites, qui lui enlevèrent la succession Odonne à lui dévolue, et affectée aujourd'hui à l'instruction publique, a l'honneur de vous représenter que son fils cadet se trouve depuis six ans à l'école royale militaire de Brienne, qu'il s'y est toujours comporté d'une manière distinguée, comme il vous est aisé, monseigneur, de le connaître en vous faisant apporter ses notes; que, suivant le conseil de M. le comte de Marbœuf, il a tourné ses études du côté de la marine. Il a si bien réussi, qu'il avait été destiné, par M. de Kéralio, pour l'École de Paris et ensuite pour le département de Toulon.

» La retraite de l'ancien inspecteur, monseigneur, a changé la destination de mon fils, qui n'a plus de classes au collége, à la réserve des mathématiques, et qui se trouve à la tête d'un peloton, avec les suffrages de tous ses supérieurs.

» Le suppliant a mis en pension son troisième fils au même collége de Brienne, pour qu'il puisse remplacer son frère. Il a l'honneur de joindre le certificat du pro-

sera un excellent marin. Mérite de passer à l'école de Paris. » (Las Cases, Mémorial, I, 64; Revue de l'Empire, I, 41.)

fesseur du collége et son extrait de baptême, et de vous supplier, monseigneur, *en faisant placer son cadet,* de recevoir élève son troisième fils, qui est dans sa neuvième année et aux frais du suppliant, qui n'a plus les moyens de contribuer à sa pension.

» Vous ne pouvez pas faire une plus grande charité, monseigneur, que de soulager une famille qui se trouve abandonnée, qui a toujours bien servi le roi, et qui redoublera ses efforts pour le bien du service. Et a signé :

» BONAPARTE. »

En haut de cette lettre, le ministre ajouta : *Faire la réponse ordinaire, s'il y a lieu.* — On lit en marge : « On a fait connaître à ce gentilhomme que sa demande serait inadmissible tant que son second fils demeurerait à l'École de Brienne-le-Château, deux frères ne pouvant être élevés en même temps dans les écoles militaires. » Évidemment il s'agit ici de l'éducation gratuite. La liste civile payait la pension de Napoléon, comme plus tard elle paya celle de Lucien.

A l'imitation de tous les solliciteurs, Charles Bonaparte exagère sa position critique. Il avait perdu des espérances somptueuses, il avait compromis l'avenir de ses enfants ; mais il lui restait encore assez, surtout avec l'aide de l'archidiacre Lucien, pour vivre d'une manière honorable et modeste. La durée qu'il assigne au séjour de Napoléon à Brienne dépasse aussi d'une année le chiffre réel. Était-ce dans le but d'intéresser plus vivement le ministre ?

Napoléon venait alors d'essuyer d'un de ses camarades un outrage dont la réparation lui fit honneur, mais qui rendait sa position à Brienne très-désagréable. Pougin des Islets, insolent étourdi, querellant Bonaparte, lui avait reproché de faire la police de l'école comme un recors; « chose, d'ailleurs, ajouta-t-il, dont personne ne sera surpris : car, si dans la province

> On distribue en tout vingt coups de nerf de bœuf,
> Votre père à lui seul en rembourse dix-neuf. »

Et toute l'assistance de rire aux éclats d'une parodie racinienne dont Charles Bonaparte ne méritait, certes, pas l'application, puisqu'il remplissait les fonctions d'assesseur (juge suppléant) de la cour royale d'Ajaccio. Napoléon pâlit, rougit, ses traits se crispent, son regard s'illumine; cependant il prend sur lui de ne rien dire, il court à sa chambre, griffonne un billet, et, rencontrant un élève témoin de ce qui avait eu lieu, lui dit : « Vous connaissez le drôle qui vient de m'insulter; ayez la bonté de lui remettre ce billet. » En voici le contenu :

« Polisson que vous êtes, si vous avez le moindre sentiment d'honneur, vous me rendrez satisfaction de l'outrage que vous m'avez fait. Que les conséquences de ma démarche soient ce qu'elles voudront, je me procurerai des pistolets. Si nous ne pouvons pas sortir, tout endroit me sera bon : votre chambre ou la mienne, ou la première place venue, pourvu que je sois vengé. »

Ce billet fut remis à l'un des chefs de l'École, qui fit réunir tous les élèves dans la salle d'examen, et, s'adressant au provocateur : « Est-ce vous, Napoléon, dit-il, qui avez écrit ce billet? — Oui, monsieur, répliqua Bonaparte; et si c'est Pougin des Islets qui vous l'a remis, sa lâcheté mérite un châtiment de plus. — Observez, s'il vous plaît, devant qui vous parlez. Votre note est infâme. Vous avez été insulté, c'est vrai; mais à vos maîtres seuls appartient de vous rendre justice. — Pareil outrage ne peut être vengé par un tiers. — Ainsi, vous persistez; vous voulez donner l'exemple de la ven-

CHAPITRE V.

geance, de l'insubordination? Allez au cachot. — En enfer, si vous voulez. » Pougin, de son côté, fut mis aux arrêts. On donna le conseil à Napoléon de faire des excuses, de se soumettre. Il ne le voulut pas, et se hâta d'écrire au comte de Marbœuf. Après un aveu sincère, Napoléon lui disait :

« Maintenant, monsieur, si je suis coupable, si je suis justement privé de ma liberté, ayez la bonté de me retirer de Brienne, et de mettre le comble aux obligations que je vous ai en m'ôtant votre protection; car ce serait une injustice à moi de désirer d'en jouir plus longtemps, puisque je ne crois pas en avoir jamais été plus digne. Je ne regarderai jamais comme un acte imprudent l'impétuosité que les motifs les plus sacrés m'ont inspirée. Aucun motif personnel, quel qu'il puisse être, ne me permettra jamais d'entendre de sang-froid mon père, homme d'honneur et respectable, grossièrement injurié. Non, monsieur, ma sensibilité est trop profonde en pareil cas pour que je m'adresse à mes supérieurs; car je suis persuadé qu'un bon fils ne peut s'en rapporter à un tiers pour venger un pareil outrage. Quant aux bontés dont vous m'avez comblé, monsieur, j'en conserverai toujours un tendre souvenir; j'aurai seulement à regretter qu'ayant eu le bonheur d'être honoré de votre protection, le ciel m'ait refusé les vertus qui pouvaient me la conserver.

» Brienne, le 8 octobre 1783. »

Le comte de Marbœuf se trouvait avec Thomas Raynal, le marquis de Saillans et le prieur de Chambonas, à Sens, dans le salon de madame d'Espinal, lorque lui fut remise la lettre de Napoléon. Il la lut haut, et s'écria : « C'est une injustice! Napoléon a du cœur. Demain matin je vais à Brienne arranger cela! » Effectivement, le surlendemain Napoléon sortit du cachot, et reçut de M. Marbœuf une réprimande toute paternelle, dont il demeura profondément touché.

Napoléon, ayant terminé son cours, jouissait alors de l'intervalle de repos accordé aux élèves émérites, et d'une liberté que justifiaient la ténacité de ses travaux, la régularité constante de sa conduite. On était en plein hiver (1783-1784), six pieds de neige couvraient la campagne. Il avait fallu renoncer aux promenades extérieures, même aux récréations dans la cour de l'établissement. Fatigué d'être réduit à de monotones exercices, Napoléon imagine de faire servir au plaisir l'obstacle même qui l'arrête. « Messieurs, dit-il aux élèves, n'attendons pas que le ciel se fasse beau; prenons des pelles, relevons les neiges, faisons avec elles, dans la grande cour, des ouvrages à cornes, des parapets, des cavaliers; creusons ensuite des mines, des tranchées; puis, divisés en deux armées, l'une assiégée, l'autre assiégeante, nous organiserons un simulacre d'attaque. Je me charge de la diriger, si vous le trouvez bon, si vous m'en jugez digne. — *Vivat!* vive notre général! s'écrient les élèves avec enthousiasme, et tous se mettent instantanément à la besogne. « Cette petite guerre, dit Bourrienne, simulée durant l'espace de quinze jours, ne cessa qu'après que des graviers ou de petites pierres s'étant mêlés à la neige dont on se servait pour faire des boules, il en résulta plusieurs blessures graves. Je fus un des élèves les plus maltraités par cette mitraille [1]. »

Au printemps, la famille de Brienne ayant quitté Versailles, ainsi qu'elle le faisait d'habitude, pour se rendre dans sa seigneurie, Napoléon, qui en avait toujours été parfaitement accueilli, passa au milieu d'elle le temps

[1] Mémoires de Bourrienne, I, 25, 26.

de ses congés et de ses vacances. Ce ne fut pas un temps perdu ; car, dans le contact d'une aristocratie aussi distinguée, il se dépouilla de cette rudesse inhérente au caractère corse, de ces manières collégiales contractées sur les bancs, et qu'il devait nécessairement déposer au seuil du grand monde où l'appelaient à vivre son mérite, sa position et sa naissance. On rapporte qu'un jour les hommes illustres du siècle de Louis XIV ayant fait l'objet de la conversation, une dame de la compagnie, entendant faire l'éloge de Turenne, s'était écriée : « Je l'aimerais mieux s'il n'eût pas brûlé le Palatinat. — *Eh! qu'importe?* aurait repris vivement Napoléon, *si cet incendie devenait une nécessité! Ne faut-il pas souvent amputer le membre pour sauver le corps?* » Une telle réflexion de la part d'un adolescent de quinze ans étonna la société.

Quatorze mois après le double examen subi d'une manière si remarquable devant M. de Kéralio, Napoléon avait enfin obtenu sa sortie de l'école ; circonstance dont les détails se trouvent inscrits de la manière suivante sur un registre de M. Berton, sous-principal :

« Napoléon de Buonaparte est entré à l'École royale militaire de Brienne-le-Château à l'âge de neuf ans huit mois cinq jours. Il y a passé cinq ans cinq mois vingt-sept jours, et en est sorti à l'âge de quinze ans deux mois deux jours, pour se rendre à l'École militaire de Paris, ainsi qu'il conste par l'extrait suivant tiré du registre de sortie des élèves du roi :

» Le 17 octobre 1784 est sorti de l'École royale militaire de Brienne M. Napoléon de Buonaparte, écuyer, né en la ville d'Ajaccio, en l'île de Corse, le 15 août 1769, fils de noble Charles-Marie de Buonaparte, député de la noblesse de Corse, demeurant en ladite ville d'Ajaccio, et de dame Letizia Ramolino, sa mère, suivant l'acte porté au registre de réception, folio 31, reçu dans cet établissement le 23 avril 1779.

» Le même jour sont sortis avec Napoléon de Buonaparte, pour se rendre à l'École militaire de Paris, MM. Nicolas-Laurent de Montarby, Jean-Joseph de Comminge, Henri-Alexandre-Léopold de Castrie, Pierre-François-Marie-Laurent de Bellecourt. »

Napoléon figurait en tête de la promotion. Ses examinateurs lui avaient dit que si l'année précédente on n'avait consulté que sa science, au lieu de consulter son âge, il serait officier. Il laissait derrière lui des regrets. Ses maîtres, surtout le père Dupuy et le père Patrault, le voyaient partir avec peine. Lucien le pleurait, et beaucoup d'élèves éprouvaient le sentiment d'un vide proportionné à l'idée qu'ils se formaient de son mérite.

La même année naissaient, dans la ville d'Ajaccio, le comte Philippe-Antoine Ornano (17 janvier 1784), fils d'Isabelle Bonaparte, cousin germain du père de Napoléon, enfant dont le cardinal Fesch a dirigé l'éducation, et qui se montrera digne d'un nom porté par deux maréchaux de France, et Jérôme Bonaparte (15 novembre), dernier enfant de madame Letizia.

La gêne qu'éprouvait la maison Bonaparte continuait d'oppresser de tout son poids Napoléon : forcé d'aller dans le monde, de fréquenter les élèves hors cours, touchant au moment de quitter Brienne, il éprouvait une pénurie d'argent désespérante. Cette situation le rendit misanthrope, injuste envers sa famille. Après lui avoir écrit plusieurs fois, ne recevant pas de réponse, et se croyant oublié, délaissé, il trempa, comme Byron, comme le Tasse, sa plume dans le fiel de son âme, et jeta sur le papier l'image des vains fantômes dont se préoccupent les imaginations malades.

« École militaire de Brienne, le 25 avril 1784.

» Mon cher père,

» Dès l'époque à laquelle, par le crédit de M. de Marbœuf, vous m'avez fait entrer à l'école royale de Brienne, vous vous êtes probablement imaginé que vous n'aviez plus rien à faire pour votre fils. Si telle a été votre façon de penser, j'en suis mortifié, tant pour vous que pour moi. Par là, vous n'aurez pas le plaisir de me savoir heureux, ni moi celui de vous remercier de vos bontés. Figurez-vous le dilemme auquel je suis réduit, et alors justifiez-vous à vous-même, si vous le pouvez, le silence que vous gardez sur les demandes urgentes que je vous ai adressées. L'absolue nécessité seule a pu me forcer à vous les faire.....

» Je suis sur le point de partir pour la capitale; sans argent, il m'est impossible de m'y rendre. J'ai été obligé d'emprunter vingt pistoles sur mon billet, payables à un mois de date. Je me flatte qu'à la réception de cette lettre vous m'enverrez les moyens de faire honneur à ma signature. Si je suis hors d'état de rembourser cette dette, je serai à jamais déshonoré, et probablement votre fils sera perdu pour vous. Quant au style de cette lettre, j'ai la confiance que vous en excuserez la rudesse en vous rappelant les humiliations de toute espèce que je suis forcé d'endurer, et surtout les nobles sentiments qui m'animent. Votre fils, Monsieur, n'a que seize ans, mais ses idées égalent celles d'un homme de cinquante.....

» N. Bonaparte. »

A cette lettre, justifiable par la décourageante mélancolie qui dominait les facultés du jeune officier, madame Letizia répondit en italien :

« J'ai reçu votre lettre, mon fils, et si votre écriture et votre signature ne m'avaient prouvé qu'elle était de vous, je n'aurais jamais cru que vous en fussiez l'auteur. Vous êtes celui de mes enfants sur lequel je compte le plus ; mais si jamais je reçois encore une pareille épître, je ne m'occupe plus de Napoléon.

» Où avez-vous appris, jeune homme, qu'un fils, dans quelque situation qu'il se trouve, doive s'adresser à son père comme vous l'avez fait? Vous pouvez rendre grâce au ciel que votre père ne se soit pas trouvé à la maison. S'il eût vu votre lettre, il se serait sur-le-champ rendu à Brienne pour punir un fils insolent et coupable. Je la lui cacherai, cette lettre, car je crois connaître assez bien votre cœur pour espérer que vous vous repentirez de l'avoir écrite. Si vous aviez le droit de nous faire connaître vos besoins, vous deviez en même temps être convaincu que l'impossibilité absolue de venir à votre secours était la cause de notre silence.

» Ce ne sont ni les avis déplacés que vous avez osé nous donner, ni les menaces que vous nous faites, qui m'engagent à vous envoyer une lettre de change de trois cents francs sur le banquier Bahic. L'envoi de cette somme vous convaincra de l'affection que nous portons à nos enfants.

» Napoléon, je me flatte qu'à l'avenir votre conduite plus discrète et plus respectueuse ne me forcera plus à vous écrire comme je viens de le faire. Alors, ainsi qu'auparavant, je me dirai votre affectionnée mère,

» Letizia Bonaparte.

» Ajaccio, le 2 juin 1784. »

CHAPITRE SIXIÈME.

MARIAGE DE JOSÉPHINE.

Joséphine en France. — Encore William. — Entrevues de Joséphine avec le marquis et le vicomte Alexandre Beauharnais. — Lutte de Joséphine avec elle-même. — Procès scandaleux entre le marquis et le comte de Beauharnais. — Joséphine au monastère de Panthemont. — Salons de madame Renauldin et de la comtesse Fanny de Beauharnais. — M. de Tascher à Paris. — Mariage du vicomte et de la vicomtesse de Beauharnais. — Caractère, habitudes du vicomte. — Première année d'union. — Naissance d'Eugène et d'Émilie-Louise de Beauharnais, devenue comtesse de Lavalette. — Départ du vicomte pour la campagne d'Amérique. — Isolement de Joséphine. — Jalousie, tourments du vicomte. — Retour et froideurs du vicomte. — Joséphine à la cour, dans le monde et chez elle. — Troubles d'intérieur; le mot divorce est prononcé. — Mort du vieux comte de Beauharnais, élément excitateur de la mésintelligence des deux époux. — Rapprochement momentané. — Naissance de la reine Hortense. — Habitudes de ville, habitudes de campagne; voyages; relations distinctes du vicomte et de la vicomtesse.

> Avant d'être un des hommes les plus distingués de notre première législature, Alexandre de Beauharnais avait été un des hommes les plus brillants de la cour de Marie-Antoinette.
> A.-V. ARNAULT, *Mélanges*, p. 486.

Beauté fraîche et blanche comme le lis, aussi modeste que simple, aussi douce qu'enjouée, ayant la gracieuse nonchalance qu'imprime aux créoles la chaleur du climat, Joséphine, à quinze ans, ressemblait aux fleurs délicates tirées d'une serre chaude; elle en offrait l'aspect, nous oserions presque dire le parfum. Madame Renauldin fut enchantée de sa nièce; et regardant comme certaine la réussite de son mariage avec le vicomte de Beauharnais, elle ne négligea plus aucun moyen d'en précipiter la conclusion. Une imprudence cependant faillit le rompre. William et son père habitaient alors Paris. Madame Renauldin, qui ne pouvait ignorer l'inclination de Joséphine pour William, eut l'inconcevable idée de le recevoir chez elle; il revit sa jeune amie. Quelques paroles échangées les justifièrent du sentiment d'inconstance et d'oubli dont ils s'étaient mutuellement accusés, et leur passion, mal éteinte, se réveilla bientôt. William accompagna deux fois son père chez madame Renauldin. C'étaient deux fois de trop : Joséphine, connaissant les clauses testamentaires irrévocables de lord Laa, et ne voulant lutter ni contre les intérêts pécuniaires de cette famille, ni contre sa famille propre, demanda de ne plus paraître au salon quand William y serait annoncé; elle eut même la sagesse de refuser une lettre de William que voulait lui remettre un domestique gagné par lui, tandis qu'elle consentait aux rapports ménagés entre elle et le vicomte. William n'insista pas davantage. Son père, mis au courant des choses par madame Renauldin, le conduisit chez une parente, à Saint-Germain-en-Laye, où le chagrin le fit tomber dangereusement malade.

La vue de Joséphine avait frappé le vicomte. Il la préféra bientôt à cette cousine qu'il n'apercevait que par intervalles à travers la grille d'un couvent ou chez son frère, qui était déjà marié. De son côté, Joséphine, se rappelant l'avoir rencontré dans leur commune patrie, ne demeura point insensible. « C'est un jeune officier plein de grâces et de mérite, écrivait-elle; d'une imagination ardente, sous l'apparence de la froideur, rempli d'excellents principes; affectueux, mais exigeant à proportion de ce qu'il accorde... »

Joséphine fut présentée au vieux marquis de Beauharnais, qui d'abord ne voulut point entendre parler de cette union; tandis que son fils, épris d'un sentiment vif pour mademoiselle Tascher de la Pagerie, chercha les moyens, d'ailleurs faciles, de fréquenter, à l'insu de son père, la maison de madame Renauldin. Il s'y fit présenter par une dame Duchêneau, qui, se trouvant dans le secret d'Alexandre, dut révéler au vieux marquis l'inclination de son fils. Elle eut l'art de le faire revenir d'une parole donnée, malgré la sincère amitié qu'il portait au comte, son frère, et la peine que lui causait la rupture d'un mariage arrêté depuis si longtemps.

A la première ouverture de cette détermination nouvelle, le comte indigné laisse éclater sa colère et jure de ne jamais pardonner ce qu'il appelle un sanglant outrage. Le marquis le conjure de l'entendre, de peser ses raisons; mais le comte ne veut rien écouter, et ce qu'il eût probablement gagné par des paroles conciliantes, il le perdit par l'extrême irascibilité de son humeur. Enveloppant dans l'expression de sa haine furibonde toute la lignée des Tascher de la Pagerie, madame Renauldin, Joséphine, et sa femme la comtesse Fanny de Beauharnais, qui comprenait fort bien un changement d'inclination, le comte voulut que, sur-le-champ, l'habitation patrimoniale fût partagée. Un long procès s'ensuivit; des sommes considérables s'y engloutirent. L'administration de M. Renauldin suspectée, amena de sa part des mémoires justificatifs. L'illustration d'origine des Tascher de la Pagerie, chose sur laquelle on ne plaisantait point alors, ayant été vivement attaquée, l'avocat adverse produisit une généalogie des plus authentiques et des plus honorables.

Pendant ce temps-là Joséphine, sur sa demande, avait quitté Fontainebleau pour vivre à Panthemont, pieuse retraite dont madame Devirieux, femme infiniment respectable, était abbesse. D'une main compatissante et délicate, elle sonda les replis du cœur de Joséphine, lui donna les plus sages conseils, mérita sa confiance, dissipa ses préventions contre le vicomte, lui permit de pleurer auprès d'elle lorsque des manœuvres perfides cherchaient à verser au fond de son cœur les poisons de la jalousie, et lui présenta la religion comme le seul moyen d'envisager stoïquement la vie. Chaque semaine, Joséphine paraissait dans le monde; tantôt chez madame Renauldin, qui avait maison ouverte, tantôt chez la comtesse Fanny de Beauharnais, où l'on jouait gros jeu, mais où se réunissaient les poëtes les plus aimables, la jeunesse la plus élégante de l'époque. Dorat-Cubières, Chamfort, Cailhava, Boufflers faisaient l'âme de ces soirées. Le vicomte Alexandre n'y manquait presque jamais, et Joséphine y apportait la prudente réserve, la finesse de tact et d'observation, la dignité de maintien sans roideur, la causerie spirituelle sans pédantisme que lui suggérait l'abbesse de Panthemont.

Sur ces entrefaites arriva de la Martinique M. Tascher de la Pagerie, dévoré d'ennui, depuis le départ de Joséphine, et désireux de suivre par lui-même les phases d'un procès compliqué qui pouvait instantanément le brouiller avec le marquis de Beauharnais comme il avait brouillé les deux frères. Sa présence rendit Joséphine bien heureuse, dissipa ses dernières craintes, leva ses derniers scrupules. Enfin, le oui fut prononcé sans regrets, sans efforts, et le mariage eut lieu dans les premiers mois de l'année 1779, chez M. Renauldin, rue de l'Université, où demeurèrent quelque temps les deux époux.

Pendant une année, la félicité la plus douce parut accompagner cette union. Le vicomte était ravi de sa femme, la vicomtesse enchantée de son mari. Cette dernière faisait même du caractère d'Alexandre de Beauharnais une étude approfondie, ainsi qu'on le voit par l'extrait suivant d'une de ses lettres confidentielles : « M. le vicomte de Beauharnais aime et cultive les arts, sans négliger pour eux les soins de son état. Son jugement est sain, sa conversation fine et spirituelle. Lorsqu'il parle de sentiment, il ralentit sa voix, ce qui fait un délicieux contraste avec sa vivacité naturelle. Personne ne tient moins que lui à son opinion; il la défend; mais continue-t-on de la combattre, il sourit et change adroitement d'entretien. Il est sensible et franc; actif, même constant dans ses affections. Les louanges lui répugnent et lui paraissent insipides lorsqu'elles ne sont pas faites d'une manière très-délicate. Sa manière d'approuver le mérite et de reconnaître un service est supérieure à cette vulgaire prodigalité de mots stérilement officieux, dont, sans discernement, on salue tous les jours les grands hommes, et même les petits lorsqu'ils sont en place. » Joséphine se taisant sur les qualités physiques du vicomte, nous ajouterons qu'il avait un port très-noble, une tournure charmante, une marche vive et légère; on le citait comme un des plus jolis hommes de la cour. Mais il possédait un esprit aventureux, un cœur volage, et n'aimait pas assez profondément sa femme pour que d'autres personnes séduisantes n'eussent pas sur lui le plus grand empire.

Le vicomte et la vicomtesse vivaient tour à tour à Paris, à Fontainebleau, dans la Beauce, où le beau-père de Joséphine possédait une terre considérable appelée Fronville; et en Bretagne, où naquit Eugène de Beauharnais le 3 septembre 1780. Cette même année, dans une ligne parallèle, naissait à Paris la femme forte, trésor d'abnégation personnelle, qui devait être l'amie d'enfance du vice-roi futur, l'amie de cœur du roi Louis Bonaparte, l'épouse du comte de Lavalette; Émilie-Louise, fille du marquis François de Beauharnais.

Il existe des êtres prédestinés au bonheur, comme il en est de prédestinés aux souffrances morales, pour qui la vie semble une terre inféconde, privée des ombrages sous lesquels le corps fatigué se repose et des sources d'eau limpide qui le rafraîchissent. Ce fatal destin, Émilie-Louise le subit enfant, le subit jeune fille, le subit mariée : toujours quelque arrêt du sort, quelque catastrophe menaça l'indépendance, ou la fortune, ou la vie de ceux qu'elle affectionnait davantage. Heureusement, l'étude lui servit ainsi qu'à Joséphine de distraction salutaire.

Ne voulant point laisser imparfaits ses talents agréables, Joséphine allait peu dans le monde. Excepté les salons de ses deux tantes et celui de madame de Montesson, qui avait toujours été pour elle très-affectueuse, elle évitait chaque réunion d'étiquette, et ne tenait point encore l'état de maison considérable que plus tard le vicomte exigea d'elle. Figurez-vous une créole, libre dès l'enfance, habituée de laisser tomber en tresses ses longs cheveux, ayant des vêtements larges, légers et commodes, obligée tout à coup, pour suivre les modes, d'emprisonner sa taille, de se revêtir d'un costume lourd, de se charger les hanches d'énormes paniers, de convertir sa coiffure en un édifice haut de cinquante centimètres, et vous aurez l'idée de la gêne qu'éprouvait Joséphine, des ennuis qui précédaient chacune de ses entrées dans le beau monde. Un autre motif la retenait chez elle, c'était la présence de William à Paris, lequel, marié depuis peu, promenait sa jeune femme dans les salons où précisément allait Joséphine. Ce motif seul l'éloigna des cercles de madame de Montesson.

La guerre d'Amérique venait d'éclater. Rochambeau reçoit de Louis XVI l'ordre d'aller défendre les libertés américaines, et part, emmenant avec lui la Fayette, les frères Lameth, Noailles, Alexandre de Beauharnais, alors major du régiment de Hainaut.

Joséphine avait au plus haut degré le sentiment du devoir, et l'amour sincère qu'elle portait à M. de Beauharnais devenait pour elle une sauvegarde au milieu des piéges qui l'entouraient. Mais sa nature flexible et douce, son âme impressionnable et candide subissaient toute espèce d'influence, et près d'elle il fallait un mentor affectueux qui lui montrât le danger. Le lui signaler, c'était le faire éviter. M. de Beauharnais, emporté par de séduisantes chimères politiques, commettait donc, au point de vue personnel, une faute des plus graves en abandonnant à elle-même, sans direction efficace, cette aimable femme qui ne connaissait du monde que l'autel où elle avait juré fidélité, et le berceau d'un fils où elle devait sentir doubler son amour.

L'absence du vicomte produisit un vide affreux. Bien que Joséphine le chérît profondément, jamais elle n'eût pensé que cette affection tenait tant de place dans son cœur. La naissance d'Eugène, les soins maternels lui procurèrent d'utiles distractions; mais l'ennui la dominant toujours, elle revint habiter Paris, chez sa tante, et ce fut un tort. Mesdames Duchêneau, Renauldin tâchèrent de l'égayer. Elles recevaient une société nombreuse; des femmes coquettes, des hommes aimables. D'abord indifférente à tant de phrases creuses qui bruissaient autour d'elle, Joséphine finit par y saisir quelques traits d'esprit, quelques appréciations fines qui lui plurent. Elle accepta beaucoup d'hommages que, dans sa droiture, elle crut sincères; beaucoup de compliments qu'elle supposa désintéressés parce qu'ils lui semblaient vrais. Ces allures mondaines, d'embarrassantes qu'elles avaient été pour Joséphine, lui devinrent insensiblement agréables, puis nécessaires. Les succès de salon dont elle ne tenait autrefois nul compte, elle les rechercha; et, sans y mettre plus d'importance qu'ils n'en méritent, elle éprouva quelque agrément à se les procurer.

Du milieu des camps, dans les courts loisirs que lui laissait la guerre, M. de Beauharnais se reportait volontiers aux heures fugitives passées avec tant de charme près d'une épouse aimée. Son enthousiasme pour la liberté commençait à laisser place aux regrets. Il s'en voulait d'avoir abandonné Joséphine; et mesurant l'intervalle qui le séparait d'elle, il calculait ses chances de retour. La sentir à Paris l'inquiétait: dans l'égoïsme de sa jalousie, il eût mieux aimé cent fois la voir au fond de la Bretagne. Les lettres du vicomte témoignaient des soucis rongeurs, des ennuis profonds; celles de Joséphine une grande pureté d'âme, relevée par cette franchise d'expression dont la transparence enivre de bonheur les esprits confiants, et fait, au contraire, éprouver mille angoisses à ceux qui ne le sont pas.

La campagne d'Amérique terminée, M. de Beauharnais revint à Paris, nourrissant dans son cœur ulcéré le soupçon, mal cruel pour deux amants, injurieux pour deux époux. Qui l'eût jamais pensé? sa première entrevue avec Joséphine fut froide. Il semblait lui reprocher, comme des infidélités réelles, tout ce qu'elle avait acquis sans lui d'esprit, de convenance et de grâces; il eût préféré la voir moins parfaite. L'aimable abandon naturel aux créoles, tempéré chez Joséphine par une décence exempte de pruderie, torturait son imagination en même temps qu'il flattait sa vanité. Ma femme, se disait-il, a brillé dans le monde, et je n'y étais pas! elle a reçu des témoignages d'admiration, et ma présence ne pouvait en atténuer l'effet!... Ces idées le préoccupaient; il avait rarement la franchise de les avouer, et Joséphine attribuait à différentes causes les froideurs d'un mari qu'elle ne retrouvait plus tel qu'il était autrefois.

Marie-Antoinette se connaissait en jolis cavaliers. Elle savait le vicomte doué de tous les talents agréables; elle tenait à le voir assidûment à la cour, dont il devint un des danseurs les plus distingués. La danse de cette époque portait un caractère de noblesse et de décence que M. de Beauharnais possédait à ravir; peu d'hommes le surpassaient dans ce genre. La tournure spirituelle qu'il savait imprimer à la conversation n'était pas non plus un de ses moindres avantages. Il y jetait à profusion des observations fines, des traits délicats; il tirait de l'anecdote un parti charmant, et comme il avait beaucoup vu, beaucoup retenu, comme il avait parcouru les deux mondes en touriste aussi bien qu'en guerrier, il offrait sur toute espèce de sujets des considérations originales où l'esprit le disputait à la profondeur. La campagne d'Amérique lui donnait du relief, près des femmes surtout, qui aiment les héros venus de loin; mais plus sa réputation d'homme aimable grandissait, plus on se montrait désireux de connaître l'heureuse épouse à laquelle, si jeune, il s'était empressé d'unir sa destinée. Déjà plusieurs fois Marie-Antoinette lui avait reproché de ne point produire à la cour madame la vicomtesse. Enfin il céda, non sans regret, aux instances qui lui furent faites. La reine le reçut au Petit-Trianon, sans étiquette, et Joséphine parut dans un monde qu'elle devait dominer, quand sur les ruines du vieil édifice le génie révolutionnaire en aurait construit un nouveau.

Dire que le bonheur des deux époux, loin de s'accroître, s'affaiblit à proportion de leurs succès, c'est constater une chose que chacun a déjà prévue. Le vicomte n'en devint que plus jaloux, plus susceptible et plus colère; la vicomtesse, forcée de s'étourdir, perdant confiance en celui qu'elle voyait si souvent injuste, marcha sans boussole, guidée par l'instinct d'une femme bien née qui comprend sa position, mais qui n'a l'expérience ni des hommes ni des choses. Qu'arriva-t-il? Ne trouvant plus dans l'intimité de leur vie domestique les jouissances d'autrefois, M. et madame de Beauharnais en cherchèrent dans les satisfactions d'amour-propre que procure un monde frivole et changeant. Par degrés insensibles, chacun d'eux prit une direction différente; chacun d'eux eut sa société, ses habitudes de plaisirs; et bientôt de faux amis, des parents inintelligents ou distraits, ou coupables, rendirent les points de contact de plus en plus difficiles entre le vicomte et la vicomtesse. Une séparation juridique fut conseillée. Le vieux de Beauharnais insistait pour qu'elle se fît. Cependant le vicomte aimait encore sa femme; et ne voyant pas sans un vif regret les démarches hostiles auxquelles on engageait Joséphine, il y mettait toute espèce d'entraves. Les juges eux-mêmes, appréciant la position respective de deux êtres égarés qui s'estimaient, qui d'un moment à l'autre, se rechercheraient et confondraient leurs torts dans un mutuel oubli, les juges opérèrent une réconciliation. Ce rapprochement s'effectua d'autant plus facilement que le vieux comte, toujours hostile à Joséphine depuis qu'elle avait usurpé les droits de sa cousine, venait d'emporter dans la tombe une partie des griefs articulés contre elle.

Quand les jours consacrés au deuil furent écoulés, le vicomte et la vicomtesse de Beauharnais furent reçus de nouveau au Petit-Trianon. Marie-Antoinette, madame Élisabeth et les autres princesses les accueillirent avec distinction. Marie-Antoinette, surtout, leur témoigna des sentiments de préférence et d'affection personnelle, dont Joséphine a conservé jusqu'à la fin de sa vie le plus tendre souvenir.

Alexandre de Beauharnais et sa femme n'étaient point alors les seuls de la famille qui fréquentassent le château de Versailles : on y voyait le comte, leur frère, esprit droit, inflexible, éclairé, mais stationnaire ; la comtesse Fanny de Beauharnais, leur tante, femme aimable, spirituelle, poëte distinguée, amie des encyclopédistes ; le comte Claude de Beauharnais, fils du chef d'escadre de ce nom et de la comtesse Fanny, marié à la fille du comte de Marnésia ; enfin, la sœur du comte Claude, rivale vaincue par Joséphine, qui était sortie du couvent pour épouser un maréchal de camp, M. le marquis Horace de Barral, dont elle faisait le bonheur. Ce marquis, devenu de la sorte cousin germain de Joséphine, eut pour frère le célèbre évêque de Troyes, Louis-Mathias, comte de Barral, et remplit des fonctions administratives sous l'Empire. Assurément, la tête d'une famille ne pouvait offrir plus de distinction : son lustre s'étendait à d'autres alliances non moins belles, à Paris, dans la Bretagne, le Perche et le Dauphiné ; honorable réseau d'où s'élèveront des esprits d'élite, des caractères distingués, mais après une lutte ardente contre de pénibles destins.

L'année 1783 commençait pour Joséphine sous d'assez tristes auspices. Souffrante, elle venait d'abandonner sa délicieuse campagne de Croissy, et de s'établir rue de l'Université, dans la maison de madame Renauldin. Des scènes de jalousie l'avaient remise en froid avec le vicomte; mais elle portait dans ses flancs un gage de réconciliation. Le 10 avril, naquit d'elle une fille baptisée sous le nom d'Hortense-Eugénie. C'était ce que désirait le vicomte; on eut hâte de le lui annoncer. Il dissimula toute la joie qu'il en éprouvait; mais il prit volontiers part à une fête de famille organisée par madame Renauldin. La question de l'allaitement maternel fut posée : imbu des principes de Jean-Jacques Rousseau dans ce qu'ils offraient d'applicable, le vicomte désirait que l'enfant ne fût point abandonnée à des mercenaires; Joséphine manifestait les mêmes idées. Elle essaya de répondre aux vœux de la nature; mais, au bout de quelques jours, les sources du lait tarirent, et les médecins furent d'avis qu'elle ne pouvait insister sans compromettre sa propre santé et l'existence de son enfant. On fit de nouvelles tentatives, on essaya divers moyens; il fallut chercher une nourrice, et Joséphine, bien à regret, se sépara de cette charmante petite créature, qui déjà formait entre elle et le vicomte un point de rapprochement. Combien de larmes amères répandues alors sur le berceau d'Hortense!... Les larmes ressembleraient-elles à la poussière fécondante des plantes, et feraient-elles naître d'autres larmes plus amères encore? On le croirait en promenant un regard attentif sur l'existence de cette reine Hortense, martyre de son cœur et de sa position.

Deux années s'écoulèrent, pendant lesquelles l'enfant, mis en nourrice à Chelles, petit bourg situé sur les bords de la Marne, se développa d'une manière ravissante.

CHAPITRE VI.

Dans l'intervalle de ses voyages à Strasbourg ainsi qu'aux différentes villes où le vicomte tint garnison, Joséphine allait la visiter souvent, et malgré le désir qu'elle éprouvait de la posséder, elle la voyait si bien qu'elle hésitait toujours de rompre, en la reprenant, l'uniforme tranquillité de sa vie. Enfin, au printemps de l'année 1785, se trouvant à Croissy, madame de Beauharnais fit revenir Hortense, qui devint pour elle une distraction nécessaire dans l'isolement où elle vivait. Excepté madame Holstein, vertueuse mère de famille, dont l'habitation touchait presque celle du vicomte, Joséphine ne voyait alors personne intimement. Elle se faisait une loi d'exister isolée, afin d'éviter à son mari tout sujet d'ombrage. Les seules distractions qu'elle se permît avaient ses enfants pour objet. Madame Holstein était une femme d'excellent conseil, sage, prudente et bonne. Le vicomte l'estimait beaucoup : sympathisant avec elle plus qu'avec Joséphine, il aimait de la sentir près de sa femme; aussi, quand on rentrait dans Paris, l'horizon du ménage se rembrunissait. Une jalousie réciproque venait attiser cette mésintelligence : quelques femmes dominaient l'esprit du vicomte et le poussaient à faire déchirer par les tribunaux le pacte d'union qu'il avait contracté.

Réfugiée dans sa conscience autant que dans son droit, Joséphine dut plaider : après deux années d'anxiété, de débats judiciaires, un arrêt la releva des accusations dirigées contre elle ; le vicomte fut forcé de lui laisser sa fille, de lui payer une pension annuelle de dix mille livres, et même de la recevoir sous le toit marital, s'il convenait à Joséphine d'y rentrer. Nulle réparation ne pouvait être plus éclatante ; mais d'une affaire de cœur on ne fait point une affaire d'amour-propre. Joséphine justifiée comprit qu'il était de sa dignité d'exister solitaire. Sortie du cloître de Panthemont, où, pendant son procès, elle avait cru devoir reprendre un asile, elle tâcha d'organiser sa vie de telle sorte que le malheur d'une séparation fût le moins préjudiciable possible à son cœur de femme et de mère. On était en 1787.

CHAPITRE SEPTIÈME.

NAPOLÉON A L'ÉCOLE MILITAIRE.

Arrivée de Napoléon à Paris. — Son physique, ses manières, ses idées, ses études, ses camarades, ses relations sociales. — Les Comnène et les Permon. — Mort du père de Napoléon. — Sa famille retourne en Corse. — Elle éprouve un grand état de gêne. — Humiliations éprouvées par Napoléon. — Marianne Bonaparte, élève de Saint-Louis à Saint-Cyr. — Opinion des professeurs de Napoléon ; son choix d'études ; ses pratiques religieuses ; ses idées de réforme ; ses examens brillants. — Il est fait sous-lieutenant. — Son départ de Paris avec le chevalier Alex. Desmazis.

> Non, l'Océan n'a point d'îlot
> Assez grand pour ce matelot.
> EDGAR QUINET, *Napoléon*, ch. II.

L'esprit humain a ses mystères, ses voies inconnues que l'idée parcourt, lente ou rapide ; qu'elle explore avec profondeur, ou qu'elle franchit avec audace. Vouloir d'avance mesurer cet horizon, chercher à jalonner la route que chacun doit suivre, ce serait enchaîner le libre arbitre, et faire de l'imagination une esclave. Bien souvent l'indépendance des résolutions a servi de piédestal au génie : si Napoléon, adoptant les conseils du comte de Marbœuf, entraîné par les notes avantageuses d'un chef aussi distingué que M. de Kéralio, docile aux vues de sa famille, avait choisi la marine pour carrière, peut-être la France, dominatrice de l'Océan, eût-elle écrasé l'Angleterre ; mais jamais, à coup sûr, le sceptre du monde n'eût brillé dans les mains d'un Bonaparte. Quelle raison cachée a donc pu modifier la vocation du futur empereur ? Au lieu de s'élancer sur les mers, et de cingler directement vers ces régions orientales dont il convoitait déjà l'exploration, pourquoi l'artillerie l'a-t-elle séduit? Sont-ce les manœuvres guerrières du Champ de Mars qui ont impressionné son âme? et quand, de sa lucarne, il apercevait les longues lignes de baïonnettes scintillantes au soleil, se voyait-il en songe à leur tête, plutôt que dirigeant les évolutions d'une escadre? C'est probable : son choix a dû se faire le lendemain d'un tel rêve.

Napoléon, arrivé à Paris par le coche de Nogent-sur-Seine, vêtu modestement, sans entourage, léger d'argent, au milieu de jeunes gens presque tous fastueux et fort riches, n'avait pour relief que son mérite et son orgueil. Les professeurs, cependant, l'accueillirent avec bonté, les élèves avec une certaine déférence. Il se loua beaucoup des professeurs Domairon et de l'Éguillé. Ceux de ses condisciples vers lesquels l'entraînèrent les sympathies les plus marquées furent Desmazis et Philippeaux : Desmazis, qui, par un trait de générosité, lui sauva la vie en l'arrachant à lui-même; Philippeaux, qui, dans le fond des déserts de Syrie, humilia son front victorieux, et lui ferma l'Orient.

Au mois de décembre 1784, une famille corse débarquée à Marseille descendait dans une petite auberge de la ville de Montpellier. M. de Permon-Comnène, receveur des finances au même lieu, n'a pas plutôt appris cette nouvelle, qu'il s'enquiert du nom, de la position des nouveaux venus : quelle n'est point sa surprise d'apprendre que c'est la famille Bonaparte! L'amie d'enfance de sa femme, Letizia Ramolino, récemment accouchée de Jérôme, arrivait avec un mari fort malade, avec plusieurs enfants et sa bonne d'affection, *la Saveria*, vrai type des servantes-maîtresses!

CHAPITRE VII.

Madame de Permon, de son côté, venait de mettre au monde une fille charmante, image d'amour idéal, créée plus tard duchesse d'Abrantès [1]. A peine était-elle rétablie, que M. de Permon lui annonce l'arrivée soudaine des Bonaparte. Admirable d'expansion et de spontanéité généreuse, le premier mouvement de madame de Permon fut de courir leur offrir son hôtel, et d'alléger tout ce qu'avait de pénible pour eux l'éloignement du pays natal. M. de Permon, qui n'aimait point les Corses, qui avait eu naguère quelques débats pénibles avec Charles Bonaparte, résista plusieurs jours aux sympathies de sa femme; mais à la fin il céda.

Charles Bonaparte souffrait beaucoup; sa maigreur, sa faiblesse étaient extrêmes; rien ne passait dans son estomac; aussi les satisfactions morales seules pouvaient-elles alléger l'accablante aggravation des maux qu'il endurait. Ce furent donc les soins de l'amitié, les tendres inspirations du cœur qui rendirent plus facile la pente que descendait le moribond pour gagner son dernier asile. « J'ignorais sa situation, ses souffrances, disait un jour Napoléon au docteur Antommarchi, je m'occupais paisiblement d'études tandis qu'il se débattait au milieu des angoisses d'une pénible agonie. Il me demandait, il m'appelait, il invoquait dans son délire les secours de ma grande épée; il mourut sans que j'eusse la consolation de lui fermer les yeux. Ce triste soin était réservé à Joseph, qui s'en acquitta avec toute la piété dont un fils est capable. Une circonstance de ce fatal événement me frappa beaucoup. Mon père, si peu dévot, qui avait même fait quelques poésies antireligieuses, ne vit pas plutôt le cercueil entr'ouvert, qu'il

---

[1] Madame Junot, duchesse d'Abrantès, est née à Montpellier le 7 novembre 1784.

se prit de passion pour les prêtres. Il les recherchait, les appelait; il n'y en avait pas assez à Montpellier pour lui... » La présence, au lit du mourant, de l'abbé Joseph Fesch, appelé momentanément du grand séminaire d'Aix, la piété confiante de Letizia, et, plus que tout cela peut-être, un retour involontaire sur soi-même, opérèrent le changement dont s'étonne Napoléon, ou plutôt son interprète [1].

La maladie de Charles Bonaparte, comme la plupart des affections chroniques, ayant présenté de singulières alternatives et quelques symptômes exceptionnels, on autorisa les médecins à ouvrir le cadavre. Ils reconnurent un squirre au pylore; et procès-verbal détaillé de cette nécropsie fut déposé aux archives de la maison, pour servir d'avis tutélaire à ceux des enfants qui montreraient des dispositions aux mêmes désordres physiques. La chose s'était faite en secret, car d'invincibles préjugés condamnaient encore de semblables recherches.

Une mort aussi prompte affligea beaucoup la famille Bonaparte : en perdant son chef, elle perdait moitié de son existence sociale. On oublia ses erreurs; on ne se rappela que ses vertus. Il possédait, au degré le plus élevé, la dignité du courage civil, la pénétration dans les affaires politiques, la haute considération qui s'attache au mérite personnel. Son éloquence naturelle, ses intentions droites et pures l'eussent mis dans le premier rang des orateurs de l'Assemblée nationale. Napoléon le jugeait sainement : «Mon père, disait-il au général Montholon, rêvait la liberté comme elle est impossible au début d'une révolution qui renverse tout ce qui est, pour créer tout ce qui n'est pas ; il serait mort avec les Gi-

---

[1] Antomm., Mémoires, II, 258-259.

rondins; ma propre carrière eût été arrêtée; j'aurais été atteint par la crise qui l'aurait conduit à la guillotine [1]. »

L'inhumation de Charles Bonaparte se fit au couvent des Cordeliers de Montpellier le 25 février 1785, lendemain de son décès; puis, peu après, la famille entière regagna la Corse, tandis que les Permon, liés désormais de la manière la plus intime aux Bonaparte, faisaient leurs dispositions pour quitter momentanément le Languedoc et s'établir à Paris. Madame Letizia, d'un physique très-agréable, malgré ses trente-cinq années d'âge et treize couches dont il restait huit enfants vivants, aurait pu contracter quelque nouvelle union matrimoniale. Plusieurs amis lui conseillaient de le faire, mais le sentiment du devoir l'inspira beaucoup mieux, et jamais l'auguste mère de Napoléon ne fut si dévouée, si grande qu'en face des besoins matériels nés de sa position et de l'avenir qu'elle voulait ménager à sa famille.

On se ferait difficilement une juste idée du désordre des affaires de Charles Bonaparte. Obligée d'en prendre la direction, madame Letizia, aidée de son beau-frère l'archidiacre, de l'abbé Fesch, et même de son fils Joseph, parvint, non sans peine, à répondre aux exigences du moment. Mais, au lieu de renvoyer Joseph à l'université pisane, il fallut le conserver quelque temps près de soi; au lieu de laisser à Brienne Lucien, qui ne montrait pas grande vocation pour les armes, il fallut le placer au séminaire d'Aix, où les Marbœuf, toujours affectionnés et bienveillants, lui avaient fait accorder une bourse gratuite. D'autre part, on sollicitait, en faveur de Napoléon, la continuation des grâces de la cour; et il ob-

[1] Las Cases, I, 56; II, 812. Antommarchi, Mém. I, 258-259. Montholon, II, 16.

tenait à l'école militaire de Brienne la pension allouée aux cadets de familles pauvres.

Pour l'âme fière de Napoléon, cette position devenait blessante. Il la subissait non sans murmure, non sans combats avec lui-même. Il jugeait inconvenante, déplacée, immorale, contraire à l'égalité fraternelle du régime militaire, chez les officiers d'un même grade, l'autorisation laissée à quelques-uns d'écraser leurs camarades par un luxe exagéré, par une dépense au-dessus des moyens de tous. Il blâmait aussi, et l'on ne peut disconvenir qu'il n'ait eu raison, la somptueuse délicatesse des repas de l'école, mieux servis assurément que la plupart des tables de famille [1]. « Quand j'avais l'honneur d'être sous-lieutenant d'artillerie, disait-il un jour à Constant, son valet de chambre, je dînais souvent chez Rose, et j'y dînais fort bien moyennant quarante sous. » Deux anecdotes citées dans les *Mémoires de madame la duchesse d'Abrantès,* dont l'authenticité nous est confirmée d'ailleurs, peignent, d'une manière exacte, les tortures d'amour-propre de Bonaparte à cette époque de sa vie.

Un jour, chaque élève devait payer une assez forte somme pour offrir un dîner à l'un des maîtres de l'école. Napoléon différait de signer, et cette circonstance le rendait aussi triste qu'embarrassé. M. de Permon, arrivé de Montpellier depuis peu, l'alla voir. Napoléon, interrogé sur sa position, son régime, ses habitudes, l'entretint avec une véhémence significative de la prodigalité coupable des jeunes gens, de la nécessité cruelle d'agir comme eux, sous peine du ridicule, etc. Un moraliste n'eût pas mieux parlé. M. de Permon, qui le voyait venir, et qui pénétrait son secret, lui offrit ce

[1] Las Cases, Mémorial, I, 661.

dont il pouvait avoir besoin. Napoléon devint rouge et refusa. M. de Permon alors, faisant un mensonge officieux, lui dit : « Quand votre père était à son lit de mort, il nous confia, pour son fils de l'école militaire, une petite somme, fruit de ses épargnes. Ce que je vous propose n'est donc qu'un moyen de m'acquitter d'une dette dont l'époque du remboursement a été subordonnée à ma discrétion. — Puisque cet argent vient de mon père, répliqua Napoléon en fixant un œil profond sur son interlocuteur, je l'accepte ; mais si c'eût été à titre de prêt, je n'aurais pu le recevoir. Ma digne mère n'a déjà que trop de charges ; je ne dois pas les augmenter par des dépenses inutiles, surtout quand la folie stupide de mes camarades me les impose. »

Un frère de madame de Permon, le prince Démétrius Comnène, marié depuis à la fille unique du comte de Boucherville, faisait sortir quelquefois Napoléon de l'école militaire. Certain jour qu'ils étaient allés ensemble, avec madame de Permon, voir Marie-Élisa Bonaparte au Prytanée de Saint-Cyr, cette jeune fille parut avec une physionomie fort triste. « Eh ! qu'avez-vous donc, ma pauvre Maria ? » s'écria madame de Permon. Et Maria d'étouffer de sanglots sans pouvoir répondre un seul mot. Madame de Permon l'embrasse, lui fait mille caresses, la prend à part, s'informe avec sollicitude de ce qu'elle éprouve, imagine différentes choses pour connaître la vérité, et finit par apprendre qu'un goûter d'adieu s'organise en l'honneur d'une demoiselle de Montluc, pensionnaire sortante ; que la cotisation s'élève à dix ou douze livres ; que Marianne n'en possède que six, et qu'elle meurt de honte d'être au-dessous de ses camarades. Napoléon, mieux que personne, comprenait cette fausse position : elle ressemblait singulièrement au pique-nique de l'École militaire. Aussi son premier mouvement fut-il de mettre la main à la poche ; mais la réflexion lui vint qu'il n'y trouverait pas tout ce qu'il cherchait, et il la retira brusquement avec une indéfinissable expression d'impatience et de dépit, dont madame de Permon fit la remarque. — « Allons, allons, ma pauvre Marianne, dit-elle, consolez-vous ; c'est pleurer pour trop peu de chose : j'ai mission de lever toutes ces petites difficultés, et voici deux écus de six livres qui vous rendront aussi riche que peuvent l'être vos camarades. » — Marianne accepta sans façon, essuya ses larmes, et devint charmante. Napoléon, au contraire, était demeuré sombre, silencieux, rêveur, tant l'humiliation de Marianne l'avait blessé. Dès qu'on fut en voiture, son cœur, gonflé d'amertume, bondit avec violence ; il invectiva l'administration des maisons royales, signala les mauvais exemples donnés par la cour, l'habitude des prodigalités irréfléchies suggérées à la jeunesse, l'importance d'y mettre un terme, etc., etc. ; toutes choses fort justes, exprimées d'une manière originale, logique, sentencieuse, saccadée, sans laisser à la réfutation le temps de s'interposer. Napoléon parlait depuis une demi-heure, lorsque le prince, impatienté, s'écria : — « Tais-toi ! Il ne t'appartient pas, étant élevé par la charité du roi, de t'exprimer comme tu le fais. — Je ne suis pas élève du roi, répondit Napoléon d'une voix tremblante d'émotion, mais élève de l'État. — Belle distinction que tu as trouvée là ! Élève de l'État, élève du roi, peu importe ; le roi n'est-il pas l'État, et convient-il que tu parles mal de ton bienfaiteur ? — Mes attaques ne vont pas si haut, monseigneur ; d'ailleurs, je ne veux rien dire qui vous déplaise. Permettez-moi seulement d'ajouter que si j'étais le maître de rédiger les règlements, ils le seraient autrement, et pour le bien de tous. » — Certes, la raison ici n'est pas du côté du plus âgé des deux interlocuteurs ; et l'anecdote citée par madame d'Abrantès, dans un but malveillant à l'égard de l'empereur, rehausse, aux dépens du prince son oncle, la sage maturité, la noble fierté de Napoléon et de sa sœur.

Ce fut vers la même époque que Blanchard ayant annoncé une expérience aérostatique dans le Champ de Mars, Paris, avide d'émotions nouvelles, s'y porta. Il s'agissait d'un long voyage à travers l'espace. Napoléon s'en préoccupait beaucoup, et il n'avait point dissimulé à ses condisciples combien il s'estimerait heureux d'être d'une semblable excursion aérienne. L'École militaire tenait dans l'enceinte une place privilégiée, tout près de l'aérostat. Au départ du ballon d'essai, la tête de Napoléon s'exalte, ses désirs se réveillent impétueux ; et tout à coup s'élançant au milieu de l'enceinte réservée à l'appareil chimique, il vient conjurer Blanchard de l'admettre avec lui dans la nacelle. Blanchard lui fait des représentations vaines, qu'il repousse. Les spectateurs les plus rapprochés riaient de cette opiniâtreté de résolution et Blanchard en était vraiment embarrassé, ne se souciant pas d'accepter une responsabilité si grande, lorsque les chefs de l'École militaire intervinrent et donnèrent à Napoléon l'ordre formel de se retirer. Le lendemain Paris s'extasiait sur le courage, la résolution, l'esprit aventureux de ce jeune homme. On tirait d'avance son horoscope ; on disait qu'un jour il montrerait un caractère énergique bien remarquable. « Mais, dit le biographe auquel nous empruntons ce fait curieux, à quelle imagination se fût présentée jamais l'étonnante destinée qui l'attendait dix années plus tard [1] ? »

[1] Bourrienne met cette anecdote sur le compte d'un camarade de Bona-

Après six mois de séjour à l'École, Napoléon n'était plus considéré comme les autres élèves ; on le classait déjà d'un point de vue plus élevé. Son assiduité, sa conduite sévère, son exactitude, la concision, le nerf de son style, en faisaient presque un homme déjà formé. Parlant peu, ne se liant qu'avec des jeunes gens d'élite, il avait pour tous ses condisciples beaucoup de politesse et d'égards ; mais il ne souffrait point l'injure et ne supportait pas très-bien la plaisanterie. Certain jour, un élève l'appelle l'ours corse. « J'aurai vengeance de cette insulte, réplique Napoléon, car j'espère te forcer à m'appeler *l'aigle de Corse*. — Chien de Corse, tu n'es qu'un sournois, lui dirent d'autres élèves. — Vous verrez, messieurs, ce qu'un Corse peut faire, » répliqua Napoléon ; mot caractéristique et qui prouve, comme l'a très-bien remarqué le comte de Saint-Leu, qu'ayant, au sortir de l'enfance, compris sa destinée, l'homme du siècle marchait vers son but avec autant de génie que de courage et d'ardeur [1].

Excepté le maître d'allemand, tous les professeurs de Napoléon à l'École militaire, ont bien auguré de ses moyens et de son avenir. M. Domairon, professeur de belles-lettres, frappé des idées hardies qu'il jetait dans ses amplifications françaises et des formes souvent bizarres qu'il leur donnait, les appelait *du granit chauffé au feu d'un volcan;* et M. de l'Éguillé, professeur d'histoire, exalta plusieurs fois, dans ses notes trimestrielles, la profondeur des réflexions, la sagacité des aperçus de son élève. Encore s'en fallait-il beaucoup que Napoléon jetât sur le papier toutes les réflexions que lui suggé-

parte, Dadont de Chambon ; mais Bourrienne n'écrit ici que par ouï-dire, car il ne se trouvait point à l'École militaire.

[1] Réponse à sir Walter Scott, p. 52.

raient les textes du cours. Premier consul, et parlant un jour à M. de l'Éguillé, qu'il invitait souvent aux déjeuners de la Malmaison, il lui disait : « Celle de vos leçons qui a laissé dans mon âme l'impression la plus profonde, bien que vous n'eussiez pas présenté le fait avec toute la justesse possible, c'est la révolte du connétable de Bourbon. A vous entendre, le grand crime du connétable est d'avoir combattu son roi ; faute légère, eu égard à la scandaleuse injustice dont il avait été victime, dans ce temps de souveraineté et de seigneuries partagées. Son crime unique, son grand, son véritable crime, sur lequel vous n'insistiez pas assez, c'est d'être venu avec les étrangers attaquer le sol natal. »

Lourd et joufflu pédagogue, le professeur en langue allemande ne comprenait pas qu'on pût être apte à quelque chose et négliger l'étude des formes linguistiques de la Germanie. Aussi Napoléon, qui ne s'en occupait point, lui semblait un esprit très-ordinaire. Certain jour, son absence du cours ayant été remarquée par le professeur, on répondit qu'il subissait en ce moment même son examen d'artillerie. « Mais, reprend ironiquement le bonhomme, est-ce qu'il sait quelque chose ? — Comment ! c'est le plus fort mathématicien de l'École. — Eh bien ! je l'ai toujours entendu dire, et j'ai toujours pensé que les mathématiques ne vont qu'aux bêtes. — A-t-il assez vécu, disait l'Empereur, pour avoir pu jouir de son discernement ? »

A côté des études classiques, des exercices militaires, marchaient, quoiqu'en sous-œuvre, les instructions religieuses. Ce n'étaient point celles qui plaisaient le moins à Napoléon ; et la manière pénétrée dont il fit sa première communion n'avait pas peu contribué à le mettre bien dans l'esprit des pères minimes de Brienne. A l'École militaire, jamais il ne fronda ni le culte ni ses ministres; mais il sut toujours poser la limite entre ce qu'un chrétien doit croire et ce qu'un homme raisonnable doit admettre. Le jour de sa confirmation, l'abbé chargé de l'inscrire, levant la tête au nom de Napoléon, fait observer que ce saint-là lui est inconnu, qu'il n'existe pas dans le calendrier. — « Ce n'est pas une raison pour ne point l'admettre, reprend aussitôt le néophyte; car il y a quantité de saints, et le calendrier ne présente que trois cent soixante-cinq jours. »

Pendant toute la durée de sa présence à l'École des cadets, Napoléon n'agrandit point le cercle de ses liaisons. Pour fréquenter le beau monde, le seul qui lui plût, il faut être riche, et Napoléon ne l'était pas. D'ailleurs, les connaissances exigées par le programme d'études, celles dont il entrevoyait la nécessité, l'absorbaient presque entièrement. Il ne recherchait ou plutôt il n'acceptait les distractions qui s'offraient à lui que dans ces instants de découragement où l'on n'a pas de plus lourd fardeau que soi-même. Alors M. de Permon, par l'entremise de M. de Falgueyreyty, lieutenant-colonel au régiment de Poitou, sollicitait quelques sorties hors tour, et Napoléon se rendait chez lui, quai Conti, où il occupait à l'angle gauche de la maison, aux mansardes du troisième étage, une petite chambre située vis-à-vis celle du fils de la maison, et qui lui restait presque exclusivement destinée. Lors du décès de son père, prétextant une indisposition, il vint y passer une semaine. Albert de Permon, à qui ses parents avaient recommandé de redoubler de prévenances envers Bonaparte, le faisait sans éprouver pour lui les moindres sympathies; quelquefois même, et sa sœur, madame d'Abrantès, l'exprime d'une manière positive, Albert s'en lassait. La fierté mêlée de froideur et d'ironie du jeune Corse l'impressionnait désagréablement : elle formait, en effet, un contraste avec les habitudes polies, élégantes, avec le ton d'urbanité plus séduisant que sincère d'un fils de famille tel qu'Albert, copiste affecté des salons où ses parents l'avaient produit peut-être trop tôt. Cette fréquentation fut néanmoins très-utile à Napoléon. Observateur ingénieux, il en prit le nécessaire, il en élagua le ridicule. Sans oublier le siècle dont il sortait, il se fit au siècle qu'il allait commencer. On a dit, on a redit qu'à cette époque Napoléon souffrait peu les observations, même celles dans son intérêt le plus direct; mais, entendons-nous. Si l'on parle d'observations formulées comme celles du prince Démétrius Comnène, rien d'étonnant que Napoléon les ait mal accueillies. Quant aux conseils donnés d'une manière convenable, nul ne les écoutait avec plus de déférence. M. de Marbœuf allait le voir quelquefois, lui portait divers sujets d'études, l'interrogeait avec bonté, et l'emmenait ordinairement avec lui passer la journée. Un des derniers traits d'intérêt que lui ait témoignés Marbœuf resta gravé profondément dans son cœur et fut buriné par l'histoire. L'École venait de dresser une liste de présentation des élèves, par ordre de mérite, jugés dignes d'être créés officiers. A chaque nom une note se trouvait annexée. Celle de Napoléon était conçue de la manière suivante :

« Napoléon Bonaparte, né en Corse, réservé et studieux, préfère l'étude à toute espèce d'amusement, se plaît à la lecture des bons auteurs; très-appliqué aux sciences abstraites, peu curieux des autres, connaissant à fond les mathématiques et la géographie; silencieux, aimant la solitude; capricieux, hautain, extrêmement porté à l'égoïsme; parlant peu, énergique dans ses réponses, prompt et sévère dans ses reparties; ayant beaucoup d'amour-propre; ambitieux et aspirant à tout : ce jeune homme est digne qu'on le protége. »

Tombée entre les mains de Mallet du Pan, cette note fut publiée à Leyde en 1800; mais elle n'avait point figuré sur le cahier de présentation, le comte de Marbœuf ayant obtenu qu'on la remplacerait par celle-ci : « Né en Corse; studieux, pensif, prompt et opiniâtre, ce jeune homme ira loin si les circonstances le favorisent. »

Parmi les sujets d'étude qu'affectionnait notre penseur juvénile, apparaissent toujours au premier rang l'histoire et la géographie. Il lisait César, Polybe, le livre de Voltaire sur Charles XII, mais de préférence il s'attachait à l'histoire de France, d'Allemagne et d'Italie; celle d'Angleterre viendra plus tard. Il aimait aussi les moralistes anciens et saisissait toutes les occasions de lire Jean-Jacques Rousseau, qu'on avait raison de ne point tolérer dans l'École militaire. Les principes de cet éloquent philosophe élargirent sa pensée sans la maîtriser. Comparant les principes d'*Émile* aux habitudes pratiques des maisons d'éducation, il eut l'idée d'écrire, sur la manière toute spartiate d'élever les jeunes *Maniotes,* un *Mémoire* pour le ministre de la guerre. Il soumit également au directeur de l'École, le marquis Timburne-Valence, un *Plan de réforme* où se trouvent les réflexions suivantes, base du système qu'il a mis en pratique plus tard dans l'institution des maisons impériales de Fontainebleau, de la Flèche, de Saint-Cyr et de Saint-Germain : « Ne vaudrait-il pas mieux, disait ce censeur imberbe, astreindre les élèves à se servir eux-mêmes ; c'est-à-dire, moins leur petite cuisine qu'ils ne feraient pas, leur faire manger du pain de munition ou d'un autre qui en approcherait; les habituer à battre, brosser leurs habits, à nettoyer leurs souliers et leurs bottes? Puisqu'ils sont pauvres et destinés au service militaire, n'est-ce pas la seule éducation qu'il faudrait leur donner? Assujettis à une vie sobre, ils en deviendraient plus robustes, sauraient braver les intempéries des saisons, supporter avec courage les fatigues de la guerre, et inspirer un respect et un dévouement aveugles aux soldats qui seraient sous leurs ordres?... » Réflexions justes, sages, étonnantes chez un jeune homme de quinze ans et demi : si dans ces phrases incolores rien ne fait pressentir celles que le génie des batailles fera retentir dans dix années au sommet des Alpes, on peut y reconnaître déjà l'esprit du profond organisateur, non moins ami du soldat que de la discipline et des mœurs.

Un brillant examen avait clôturé les études militaires de Napoléon; il s'était attiré l'approbation de l'illustre Laplace; il figurait le premier sur la liste soumise au ministre; et depuis son entrée à l'École onze mois et demi seulement s'étaient écoulés, lorsque, le 1er septembre 1785, Louis XVI signa le brevet de cinquante-huit lieutenants d'artillerie parmi lesquels figurait notre héros. Les murs parlent en de telles circonstances. Dès le lendemain, grande rumeur, grande joie électrisa l'École. On y avait appris les choix du monarque; et, dans les six semaines qui s'écoulèrent avant la délivrance des brevets, ce fut entre les élèves une suite non interrompue d'agréables ébats auxquels Napoléon ne se dérobait point. Louis XVI récompensa la conduite, l'aptitude de Bonaparte par son inscription sur l'état des militaires que pensionnait la liste civile [1]. Le 10 octobre,

[1] On possède, écrit de la main de Napoléon, une quittance ainsi formulée : « Je, soussigné, reconnais avoir reçu de M. Biercourt la somme de 200 livres, provenant de la pension que le roi m'a accordée sur les fonds de l'École militaire, en qualité d'ancien cadet de l'École de Paris. »

chacun des élus ayant reçu son brevet paraphé prit dès lors rang dans l'armée. Napoléon et son inséparable ami, le fidèle Alexandre Desmazis, étaient désignés pour le régiment de la Fère, alors en garnison à Valence. Tous deux regardèrent comme d'un heureux augure ce hasard qui les rapprochait plus intimement, lorsqu'ils devaient craindre, au contraire, de vivre désormais séparés.

CHAPITRE HUITIÈME.

NAPOLÉON LIEUTENANT D'ARTILLERIE.

Les épaulettes et le premier uniforme. — Napoléon court risque de se noyer. — Napoléon et Desmazis sur la route de Lyon. — Leur arrivée à Valence. — L'auberge de la Table Ronde; le café du Cercle; le restaurant des Trois Pigeons; l'hôtel de l'Écu-de-France. — Réception de Napoléon. — Préventions conçues à son égard. — Habitudes méthodiques et réfléchies du futur empereur. — Il tombe dans un violent accès de mélancolie. — Idées de suicide. — Napoléon fait partie d'une expédition sur Lyon. — Il obtient un congé semestriel pour la Corse, y tombe malade et se rend à Paris — Ses études, ses écrits, sa liaison avec l'abbé Raynal.

> L'avenir d'un héros repose dans son glaive.
> A. BIGNAN, *Napoléon*, ch. 1.

Il est beau le jour où, s'enchaînant de soi-même aux devoirs d'une responsabilité personnelle, le jeune homme entre dans la carrière qu'il désire, et se revêt pour la première fois des insignes de sa profession! Hier, il n'était encore rien pour le monde; il y prend place aujourd'hui : prêtre, magistrat, militaire, il accepte la solidarité de la soutane, de la toge ou de l'épée; il ne marche plus isolément; il fait partie d'un corps, famille organisée par l'intérêt social et par la politique.

Le costume consacre certaines obligations, engendre certaines idées dont la valeur indélébile se perpétue d'âge en âge, et devient la source d'efforts constants pour ne point démériter du passé. Cette influence salutaire de l'uniforme se fait surtout sentir dans l'armée, dans les corps d'élite tels que l'artillerie; et, quand de jeunes officiers débutent, il en est peu dont les mouvements de l'âme ne soient aussi purs que les grains d'or qui scintillent sur leur épaule.

Artilleur, Napoléon avait mesuré la noblesse héréditaire de son arme, et se sentait fier de lui appartenir : « C'était, disait-il, le corps le meilleur, le mieux composé de l'Europe ; un service tout de famille ; c'étaient des chefs entièrement paternels ; les plus braves, les plus dignes gens du monde, trop vieux seulement parce que la paix avait été longue. Les jeunes gens en riaient parce que le sarcasme et l'ironie étaient la mode du temps ; mais ils les adoraient, et ne faisaient que leur rendre justice [1]. »

Quand, pour la première fois, Napoléon endossa l'uniforme de sous-lieutenant, il rayonnait de gaieté ; mais ses jambes maigres se trouvaient trop à l'aise dans des bottes dont la tige vacillait. Étant venu, dans ce costume, pour quelques jours chez M. de Permon, Cécile, sœur aînée de madame d'Abrantès, ne put, lorsqu'elle le vit, s'empêcher d'un fou rire auquel Napoléon ne fit pas grande attention d'abord ; mais la plaisanterie dépassant les bornes, il imposa silence à Cécile et lui dit : — « On voit bien que vous n'êtes qu'une petite pensionnaire. — Et vous, un chat botté ! » répliqua la jeune fille. — On s'amusa de cette scène ; Napoléon, s'y prêtant de bonne grâce, parut s'en amuser aussi. Peu après, pour témoigner qu'il savait prendre convenablement la plaisanterie, notre jeune officier apporta, pour Cécile, le conte du *Chat botté* et un jouet qui représentait ce chat courant devant le carrosse du marquis de Carabas [2].

Vers la même époque, Napoléon faillit se noyer dans

[1] Las Cases, Mémorial, I, 744.
[2] Mémoires de madame d'Abrantès.

la Seine : « Une crampe, disait-il un jour au docteur Antommarchi, me prit pendant que je nageais; après avoir fait quelques efforts inutiles, je coulai au fond de l'eau. J'éprouvai de vives angoisses, et je perdis connaissance; mais le courant de la rivière me rejeta sur le bord, où je restai étendu je ne sais combien de temps. Je fus enfin rappelé à la vie par mes camarades, qui me reconnurent par hasard; m'ayant vu disparaître au milieu de la rivière, ils m'avaient cru perdu. »

On était à la fin du mois d'octobre 1785; deux jeunes officiers, accompagnés d'un sergent instructeur, suivis d'un commissionnaire portant leur valise, sortaient tout joyeux de l'École militaire, et gagnaient les turgotines lyonnaises : espèce de diligence très-dure, très-incommode, qui avait remplacé les coches d'autrefois, plus incommodes et plus durs encore. Nos deux officiers, juchés sur l'impériale, arrivèrent le 5 novembre à Lyon, où quelques dépenses extraordinaires eurent bientôt épuisé leur bourse. On a deviné Napoléon et le chevalier Alexandre Desmazis. Ils allaient quitter Lyon, riches d'espérances, mais fort légers d'argent, lorsqu'un heureux hasard les conduisit chez M. Barlet, ancien secrétaire du comte de Marbœuf. Napoléon s'étant fait connaître à lui, M. Barlet n'hésita point à lui avancer quelques louis, pour des achats indispensables, et il lui remit une lettre de recommandation à l'adresse d'un M. Tardivon, qui habitait Valence. Partis de Lyon à pied, nos voyageurs arrivent le soir même dans la ville de Vienne. Le lendemain, ils couchent à Saint-Vallier. Le surlendemain, vers midi, le collége hospitalier de Tournon leur ouvre les portes de son réfectoire. Dans ce magnifique établissement, tenu par les oratoriens et organisé depuis peu en école militaire, les deux jeunes gens furent bien accueillis des professeurs et des élèves, dit un historien moderne que nous consultons avec réserve, mais qui semble ici très-bien renseigné. Parmi les élèves, Napoléon reconnut plusieurs compatriotes, entre autres l'un des fils du comte Buttafuoco, que plus tard on lui adjoignit dans le commandement d'un bataillon de gardes nationaux volontaires de la Corse, et M. de Gentilli, parent de Pozzo di Borgo. Parmi les professeurs, il revit avec plaisir son maître d'escrime de Brienne, Daboval, ainsi que le maître d'écriture dont il avait si mal écouté les préceptes. Ce fut à cet honnête calligraphe que l'Empereur dit un jour en parlant de lui-même : « Le bel élève, ma foi, que vous avez eu là! je ne vous en fais pas mon compliment. »

Il était tard lorsque Napoléon et Desmazis quittèrent la petite ville de Tournon; mais, après une marche faite au pas accéléré, ils arrivèrent en vue de Valence. Avant d'y entrer, ils songèrent à réparer le désordre qu'une telle course venait de causer à leur toilette; car ils tenaient à se présenter convenablement dans une garnison qu'ils devaient peut-être habiter pendant plusieurs années. Ces dispositions eurent lieu dans une taverne située à droite de la route, et nommée aujourd'hui la *Table Ronde*. Entrés à Valence sur le soir, Desmazis s'arrête fatigué contre une borne, tandis que Napoléon court à l'hôtel de ville, vaste maison, propriété d'un simple particulier nommé Brun, et dans laquelle on arrivait alors par la rue du Petit-Saint-Jean, quoique la façade principale regardât la rue Saint-Félix. La nuit ayant donné congé aux employés, Napoléon fut sur le point de renoncer à son billet de logement et de renvoyer au lendemain la déclaration de son arrivée. Mais

CHAPITRE VIII. 197

le concierge courut avertir le secrétaire du présidial, vieillard sexagénaire, qui arriva bientôt.

— « Monsieur, nous sommes deux, lui dit Napoléon; mon camarade, fatigué d'une longue route, a compté sur votre obligeance pour excuser son absence, et m'a chargé de vous présenter ses papiers avec les miens : les voici. Veuillez bien, je vous prie, les vérifier, et me délivrer les billets de logement auxquels ils donnent droit. Demain, sans doute, M. le chevalier Desmazis, mon ami, moins fatigué, aura l'honneur de vous voir et de vous remercier lui-même. »

Ces paroles, d'une politesse si simple, étaient alors si extraordinaires dans la bouche d'un jeune gentilhomme, d'un officier surtout, gens habitués à traiter les bourgeois avec insolence, que le scribe en fut émerveillé. Il ne jeta qu'un coup d'œil sur l'ordre de route de l'officier absent, et ne regarda pas même celui de Napoléon; il s'assit, prit dans un cahier un petit papier imprimé dont il ne lui restait qu'à remplir les blancs, le signa, et le remit au postulant. Voici la teneur du billet :

« Au nom du roi,

» Mademoiselle Claudine Bou, propriétaire du café du Cercle, est sommée de loger pour une fois deux lieutenants en second au régiment royal d'artillerie de la Fère, et de leur fournir ce que de droit. »

Et plus bas,

— « A mademoiselle Bou, à l'angle de la grande rue du Croissant, à Valence (Dauphiné). » —

« Ce n'est pas loin d'ici, ajouta le vieil employé; la maison n'a pas d'enseigne, mais vous la trouverez facilement. Elle est située dans la *Grand'Rue,* tout près de la *place des Clercs*. Le premier venu vous y conduira volontiers. »

Un quart d'heure après, le futur empereur et son compagnon se présentaient, au nom du roi et de leur estomac, chez leur nouvelle hôtesse, qui les reçut poliment. Le lendemain, avant de commencer son service, Napoléon voulut s'enquérir du prix, des conditions de sa pension. Mademoiselle Bou lui dit que le règlement y avait pourvu; que tous les lieutenants, sans exception, mangeaient *aux Trois Pigeons*, et que le prix de la nourriture était le même pour tous. Pendant plusieurs mois, Napoléon ne crut pas devoir s'isoler des autres officiers; mais ensuite, par mesure d'ordre et d'économie, il alla trouver un maître d'hôtel appelé Gény, et s'arrangea avec lui pour prendre, à volonté, deux repas par jour, moyennant vingt-sept livres de rétribution mensuelle.

Les visites, cette initiation d'étiquette au service, préoccupaient gravement Napoléon et Desmazis. Ils savaient que d'une simple entrevue, d'un premier coup d'œil naît souvent la prévention; et l'humeur de M. le chevalier de Lance, leur colonel, n'était pas tellement commode, qu'ils dussent à son égard éprouver une entière quiétude. Le lendemain de leur arrivée, vers midi, Napoléon Bonaparte et Desmazis, en grande tenue, se rendaient chez le capitaine Gabriel Desmazis, frère aîné du lieutenant, qui devait les accompagner d'abord chez M. de Lance, puis chez M. de Bouchard, maréchal de camp commandant l'école.

Envers Desmazis, l'accueil du colonel fut assez froid; c'est à peine s'il jeta les yeux sur quelques lettres dont le chevalier était porteur. Napoléon, au contraire, que le comte de Marbœuf lui avait annoncé comme un jeune homme de la plus grande espérance, fixa presque toute son attention. Il le questionna sur son pays, sur la dernière révolution qui avait arraché la Corse à la république de Gênes; il s'étonna de ce qu'étant né dans une contrée montagneuse, impraticable à l'artillerie, il eût précisément choisi cette arme.

— « Mon colonel, répondit Napoléon, depuis que j'ai reçu les bienfaits du roi, je ne suis plus Corse que de naissance.

— Mais pourquoi vous être fait artilleur, plutôt que cavalier, officier d'infanterie, ou marin?

— Parce que j'ai senti là (posant un doigt sur son front) quelque chose qui me disait que l'artillerie est la seule arme où la médiocrité ne puisse se faire jour, la seule arme dans laquelle il peut y avoir double mérite à dépasser ceux qui déjà marchent bien.

— Cela est vrai. Et la Corse, où jamais canon monté ne pourra manœuvrer, qu'en dites-vous, qu'en pensez-vous comme conquête, comme point stratégique?...

— La seule chose que je puisse en dire, mon colonel, c'est que s'il arrivait qu'un jour la Corse voulût se séparer du royaume, ou que les Génois tentassent de la recouvrer, le devoir comme le talent d'un officier d'artillerie serait d'établir des batteries et de faire rouler des canons sur des points vers lesquels il n'en exista jamais.

— Vous avez raison, jeune homme; persistez dans ces sentiments, et d'avance je vous prédis la carrière de gloire et de fortune que doit espérer tout officier brave, instruit, qui a l'honneur de servir dans le corps royal de l'artillerie. »

Le colonel s'étant levé, reconduisit les trois officiers jusqu'à la porte de son cabinet.

La visite chez le général n'offrit rien de remarquable. Nos deux lieutenants remirent au lendemain leurs autres obligations; et, pour rentrer chez mademoiselle Bou, Napoléon se sépara de Desmazis, qui devait désormais loger avec son frère.

Le jour suivant, dès le matin, un sous-officier apporte au lieutenant Bonaparte l'état nominatif du personnel de la compagnie dans laquelle il doit servir; puis un autre sous-officier, nommé Langevin, celui-là même qui, huit années plus tard, tomba mort devant Toulon, à l'attaque de la redoute du *Petit-Gibraltar*, vint lui présenter, au nom du lieutenant-colonel, M. d'Urtubie, une lettre de service. Il y était dit que, nonobstant son titre de lieutenant en second, Bonaparte, aux termes du règlement, serait tenu de faire, pendant trois mois, le service de bas officier, avant d'être officiellement reconnu dans son grade, en présence du régiment assemblé sous les armes. Cette lettre, qui existe aux archives du ministère de la guerre, se termine ainsi :

« En conséquence, monsieur, vous aurez à vous conformer aux ordres qui vous seront ultérieurement donnés par vos supérieurs immédiats, à l'effet de monter successivement trois gardes comme simple canonnier, trois comme caporal et autant comme sergent. Vous ferez aussi la grande et la petite semaine, obligatoires l'une et l'autre pour ces deux derniers grades. »

Dans la matinée, les frères Desmazis rejoignirent Napoléon. Tout en devisant sur ces notifications de l'état-major régimentaire, les trois officiers s'acheminèrent ensemble chez Faure, le Carême du pays, *hôtel de l'Écu-de-France*, où mangeaient les capitaines. Ils dînèrent gaiement en petit comité, aux frais de Gabriel Desmazis, et ce fut un prélude aux modestes distractions culinaires du futur dominateur de l'Europe.

Devenu empereur, Napoléon conserva bon souvenir des pâtisseries de Faure. En 1811, dans une circonstance solennelle, recevant les députations des départements de l'Empire, il s'approcha du maire de Valence, M. Planta, qui présidait la députation de la Drôme, et lui dit en souriant :

— « Eh bien ! monsieur Planta, comment se portent vos compatriotes ? sont-ils toujours aussi gourmands que de mon temps ?

— Mais, sire, je ne sais... » répond celui-ci tout interloqué de cette singulière apostrophe.

— « Et le restaurateur de l'*Écu-de-France*, continue l'Empereur, fait-il toujours d'excellents petits pâtés, pour lesquels son établissement ne désemplissait pas ? Faure est une des célébrités de Valence, et, comme tel, je ne l'ai pas oublié. »

Cette plaisanterie faite du ton le plus jovial et le plus aimable, l'Empereur change de conversation, entretient les députés de Valence des besoins de leur localité, et leur prouve que le souvenir des dîners de l'*Écu-de-France* n'est pas le seul qu'il ait conservé d'une ville qui lui fut chère à plus d'un titre [1].

Au nombre des officiers du régiment devenus les nouveaux camarades de Napoléon, nous citerons : Lariboisière et Sorbier, qui se succédèrent dans le titre éminent d'inspecteur général d'artillerie ; Hédouville jeune, ministre plénipotentiaire à Francfort ; Rolland de Villarceaux, préfet de Nîmes ; Mallet, frère de celui qui conduisit l'échauffourée de Paris en 1812 ; le général

---

[1] Ces détails sur Valence sont extraits de la *Vie anecdotique de l'Empereur*. Nous n'en garantissons pas l'exactitude absolue.

Marescot, tombé dans la disgrâce avec le général Dupont après le désastre de Baylen; le colonel Bussy, aide de camp de l'Empereur en 1814, et ce Mabille, dont l'étrange ambition consistait à devenir, comme il le devint en effet, maître de danse au grand Opéra. Sorbier, le plus riche de tous, menait un train seigneurial, possédait une voiture, des chevaux, et savait les utiliser pour les plaisirs de tous. Bonaparte, sans avoir de l'opulence, tant s'en fallait, devait à l'esprit d'ordre de sa mère, aux économies de son oncle Lucien, une pension de 600 livres, qui, jointe aux bienfaits du roi, lui permettait d'exister noblement parmi les autres officiers, et de voir le monde.

Plusieurs lettres malveillantes, écrites de Brienne et de l'École militaire, avaient indisposé contre Napoléon quelques officiers, surtout ceux de ses compatriotes, qui se trouvaient en assez grand nombre à Valence, et auxquels on le disait hostile. Mais une première entrevue, toute cordiale et toute franche, dissipa ces fâcheuses préventions. Napoléon les embrassa d'une manière tellement affectueuse, qu'on lui demanda s'il retrouvait en eux des parents : « Non, messieurs, répondit-il avec effusion; nous ne sommes pas même petits-cousins; mais le même sol, la même terre nous a nourris; et, dans notre île, quand une *vendetta* ne nous a pas rendus d'avance ennemis irréconciliables, le titre de compatriote veut dire : Ami dévoué jusqu'à la mort[1]. »

De ce que Napoléon avait été quelque temps triste, taciturne et solitaire, on en a conclu, bien à tort, qu'un fonds de mélancolie le dominait sans cesse. Il se montrait, au contraire, fort gai, quand des contrariétés de service ou des inquiétudes de famille ne venaient point

[1] Note autographe.

agiter son âme. Sur le trône, dans l'exil, les espiègleries de l'école d'artillerie de Valence et d'Auxonne se sont reproduites souvent à sa mémoire et l'ont distrait d'une infinité d'ennuis. Il aimait à les raconter. On regrette que ses auditeurs, que ses compagnons d'infortune n'aient pas tenu note de toutes les révélations curieuses qu'il leur confiait. Si l'homme est vraiment grand, il le paraît davantage à mesure qu'on l'observe et qu'on descend en lui-même. Las-Cases cite quelques anecdotes recueillies de la bouche de l'illustre captif :

« Nous avions, disait-il, un vieux commandant âgé de plus de quatre-vingts ans, fort vénéré des jeunes officiers, lequel, étant un jour venu leur faire faire l'exercice du canon, suivait chaque coup avec sa lorgnette; il assurait qu'on devait avoir été bien loin du but, s'inquiétait, s'informait à ses voisins de la portée du coup; mais, impossible de l'éclairer; car les officiers, chaque fois qu'ils chargeaient, escamotaient le boulet. A la fin, il lui prit fantaisie de compter les projectiles. L'espièglerie dès lors fut découverte. Il trouva le tour fort gai, mais il n'en ordonna pas moins les arrêts. »

Un camarade de Napoléon, logeant au-dessus de lui, avait pris l'habitude fatigante pour les autres de donner du cor; il assourdissait les voisins au point de leur ôter toute possibilité de travailler. Un jour, Napoléon rencontre sur l'escalier l'intrépide *dilettante*. — « Mon cher, lui dit-il, vous devez bien vous fatiguer avec votre cor ! — Mais non, pas du tout. — Eh bien ! je puis vous assurer que vous fatiguez beaucoup les autres. — J'en suis fâché. — Vous feriez mieux d'aller donner de votre cor plus loin. — Ne suis-je pas maître chez moi ? — Oui, mais pas au point de troubler le repos des autres. » — Un cartel fut échangé. Napoléon voulait se battre.

Avant d'autoriser le duel, le conseil des camarades examina l'offense. On décida que la rencontre n'aurait point lieu; que le musicien serait moins ardent, et que son voisin montrerait plus de patience. — Pendant la campagne de 1814, aux environs de Laon et de Soissons, un colonel retiré du service, appelé Bussy, vint donner à l'Empereur des renseignements précieux sur la position de l'ennemi; c'était le donneur de cor. L'Empereur le reconnut, le retint près de sa personne et le nomma son aide de camp.

« Quelques-uns de nos capitaines, disait Napoléon, ne nous inspiraient pas grande vénération. Ceux que nous prenions en grippe le payaient bien. Nous nous liguions de manière à les réduire à l'obligation de rester chez eux. Quatre ou cinq d'entre nous se partageaient les rôles. Attachés aux pas du malheureux proscrit, nous ne le quittions pas plus que son ombre; et chaque fois que, dans un cercle, il voulait ouvrir la bouche, on le contredisait aussitôt avec esprit, avec logique et dans les formes les plus polies. Mais comme la réfutation se montrait constante, impitoyable, il n'y avait pour le malheureux capitaine d'autre ressource que de changer de corps ou de ne se montrer nulle part. »

La parole de Dieu émanée d'une bouche éloquente, les pompes de la religion, les offices d'apparat, aussi bien que les fêtes mondaines, captivaient l'imagination de Bonaparte. « Une cérémonie, disait-il à Sainte-Hélène, nous irritait beaucoup, surtout si les demoiselles étaient jolies; c'étaient les prises d'habit : nous accourions, et tendions nos oreilles longues d'une aune. Si la victime avait dit *non*, nous l'eussions enlevée l'épée à la main. Il est faux qu'on employât la violence; mais on recourait aux séductions, on enjôlait peut-être ces religieuses à la manière des recrues. Le fait est qu'avant de conclure elles avaient à passer par les religieuses, la supérieure, le directeur, l'évêque, l'officier civil et enfin les spectateurs. Le moyen que tout se fût entendu pour forcer une vocation et concourir de la sorte à un crime ? »

Grâce à son esprit d'ordre, à l'heureux emploi de ses loisirs, Napoléon trouvait du temps pour une foule de choses dont ses camarades ne pensaient même pas qu'un officier dût s'occuper. Après l'hiver, quand il se vit affranchi des devoirs matériels exigés pour son initiation dans l'armée, il adopta une méthode sous l'empire de laquelle, pendant sept années, sa volonté fut asservie : il prit l'habitude de noter, jour par jour, quelquefois même heure par heure, ses actes et ses pensées. Rencontrait-il une femme ? était-il impressionné par elle ? vite, il griffonnait, en rentrant chez lui, ce qu'avait éprouvé son esprit ou son cœur. Lisait-il un livre ? il écrivait en marge ou traçait sur un cahier les réflexions nées de cette étude. Affaires de service, distractions, plaisirs, projets, sentences, tout se succédait pêle-mêle dans ce *memento,* que Napoléon semble avoir voulu léguer aux historiens sérieux pour confondre la mauvaise foi des pamphlétaires, et se poser en regard de l'avenir avec toute la majesté du vrai. La plus ancienne note porte en date le 26 avril 1786. C'est le chiffre réel où commence la carrière littéraire et scientifique d'un homme qui va la poursuivre jusqu'aux événements de la terreur, avec la constance énergique qu'il a mise aux choses extraordinaires opérées par lui [1]. « J'aimais peu

[1] Les œuvres juvéniles de Napoléon, demeurées presque entièrement inédites et conservées avec un religieux respect par le cardinal Fesch, à qui Bonaparte les avait confiées, forment 38 gros cahiers écrits de sa main et presque tous datés. Nous les désignerons désormais sous le titre de *Cahiers napoléoniens.*

le monde, je vivais très-retiré, dit un jour l'Empereur à M. de Beausset, préfet du palais. Le hasard m'avait logé près d'un libraire instruit et des plus complaisants... J'ai lu, relu sa bibliothèque, pendant trois années de garnison, et je n'ai rien oublié, même des matières qui n'avaient aucun rapport avec mon état [1]. » Les promenades, les excursions lointaines formaient la plus agréable distraction de Bonaparte : il parcourait tous les environs de Valence, accompagné tantôt de Lariboisière, tantôt de Hédouville, mais plus souvent de Desmazis. Ce fut avec ce dernier qu'il fit au mont Cenis un petit voyage, sorte de jalon planté d'avance sur les sommets qu'empereur il devait aplanir.

L'amour du pays, l'éloignement de sa famille, peut-être aussi quelques ennuis de service, mêlés à cette vague agitation intérieure qui tourmente souvent l'adolescence, assombrirent tout à coup l'horizon du jeune officier d'artillerie. Il devint très-mélancolique; les beaux jours, loin de le distraire, le rendirent plus triste encore. Il fuyait les autres quand lui-même aurait dû plutôt se fuir, et des idées de suicide, qu'il combattait néanmoins, le poursuivaient sans cesse. Coïncidence singulière, un jour que, trente-cinq années plus tard, le deuil de la France a voilé d'un crêpe funèbre, le 5 mai, Napoléon jetait sur le papier l'impression de son désespoir, les pensées d'adieux qu'il destinait à lui survivre; il écrivait :

« Toujours seul au milieu des hommes, je rentre pour rêver avec moi-même et me livrer à toute la vivacité de ma mélancolie. De quel côté est-elle tournée aujour-

[1] Napoléon entendait parler ici de deux séjours qu'il a faits à Valence (1785-1786 et 1791).

d'hui? Du côté de la mort. Dans l'aurore de mes jours, je puis encore espérer de vivre longtemps. Je suis absent depuis six ou sept ans de ma patrie. Quel plaisir ne goûterai-je pas à revoir, dans quatre mois, et mes compatriotes et mes parents? Des tendres sensations que me fait éprouver le souvenir des plaisirs de mon enfance, ne puis-je pas conclure que mon bonheur sera complet? Et quelle fureur me porte donc à vouloir ma destruction? Sans doute, que faire dans ce monde? Puisque je dois mourir, ne vaut-il pas autant se tuer? Si j'avais passé soixante ans, je respecterais les préjugés de mes contemporains et j'attendrais patiemment que la nature eût achevé son cours; mais, puisque je commence à éprouver des malheurs, que rien n'est plaisir pour moi, pourquoi supporterais-je des jours où rien ne me prospère? Que les hommes sont éloignés de la nature! qu'ils sont lâches, vils, rampants! Quel spectacle verrai-je dans mon pays? Mes compatriotes chargés de chaînes embrassent en tremblant la main qui les opprime. Ce ne sont plus ces braves Corses qu'un héros animait de ses vertus....

» Quand j'arriverai dans ma patrie, quelle figure faire? quel langage tenir? Quand la patrie n'est plus, un bon citoyen doit mourir! Si je n'avais qu'un homme à détruire pour délivrer mes compatriotes, je partirais au moment même, j'enfoncerais dans le sein du tyran le glaive vengeur de la patrie et des lois violées!... La vie m'est à charge parce que je ne goûte aucun plaisir, et que tout est peine pour moi; elle m'est à charge parce que les hommes avec qui je vis et vivrai probablement toujours ont des mœurs aussi éloignées des miennes que la clarté de la lune diffère de celle du soleil. Je ne puis donc pas suivre la seule manière de vivre qui pourrait me faire supporter la vie, d'où s'ensuit un dégoût pour tout[1]. »

Assurément, nul homme mieux que Napoléon ne pouvait se qualifier du titre, si prodigué depuis, de génie méconnu ; nul peut-être ne voyait devant soi plus d'entraves et dans sa propre nature plus d'éléments de succès, plus de conditions d'avenir. Or, supposons qu'un soir, Napoléon découragé, cédant aux idées sombres qui l'assiégeaient, ait, dans un mouvement presque machinal, lâché contre son cœur la détente d'un pistolet, la France, demeurée veuve de son plus grand citoyen, se serait peut-être débattue pendant un siècle au milieu des désordres de l'anarchie.

Comme toutes les natures vigoureusement trempées, le jeune officier lutte contre la destinée, contre un fatal instinct, reprend courage, accepte le fardeau de la vie, et s'impose des obligations, des désirs, des études profondes qui deviennent les éléments de sa grandeur future. Qu'un tel fait apprenne à la jeunesse qu'il ne faut jamais désespérer de la fortune ; que la meilleure manière de se la rendre favorable, c'est de travailler avec ardeur et persévérance à son propre perfectionnement. Après un tel exemple, nul n'osera se plaindre d'être méconnu dans ce monde, ni dire que pour échapper à l'adversité, il faut se hâter de quitter la vie. Sans doute, il serait insensé de rêver une aussi prodigieuse carrière ; mais tout homme qui se roidit contre l'adversité, qui lutte avec courage contre la mauvaise fortune, se placera tôt ou tard là où ses talents, et surtout son caractère, méritent de le porter. Que doit-on vouloir de plus ?

Le 12 août 1786, le second bataillon du régiment de la Fère, dont Napoléon faisait partie, quitta Valence

[1] Note autographe.

pour aller réprimer à Lyon une révolte dite des *deux sous*. Après un séjour de courte durée dans cette ville, tout le régiment se rendit à Douai; mais alors notre officier ne se trouvait point sous les drapeaux.

L'expédition lyonnaise avait opéré dans les ennuis de Bonaparte une diversion salutaire. A mesure, d'ailleurs, qu'il approchait de l'époque semestrielle, ses idées prenaient une teinte moins sombre : sa patrie si chère, il devait bientôt la retrouver; il allait pendant quelques mois vivre par le cœur, après avoir, pendant huit ans, vécu par l'intelligence : les lieux témoins de ses impressions enfantines, il les parcourait idéalement jusqu'à ce qu'il lui fût permis de respirer *l'odeur du sol* [1]; il faisait un appel à tous ses souvenirs, il reconstituait dans sa tête le tableau de la Corse comme il le sentait gravé dans son âme.

Quand on sut que Napoléon arrivait prochainement, toute la maison, tout le voisinage furent en joie, car chacun le regardait comme un petit héros qui ne ferait pas moins d'honneur à ses concitoyens qu'à ses parents. Maintes fois le comte de Marbœuf et l'intendant baron de Boucheporn l'avaient dit, et les notes trimestrielles, les examens subis à Brienne, à l'école militaire, le témoignage des camarades, ordinairement si vrai, confirmaient déjà toutes ces prévisions favorables. Une partie de la famille courut au-devant de lui; les amis intimes, les vieux serviteurs, Mammucia, Saveria, Bagalino, rivaux dans leur affectueuse curiosité, lui tendirent simultanément les bras, et ce fut presque porté plutôt que conduit par eux, qu'il se rendit de la diligence à la maison paternelle, où l'attendaient son oncle l'archidiacre, goutteux invalide, et madame Letizia.

[1] Expression de l'Empereur.

Napoléon l'a souvent répété, lors même qu'il occupait le premier trône du monde, jamais sensations si douces et si pures ne l'ont ému si profondément. « A mon bonheur, néanmoins, disait-il un jour au maréchal Duroc, il manquait deux objets bien chers : mon père, M. Charles Bonaparte, et M. le comte de Marbœuf, que nous venions de perdre le 20 septembre, bienfaiteur duquel ma famille portait encore le deuil. »

Cette mort du général, prévue longtemps d'avance, car il avait déjà quatre-vingts ans, n'en fut pas moins affligeante pour l'île entière : on regrettait sa simplicité, sa modestie, son esprit de justice et de prévoyance, sa facilité d'accès qu'aucun chef militaire ne portait peut-être au même degré ; chaque jour on apprenait de lui quelque nouveau trait de bienfaisance, et la douleur générale avait un caractère d'autant plus touchant qu'elle était plus sincère et plus légitime. M. de Barrin accepta l'héritage administratif du comte de Marbœuf ; il eut le bon esprit de marcher dans les mêmes voies, mais il n'effaça point le souvenir de son prédécesseur.

Napoléon passa tout l'hiver en Corse : tombé malade sérieusement, par suite sans doute de travaux excessifs, et ne pouvant, vers la fin du semestre, rejoindre son corps, il écrivit d'Ajaccio, le 2 avril 1787, sous le couvert de son colonel, la lettre suivante au ministre de la guerre :

« *Mémoire en demande d'un congé. — Corps royal de l'artillerie. — Régiment de la Fère.*

» Le sieur *Napolione Buonaparte* (sic), lieutenant en second, *soupplie* (sic) monseigneur le maréchal de Ségur de vouloir bien lui accorder un congé de cinq mois et demi, à partir du 16 mai prochain, dont il a besoin pour le rétablissement de sa santé, suivant le certificat des médecin et chirurgien ci-joint. Vu mon peu de fortune et une cure coûteuse, je demande la grâce que le congé me soit accordé avec appointement.

» BONAPARTE. »

Cette prolongation fut octroyée; madame Letizia, qui, naguère, avait fait un usage très-heureux des eaux minérales de Guagno, y conduisit son fils, qui s'en trouva fort bien [1]. Napoléon passa de la sorte une année dans le foyer natal, s'occupant d'art militaire, d'histoire et de poésie, donnant au jeune Louis quelques leçons, et prenant dès lors sur les siens cet ascendant qui fit dire plus tard au comte de Saint-Leu : « Napoléon n'était pas l'aîné de sa famille, mais il en occupait le rang, et remplissait les fonctions de chef de sa maison dès l'âge le plus tendre [2]. »

L'empereur futur affectionnait alors particulièrement les Melelli, jardin planté d'oliviers et devenu, depuis l'expulsion des jésuites, la propriété de la famille Bonaparte. Il y venait souvent promener sa mélancolique convalescence, s'asseoir à l'ombre d'un vieux chêne, aujourd'hui le plus illustre des arbres historiques. Il aimait à visiter sa nourrice Saveria, femme d'un marin, qui occupait dans la ville d'Ajaccio une petite maison fort chétive; il passait de longues heures à causer, tantôt avec son frère Joseph, tantôt avec le vieil oncle l'ar-

---

[1] Voyez, à cet égard, un livre très-remarquable de mon savant et bon ami le comte Davet de Beaurepaire, intitulé : *Histoire et description des sources minérales du royaume de Sardaigne et des contrées voisines.* In-8°, Paris, L. Maison, 1852. V. p. 425.

[2] Réponse à sir Walter Scott, p. 131.

chidiacre, dont la sollicitude bienveillante grandissait au niveau des désastres ou des charges de la famille.

Aimant la Corse comme on aime sa mère, déplorant son asservissement et sa chute, Bonaparte rêvait encore pour elle l'indépendance. Aussi, de l'histoire générale passait-il volontiers à l'histoire de la Méditerranée, à celle particulièrement du pays qui l'avait vu naître. Personne mieux que lui ne le connaissait peut-être; car, pendant plusieurs mois, il s'en était occupé d'une manière très-sérieuse; côtoyant ses rivages, parcourant ses vallées, escaladant ses rochers, interrogeant ses ruines, examinant le sol et ses produits, fouillant ses archives, comme l'eût fait un gouverneur chargé de la défendre, un philosophe désireux de la connaître; ou comme un poëte, qui, sur une lyre novice, essayerait quelles cordes s'harmonient le mieux avec son sujet et avec son âme. C'est à l'année 1786-1787 qu'il faut rapporter différentes pièces de vers empreintes d'une mélancolie profonde, faibles quant à la forme, mais originales, et parmi lesquelles s'en trouve une faite pour madame Saint-Huberty jouant le rôle de Didon :

> Romains, qui vous vantez d'une illustre origine,
> Voyez d'où dépendait votre empire naissant!
>   Didon n'a pas d'attrait assez puissant
> Pour retarder la fuite où son amant s'obstine.
> Mais si l'autre Didon, ornement de ces lieux,
>   Eût été reine de Carthage,
> Il eût, pour la servir, abandonné ses dieux :
> Et votre beau pays serait encor sauvage.

Cette touche, cet agencement sont gracieux, et, chose rare dans les œuvres de Napoléon, la correction du style relève l'idée. Vers la même époque le romanesque officier, préoccupé des *Confessions* de J.-J. Rousseau, écrivait aux libraires de Genève [1] dans l'espérance de

---

[1] Nous avons vu à Genève une lettre de Bonaparte touchant cet objet.

découvrir les mémoires de madame de Warens, et de jeter du jour sur la liaison bizarre d'un philosophe avec une femme plus digne alors que lui des sympathies honnêtes. Inspiré par sa prédilection pour le sol natal, Napoléon composa un *Roman corse,* où le poignard joue le plus grand rôle. Une nouvelle anglaise, intitulée *le Comte d'Essex;* un petit conte oriental, *le Masque prophète,* datent de la même époque.

Dans le choix de ses sujets, dans l'appareil de mélodrame que l'écrivain laisse supposer, mais qu'il n'a point la patience de décrire; dans la précipitation de pensées qui se heurtent plutôt qu'elles ne se succèdent; dans son style brusque, impatient; dans les innovations que la plume de l'auteur fait surgir, comme son épée fera bientôt surgir des royaumes, apparaît déjà le Napoléon de l'histoire. Avec sa haute intelligence, rien n'empêchait qu'en deux ou trois mois il connût la grammaire aussi bien qu'un docteur ès lettres; mais cette grammaire l'asservirait, lui dicterait des lois : il aime mieux marcher sans contrainte.

Joseph, son aîné, procédait bien différemment : après les épreuves d'usage, *coram omnibus et contra,* il recevait le titre de licencié en droit; et prenait dans le monde l'attitude réservée qui convenait à son caractère paisible. D'affectueuses, d'honorables sympathies l'entouraient, comme le témoigne une lettre qu'il écrivit alors au comte Démétrius Comnène. Nous y lisons : « Le titre de comte, mon cher Comnène, ne vous en donne pas un de plus sur mon cœur; mais il me fait connaître l'excellence du vôtre, puisqu'au milieu des honneurs vous voulez bien songer à un ami que vous avez laissé si loin de vous, et puisque la fumée de la grandeur, ou plutôt de l'orgueil, n'obscurcit pas en moi les qualités à la faveur desquelles vous m'avez accordé votre amitié[1]. » Ces phrases, posées avec calme, mais du fond desquelles ressort une leçon adroite pour M. Démétrius Comnène, représentent Joseph sous un tout autre jour que Napoléon ; son langage est celui du beau monde et de la diplomatie. L'abbé Fesch, ordonné prêtre depuis peu, complétait la famille d'Ajaccio, soignait l'éducation religieuse ainsi que l'instruction grammaticale des enfants, « et se montrait digne de notre mère, » dit Lucien dans ses mémoires.

D'une note écrite par Bonaparte lui-même[2] résulte la certitude qu'il quitta la Corse vers les derniers jours d'octobre, et qu'arivé le 22 novembre dans la capitale, il descendit hôtel de Cherbourg, rue du Four-Saint-Honoré. Son congé finissant le 1er novembre, il avait obtenu nouvelle prolongation de trente jours avec demi-solde : aussi ne demeura-t-il cette fois que quarante-huit heures à Paris ; car il lui fallait six jours pour gagner Auxonne, où son nouveau régiment tenait garnison.

[1] Lettre autographe, datée d'Ajaccio le 31 mai 1786.
[2] *Cahiers napoléoniens*, manuscrit intitulé *Époques de ma vie*.

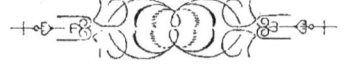

CHAPITRE NEUVIEME.

NAPOLÉON BONAPARTE A AUXONNE.

Napoléon est fait lieutenant en premier. — Ses débuts à Auxonne ; il en commande le polygone. — Visite du prince de Condé. — Sentiments de la famille Bonaparte touchant la révolution française. — Occupations scientifiques, littéraires et logement de Napoléon. — Il dirige l'éducation de son frère Louis. — Idées de Napoléon sur l'autorité royale. — Sa correspondance avec le père Dupuy. — Il écrit une histoire de la Corse et l'adresse à l'abbé Raynal. — Ses études dogmatiques et philosophiques. — Napoléon fait un détachement dans plusieurs villes de la Bourgogne et de la Franche-Comté pour y rétablir l'ordre. — Il traite une question historique au concours ouvert par l'Académie de Lyon. — La Corse est déclarée française. — Ses sympathies pour la révolution. — Rappel de Paoli. — Situation de la famille Bonaparte. — Écrits de Napoléon ; ses Lettres sur la Corse ; sa Lettre à Buttafuoco.

> Ce lieutenant d'artillerie va tout à l'heure obliger le monde à le reconnaître ; ce petit-caporal mandera dans ses antichambres les plus grands souverains de l'Europe.
>
> CHATEAUBRIAND, *Mémoires d'Outre-Tombe*.

La fraternité du drapeau, puissant véhicule des gloires militaires; lien de famille politique, qui, par ses enlacements, constitue la patrie dans les camps, la patrie sous la tente, Napoléon s'y montrait docile avec le touchant respect qu'inspire un culte. Il en comprenait à merveille toute la valeur : aussi, bien qu'étranger aux dissipations ruineuses de ses camarades, ne vivait-il ni misanthrope ni constamment solitaire : il tâchait d'équilibrer le devoir avec le plaisir, et de prendre au sérieux une existence sociale qu'il voulait rendre utile et noble. Le brevet royal, signé du mois de septembre 1787, qui nommait M. de Bonaparte lieutenant en 1er dans le régiment de Grenoble, le forçait à rompre avec sa première parenté guerrière; mais il en retrouvait une autre, et l'enseignement régulier des écoles de Valence et d'Auxonne lui permettait d'y rencontrer encore Lariboisière, Sorbier, Desmazis, surtout, qu'il affectionnait sincèrement.

Petite ville monotone, triste, sans ressource, véritable retraite militaire offerte aux jeunes gens qui veulent se recueillir et travailler, Auxonne devint pour Napoléon une station d'attente, où son intelligence acquit la maturité qui pouvait lui manquer encore. L'aïeul du fidèle compagnon d'exil dont la main pieuse ferma les yeux de l'Empereur, le lieutenant général comte de Rostaing, grand-père de madame de Montholon, commandait en chef l'école d'artillerie d'Auxonne, que commandait en second M. le général Dutheil. Napoléon n'eut qu'à se louer de ses rapports avec eux. Ils lui montrèrent une bonté tout à fait paternelle, et jusqu'à la tombe l'exilé de Sainte-Hélène prouva qu'à leur égard sa mémoire n'était point ingrate.

Ce fut dans une visite de corps que Bonaparte, parlant sur l'artillerie avec une netteté, une abondance d'idées étonnante, captiva, sans la rechercher, l'estime du général Dutheil. La visite terminée, ce dernier fait venir chez lui le jeune officier, l'interroge, le trouve à la hauteur des capitaines vieillis sous les armes, et lui confie aussitôt la direction du polygone. — « J'étais assuré dès lors, dit Napoléon, d'avancer rapidement. Une fois colonel, je me serais fait attacher à l'état-major d'un maréchal de France commandant une armée; il ne m'en fallait pas davantage pour me distinguer et m'assurer la direction des opérations de la campagne[1]. » —Personne

[1] *Montholon*, t. Ier, p. 338; t. II, p. 240.

aujourd'hui ne connaîtrait le général Dutheil ; Napoléon l'a tiré de l'oubli, et, d'une plume empreinte d'immortalité, il écrivit de sa main les paroles suivantes échappées à son cœur encore plein de gratitude : « Nous léguons au fils, au petit-fils du baron Dutheil, lieutenant général d'artillerie, ancien seigneur de Saint-André, qui a commandé l'école d'Auxonne avant la Révolution, la somme de 100,000 francs, comme souvenir de reconnaissance pour les soins que ce brave général a pris de nous lorsque nous étions comme lieutenant et capitaine sous ses ordres [1]. »

Commandant du polygone, Napoléon en avait toute la responsabilité : jamais service ne s'était mieux fait. Un jour on annonce la visite prochaine du prince de Condé ; l'école entière s'éprend d'émulation et d'orgueil d'être inspectée par un capitaine aussi distingué ; Bonaparte redouble de vigilance ; cependant, la veille du grand jour, tous les canons du polygone se trouvent encloués. Était-ce un mauvais tour joué par les jeunes officiers, ou plutôt un piége tendu par l'illustre voyageur ? On ne l'a point su. A dix heures du soir, Bonaparte, faisant sa ronde, s'aperçoit de la chose et substitue pour les manœuvres du lendemain une batterie à celle qui ne pouvait servir.

Cette visite fut le dernier salut du prince à des canons qui bientôt allaient se tourner contre lui. Une tempête menaçante retentissait dans l'air : en ouvrant aux regards de tous la profondeur d'un gouffre financier où le crédit allait s'anéantir, la première assemblée des notables n'avait servi qu'à renverser le ministère Calonne, pour élever sur ses débris le ministère Loménie de Brienne, et pour consacrer par la sanction royale, dans un lit de

[1] Expressions du quatrième codicille.

justice, certaines mesures gouvernementales. Les parlements résistaient; le peuple soutenait les parlements; l'armée vacillait incertaine entre le peuple et la cour; la France entière s'agitait; deux noms passaient de bouche en bouche avec la rapidité de l'étincelle électrique : l'un, Brienne, pour être maudit; l'autre, Necker, pour être invoqué d'enthousiasme. Le jour où Brienne descendait du pouvoir, sous le poids des malédictions générales, Necker y montait avec une idée de vengeance, voilée sous l'apparence d'un acte de justice : la consécration définitive du tiers état comme puissance prépondérante sur la noblesse et le clergé. On demandait une nouvelle assemblée d'états, Necker eut hâte de l'accorder; et le 5 mai 1789 fut le moment assigné pour leur ouverture à Versailles. « Les idées philosophiques et l'inquiétude révolutionnaire qui dominaient le continent fermentaient aussi dans nos têtes, disait plus tard Lucien Bonaparte en parlant de sa famille, et personne ne salua plus ardemment que nous l'aurore de 89 [1]. »

Choisir les représentants, formuler les vœux qu'ils seraient chargés de déposer aux pieds du trône, pourvoir à l'utilité de ce grand concours des volontés nationales, telles étaient les pensées de quiconque avait dans le cœur du patriotisme et de la philanthropie. En Corse, l'abbé Peretti représenta le clergé; le comte de Buttafuoco, maréchal de camp, la noblesse; Salicetti, avocat au conseil supérieur de l'île, et le comte Colonna Cesari de Rocca, capitaine au régiment provincial de la même île, furent les mandataires du tiers état : c'étaient tous des hommes d'origine patricienne, généralement connus. Joseph Bonaparte exerça beaucoup d'influence sur le choix que l'on fit de Colonna Cesari et de

[1] *Mémoires de Lucien Bonaparte*, t. 1er, p. 11.

Salicetti, qui ne l'oublia point, et dont la gratitude, comme on le verra plus tard, ne fut pas toujours personnelle à Joseph.

Un nom déjà grand, mais devenu beaucoup plus célèbre depuis, le nom de Beauharnais, sortait alors deux fois de l'urne électorale : le marquis François de Beauharnais fut élu par la noblesse parisienne député suppléant aux états généraux, et son frère, le major vicomte Alexandre, député de la noblesse du bailliage de Blois à la même assemblée, où tous deux devaient jouer un rôle diamétralement opposé !...

Mais, allons retrouver Bonaparte, qui, dans sa garnison d'Auxonne, se préoccupe des causes de la révolution française, des fautes de la monarchie, des motifs d'insurrection du peuple, de l'indiscipline de l'armée, sans perdre de vue ni la Corse, ni sa défense pour l'éventualité d'une guerre maritime, ni son histoire; ne négligeant pas davantage les problèmes de mathématique appliquée, les améliorations dont son arme pouvait être susceptible, et l'éducation de son frère Louis, qu'il dirigeait avec une sollicitude vraiment paternelle. « Ce fut par ses exhortations et ses soins que je fis ma première communion, dit le comte de Saint-Leu. C'est lui qui me fit donner l'instruction nécessaire par un digne ecclésiastique, le frère de madame Pillon, vieille dame très-considérée, où toute la société d'Auxonne se réunissait le soir. Je me souviens très-bien que j'allais à la messe les dimanches et jours de fête avec tout le régiment réuni en corps [1]. »

Dans le but d'aider aux études sérieuses de Napoléon et de lui permettre d'exercer sur Louis une surveillance directe, le général Dutheil l'autorisait à vivre sépa-

[1] *Réponse à sir Walter Scott*, p. 36-37.

ment des autres officiers. Il occupait, rue de Vauban, où sa fenêtre prenait jour, au premier étage d'une vaste maison, certaine chambre assez étroite, mais longue, qu'il piétinait nuit et jour, au grand déplaisir des voisins. Cette chambre, curieux sanctuaire qu'on devrait bien rendre à son état primitif, quand Napoléon l'habitait avec Louis, fut témoin des veilles les plus assidues de Bonaparte. Pour résoudre un problème dans la solution duquel tous les autres officiers avaient échoué, on l'y a vu, prisonnier volontaire, passer trois jours et trois nuits, presque sans manger, et ne quitter les chiffres qu'après s'être assuré de son triomphe[1]. Un *Mémoire sur la manière de disposer les pièces de canon pour le jet des bombes*, des *Recherches sur la cycloïde*, une *Dissertation sur l'autorité royale*, datée du 23 octobre 1788, sont des fruits nés en serre chaude, dans la chambre de la rue de Vauban. Napoléon traite le souverain pouvoir d'une façon très-sévère : après l'exposé de son origine, de son accroissement, il établit que l'organisation militaire le favorise et lui convient; que c'est par le sabre qu'on a vu les douze royautés européennes établir la puissance dont elles jouissent; puis il conclut qu'à tout prendre *il n'y a que fort peu de rois qui n'eussent mérité d'être détrônés*[2]. Les déductions napoléoniennes sont d'autant plus graves qu'elles sont logiques, qu'elles découlent rigoureusement des faits : on dirait l'éclaireur d'une société naissante, lancé par elle pour crier gare à l'ancienne société qui s'écroule; éclaireur audacieux, se frayant un chemin dans l'espace où tout à l'heure s'avancera l'Assemblée nationale; estimant, respectant Louis XVI, mais prévoyant une transformation

[1] *Réponse à sir Walter Scott*, p. 132-133.
[2] *Cahiers napoléoniens*, manuscrit autographe de Napoléon.

imminente, que des mains aussi faibles ne pourront point maîtriser.

L'imagination toujours tendue vers la Corse, Napoléon composa sur cette île un *Mémoire* à la fois historique, politique et stratégique, dans lequel figure un vieillard, objet d'une longue prosopopée touchant les infortunes de la Corse. L'auteur voulait en faire hommage au ministre Necker; mais, avant de lui envoyer son œuvre, il crut devoir consulter le père Dupuy, religieux minime, ancien sous-principal du collége de Brienne, retiré à Laon, et qui avait toujours eu beaucoup d'estime pour le jeune écrivain. Ce respectable prêtre le témoignait par des observations pleines de franchise, par une patience abnégative vraiment touchante, que Napoléon savait bien apprécier, tout en se roidissant contre la critique impitoyable du révérend père. On ne lira pas sans intérêt un fragment de cette correspondance :

« Laon, le 15 de juillet 1789.

» Mon cher ami,

» J'ai reçu, le 10 de ce mois, le paquet que vous m'avez adressé. J'ai lu et relu avec attention l'écrit qu'il contenait : j'en ai trouvé le fond excellent; mais il y a plusieurs mots impropres, mal assortis, répétés près l'un de l'autre, ou dissonants, des réflexions qui me paraissent inutiles, ou trop hardies, ou capables d'arrêter la narration et de la faire languir; des retranchements, des additions et quelques changements à faire dans certains endroits. Vous en aurez aisément des exemples dans les observations suivantes. »

Viennent cinq pages d'examen critique que Napoléon accueillit assez mal; car, dans une lettre écrite *ab irato*, il fut sec, emporté; il défendit sa pensée pour le fond autant que pour la forme; il reprocha au père minime d'ôter *tout le métaphysique* du mémoire, et d'adoucir les choses au point de ne plus rendre, dans son affreuse nudité, l'image vraie des malheurs de la Corse; puis, l'élève indiscipliné, se radoucissant, comme d'habitude, quand l'ébullition de la vanité cessait, réclamait de nouveaux conseils, et le révérend père Dupuy s'y prêtait aussitôt avec une complaisance vraiment touchante, car le 1er août il écrivait :

« Pour me rendre à votre désir, je vais, mon cher ami, vous communiquer quelques observations sur votre dernière lettre... :

» Je vous ai conseillé de supprimer *les rois régnèrent.... fiers tyrans de la terre*[1].... Vous voulez que je le laisse; vous ajoutez qu'*il y a dans votre ouvrage des choses plus fortes encore*. Ne trouvez pas mauvais, mon cher ami, que je vous dise que je ne puis transcrire ces endroits : un tel langage est trop hardi dans une monarchie. Je le condamnerais chez un Français séculier; à plus forte raison un Français religieux et prêtre doit-il l'éviter, et ne pas y contribuer? Votre vieillard d'ailleurs ne pourrait, par ces réflexions, qu'irriter le roi et la noblesse de France : ce ne serait pas assurément le moyen d'obtenir ce qu'il souhaite. Vous dites que *ces discours sont aujourd'hui communs, même aux femmes*. Je vous assure que je ne les approuverai jamais. Je vous

---

[1] Voici la phrase textuelle : « Fiers tyrans de la terre, prenez-y garde! Que le sentiment de l'oppression ne pénètre jamais dans le cœur de vos sujets : préjugés, habitudes, religion, faibles barrières! Le prestige est détruit; votre trône s'écroule si vos peuples se disent jamais : « Et nous aussi nous sommes des hommes! » Napoléon tenait si bien à cette phrase, qu'il l'a reproduite dans ses *Lettres sur la Corse*.

dirai encore que le vent emporte les paroles, qu'il n'en reste aucune trace, mais qu'un ouvrage imprimé demeure, se répand partout, et peut nuire à l'auteur convaincu par son écrit, s'il n'a pas eu soin de tenir son nom bien secret. Vous répliquez de nouveau : *La vérité! la vérité!* Je sais qu'il y a des vérités que l'on peut et même que l'on doit dire; mais il en est aussi qu'il faut taire, ou tout au moins beaucoup adoucir. Dans ce dernier cas, je ne cesserai de vous crier : *De la discrétion! de la discrétion!* Ne vous offensez pas, mon cher ami, de ma délicatesse : je la crois nécessaire. Soyez persuadé que mes observations n'ont pas pour principe l'envie de critiquer, mais qu'elles partent de mon zèle et de mon amitié. Je les continuerai, si vous l'avez agréable, dans l'autre partie de votre ouvrage, lorsque vous me l'aurez envoyée. »

Napoléon sentait trop bien le prix des conseils du père Dupuy pour ne pas les accepter : il lui confia son dernier cahier, reçut de nouveaux avis, qu'il discuta comme auparavant, tout en reconnaissant leur justesse; puis il laissa l'œuvre dormir, car elle devenait presque sans objet : la Révolution marchait à pas de géant; les réformes se succédaient avec une rapidité phénoménale; chaque jour tombaient quelques murailles du vieil édifice monarchique. Necker, républicain honnête, mais esprit plus spéculatif que gouvernemental, dont Napoléon respectait le caractère, et qu'il espérait intéresser aux destinées de la Corse en lui faisant hommage du *Mémoire* corrigé par le père Dupuy, Necker n'avait plus ni l'oreille de la cour ni l'oreille de l'Assemblée nationale. Divers ordres d'idées se creusaient d'ailleurs divers lits, et Bonaparte, sans cesser d'estimer Necker, penchait alors pour Mirabeau, pour Raynal, surtout, qui l'encouragea, comme le témoigne notre jeune auteur dans l'extrait suivant :

« Vous avez senti que l'histoire de la Corse manquait à notre littérature. Votre amitié voulut me croire capable de l'écrire. J'acceptai avec empressement un travail qui flattait mon amour pour ma patrie, alors avilie, malheureuse, enchaînée. Je me réjouis d'avoir à dénoncer à l'opinion qui commençait à se former les tyrans subalternes qui la dévastaient; je n'écoutai pas le cri de mon impuissance.... Il s'agit moins ici de grands talents que d'un grand courage, me dis-je; il faut une âme qui ne soit pas ébranlée par la crainte des hommes puissants, qu'il faudra démasquer. Eh bien, ajoutai-je avec une sorte de fierté, je me sens ce courage-là.... Plein de la flatteuse idée que je pouvais être utile aux miens, je m'appliquais à recueillir les matériaux qui m'étaient indispensables; mon travail se trouvait même assez avancé, lorsque la Révolution vint rendre au peuple corse sa liberté. »

Jusques à l'âge de dix-huit ans, Napoléon, dans son avidité d'apprendre, avait porté sur quantité d'objets et d'ouvrages un esprit curieux, mêlé d'une inquiétude semblable à celle qu'éprouverait le voyageur sans expérience, égaré dans des contrées nouvelles dont il ne connaîtrait point la langue : physique, statistique, géographie, histoire naturelle, médecine, philosophie, religion, Bonaparte voulait tout savoir, tout connaître; mais depuis deux années, après d'inévitables hésitations, après des fausses routes, il s'était tracé son chemin. L'histoire ancienne et moderne, l'économie politique, occupaient presque seules ses loisirs : il relisait Hérodote, Strabon, Diodore de Sicile, Pausanias, César; il étudiait l'histoire de la Chine, celle des Indes et des

Arabes, mais principalement l'histoire d'Angleterre et celle de France. L'ordre chronologique des faits ne lui offrait qu'un intérêt fort secondaire : c'était la philosophie de l'histoire qu'il avait en vue; c'étaient les ressources, les productions, la richesse des États, qu'il examinait d'un œil attentif; c'était l'esprit des peuples qu'il comparait entre eux. La religion catholique, les libertés de l'Église gallicane, l'institution de la Sorbonne, les dissidences occasionnées par la bulle *Unigenitus*, l'occupaient également. Il rédigea trois *Cahiers* sur le culte, sur la théologie, comme si quelque inspiration venue d'en haut lui eût fait pressentir les travaux du concordat. « Je passais mes nuits à méditer, à lire l'histoire de la Sorbonne et tout ce qui a été écrit sur les querelles de l'Église gallicane et de Rome. J'aurais pu me faire recevoir docteur en théologie. Les questions religieuses ont toujours eu beaucoup d'attrait pour moi; elles sympathisent avec mon âme comme avec ma pensée [1]. »

Des idées dogmatiques, notre penseur infatigable passait sans effort à l'examen des systèmes de Filangieri, Mably, Smith et Necker, faisant partout des extraits qu'il accompagnait de réflexions critiques, ainsi qu'on le voit dans les liasses autographes déjà citées [2]. Partout se montre l'indépendance absolue d'un esprit sérieux, réfléchi, qui ne craint d'aborder aucune théorie fondamentale, et qui tranche au vif, quel que soit le nom sur lequel un théorème social vienne s'appuyer.

A l'enthousiasme qui avait marqué les premières réunions de l'Assemblée nationale succédaient la haine des partis, la triste lutte de la monarchie agonisante avec la

---

[1] Montholon, *Mémoires*, t. II, p. 174.
[2] *Cahiers napoléoniens*.

démocratie. On s'entre-déchirait; l'émeute, l'indiscipline étaient à l'ordre du jour; il suffisait du moindre bruit, du soupçon le plus vague pour produire un soulèvement. Autant le désordre financier préoccupait les esprits sérieux, autant la crainte d'une disette agitait l'imagination populaire. On vouait aux accapareurs de grains une haine aveugle. Dans la petite ville de Seurre (Bourgogne), deux négociants lyonnais, MM. Gayet et Morlay, venaient de succomber sous les coups d'une populace ameutée. Aussitôt le général commandant la place d'Auxonne ordonna qu'une compagnie de cent hommes du régiment de Grenoble (artillerie) se rendrait immédiatement à Seurre. Cette compagnie, dont M. de Manoir était capitaine, avait Napoléon pour lieutenant. L'ordre rétabli, Napoléon regagna la garnison d'Auxonne, où son jeune frère était demeuré seul, sous la surveillance d'une famille honnête, et sous la garde, pourrait-on dire, du régiment presque entier, car tout le monde s'intéressait aux deux Bonaparte.

Les détachements que Napoléon fut obligé de faire à Besançon, à Dôle, à Gray, ne l'empêchèrent pas, ses *Cahiers* le prouvent, de poursuivre les études historiques vers lesquelles l'entraînait l'ardeur de son génie. L'Académie de Lyon ayant mis au concours une question philosophique [1], comme il était alors d'usage d'en proposer, notre officier se présenta dans la lice et fut couronné. Cette victoire pacifique lui fut d'autant plus chère qu'elle le mit en relations directes avec des hommes distingués, tels que Raynal, qui habitait Lyon, et qui, parvenu au faîte de sa renommée, ne dédaigna point d'accueillir, de diriger Napoléon et de correspondre

---

[1] « Déterminer les vérités et les sentiments qu'il importe le plus d'inculquer aux hommes pour leur bonheur. »

avec lui. Nous voilà bien loin du révérend père Dupuy, si craintif à l'endroit des idées nouvelles, si prudemment conservateur. Qu'était-il devenu dans l'ouragan révolutionnaire? Émigré sans doute. Napoléon lui consacrait un tendre souvenir, mais il avait compris le besoin d'un guide plus ferme; et son tact choisissait Raynal, qui, tout à l'heure émerveillé de son disciple, le fera connaître à Mirabeau.

Pour Napoléon comme pour tous les Corses Mirabeau n'était pas seulement l'aigle de l'Assemblée nationale, ils lui vouaient un sentiment d'affection ardente, presque filiale, du jour où de la tribune il avait fait descendre sur les Corses exilés depuis la guerre de l'indépendance le décret qui les rendait à leur famille. Louis XVI hésita longtemps d'y donner sa sanction; mais, en cela comme en toute autre chose, l'Assemblée força la main au roi. Peu soucieuse des prétentions surannées de la sérénissime république génoise, revendiquant l'île de Corse, la même Assemblée décida qu'il n'y avait point lieu à délibérer sur cet objet.

L'affaire ainsi vidée, l'île retentit de bénédictions pour l'Assemblée nationale; partout éclatèrent des réjouissances, des transports d'allégresse incroyables qui se renouvelaient chaque fois qu'arrivait quelque exilé. Les adresses à Paoli lui prouvèrent combien son souvenir restait gravé dans le cœur des Corses, et l'influence qu'il exercerait encore parmi eux s'il le voulait. Napoléon lui écrivit, et le conjura de revenir, de ne pas laisser plus longtemps la patrie veuve de sa présence. La patrie, pour notre héros, la petite patrie, isolée de la grande, c'est bien la Corse : et son estime, son respect pour la France ne sauraient éteindre l'affection qu'il porte à son île natale. Nous le concevons fort bien; le montagnard aime son village, son clocher, sa cabane, autrement qu'il aime son pays, et dans ce territoire agreste il voit une patrie enclavée dans une autre patrie; là vivent deux sentiments qui ne se neutralisent point, qui jamais n'ont cessé d'exister chez l'Empereur, mais à l'un desquels il dut imposer silence dans ses quinze années de souveraineté, pour qu'il n'empiétât nullement sur la sollicitude universelle qu'exigeaient les différentes parties de son empire.

Plus la royauté descendait la pente déclive qui la conduisait vers l'abîme, plus aussi le système français se rapprochait du système libéral que Paoli, naguère, avait inauguré. Il en résultait chez les Corses un réveil de sympathies républicaines, un mouvement d'espérances qui faisait regarder comme prochaine l'organisation fédérative du royaume, où leur île prendrait place avec ses principes de nationalité. Bonaparte, nous le voyons par les cahiers écrits de sa main, croyait la chose possible et semblait s'y disposer, quand, profitant d'un congé extraordinaire qu'on donnait aux officiers désignés pour faire campagne, il revenait dans sa famille d'Ajaccio. Louis, dont l'instruction religieuse était terminée, accompagnait Napoléon; Lucien, âgé de quinze ans, humaniste distingué, quittait le séminaire d'Aix, qu'on allait incessamment fermer comme toutes les autres institutions cléricales, et rentrait sous le toit maternel avec l'abbé Fesch, qui devait lui faire achever ses études, en même temps qu'il donnerait à Jérôme des notions de langue latine. « Quoique tenant dans l'île un des premiers rangs, sous tous les rapports, notre fortune, dit le prince de Canino, n'était pas très-brillante. L'archidiacre Lucien, devenu le chef de la famille, veillait à nos intérêts, bien qu'il fût goutteux et alité. Si la Providence nous avait frappés du coup le plus rude en nous privant sitôt de notre père, elle compensa cette perte, autant qu'il est possible, en nous laissant encore quelque temps cet excellent oncle, et en douant la meilleure des mères de cet esprit de constance et de cette force d'âme dont l'avenir qui s'ouvrait devant nous lui fournit l'occasion de donner tant de preuves... Un frère digne de notre mère, l'abbé Fesch, complétait notre famille [1]. »

Ainsi, grâce à l'esprit de madame Letizia, au zèle désintéressé de la vieille Mammucia Caterina, et de tous les serviteurs du logis; grâce aux habitudes discrètes des enfants, à des sacrifices opportuns, la maison Bonaparte se soutenait honorablement, malgré les charges qui pesaient sur elle. Peu d'années se passaient, néanmoins, sans qu'on aliénât quelque chose! Pour payer la petite pension mensuelle du lieutenant Bonaparte il avait fallu vendre une vigne, la grande vigne au figuier. Cela valait mieux que d'emprunter, mais Napoléon voyait avec regret éparpillées, en des mains étrangères, les portions du domaine auxquelles se rattachaient ses souvenirs; et, dût son amour-propre souffrir les plus fortes atteintes, jamais il n'eût accepté le moindre supplément de solde, s'il n'était entré dans les convenances de famille qu'il prît avec lui son frère Louis.

Dans l'existence littéraire de Napoléon, cette année 1790, ce second séjour en Corse, cette phase d'une vie sérieuse au milieu de l'agitation publique; ce parti pris de briguer une palme d'académie pour résoudre une question morale, et d'écrire l'histoire autrement qu'on ne le faisait alors, nous semblent très-remarquables. Napoléon ne veut pas improviser un livre, il ne veut pas non plus créer une œuvre sèche d'érudition qui n'irait

[1] *Mémoires*, t. Ier, p. 11.

à personne; mais, au lieu d'adopter des croyances vulgaires, d'incertaines traditions, il remonte jusqu'aux sources, et compose laborieusement, sur des pièces inédites ou peu connues, une *Histoire de Corse*. Puis la Révolution marchant, la Révolution donnant droit aux plaintes, aux susceptibilités légitimes des insulaires, Napoléon s'arrête tout à coup. « Pourquoi, dit-il, ferais-je un livre? Quel en deviendrait le but et la portée? » Une vaine parade d'érudition n'est point son fait. Il a des vues plus larges, plus hautes, plus généreuses et plus fières. « Lorsqu'il y avait du danger, il ne fallait que du courage, écrivait-il à Raynal; quand mon ouvrage pouvait avoir un objet immédiat d'utilité, je crus mes forces suffisantes; aujourd'hui je laisse le soin d'écrire notre histoire à quelqu'un qui n'aurait pas eu mon dévouement, mais qui aura peut-être plus de talents. Cependant, pour ne pas perdre tout le fruit de quelques recherches, et pour remplir en quelque sorte la promesse que je vous avais faite, convaincu d'ailleurs que je ne puis rien vous offrir qui soit plus conforme à vos principes que les annales d'un peuple comme le mien, je vais vous les faire passer rapidement sous les yeux. Entrant dans la belle saison, abrité par l'arbre de la paix et par l'oranger, chaque regard me retrace la beauté de ce climat, que la nature a orné de tous ses dons, mais que des ennemis implacables ont dévasté et dépouillé. »

Ainsi, voilà Napoléon, sous l'ombrage patrimonial, maudissant le passé, bénissant l'avenir, modifiant son plan, réduisant son œuvre d'après les circonstances, et d'un livre de longue haleine tirant quelques *Lettres* dédiées au célèbre Guillaume-Thomas Raynal. « J'en écrivis deux copies, dont je regrette bien la perte, dit le prince de Canino; un des manuscrits fut adressé à l'abbé

Raynal, qui le trouva tellement remarquable, qu'il voulut le communiquer à Mirabeau. Celui-ci, renvoyant le manuscrit, déclara que cette petite histoire lui semblait annoncer un génie du premier ordre..... » Une des copies du prince de Canino, annotée, corrigée par Napoléon, avec indication des sources en marge, existe à Londres. Elle comprend trois *Lettres*, formant trois cahiers séparés, et renferme toutes les périodes écoulées depuis les âges primitifs jusqu'au pacte de Corte, conclu entre les Génois et les Corses. Malgré la rapidité de sa marche et les réflexions philosophiques qu'il y sème, telle est la concision du narrateur et le reflet de ses images, qu'un siècle semble à l'aise quoique resserré dans quelques lignes, et qu'une période historique, pour ressortir, n'a besoin que d'une seule phrase, quelquefois d'un seul mot. Voici, par exemple, qui est digne de Tacite : « Les triumvirs offraient au monde le hideux spectacle du crime heureux. » Voici qui semble émané du cerveau de Pascal : « La mort n'est qu'un des états de l'âme, mais l'esclavage en est l'avilissement. » Quand Napoléon dit : « Le peuple corse sacrifia son caractère de propriétaire à celui d'homme : il erra pour vivre libre, » Napoléon pouvait-il, en moins de mots, mieux peindre la condition insulaire sous le gouvernement romain ? Quinze siècles plus tard, la hideuse dégradation de l'esclavage et de la misère lui dicte cette peinture : « La Corse sentait la peste lui dévorer les chairs, la faim lui ronger les entrailles, et l'esclavage navrait son cœur, effrayait son imagination et anéantissait les ressorts de son âme. » L'œuvre entière respire le patriotisme le plus chaud et l'indignation la plus honnête. D'un bout à l'autre il y règne du mouvement, du grandiose, des couleurs vraies, vives, heurtées, de l'intérêt dramatique, ainsi qu'on peut le voir dans l'épisode de Veronica, traité avec un sentiment fort délicat; dans l'article des Giovanelli, empreint d'une verve d'indignation des plus chaleureuses; dans l'entrevue si dramatique de Fieschi et de Rinuccio, et dans la mort tragique de Vannina, dont nous avons reproduit la scène page 65 de notre *Introduction*. Les défauts propres au style napoléonien se retrouvent ici, défauts qui ressortent de ses qualités mêmes: phrases saccadées, pensées nues, sécheresse par excès de concision, énergie ressortant de l'incorrection grammaticale. Au point de vue littéraire, c'est déjà le Napoléon d'Austerlitz et de Wagram; c'est l'homme du siècle se posant dans l'histoire écrite, en attendant l'heure toute prochaine de se produire d'office dans l'histoire qu'érigeront les baïonnettes triomphantes.

Une longue *Lettre*, datée des Melelli, le 23 janvier an II (1790), adressée par Napoléon *à M. Matteo Buttafuoco, député de la Corse à l'Assemblée nationale*, présente véritablement le programme des impressions d'enfance, des sentiments politiques, des sympathies et des antipathies du futur empereur. On y trouve mille choses inattendues: conseils aux nobles, aux paysans, aux bourgeois; appréciation critique du gouvernement de Paoli; tableau des malheurs de la Corse; justice rendue à la personne de Louis XVI, « roi qui ne désira jamais que le bonheur de ses compatriotes; » flétrissures jetées à pleines mains sur Buttafuoco, Choiseul, Narbonne; éloge de la Fayette, de Clemente Paoli, d'Arena, d'Achille Meurati, le conquérant de Caprara, qu'il compare à Turenne, etc. L'indignation d'un noble cœur, le patriotisme le plus chaud éclatent dans chaque alinéa. On y rencontre de l'enflure, mais une raison profonde; quelques mots étranges, inusités, mais une vérité sans fard,

CHAPITRE IX.

Le passage suivant prouve, tout incorrect qu'il est, qu'une corde bien sentimentale vibrait parfois dans le cœur de Napoléon :

« Et vous (madame Buttafuoco), de qui l'on prostitua la jeunesse, les grâces et l'innocence, votre cœur pur et chaste palpite donc sous une main criminelle? Femme respectable et infortunée! Dans ces moments que la nature commande à l'amour, lorsque, arrachés aux chimères de la vie, des plaisirs sans mélange se succèdent rapidement; lorsque l'âme, agrandie par le feu du sentiment, ne jouit que de faire jouir, ne sent que de faire sentir; vous pressez contre votre cœur, vous vous identifiez à l'homme froid, à l'égoïste qui ne se démentit jamais, et qui, dans le cours de soixante ans, ne connut que les calculs de son intérêt, l'instinct de la destruction, l'avidité la plus infâme, les plaisirs, les vils plaisirs des sens! Bientôt la cohue des honneurs, les lambris de l'opulence vont disparaître; le mépris des hommes vous accablera. Chercherez-vous dans le sein de celui qui en est l'auteur une consolation indispensable à votre âme douce et aimante? Chercherez-vous sur ses yeux des larmes pour mélanger aux vôtres? Votre main défaillante, placée sur son sein, cherchera-t-elle à se retracer l'agitation du vôtre? Hélas! si vous lui surprenez des larmes, ce seront celles du remords; si son sein s'agite, ce sera des convulsions du méchant qui meurt en abhorrant la nature, lui et la main qui le guide. »

Cette lettre, qui produisit dans l'île un grand effet, souleva contre Napoléon des inimitiés puissantes; mais il était assuré du sentiment de la multitude, qui voyait en Buttafuoco l'une des causes de ses malheurs, et qui s'indignait de ce qu'il avait demandé qu'on n'appliquât point à la Corse la constitution votée par l'Assemblée.

Bonaparte déposa son œuvre manuscrite sur le bureau du club Patriotique d'Ajaccio. Le président, M. Masseria, donna lecture de plusieurs passages qui produisirent dans l'assemblée des transports presque frénétiques. « Pourrez-vous, disait en terminant le jeune officier, souffrir un traître? celui qui, sous l'extérieur froid d'un homme sensé, renferme, cache une avidité de valet? Je ne saurais l'imaginer. Vous serez les premiers à le chasser ignominieusement, dès que l'on vous aura instruits du tissu d'horreurs dont il a été l'artisan. » — Oui, oui, bravo! à bas le traître! cria l'assistance. Et la prise en considération fut acclamée d'une seule voix, et le bureau rédigea, sur l'heure, la déclaration suivante, qu'accueillirent des applaudissements unanimes : « Le club Patriotique, profondément indigné de la conduite criminelle et scandaleuse, de l'impudence sans exemple, de la calomnie la plus atroce, que ce député de la défunte noblesse a osé afficher, même dans la tribune de l'Assemblée nationale; considérant que journellement, dans des brochures, il ne cesse de déchirer son pays et tout ce qu'il a de plus précieux, a arrêté que désormais il ne serait plus appelé que l'*infâme Buttafuoco*. » Copie du procès-verbal fut adressée au lieutenant Bonaparte, avec une lettre dont voici la traduction :

« Monsieur, le club Patriotique ayant pris connaissance de l'écrit où vous dévoilez, avec autant de finesse que de force et de vérité, les menées obscures de l'infâme Buttafuoco, en a voté l'impression. Il m'a chargé, par une délibération dont je vous envoie copie, de vous prier d'y donner votre assentiment : il juge l'impression de cet écrit utile au bien public. C'est une raison qui ne vous permet point d'excuse.

» Je suis, etc.   » MASSERIA. »

Pour publier cette œuvre, Napoléon attendit la fin de son congé [1]. Le choix qu'il fit des presses de Dôle n'indique pas néanmoins que sa compagnie s'y trouvât momentanément détachée; car il venait souvent dans cette ville chez le P. Charles, aumônier qui avait dirigé son instruction religieuse, et chez M. Joly, typographe honorable qu'il affectionnait beaucoup. Le nombre des exemplaires de la lettre au comte de Buttafuoco fut considérable; les républicains en inondèrent la Corse. Je ne sache pas qu'on l'ait traduite dans l'idiome national, mais c'est probable; car elle allait au cœur de presque tous les insulaires, et commença la popularité du lieutenant Bonaparte. Paoli, qui ne se disculpait pas plus qu'il ne chargeait les autres de le faire, eût mieux aimé que Napoléon gardât le silence. A ce sujet, il lui écrivit une lettre pleine de modération, de sagesse et de patriotisme; il lui conseilla de mépriser les calomnies de Buttafuoco, de n'écrire l'histoire que dans un âge mûr, après de fortes études, et d'en référer aux bons avis de l'abbé Raynal. « Que n'ai-je été moins connu aux autres et plus connu à moi-même! ajoute le héros législateur. *Probè diù viximus!* »

---

[1] In-8º de deux feuilles. Cet opuscule révolutionnaire a été réimprimé par M. A. Pujol, en tête des *OEuvres choisies de Napoléon*, Paris, Belin-Leprieur, 1843, in-12.

CHAPITRE DIXIÈME.

PAOLI ET LA CORSE. — SECOND SÉJOUR DE NAPOLÉON A VALENCE.

Paoli ; sa physionomie, son caractère ; amour que lui portent les Corses. — Il traverse la Manche, est reçu par Louis XVI, par l'Assemblée nationale, et débarque au cap Corse. — On le nomme président du conseil départemental ; on lui vote une statue et 50,000 francs de traitement annuel ; il refuse tout. — Organisation du directoire et des autorités constitutionnelles de la Corse. — Rôle joué par Joseph Bonaparte. — Attitude de Napoléon dans le monde et dans son régiment. — Il vient reprendre garnison à Valence. — Son frère Louis l'y accompagne. — Le futur roi raconte son rêve au futur empereur. — Madame du Colombier et sa fille. — Inclination sage de Napoléon. — Il fait une dissertation sur l'amour. — Ses rapports avec l'abbé de Saint-Rufe, avec MM. de Laurencin et de Saint-Germain. — Rivalité d'inclination entre Napoléon et le colonel Montchenu. — Bachasson de Montalivet préféré par mademoiselle de Saint-Germain. — Études philosophiques de Napoléon ; il réfute J.-J. Rousseau. — Il lit Buffon et Bernardin de Saint-Pierre. — Influence qu'exercent ces deux grands écrivains sur son style. — La correspondance de famille le retient quelque temps encore dans l'*italianisme* du langage. — Détresse et patriotisme des Bonaparte. — Manière dont ils apprécient la révolution française. — Idées particulières à Napoléon. — Que faisaient alors Joseph et Lucien ?

> Napoléon se préparait, par des études sérieuses, à marcher, à pas de géant, dans sa carrière de prodiges.
> *Mémoires de Lucien Bonaparte*, t. 1er, p. 11.

Pendant vingt années d'exil, on avait vu, sur les rives de la Tamise, un homme de haute taille, au teint chaud, quoique pâle ; au front calme, mais soucieux ; à l'œil perçant, mais triste ; cachant sous l'habit bourgeois la roide attitude du soldat ; mêlant, par intervalles, le ton brusque du commandement à la bienveillance expansive des gestes, à la gracieuseté traditionnelle des manières. Lorsque de sa large main il rejetait de côté l'ondoyante chevelure qui lui couvrait les tempes, et qu'élevant la tête sa pensée semblait bondir dans son regard, personne au monde n'eût osé l'aborder ni le distraire ; chacun l'observait silencieux, jusqu'à ce qu'une larme vînt humecter ses joues et le rendre à lui-même. Alors il détournait la vue des côtes de France, toujours là superbement dressées pour lui cacher le sol natal ; il prenait une autre direction d'idées ; il suivait la plage, et l'on eût dit que le soulèvement tumultueux des ondes l'arrachait aux soulèvements pénibles de son cœur. Cet homme, qui avait discipliné la barbarie ; qui s'était fait obéir en se faisant admirer ; qui, sans ressources, sans appui, sans conseil, avait trouvé moyen d'organiser une armée et de lancer une flotte sur les mers ; qui avait su démontrer à des conquérants sauvages toute la valeur d'une liberté sans licence ; qui avait triomphé de la guerre civile, de la guerre étrangère, des Génois et des pirates, rendu la Corse indépendante, et soutenu vaillamment, avec une poignée d'insulaires audacieux, une longue lutte contre deux armées françaises ; cet homme que le grand Frédéric regardait comme le premier capitaine de l'Europe ; qui fut à la fois général, législateur, roi par le vœu des peuples et par la force du glaive, s'appelait Pascal Paoli !

A son début, conforme aux principes d'indépendance généreuse que professait l'illustre exilé, la Révolution française réclamait son concours ; et la Corse, saluant l'ère nouvelle avec des pensées d'espérance, invoquait Paoli, dont l'image vénérée existait appendue dans toutes les chaumières. — Paoli, disait le vieillard à son fils, c'est le fléau des tyrans, l'esprit de liberté envoyé du ciel, le dieu tutélaire des Corses. — Paoli, répondait le fils à son père, sera notre seul chef, notre seul guide — Vive Paoli ! vive l'indépendance ! mort aux tyrans ! s'écriait la famille. — Et mille fois en un jour, du cap

Giraglia aux bouches de Bonifacio, se reproduisaient les mêmes scènes; mille fois s'exhalaient des cœurs les mêmes formules d'enthousiasme et d'amour. Les insulaires les plus dévoués aux Français, conséquemment hostiles à Paoli, n'en devenaient qu'admirateurs plus profonds de celui qui naguère avait doté la Corse du régime libéral dont l'Assemblée législative voulait doter le monde; les Bonaparte, les Ceccaldi, les Gentili, les Giubega, les Salicetti, les Paravicini, souches patriciennes devenues françaises, sans cesser, pour cela, d'aimer la Corse comme nation distincte, désiraient le retour de Paoli. Chaque courrier lui apportait quelque nouveau message; chaque jour des lettres pressantes le sollicitaient à ne pas laisser la terre natale plus longtemps veuve de sa présence. Et néanmoins il hésitait encore : non qu'il ne fût pénétré des témoignages d'estime que lui prodiguaient toutes les classes de citoyens; non qu'il n'eût la conviction des services qu'il pourrait leur rendre, et qu'un désir immodéré de revoir la Corse ne le pressât de franchir le détroit; mais il redoutait les écarts d'une révolution qui commençait par l'émeute, qui tendait à rendre l'anarchie légale, et qui semblait n'asseoir l'avenir que sur les ruines du passé. Enfin d'illustres amis lui firent un reproche d'hésiter; il quitta l'Angleterre, et la nouvelle de sa prochaine arrivée produisit en Corse des transports d'allégresse. Plusieurs comités s'instituèrent pour présider à sa réception; tous les Bonaparte voulurent y figurer. Mais Napoléon, dont le congé devait bientôt finir, ne put que lui adresser l'expression de ses vœux.

Paoli traversa la Manche vers la fin du mois de mars 1790, fut présenté par la Fayette à Louis XVI le 8 avril, prononça, quelques jours après, un discours devant la barre de l'Assemblée nationale, reçut, le 17 juin, une ovation enthousiaste du peuple réuni dans les abords du Palais-Royal, et n'abandonna Paris qu'après y avoir demeuré trois mois, emportant du roi Louis XVI une respectueuse estime, et du parti révolutionnaire certaines appréhensions que l'avenir justifia.

Instruite de son arrivée toute prochaine, la Corse émotionnée s'agite; une population nombreuse court l'attendre sur le rivage, hélant tous les navires, saluant, interrogeant tous les débarqués qui peuvent avoir avec le grand chef quelque rapport d'âge ou de condition. Enfin, le 17 juillet, après deux jours d'attente dans les eaux du cap Corse, Paoli débarque, et fait le jour même son entrée solennelle à Bastia. Une garde d'honneur, où figurait Joseph Bonaparte, lui servit d'escorte, tandis qu'une innombrable foule se pressait sur son passage, avide de le voir, de le toucher et de l'écouter. Jamais triomphateur n'excita plus d'enthousiasme; jamais spontanéité si grande n'amena peut-être en Corse semblable concours. On eût dit que l'île reconquérait sa nationalité perdue. Cependant tout le monde n'admirait point le héros populaire; quelques nobles rétrogrades, blessés dans leurs préjugés de caste, le confondaient dans leur haine contre la Révolution française, et du haut de la tribune de l'Assemblée nationale le comte de Buttafuoco disait : « Il n'est ni aristocrate, ni démocrate, ni royaliste; il est lui, et la patrie, la constitution sont dans sa personne. » Le même Buttafuoco lui reprocha des actes arbitraires, des manœuvres électorales, une alliance secrète avec l'Angleterre; accusations purement gratuites, que rien alors ne pouvait justifier, et qui grandirent encore Paoli dans l'estime publique. L'assemblée électorale d'Orezza, dont Joseph Bonaparte faisait partie, ayant ouvert ses séances le 15 septembre, pour organiser l'administration, régler les impôts, élut Paoli président du conseil général du département, c'est-à-dire préfet, quoiqu'il fût commandant de la garde nationale ; mais il n'accepta point. A plus forte raison refusa-t-il le don de 50,000 livres et la statue qu'un vote unanime lui conféra. « Ce n'est pas par orgueil, répondit Paoli, que je refuse l'offre généreuse que vous me faites ; l'état de vos finances ne vous permet point de m'assigner de traitement. J'ai quelques épargnes, un peu de bien, et j'en aurai toujours assez pour vivre en simple citoyen, pour vous consacrer mes services, entretenir l'ordre et maintenir la constitution. Je refuse la statue que vous proposez de m'ériger, parce que le monument le plus flatteur pour moi est l'attachement que vous daignez me manifester : croyez-le, messieurs, ne prodiguez ni les éloges ni les statues à aucun citoyen, tant que sa carrière ne sera pas terminée [1]..... »

Ce sont Pozzo di Borgo et Gentili, membres du directoire [2], députés extraordinaires du département de Corse à l'Assemblée nationale, qui rendent compte des faits précités ; ce sont les mêmes hommes qui viennent lui porter plainte contre deux de ses membres, Buttafuoco et l'abbé Peretti, et qui, soutenus par Mirabeau, Lameth, et par leur compatriote Salicetti, reçoivent les honneurs de la séance malgré l'opposition vive de l'abbé Maury, de Lachaise et de Rewbel. Napoléon, dans sa fameuse *Lettre à Buttafuoco*, dont nous avons parlé précédemment, formait l'avant-garde des accusateurs.

Ce jeune homme, dont la physionomie calme prenait

---

[1] Lettre autographe en date du 15 octobre.
[2] Les membres du directoire étaient MM. Mattei, Gentili, Arena, Pompei, Tadei, Pietri, Mattedo, Borgo.

quelquefois une expression si terrible, avait alors un regard séducteur, un sourire infiniment gracieux, des traits pleins de noblesse, dessinés avec régularité sur la charpente osseuse qu'offrait sa figure amaigrie. Chaque jour il acquérait plus d'aisance dans les manières, plus de volubilité dans le langage : chez lui, l'accent italien disparaissait ; il n'en restait que certaines réminiscences qui ne nuisaient point à l'agencement pittoresque du discours. Une pensée prompte, une parole énergique, une phrase claire, rapide, formulée en peu de mots, un enchaînement logique d'idées et de déductions soudaines, inattendues, caractérisaient sa conversation. Sachant écouter et réfléchir, d'un trait il résumait ou réfutait. Les hommes l'admiraient sans lui porter envie ; les femmes prenaient plaisir à l'entendre, même quand il parlait sur des sujets qui leur étaient étrangers.

Les spécialités du service, les théories sociales plus vivantes dans le passé que dans le présent, ne pouvaient absorber Napoléon au point de détourner ses regards des ruines qui s'accumulaient devant lui. Mais, à travers ces ruines, il distinguait l'avenir ; il sentait l'état fébrile de l'humanité marcher vers une crise imminente, et voyait avec peine le vaisseau de la France naviguer sans boussole sur une mer sans rivages.

Vingt et une années d'âge, six années de service comme officier, et douze années d'études sérieuses depuis son entrée à l'école de Brienne, avaient fait de Napoléon un penseur émérite, un savant, un militaire accompli. L'art de commander, il l'exerçait déjà par le triple ascendant de l'esprit, de l'exemple et d'une juste sévérité. Personne au régiment ne conservait sur le soldat une influence plus notable ; aussi, dans le mouvement de désorganisation qui travaillait l'armée, sa compagnie demeurait-elle inébranlable. Jamais le moindre murmure n'accueillit les ordres de celui qu'on appelait le petit Corse, et bien souvent, pour maintenir la discipline, les officiers supérieurs réclamèrent son concours. Cette attitude de Bonaparte se dessina principalement à Valence, où le régiment de Grenoble (artillerie) tenait garnison, lorsque, dans les premiers mois de l'année 1791, notre officier, accompagné de son frère le jeune Louis, arriva d'Ajaccio.

Fidèle aux habitudes une fois prises, Napoléon était allé, Grand'Rue, n° 4, retrouver mademoiselle Bou, qui lui avait loué, comme précédemment, au second étage, une assez jolie chambre donnant sur la voie publique, et de plus, au-dessus de cette chambre, une mansarde pour Louis Bonaparte. En vingt-quatre heures, le petit ménage fut organisé et le programme du travail arrêté, de manière à concilier les exigences d'un service régulier et l'espèce de patronage intellectuel que Napoléon voulait exercer sur son frère. Chaque matin, il l'éveillait en frappant au plafond, et lui donnait une leçon de mathématiques. Certain jour, Louis, qui ne manquait ni de zèle ni de docilité, descendit avec plus de regret et de lenteur que d'ordinaire; Napoléon allait frapper une seconde fois, lorsque enfin l'écolier tardif arriva. « Eh bien! qu'y a-t-il donc ce matin? il me semble que nous sommes singulièrement paresseux? dit Napoléon. — Oh! frère, répliqua l'enfant, je faisais un si beau rêve! — Et que rêviez-vous? — Je rêvais que j'étais roi. — Et moi, qu'étais-je donc alors?... empereur? » Puis, haussant les épaules, Napoléon ajouta : « Voyons, à la besogne. » Et, comme de coutume, la leçon journalière fut prise par le roi futur et donnée par le futur empereur. Peut-être ne se sont-ils jamais rap-

CHAPITRE X.

pelé leur songe, tandis que M. Parmentier, chirurgien-major du régiment, que le hasard avait conduit ce matin même chez Napoléon, nota le fait comme un des singuliers rapports de l'existence idéale et de l'existence réelle qui nous emportent vers l'inconnu.

Le second séjour de Bonaparte à Valence n'eut aucun des caractères du premier. Précédemment, ses études et ses goûts le tenaient éloigné du monde; mais, ayant acquis de l'expérience, de la maturité, du savoir, il éprouvait le besoin de produire ses idées, de connaître celles des autres, et de se faire à la vie sociale ainsi qu'il s'était fait à la vie militaire.

Une femme d'environ quarante ans, qu'il avait autrefois connue, femme du plus rare mérite, qui gouvernait la ville, qui donnait de fort jolies fêtes auxquelles affluait toute l'aristocratie de la province, madame du Colombier fut pour Napoléon la voie transitoire placée entre le régime militaire et le régime d'apparat auquel l'appelait sa destinée. Dans cette maison modèle, Bonaparte devina tous les secrets du savoir-vivre; il se dépouilla des façons anguleuses que donne la théorie du soldat; il devint convenable, même gracieux, et joua bientôt le rôle d'un jeune homme qu'on a quelque intention de s'attacher par des liens plus intimes. Madame du Colombier avait une fille dont l'éducation, plus sérieuse et plus forte que ne l'est généralement l'éducation des demoiselles, cadrait à merveille avec le caractère posé de notre jeune officier. Madame du Colombier plaisait beaucoup à Napoléon; sa fille lui plut davantage encore; il eut le bonheur d'être aimé. De part et d'autre, c'était une première inclination; elle fut ardente, mais pure; les amants s'écrivirent. Quand madame du Colombier eut deviné cette passion, elle n'y mit point obstacle; elle prit à part Napoléon, lui tint le langage d'une mère tendre, d'une femme pénétrée de confiance en sa loyauté; elle ne lui dissimula point les défauts de sa fille, le tort que, dans ses prévisions, un mariage prématuré pourrait faire à son avancement, et la crainte où elle était qu'une promesse imprudente liât deux jeunes cœurs qui s'estiment trop pour se tromper, et qui ne se connaissent pas encore assez pour s'engager d'une manière indéfinie. Napoléon, pénétré de la justesse, de la franchise des réflexions de madame du Colombier, l'affectionna davantage, et mit dans ses rapports avec la famille d'autant plus de réserve qu'on lui témoignait plus de confiance. « Il est faux, dit Las Cases, que la mère eût voulu ce mariage, et que le père s'y soit opposé, alléguant qu'ils se nuiraient l'un à l'autre en s'unissant, tandis qu'ils étaient faits pour faire fortune chacun de leur côté. L'anecdote qu'on raconte au sujet d'un pareil mariage avec mademoiselle *Clary*, depuis madame Bernadotte, reine de Suède, n'est pas plus exacte. »

A l'époque de son inclination pour mademoiselle du Colombier se rapporte un écrit très-curieux de Bonaparte *sur l'amour*. Il ne veut s'y montrer ni sentimental ni métaphysicien; il discute comme discuterait un sage revenu depuis longtemps des erreurs de la jeunesse :

« Je ne vous demande pas, dit-il, la définition de l'amour; je fus jadis amoureux, et il m'en est resté assez de souvenir pour que je n'aie pas besoin de ces définitions métaphysiques qui ne font jamais qu'embrouiller les choses. Je fais plus que de nier son existence, je le crois nuisible à la société, au bonheur individuel des hommes; enfin, je crois que l'amour fait plus de mal que de bien, et que ce serait un bienfait d'une divinité protectrice que de nous en défaire et d'en délivrer l'humanité [1]. »

Bonaparte condamne l'amour efféminé, l'amour-plaisir, parce qu'il énerve le physique et rend incapable des grandes choses ; mais il admet comme utile, comme nécessaire cet autre amour qui exalte, qui agrandit, qui élève la pensée. Dans le brouillon d'une *lettre* de sept pages, sans adresse, mais qu'on a lieu de supposer faite pour mademoiselle du Colombier, notre écrivain moraliste disserte sur l'amour de la gloire, sur l'amour de la patrie. Il veut prouver que l'amour de la gloire ne saurait seul enfanter des prodiges ; qu'il faut y joindre l'amour de la patrie, et qu'à l'aide de cette passion, la plus sublime des vertus, on exécute des choses véritablement belles. Napoléon parle de Léonidas, de Brutus, de Charlemagne, de la grandeur des anciens, de l'affaiblissement de l'héroïsme chez les modernes ; il cite avec complaisance quelques traits d'histoire empruntés à la Corse ; il ouvre son cœur sans réserve ; il laisse son âme couler avec l'encre sur le papier ; c'est un mélange de force et d'exaltation ; un feu dans la pensée plus encore que dans le style ; c'est une passion profonde, mais honnête, qui se soulève, qui bondit de ses entrailles comme bondirait du cratère la lave qu'il tient renfermée. Pour s'exprimer de la sorte, il fallait que l'écrivain eût la confiance la plus absolue en celle qui recevait ses confidences. Elle ne devait point se méprendre sur leur objet, quoique la déclaration d'amour de Napoléon n'y fût qu'implicitement formulée. Les fadeurs, les tendresses n'allaient point à sa nature.

Madame du Colombier, devenue l'aimable guide de Napoléon, l'introduisit dans l'intimité d'un abbé de

[1] *Cahiers napoléoniens.*

Saint-Rufe, riche et d'âge déjà mûr, qui réunissait chez lui les gens les plus distingués. Ce fut aussi par elle qu'il connut M. de Laurencin et M. de Saint-Germain, dont les filles, charmantes d'éducation, d'esprit et de grâces, se disputaient, avec mademoiselle du Colombier, la primauté du bon ton et de l'élégance. Mademoiselle de Saint-Germain brillait surtout par le nombre de ses adorateurs, qu'elle savait tenir à distance et conserver esclaves sans demeurer elle-même enchaînée. Un instant Napoléon séduit l'avait aimée et se croyait payé de retour; il en était de même du marquis de Montchenu, colonel en second d'un régiment de cavalerie, et qui, lors du décès de l'Empereur, remplissait à Sainte-Hélène les fonctions de délégué du gouvernement français. M. Bachasson de Montalivet, naguère conseiller au parlement, fut le rival préféré, mais il n'épousa que longtemps après mademoiselle de Saint-Germain.

Même sur le trône, Napoléon conserva des Valençaises, au milieu desquelles il avait vécu, un souvenir chaud d'affectueuse gratitude. Madame du Colombier ne cessa de lui apparaître comme une de ces bonnes fées des légendes orientales qui vous conduisent par la main à travers les obstacles de la vie; mademoiselle du Colombier occupa dans quelque repli caché de son cœur cette place d'une amitié sympathique, qui, loin de faiblir, semble au contraire s'aviver avec l'âge. En créant ministre M. de Montalivet, Napoléon appela mademoiselle de Saint-Germain à faire l'ornement de sa cour, ainsi qu'elle avait fait celui des cercles de Valence, et, du sombre rocher de Sainte-Hélène, sa pensée mémorative plana bien souvent sur une ville à laquelle ne se rattachaient pour lui que des impressions douces et tendres.

Les rapports de Napoléon avec le grand monde, sa

correspondance avec l'abbé Raynal, qui l'encourageait dans ses études d'histoire, élargissaient le cercle de ses méditations et devaient en modifier l'esprit. Il aimait de savoir ce que pensaient les autres; mais il voulait penser par lui-même. Les plus grands noms, les autorités les plus imposantes ne l'entraînaient qu'autant qu'une idée lui semblait d'accord avec la raison; et Rousseau, l'irrésistible Rousseau, Rousseau qu'il admirait comme écrivain, qu'il respectait comme âme honnête, n'eut pas la puissance de le captiver. Dans un *Extrait du discours sur l'origine et les fondements de l'inégalité parmi les hommes*, daté de Valence (mois d'août 1791), on voit écrit de la main de Napoléon, à la fin de chaque paragraphe : « *Je ne crois pas cela!... Je ne crois rien de tout cela.* »

La nature, grande école, livre perpétuellement ouvert, que la Divinité présente aux observations des hommes, occupait alors sérieusement Bonaparte. Il lisait Buffon et Bernardin de Saint-Pierre; il admirait l'éloquence, la force d'induction du naturaliste de Montbar; ses hardiesses ingénieuses le charmaient; l'explication des lois divines répandues à travers les mondes, telles que Buffon les conçoit, lui semblait une merveille ajoutée aux merveilles de la création; et tout en estimant beaucoup la finesse d'aperçus de Bernardin de Saint-Pierre, tout en appréciant son style pittoresque, il le plaçait, comme penseur, comme écrivain, au-dessous de son illustre devancier.

Pour quiconque étudie la marche progressive du style de Bonaparte, une modification notable s'y manifeste entre les années 1787-1791, époque où Bernardin de Saint-Pierre, Buffon, Rousseau sont venus mêler aux formes brusques, vives et hachées de son discours, leurs formes pompeusement élégantes. Jamais, cependant, il n'eut l'intention de les imiter; sa phrase bondissante et fougueuse ne pouvait s'accommoder de la lenteur des périodes qu'exige le genre descriptif; mais, sans le savoir, il y puisait certaines allures françaises, certains canevas réguliers, où plus tard viendront s'enchâsser, comme des perles, les admirables pensées écloses au foyer de son génie.

La correspondance familière qu'entretenait Napoléon avec sa mère, avec son oncle l'archidiacre et quelques personnes, le retenait encore dans l'*italianisme* du langage. Fort souvent les idées lui venaient sous l'enveloppe grammaticale de l'idiome corse, plus ferme et moins gracieux que le toscan ordinaire; mais de jour en jour il se francisait davantage. Ce fut même un bonheur pour lui d'avoir quitté jeune la ville d'Ajaccio; car jamais il ne se serait affranchi d'une manière complète de l'accent ni des traditions littéraires du berceau. Joseph, élevé en Toscane, Fesch en Provence, conservèrent beaucoup plus longtemps que Napoléon cette teinte méridionale si difficile à perdre, et de laquelle Fesch ne s'est pas complétement dépouillé. Française par le cœur, madame Letizia demeura Corse ou plutôt Italienne dans toute son attitude. Sur ses lèvres et sous sa plume, notre langue avait le caractère d'une langue acquise. Napoléon en éprouva même quelque déplaisir; il eût voulu que rien d'étranger n'altérât l'empreinte française de sa maison.

Napoléon vivait avec une stricte économie : on ne payait pas exactement les troupes; et la famille Bonaparte, privée d'une partie des revenus de l'oncle l'archidiacre, depuis que les biens de mainmorte se trouvaient sous le séquestre, était hors d'état de subvenir aux besoins des deux frères. Cette détresse, néanmoins, n'altérait en rien le patriotisme des Bonaparte; mais ils voyaient avec une peine infinie tomber le prestige du pouvoir, et tous avaient battu des mains quand Raynal, courageux vieillard, était venu à la barre de la Convention nationale demander qu'un régime constitutionnel régulier remplaçât le régime de terreur, de sang et de ruines vers lequel on marchait. Ils regrettaient Mirabeau : Napoléon particulièrement déplorait sa perte, parce qu'en la personne du tribun se résumaient des principes de stabilité morale; parce qu'après lui nul ne semblait capable d'arrêter, ni même de contenir le flot populaire. Chez les Girondins, si l'énergie d'action s'était jointe au talent d'éloquence, qu'ils possédaient sans rivalité possible, les Bonaparte eussent été Girondins; mais ils sentaient l'incapacité de la parole quand elle marche isolée, et bientôt on allait les voir, dans une sphère d'agitation tumultueuse, appuyer vaillamment, les armes à la main, soit au sein des clubs, soit sur la place publique, soit au milieu des campagnes, le prosélytisme d'indépendance et d'émancipation morale qui les dirigeait.

Depuis sa *Lettre* au comte de Buttafuoco, Napoléon, dans l'esprit des Corses, s'était élevé des conditions ordinaires d'un homme d'épée à celles d'un homme politique. Sa réserve silencieuse, sa gravité, l'indéfinissable profondeur de son regard, ses habitudes de méditation sur les hauteurs des Melelli, commençaient déjà le prestige qu'on verra grandir autour de sa personne. Un instinct révélateur lui suggérait l'idée qu'il jouerait quelque rôle important; mais ses prévisions ne dépassaient point alors les limites maritimes de la Corse. Il voyait cette île définitivement arrachée au joug des Génois, aux convoitises de l'Angleterre; rendue libre sous le protectorat français, ayant ses lois, ses finances, ses magistrats, son armée, et constituant une sorte de vigie gardienne de la Méditerranée.

Ce fut dans cet esprit qu'étudiant l'administration de Paoli pour la rendre plus applicable aux mœurs des insulaires, et surtout moins démocratique, Napoléon, sans le savoir, essaya cette faculté gouvernementale qui forme un des attributs distinctifs de son génie. Dans le même esprit, il rédigea divers *Projets*, fort développés, *pour la défense militaire du golfe d'Ajaccio; pour la défense de Mortella, de Saint-Florent;* un *Rapport sur la nécessité de s'emparer des îles de la Madeleine;* un *Plan pour l'organisation des milices corses*, et quantité d'autres écrits du même genre. Ses *Cahiers* sont remplis d'une foule de notes où l'on voit poindre, presque à chaque page, l'esprit éminemment pratique de cet homme extraordinaire. Vainement, sous le millésime 1791-1792, chercheriez-vous des rêves d'adolescence : chaque fait semble posé pour amener la solution d'un problème dont Napoléon n'a point écrit la formule, mais qui, dans sa tête, devait exister de la manière suivante : — La Corse étant donnée, quels seraient les moyens de la rendre heureuse, riche et puissante; de la soustraire aux déchirements intérieurs, aux chaînes de l'étranger, et de la rallier au système de la République, sans lui rien laisser perdre de sa nationalité? —

Joseph Bonaparte, âgé de vingt-deux ans, venait d'être élu député du district d'Ajaccio à l'assemblée corse d'Orezza. Recevant déjà l'irrésistible empreinte des idées de Napoléon, il n'y fut pas moins remarqué par son dévouement pour la France, pour la cause de la Révolution, que pour son île natale. « Quant à moi, dit Lucien, je courus me jeter dans les sociétés populaires avec le naïf enthousiasme d'une tête ardente, encore toute pleine des souvenirs de collége et des grands noms de Rome et de la Grèce [1]. » Comme le temps fait les hommes ! Que restait-il alors du timide séminariste auquel l'abbé Bonaparte, chanoine du chapitre noble de Saint-Étienne de Florence, voulait résigner son canonicat? Lucien opérait un complet divorce avec des vues réalisables dans tout autre temps, mais qui devenaient hors de saison.

[1] *Mémoires*, p. 12.

CHAPITRE ONZIÈME.

JOSÉPHINE A LA MARTINIQUE. — LES BEAUHARNAIS A L'ASSEMBLÉE NATIONALE.

Situation morale des Antilles. — Joséphine quitte la France. — La comtesse Fanny de Beauharnais. — Le marquis François de Beauharnais et le vicomte Alexandre; manière dont ils se dessinent à l'Assemblée nationale. — Traversée de Joséphine sur la mer des Antilles. — Son arrivée aux Trois-Ilets. — Séjour qu'elle fait aux Antilles. — Sa fuite pour revenir en France. — Révolution dans les colonies. — Opinions politiques du comte et du vicomte de Beauharnais. — Retour de Joséphine à Paris. — Son entrevue avec la reine Marie-Antoinette. — Salons de la comtesse Fanny de Beauharnais. — Réconciliation de Joséphine avec son mari. — Appréhensions de Joséphine touchant la révolution française et le sort de sa famille à la Martinique.

> Chéri d'une femme charmante, j'aurais pu voir s'écouler sans le plus léger nuage les années que j'ai passées avec elle, si des torts que j'ai reconnus trop tard n'eussent troublé notre union....
>
> *Lettre d'Alexandre de Beauharnais à Joséphine.*

Témoignage d'espérances irréfléchies, de rigueurs imprudentes et d'obstacles systématiquement soulevés, une profonde fermentation morale agitait nos colonies, comme elle agitait la métropole, quand s'ouvrirent les états généraux. Leurs séances orageuses ont retenti jusqu'aux Antilles : une voix inconnue, sorte de voix intérieure qui gronde dans les entrailles maladives des empires, aussi bien que dans les entrailles humaines, la voix de la conscience publique, d'étouffée qu'elle était, devint spontanément sonore : elle terrifia le maître; elle encouragea l'esclave; on raisonna l'obéissance; on prévit la chute prochaine du pouvoir omnipotent des colons, et le terme du régime insulaire parut approcher.

Cette situation grave préoccupait les esprits forts, épouvantait les esprits faibles; et madame Tascher de la Pagerie, vieille, souffrante, isolée, sans autre appui que la respectueuse gratitude qu'elle savait inspirer, réclamait sa fille avec une instance qui ne permettait à cette dernière ni refus ni retard.

Dans toute autre position, madame de Beauharnais eût hésité d'entreprendre un si long voyage : car, pour épouser ces nouveaux intérêts, il fallait rompre avec des intérêts non moins chers; il fallait s'éloigner d'un mari qu'on aimait malgré ses torts, et, par une absence prolongée, s'ôter peut-être tout moyen de réconciliation. Mais une rupture définitive avait eu lieu entre les deux époux, des essais nouveaux de rapprochement pouvaient devenir infructueux; il ne restait donc pour Joséphine qu'un parti sage, celui de regagner la Martinique.

On décida qu'Eugène serait mis dans un pensionnat tenu par M. Verdière, rue de Seine, et qu'Hortense accompagnerait madame de Beauharnais au delà des mers. Pour conserver les tendres caresses de sa fille bien-aimée, Alexandre Beauharnais eût volontiers demandé merci; et Joséphine n'osait creuser l'abîme d'une séparation indéterminée qui l'éloignait d'Eugène.

Ces deux enfants, si chers l'un à l'autre, si bien unis, semblaient, dans les douloureuses étreintes de leur résignation, comprendre qu'une longue carrière d'abnégation personnelle allait s'ouvrir pour eux. Du moment qu'il avait été question du trousseau d'Eugène, Hortense s'était mise à pleurer. — Quoi donc vous chagrine ainsi? lui dit un jour madame de Beauharnais. Venez m'embrasser et consolez-vous. — Maman, s'écrie Hortense, ne punissez pas Eugène, je vous en prie; il ne le fera plus. — Mais, ma bonne petite, je ne suis pas mécontente d'Eugène, au contraire. — Oh! tant mieux! tant mieux! On ne le chassera donc pas, il va demeurer avec nous! — Demeurer, non, la chose n'est plus possible. Bientôt votre frère sera un homme; il faut qu'il étudie, qu'il travaille, qu'il vive avec d'autres jeunes gens. C'est pour son bien que nous le mettons en pension. — Il va partir? — Oui, ma fille, bientôt. — Alors je ne serai plus heureuse. — Vous irez le voir avec nous. — Ah! ce n'est plus la même chose, ici je le voyais tous les jours; et Hortense de s'en aller au jardin pour y pleurer sans témoins. — Nous donnons ces détails futiles parce qu'ils peignent les impressions enfantines, l'attachement réciproque et l'excellence du naturel de deux êtres qui plus tard ont trouvé dans l'amitié fraternelle un refuge à leurs peines.

Quand commença l'année 1789, cette année si grosse d'avenir, la comtesse Fanny de Beauharnais, revenue d'Italie après un voyage de plusieurs mois, rouvrit ses salons aux encyclopédistes, aux esprits avancés, et suivit avec le plus vif intérêt le mouvement d'ascension de la révolution française; tandis que le marquis François de Beauharnais rassemblait chez lui tous les hommes décidés à défendre les priviléges. Alexandre, qui tenait aussi maison, se rapprochait de la comtesse Fanny, autant par ses convictions que par ses sympathies et ses habitudes; mais en lui l'homme brillant et superficiel disparaissait chaque jour davantage sous le manteau du législateur philosophe, chaque jour il devenait grave à proportion de la gravité de son mandat.

Dès l'ouverture de l'Assemblée nationale, Alexandre, avec une force de conviction solennelle, se prononça contre les nombreux abus qu'il eût été si facile d'anéantir, même en consolidant les institutions monarchiques;

et lorsque François repoussait la vérification légale des pouvoirs, Alexandre l'invoquait comme un droit. Entraîné par la fièvre d'innovation des esprits, il votait, dans cette nuit mémorable du 4 août, la suppression de tout privilége, l'égalité des châtiments entre les citoyens, et leur éligibilité aux fonctions publiques. Posé sous l'auréole politique des révolutionnaires modérés, il devenait secrétaire de l'Assemblée; il continuait d'obtenir toutes les sympathies que fait naître un noble caractère, et poussait aux innovations honnêtes avec l'ardeur généreuse dont l'humeur inquiète du comte de Beauharnais formait le contre-poids. Les 12 et 15 septembre, ce dernier protesta contre les actes d'une assemblée qu'il voyait entraînée sur la pente fatale de la démagogie; il voulut lui démontrer l'exagération de ses principes; mais le temps avait marché vite; et les liens qui retenaient au trône le char révolutionnaire une fois rompus, nulle puissance humaine ne pouvait diriger ni maîtriser sa course.

Pendant la phase émouvante d'intérêts politiques qui signala les premières convocations des états généraux, Joséphine quittait la France : à mesure qu'elle approchait des Antilles, on eût dit que, laissant tomber sur la route mille peines qui remplissaient son cœur, elle y sentait renaître les douces émotions inspirées par le ciel natal; souvenances du berceau, fraîches et limpides images qu'au matin de la vie Dieu colore d'une lumière si pure. Bien avant d'arriver, il lui semblait reconnaître la fraîcheur parfumée des brises maritimes, les nuances de l'air, le sourire de bonheur que laisse deviner l'horizon; mais quand elle eut doublé la pointe de la Dominique et celle du Prêcheur, donjons rocheux qui protégent l'entrée vraiment triomphale de la baie de Saint-Pierre;

quand elle aperçut cette ville adossée contre deux mornes, couchée comme une odalisque nonchalante parmi les roses, sur le sable diamanté du rivage; quand de toutes les maisons appendues aux mornes, elle vit sortir des mains amies empressées à l'accueillir, et qu'elle eut pressenti l'approche de sa bonne mère, toutes ses facultés aimantes jaillirent spontanément du fond de son âme, et l'intervalle qu'offraient dix années d'absence fut aussitôt comblé : madame de Beauharnais redevint Joséphine, Joséphine redevint la créole enfant.

Nous ne pouvons pénétrer les mystères intimes, les mutuelles confidences qu'amena ce rapprochement de deux femmes si bien faites pour se comprendre. De quel droit, d'ailleurs, franchirions-nous le seuil de leurs secrets? A l'histoire il suffit d'en laisser pressentir la nature : ce fut un mélange de plaintes dont l'indulgence tempérait l'amertume, de terreurs justifiées par l'aveugle audace de la négraille, d'espérances vaines qui reposaient sur le sentiment de la justice et du droit. L'actualité, l'irrésistible empire d'appréhensions croissantes mitigeaient l'amertume des souvenirs d'autrefois, et l'obligation de s'attacher au présent pour le défendre rendait les familles plus compactes, mieux unies, les amitiés plus intimes. Dans ces dispositions d'esprit Joséphine habita la Martinique l'espace d'environ trois années. Madame Renauldin, madame Fanny de Beauharnais, mesdames de Montesson, de Montmorin, de Hostein, entretenaient avec elle une correspondance suivie, dont malheureusement il ne reste plus la moindre trace. L'âme tendre, l'excellence du cœur de Joséphine et l'ingénuité capricieuse de son humeur s'y peignaient, dit-on, à chaque page : c'était toujours la fille soumise, l'épouse résignée, la femme aimante et bonne ; mais c'était aussi la femme froissée, ne pouvant sans profonde amertume comparer les témoignages d'affection qu'elle recevait aux soupçons illégitimes qui tant de fois avaient tourmenté sa vie. « Je sentis renaître en moi une nouvelle existence, écrivait-elle, une fermeté de caractère, un sentiment de dédain pour toute espèce de contrainte; je ne fus plus qu'une femme bien décidée à maintenir cette dignité personnelle que je tenais de la nature. »

Heureuse aux Trois-Ilets, où madame de la Pagerie cherchait à expier ce qu'elle voulait bien appeler *ses torts maternels;* heureuse d'exister entourée de serviteurs fidèles et d'amies d'enfance, comme Lucette, sa sœur de lait, Joséphine ne l'était pas moins par ses relations de famille ou par ses rapports d'amitié avec plusieurs maisons créoles d'une distinction notable. Aussi, devenue reine, elle n'oublia personne, ni Lucette, ni la mulâtresse Euphémie, qui lui confirma son étonnante prédiction, ni aucun de ceux dont elle avait reçu quelque service ou quelque marque d'attachement. Alors commençait dans son cœur, en attendant que l'avenir lui permît de la réaliser, l'ère des faveurs impériales, qui fit de mademoiselle de Tascher, sa nièce, une duchesse d'Aremberg, de mademoiselle de Dillon la comtesse Bertrand, etc.

Aux Antilles, chaque mouvement de la métropole produisait un mouvement, une secousse identique. « Je n'ai conservé de cette colonie que des souvenirs confus, disait plus tard la reine Hortense. Je me rappelle seulement que les mots *assemblée des notables*, *états généraux* frappaient fréquemment mes oreilles, et que ma grand'mère envoyait chaque jour à Saint-Pierre pour tâcher de se procurer des nouvelles de France. Mais ces nouvelles, quand on en recevait, loin de rassurer les colons, augmentaient leurs craintes. Les hommes de couleur, enhardis par les progrès que faisait en France la démocratie, étaient devenus remuants et audacieux; les blancs, de leur côté, annonçaient hautement la résolution de soutenir ce qu'ils appelaient *leurs droits;* une crise terrible semblait aussi prochaine qu'inévitable; nous étions sur un volcan. Un soir, qu'après avoir longuement lu et commenté les derniers papiers venus de France, chacun s'était retiré chez soi, les cris *Aux armes!... au feu!...,* vinrent jeter l'épouvante dans notre habitation. Ma bonne mère, effrayée, m'enlève précipitamment du berceau où je dormais, m'enveloppe à la hâte dans les rideaux de coton qui m'entouraient, et s'élance hors de la maison : elle court presque nue jusque sur le port, et là un capitaine français, touché de compassion, consent à nous recevoir à son bord... Il me semble voir encore ces longues et rougeâtres gerbes de feu qui dévoraient les habitations de la côte, entendre les détonations d'armes à feu et les cris des combattants,... Ce spectacle sera présent éternellement à ma mémoire. »

La destruction d'une partie des propriétés coloniales, le danger qu'eussent désormais couru des femmes isolées au milieu de plantations immenses que surveillaient un petit nombre de serviteurs demeurés fidèles, déterminèrent madame Tascher de la Pagerie à venir dans la ville de Saint-Pierre se mettre sous la protection des canons français. Elle y séjourna quelque temps; mais bientôt Joséphine dut la quitter pour regagner la France.

Alexandre et François de Beauharnais continuaient de suivre la ligne politique adoptée par eux dès les premières séances de l'Assemblée nationale. Nommé mem-

CHAPITRE XI.

bre du comité militaire, Alexandre fit un grand nombre de rapports judicieux pour maintenir la discipline et pour mettre la position des troupes sous les armes en harmonie avec l'esprit législatif d'un peuple libre.

Le jour où jaillit du cerveau d'Alexandre la pensée de retirer au monarque le droit de faire la paix et de déclarer la guerre, son frère François s'y opposa, car c'était livrer aux assemblées législatives la plus belle prérogative de la couronne. Il ne combattit pas avec moins d'insistance tous les amendements proposés pour adoucir cette motion révolutionnaire, et du même jour on le surnomma *Beauharnais sans amendement*.

La sincérité d'enthousiasme, la candeur politique du vicomte excusent le radicalisme de ses principes. Il suivait sans arrière-pensée, dans le domaine des idées nouvelles, le hardi sillon creusé par Mirabeau. Il s'y rencontrait avec ses compagnons d'armes d'Amérique, la Fayette, les frères Lameth; avec ses connaissances intimes, Boissy d'Anglas, Condorcet, Chauvelin; avec l'abbé Sieyès, aux côtés duquel on l'a vu surveiller, diriger, une pioche en mains, les travaux du Champ-de-Mars pour la fête de la première fédération. Nul ne se montrait plus dévoué au parti populaire, nul ne le flattait moins. M. de Beauharnais n'avait jamais été le courtisan des rois; mais il aurait cru manquer à sa conscience en pactisant avec l'insurrection, en aidant aux mouvements désordonnés des masses. Les moyens proposés par lui contre l'usurpation militaire, l'idée de combiner l'organisation de l'armée active avec celle de la garde nationale prouvent la droiture de ses vues. Lorsqu'au mois de septembre 1790 l'affaire de Nancy souleva des passions si diverses, des animosités si vives dans le sein de l'Assemblée nationale et dans toutes les communes de France, Alexandre Beauharnais, chargé du rapport, examinant la question au point de vue militaire, demanda que la conduite de Bouillé fût approuvée. C'était parler en faveur de l'ordre et de la discipline. La démagogie étonnée poussa des cris de rage, vomit des imprécations furieuses qui retentirent au sein de tous les clubs anarchistes. Ces imprécations redoublèrent lorsqu'à propos de l'insurrection de l'escadre de Brest, il demanda le renvoi des ministres. On ne douta plus que M. de Beauharnais ne se retournât vers la cour, et d'infâmes libelles souillèrent la conduite si pure, si désintéressée du représentant. Cette écume ne monta point jusqu'à lui : quand, quelque temps après, guidé par les exigences impérieuses de l'opinion, Alexandre fut d'avis de dissoudre la garde du roi, de lui retirer le commandement suprême des troupes, et d'autoriser, hors le temps de leur service, la présence du soldat dans les sociétés populaires, il ressaisit l'estime des démagogues ; triste succès qu'il ne recherchait point, et dont les plus sages prévoyaient le danger.

Pendant qu'Alexandre Beauharnais s'étudiait ainsi à diriger, entre deux écueils, les coursiers fougueux du régime républicain, sa femme et sa fille, après avoir traversé l'Océan, descendaient rue du Sépulcre, à l'hôtel des Asturies, maison des bains, où se réunissait une société fort bien choisie. En arrivant dans la capitale, où, depuis deux années, tant de changements s'étaient effectués parmi les hommes, Joséphine fut heureuse de retrouver, au point de vue de l'affection, ses parents, ses amis tels à peu près qu'elle les avait laissés. Mais les tribulations de la cour, les angoisses de la monarchie l'affligeaient. Miraculeusement échappée aux convulsions de la Martinique, elle voyait avec beaucoup d'inquiétude progresser la démocratie ; elle n'attendait rien de bon du peuple déchaîné ; l'ancien état de choses dont elle avait joui sans efforts, avec toutes les délices qui résultent d'une vanité satisfaite, lui semblait encore la meilleure des conditions ; elle appréciait mal des souffrances sociales qu'elle ne voyait pas ; et le bonheur parfait ne pouvant être le partage des humains, elle se disait qu'en cherchant à combler certains abîmes de misère on creuserait à côté d'eux d'autres abîmes.

Alexandre de Beauharnais s'était éloigné de la cour, tandis que son père, son frère et les autres membres de sa famille continuaient à la fréquenter. Joséphine désirait y reparaître : il lui semblait convenable d'aller offrir à Marie-Antoinette, qui l'accueillait autrefois si bien, des marques de déférence et de sympathie. Madame la comtesse de Montmorin, femme du gouverneur de Fontainebleau, la prit sous ses auspices, et notre malheureuse reine lui sut infiniment gré de sa démarche. Elle ne lui parla pas du vicomte ; elle ne l'entretint que du passé, des troubles de la Martinique, des dangers courus par madame Tascher de la Pagerie, et du bonheur qu'elle ressentait de la savoir hors d'atteinte des forcenés de la colonie. Aux détails connus de Joséphine, elle en ajouta d'autres qu'elle tenait du ministère de la marine, et qui lui prouvaient un intérêt particulier dans l'immense conflit d'intérêts généraux où le trône vacillait ébranlé. Marie-Antoinette fit mieux encore, elle toucha profondément le cœur de la mère aimante par la promesse qu'elle lui donna d'un brevet de sous-lieutenant pour son fils Eugène, et captiva toutes ses sympathies d'amour-propre en détachant l'ornement de camées antiques qu'elle portait à son cou, pour le passer à celui de madame de Beauharnais. Le portrait de Sa

Majesté décorait le revers du médaillon principal. De cette entrevue Joséphine a conservé le plus profond souvenir. Reine, elle y revenait souvent pour apprendre l'art de captiver les cœurs sans aventurer sa dignité.

Comme femme aimable et jolie, Joséphine était très-recherchée, même dans les cercles politiques, qu'elle évitait soigneusement de fréquenter. Le salon du député marquis de Beauharnais, surnommé *le Féal,* parce qu'il signait toutes les protestations rédigées contre une majorité factieuse, lui restait ouvert ; mais elle n'y paraissait qu'autant qu'il le fallait pour les bienséances de famille ; et cessa de s'y montrer quand elle apprit la part de rédaction qu'il avait eue dans le projet d'évasion du monarque : le marquis, d'ailleurs, émigra peu après. Joséphine voyait beaucoup plus intimement son cousin germain, le comte Claude de Beauharnais, ex-capitaine au régiment des gardes françaises, fils de la comtesse Fanny, dont nous allons parler, et qui avait épousé une femme charmante, mademoiselle Claude-Françoise-Gabrielle-Adrienne-Élisa Marnésia, fille du député aux états généraux. Il venait d'en avoir une fille, mademoiselle Stéphanie-Louise-Adrienne, née le 28 août 1789.

Habitante de Saint-Germain, madame Fanny de Beauharnais, aux premiers froids d'automne, fuyait la campagne et rentrait dans Paris. Elle y retrouvait sa société, composée de femmes aimables, d'hommes spirituels : Boufflers, Parny, Dorat-Cubières, Rétif de la Bretonne ; d'esprits avancés et turbulents, Mercier, Rouget de l'Isle ; d'encyclopédistes rêveurs, Condorcet, Laharpe, Mably ; de législateurs aventureux ou radicaux, Thurot, Péthion, les Robespierre, etc. Alexandre Beauharnais, que ses habitudes dissipées et mondaines avaient autre-

CHAPITRE XI.

fois rapproché de sa tante, qui leur trouvait mille excuses, s'était rapproché d'elle peut-être plus intimement encore, par une sorte de communauté réciproque de principes et de position. Madame Fanny Beauharnais, qu'une existence indépendante de son mari avait fait longuement souffrir, prêchait la concorde entre sa nièce et son neveu; mais elle le faisait sans insistance, sans efforts de convictions, sans lutte aucune, de manière à rester neutre, amie de Joséphine, amie d'Alexandre. Après d'inutiles tentatives de réconciliation, beaucoup d'intimes des deux familles y avaient renoncé. Le vicomte restait inflexible; et quoique la vicomtesse apportât de son côté le plus possible d'abnégation d'amour-propre, il existait une limite qu'elle ne devait point franchir, un thème de reproches offensants qu'elle ne devait point subir sans déchoir, même aux yeux du vicomte, de sa dignité de femme et de mère.

Le marquis de Beauharnais, qui affectionnait sincèrement sa bru, et madame de Montmorin, véritable génie de conciliation, gardaient seuls au fond du cœur un espoir qu'attisait l'extrême vivacité de leurs désirs. Décidés l'un et l'autre à frapper fort, à trancher dans le vif, à provoquer une explication solennelle, ils décident qu'un jour le vicomte et son fils Eugène seront invités à dîner chez M. de Montmorin, en même temps que madame de Beauharnais et sa fille Hortense. Arrivée la première, Joséphine se trouvait au salon lorsqu'on annonça le vicomte. A cette vue, les traits d'Alexandre se contractent, son front se plisse, son œil prend une expression sévère, et sans plus attendre, reprochant à madame de Montmorin l'espèce de guet-apens qui lui est tendu, à Joséphine une persistance qu'elle devrait croire inutile, il expose tous ses griefs; et termine en disant : « Madame, vous l'avez voulue cette scène que j'espérais éviter; vous l'avez voulue devant des étrangers : je vous en prie, pour vous-même plutôt que pour moi, qu'elle soit la dernière ! Vivons séparés, et n'aggravons point par de nouveaux scandales tout ce qu'une semblable position a de pénible. » — Les pleurs de Joséphine devenaient sa seule réponse. Eugène, vivement ému, couvrait de baisers les mains de sa mère. — Alexandre, à moitié désarmé depuis qu'il avait cédé aux brusques émotions de l'emportement, se repentait presque déjà de ne point s'être tu, lorsqu'une porte s'ouvrit. Hortense, en costume américain, les cheveux tressés et bouclés à la neige, éclatante de fraîcheur et d'expression naïve, courut se précipiter dans les bras du vicomte, qui, tout ému, la serra tendrement contre son cœur. — « Monsieur le vicomte, s'écria madame de Montmorin, au dire du baron Van Schulten, il est impossible que, dans l'esprit d'un homme tel que vous, les préventions l'emportent sur la raison et les convenances. » — « Mon fils, dit à son tour le marquis, s'il faut, pour vous ramener à des sentiments plus généreux, que ma voix se joigne à celle de vos amis, je n'hésite pas davantage; Joséphine est aussi ma fille, et c'est parce qu'elle n'a pas cessé d'être digne de ce titre que je le lui conserve. » — Dès lors une explication vive, courte, précise, aigre d'abord, calme ensuite, puis expansive et tendre, eut lieu entre Alexandre et Joséphine, à l'abri du regard observateur des deux enfants, qu'on avait momentanément congédiés. Ils furent rappelés pour sceller une réconciliation qui fut franche, loyale, pleine de grandeur du côté d'Alexandre, pleine de sensibilité généreuse du côté de Joséphine, et de convenance exquise de la part des spectateurs. Ce fut pour nos jeunes époux l'aurore d'une ère nouvelle, ère de bonheur qu'ils n'avaient ressentie que passagèrement après leur union. A la même date commença pour Eugène et pour Hortense la véritable vie de famille. Eugène ayant fait dans l'institution Verdière des progrès remarquables, y continua ses études; mais fréquemment Alexandre et Joséphine l'appelaient sous le toit domestique. Plus heureuse qu'Eugène sous ce dernier rapport, Hortense demeura près de sa mère, qu'elle n'avait jamais quittée depuis le sevrage de Chelles.

« La douce concorde venait enfin de me réunir à M. de Beauharnais, écrivait Joséphine. La paix, cette fille du ciel, venait de signer le traité dont mon fils Eugène et ma fille Hortense demeuraient les garants. Je commençais à couler des jours fortunés ; la tendresse de mes enfants embellissait leur cours. Plusieurs mois se passèrent au sein d'une félicité si pure; je paraissais peu dans le grand monde, et je fuyais ces sociétés où l'esprit ne se laisse apercevoir qu'en s'armant des traits de la satire ; j'exilais de mon salon ces désœuvrés, ces femmes coquettes, dont la conduite légère présente souvent de fâcheuses conséquences. J'étais admise dans l'intimité de madame la comtesse de Montesson, femme aimable et spirituelle, qui m'enchantait non-seulement par ses qualités rares, mais encore par sa manière de raconter. Elle réunissait autour d'elle la société la plus brillante, et comptait au nombre de ses admirateurs des hommes du premier mérite et les savants les plus distingués ; elle daignait m'honorer d'une bienveillance particulière ; et quand elle éprouvait quelques peines, c'était dans mon âme qu'elle s'empressait de les épancher. »

Madame de Montesson, ayant adopté les principes

politiques des réformateurs, se trouvait naturellement rapprochée d'Alexandre Beauharnais; mais ses inquiétudes pour le présent, ses appréhensions pour l'avenir trouvaient plus d'échos dans l'âme de Joséphine. Pauvre Joséphine! Sortie d'un labyrinthe de peines, elle s'égarait au fond d'un autre labyrinthe; chaque courrier lui apportait des Antilles quelque nouveau sujet d'angoisses : les colons, chassés par les noirs, avaient dû quitter leurs domaines; nos troupes y demeuraient impuissantes, et l'insurrection, d'abord isolée dans les campagnes, s'introduisait dans les villes. Sa mère, qu'une fuite rapide ne lui avait pas même permis d'embrasser lorsqu'elle quitta les Trois-Ilets, que devenait-elle? Où s'arrêteraient les désordres? où finirait l'impunité? « Je tremblais pour les jours précieux de ma famille, pour ceux de nos amis. Les nègres avaient cessé leurs travaux : il me semblait voir ces esclaves puissants par leur nombre, armés de torches brûlantes, avides de sang et de carnage, parcourir les campagnes, enlever les troupeaux, incendier les habitations, mettre en fuite les blancs, les conduire prisonniers, ou les faire tomber sous leurs poignards homicides. » (*Note autographe de Joséphine.*)

CHAPITRE DOUZIÈME.

ALEX. BEAUHARNAIS PRÉSIDENT DE L'ASSEMBLÉE CONSTITUANTE.

La royauté se perd en pactisant avec l'émeute. — Alex. Beauharnais élu président de l'Assemblée nationale. — Départ du roi et séances de l'Assemblée qui s'ensuivent. — Improvisations de Beauharnais. — Salons de Joséphine. — Réélection de Beauharnais à la présidence. — Sa réserve et son esprit de convenance. — Il cherche à maintenir la discipline dans l'armée. — Il soutient les intérêts de la littérature et des beaux-arts. — Paoli se conduit en Corse comme s'il eût pressenti l'avenir. — Sa visite dans les vallées méridionales. — Réception que lui fait la ville d'Ajaccio. — Lucien Bonaparte, orateur de la Société Patriotique, le complimente et prononce un discours solennel. — Paoli l'appelle son petit Tacite de dix-sept ans. — Départ subit du général pour rétablir l'ordre troublé dans Bastia. — Élections de Corte. — Lucien Bonaparte devenu le secrétaire de Paoli. — Mission de Napoléon au polygone de Metz. — Son existence dans cette ville; ses rapports avec la famille de l'auteur; ses idées contraires à l'émigration. — Il se rend à Paris et de Paris en Corse. — Joachim Murat sous-lieutenant.

> La France, cette nation éclairée, puissante et généreuse, s'est souvenue de ses droits et de sa force....
> Opinion exprimée par Napoléon en 1790.
> (*Lettres sur la Corse.*)

S'il arrive qu'un roi pactise avec l'émeute ou prenne la fuite devant elle, il compromet à tout jamais la dignité de sa couronne, les intérêts et l'avenir de sa dynastie. Louis XVI en 1791, Charles X en 1830, Louis-Philippe en 1848, ont cédé lorsqu'il fallait résister; ils ont, par d'aveugles imprudences, compromis leur position; et quand la lutte des principes qui se repoussent s'est ouverte, l'autorité souveraine oublia que sa raison d'être, la dernière raison des rois, se trouvait gravée jadis sur la culasse des canons.

Princes, soyez bons, soyez humains pour le peuple; allez au-devant de ses plaintes, conjurez ses murmures;

qu'il sente moins le bras qui gouverne que la main qui récompense ; étudiez avec une attention bienveillante les besoins qu'éprouve chaque catégorie sociale; pondérez l'avantage des uns avec la prospérité des autres; mais n'abandonnez jamais votre initiative souveraine aux exigences capricieuses d'une multitude inconstante : vous perdriez la puissance du bien et vous n'acquerriez qu'une popularité fugitive; de concessions en concessions, vous seriez conduits vers l'impossible : or l'impossible, c'est la guerre, c'est le choc d'éléments opposés d'où naît un nouveau régime.

Nous en étions là quand le génie suprême qui veille sur la France, ayant effectué la réconciliation de Joséphine avec le vicomte, inspirait à l'Assemblée nationale l'idée d'en faire son président; et Beauharnais montait sur ce trône populaire quarante-huit heures avant que Louis XVI, fuyant des Tuileries, descendît du sien. Ainsi Joséphine, sans le désirer, sans le prévoir, devenait la seule reine possible alors, et commençait une souveraineté que la méfiance républicaine limitait à quinze jours.

Élu président le 18 juin 1791, Alexandre Beauharnais n'avait encore siégé qu'une seule fois, lorsque le 21 il annonça d'une voix émue, mais avec une simplicité tout à fait antique, la fuite du monarque. Ce départ, il le considérait comme un malheur public, car avec Louis XVI s'éloignaient les espérances de paix dont il avait longtemps caressé la chimère. En même temps qu'il blâmait Louis XVI comme monarque, il s'expliquait sa conduite comme citoyen, et surtout comme père; il faisait la part de la faiblesse, de l'aveuglement, du vertige qui poussent certains rois vers leur chute, et plaignait une famille descendue si bas dans l'estime nationale, malgré les vertus réelles qui pouvaient encore la maintenir si haut !

Pour les choses qu'il dit comme pour les choses qu'il ne dit point, Alexandre Beauharnais fut extrêmement convenable : son esprit d'à-propos ménagea toutes les susceptibilités, tous les amours-propres, concilia le respect du trône avec la dignité nationale et l'emportement populaire; il fut à la fois ferme et sage, orateur sans emphase, président sans passion; et quel qu'ait été l'ouragan démagogique qui soufflait à travers l'Assemblée, jamais cet ouragan ne fit osciller le pendule régulateur qui dirigeait la séance.

Beauharnais procédait avec un calme tel qu'au milieu des agitations tumultueuses de la rue, il descendit du fauteuil présidentiel pour aller rendre hommage au Roi des rois, et le suivre processionnellement le jour de la Fête-Dieu. Les réunions de l'Assemblée, presque permanentes, troublées par des motions continuelles, par une infinité de députations, d'orateurs insolites et de cris discordants, offraient une police difficile, et forçaient le président d'être sans cesse en garde contre l'interprétation fausse que la malignité publique pouvait donner à ses discours; mais en aucune circonstance il ne fut ni en deçà ni au delà des sentiments que la majorité voulait exprimer par sa bouche. Les improvisations qu'exigeaient les harangues incessantes des députations introduites à la barre de l'Assemblée, témoignent de la part du vicomte un remarquable esprit d'à-propos, un tact très-fin; aussi des applaudissements accueillaient ses paroles, et l'ordre de les imprimer émanait de presque tous les bancs. Ces phrases adressées aux gardes nationales champenoises donneront l'idée de ses autres discours :

« Au premier signal, la France entière a pris les armes. On a senti la liberté en danger, et le peuple, qui a juré de mourir pour conserver ce bien si précieux, s'est rallié autour de ses représentants : il a vu la constitution presque achevée, ses droits affermis; il a su conserver dans cette crise la dignité d'un peuple libre, fidèle à des serments qu'il est trop généreux pour trahir. Cette dignité, ce calme, cet ordre public maintenu, fait à la fois la gloire du nom français et la honte de ses détracteurs. Vous qui, dans ce grand événement, avez fixé sur vous l'intérêt de tous vos concitoyens; vous qui avez concouru, d'une manière si éclatante, à faire tourner au profit de la constitution les événements par lesquels on a voulu la renverser, portez dans vos foyers le sentiment de votre bonne conduite, et dites avec orgueil : Les représentants du peuple ont apprécié notre dévouement; ils ont rendu justice à notre zèle, et, en recevant nos hommages et nos serments, ils nous ont trouvés hommes libres, dignes d'être Français. »

Le 3 juillet, quand Alexandre Beauharnais fut remplacé sur le fauteuil présidentiel par Charles Lameth, il regagna sa place au milieu de nombreux applaudissements, circonstance qui s'est rarement produite dans les fastes de l'Assemblée. Des suffrages non moins vifs, non moins unanimes eussent accueilli Joséphine, si des succès de salon avaient pu s'enregistrer comme des succès de tribune. Dans le sien figuraient quantité d'hommes honnêtes et de consciences pures, des femmes d'un sentiment généreux, des hommes fermes, éclairés, philosophes, voulant une réforme sociale, mais déjà dépassés par l'ambitieuse convoitise d'esprits beaucoup plus ardents. C'étaient le vieux maréchal Luckner; le duc Victor de Broglie, les frères Lameth, le savant et vertueux Bailly, alors maire de Paris; Pastoret, procureur syndic du département; la Fayette, Despréménil, le duc de Biron, l'argumentateur Bergasse, l'éloquent Cazalès, l'avocat Emmery, membre du comité militaire; Lanjuinais, aux sentiments si droits; le général Dillon, cousin de Joséphine; l'abbé Maury, Barnave, Rœderer, et généralement tous ceux qui naguère se groupaient autour de Mirabeau.

Après que Beauharnais eut cessé de présider l'Assemblée, sa maison n'en fut pas moins suivie, et Joséphine continua d'y tenir une sorte de cour dont la noble simplicité faisait le charme. Réélu président le 31 juillet, la salle retentit des mêmes bravos qui l'avaient déjà tant de fois accueilli, et l'on put remarquer par l'aisance, par l'heureux tour de ses improvisations, qu'il savait trouver beaucoup d'échos dans l'Assemblée. Chacune d'elles présente un cachet spécial en harmonie avec le caractère des députés introduits. Il ne parle point aux soldats invalides comme aux employés des finances, aux artistes comme aux cultivateurs, aux cultivateurs comme à la jeunesse des écoles : huit cents élèves de l'Université s'étant présentés avec leurs professeurs à la barre de la chambre, Beauharnais s'exprima de la manière suivante :

« Messieurs, quand votre civisme vous conduit auprès des représentants de la nation, c'est une jouissance que vous leur procurez, car ils voient en vous l'espérance de la patrie; ils voient en vous ceux pour lesquels ils ont le plus particulièrement travaillé. Une grande révolution n'a pu se faire qu'au prix d'un grand nombre de sacrifices; le nivellement des distinctions n'a pu s'établir sans causer des regrets à tous ceux qui devaient leur élévation à des préjugés. Mais pour vous, qui ne connaîtrez point la privation de quelques avantages illusoires, l'égalité aura tous ses charmes, la liberté aura tout son prix. Suivez donc avec intérêt des travaux dont vous êtes l'objet, suivez les progrès de l'art social; étudiez avec soin ces principes, qui font la base des bons gouvernements, ces principes que, dans la théorie, l'on ne saurait combattre, et qu'une assemblée d'hommes libres qui fut le fléau des grands osa mettre en pratique pour le bonheur du peuple. Voyez avec enthousiasme la carrière nouvelle et brillante qu'une constitution libre offre aux talents; ce ne sont plus des places achetées, briguées, obtenues par l'intrigue ou par la faveur, c'est le vœu d'une nation qui vous élèvera à la dignité de fonctionnaires publics; ce sont les intérêts de tout un peuple sur lesquels vous aurez à prononcer; c'est désormais enfin avec la conscience de vos vertus que vous aurez à jouir de vos succès. Soyez donc les amis de notre constitution; soyez ses plus zélés défenseurs; aimez la patrie avec enthousiasme; le patriotisme, volupté des grandes âmes, donnera du ressort, de l'énergie à toutes vos vertus, et vous éprouverez que le premier de tous les biens, comme le dernier terme de l'ambition, c'est la gloire d'être citoyen d'un pays libre. »

Beauharnais ne fut pas inspiré moins bien chaque fois qu'il reçut, au nom de l'Assemblée nationale, les réclamations ou les hommages des villes. Toulouse et Bordeaux notamment accueillirent les témoignages d'appréciation et les paroles d'espérance tombées du fauteuil présidentiel. « Il est bien juste, disait-il aux Bordelais, que de grands avantages soient la récompense des grands services rendus à la chose publique par vos concitoyens, et que ceux qui, dans toutes les circonstances politiques qu'ont suscitées les ennemis de la patrie, ont trouvé des motifs de redoubler de zèle, obtiennent d'une constitution libre l'heureuse influence de ses bienfaits et une part notable dans la prospérité nationale... »

La *Constitution française,* acte célèbre qui devait garrotter l'autorité souveraine sans l'avilir encore, se produisit à la Constituante sous la présidence d'Alexandre Beauharnais. Il n'en approuvait pas, tant s'en fallait, toutes les dispositions; mais, prévoyant aussi l'inutilité d'une lutte, il laissa marcher les débats, n'y prenant d'autre part que celle nécessaire pour régulariser le conflit passionné des opinions du côté gauche et du côté droit.

Le 15 août, Victor de Broglie montait au fauteuil, et Beauharnais, dans les six semaines qui s'écoulèrent jusqu'à la clôture des séances de l'Assemblée constituante, n'aborda guère la tribune que pour des rapports faits au nom du comité militaire, ou pour des projets de décret que sanctionnait ordinairement la chambre. Il fit porter de huit mille hommes à douze mille les gardes nationales chargées de couvrir la frontière entre Bitche et Béfort; il proposa différentes mesures pour la sécurité du pays, pour la discipline, qu'il tâchait d'encourager, comme le prouve sa lettre à la garnison de Metz; mais un profond découragement le saisit, lorsque la constitution fut votée; quand il aperçut l'abîme ouvert sous les pas de la royauté, et les portes restées béantes aux fausses mesures qui détruisaient l'armée. Ce sentiment perçait lorsqu'il disait : « Le comité a cru devoir effacer sur les brevets des grades supérieurs les mots *vu son expérience dans la guerre,* attendu que, d'après les principes actuels de la nation française, il est présumable que les officiers pourront désormais parvenir aux grades les plus avancés sans avoir jamais fait campagne. »

L'homme qui s'exprimait ainsi ne pouvait admettre

qu'un grand peuple conservât sa puissance s'il ne conservait une armée où l'ordre hiérarchique, où l'obéissance passive fussent respectés ; pas plus qu'il ne comprenait la force matérielle des baïonnettes, l'élan de l'industrie commerciale isolés des lettres et des beaux-arts. Lorsque entre ses deux présidences Alexandre Beauharnais déposa dans la Bibliothèque nationale le plus bel exemplaire possible des œuvres de Voltaire, orné d'estampes et satiné, il écrivit : « En présentant cet exemplaire à mes concitoyens, je ne suis que l'écho du vœu que ce grand homme en eût formé lui-même s'il eût été présent aux honneurs mérités que la nation et le siècle lui rendent, et je l'acquitte avec plaisir [1]. » Évidemment le donateur avait moins encore pour objet la gloire personnelle de Voltaire que celle du pays : il pensait y semer un germe d'émulation, provoquer des donations analogues, et faire sympathiser la France avec la juste célébrité de ses plus illustres écrivains. Les artistes ne le trouvaient pas moins bien disposé en leur faveur, surtout ceux qui n'étaient d'aucune coterie, et personne n'appuya plus chaudement que lui l'admission générale des artistes aux expositions du Louvre, demeurées, jusqu'en 1791, le privilége exclusif des académiciens. — « Il y a, disait-il, j'en appelle au témoignage de David, des talents hors des académies. Il me paraît donc convenable et juste de stimuler les hommes modestes, d'encourager les hommes timides, en leur facilitant les moyens de recevoir les suffrages du public. » Par le même sentiment de justice distributive, par la conviction des services que peuvent rendre la sculpture, la peinture et la gravure, Beauharnais, le mois suivant, rédigea, de concert avec Talleyrand-Périgord,

[1] Lettre à M. Desaunays, gardien de la Bibliothèque nationale.

un décret qui leur allouait cent mille francs de subvention annuelle; et, grâce à lui, le décret passait, malgré l'extrême pénurie des finances, malgré les vues divergentes des républicains agitateurs. Quelques jours auparavant, avec ce tact si sûr et cet esprit de conciliation si fin qui faisaient de sa demeure un sanctuaire de concorde, Joséphine avait disposé les voies pour que le décret fût adopté : prêtresse des beaux-arts, elle défendait leurs autels ébranlés; elle donnait à leurs soutiens le signe de ralliement, ainsi qu'elle le fera six années plus tard, quand sur l'Italie soumise, mais régénérée, elle étendra le rameau de la paix avec celui de la victoire.

L'île de Corse, Paoli, les Bonaparte, subissaient naturellement le contre-coup des mesures adoptées par l'Assemblée constituante. Paoli montrait une extrême réserve, évitait les ovations et s'éloignait peu du Rostino, qu'il avait choisi pour retraite. Mais les instances de la ville d'Ajaccio furent si vives qu'il s'y rendit au mois de mai 1791.

« Nous l'appelions depuis longtemps de tous nos vœux, dit le prince de Canino. L'enthousiasme que son nom seul inspirait lui donnait une force morale supérieure à celle du gouvernement. C'était l'ami, le père, l'idole des villes et des hameaux. Aussi, dès que son arrivée nous fut promise, toute affaire cessant, on ne s'occupa plus que de sa réception. Les autorités, la garnison, la société populaire ne pensaient qu'à Paoli; l'impatience de le voir augmentait à toute heure; je ne rêvais plus jour et nuit qu'aux discours que je voulais prononcer devant le héros. Me défiant de mes phrases de jeune homme, j'eus recours à notre bibliothèque; je feuilletai bien des livres, dont je m'appropriai sans façon plusieurs passages. »

Joseph Bonaparte reçut de Paoli l'accueil affectueux auquel devait s'attendre le fils d'un ancien ami. Il s'enquit avec beaucoup de sollicitude de son héroïque mère, *la signora Letizia,* et du plus loin qu'il aperçut Lucien, il le reconnut pour un Bonaparte, car c'était celui des trois frères qui offrait le plus de ressemblance avec elle. Lucien arrivait escorté d'une députation de la société libre d'Ajaccio. Dans l'impossibilité de prononcer là son discours, il exprima par quelques paroles fort convenables les sentiments des patriotes, et pria l'illustre proscrit d'honorer de sa présence cette société populaire. Paoli le promit volontiers. Lorsqu'il s'y rendit le lendemain, on le fit asseoir devant la tribune, sous une espèce de dais garni de drapeaux et de couronnes. Joseph, ayant à ses côtés Lucien, présidait l'assemblée. Quand les coups redoublés de la sonnette eurent enfin conquis un demi-silence, Lucien, orateur officiel, aborda la tribune; et, d'une voix émue, mais sonore, il prononça *sur la préférence que les peuples doivent donner au gouvernement républicain,* une harangue énergique, même profonde, grâce à la coopération de Bodin et de Needham. L'adresse avec laquelle cette éloquente marqueterie était arrangée, le feu du regard de Lucien, l'accentuation qu'il imprimait à ses paroles produisirent un effet merveilleux. Paoli applaudit d'enthousiasme; et lorsque l'orateur fut descendu de l'estrade, il courut l'embrasser avec effusion, l'appelant son petit Tacite de dix-sept ans. De leur côté, les démocrates ne demeurèrent pas en reste d'éloges; et comme ils prenaient leur bonne part de la gloire du jeune tribun, ils s'empressèrent d'annoncer qu'il tenait prêt un autre discours sur la mort du curé Guagno. Paoli promit de venir l'entendre, et n'y manqua point. «Cette fois, dit Lucien, mon succès fut sans mélange. Notre héros fut ému aux cris de haine des Génois qui sortaient de mon sujet et retentissaient dans mon débit. Cette passion patriotique de toute sa vie remua les fibres de son âme; et lorsque, dans ma péroraison, le curé-martyr prononçait de sa voix expirante et prophétique le nom de Paoli, vengeur de la liberté, on voyait des larmes rouler sur les joues vénérables du père de la patrie. Je jouis délicieusement de ces larmes. Paoli me dit alors qu'il me voulait près de lui, et que je ne le quitterais plus. Héroïque vieillard! que je fus heureux de te suivre dans ta simple résidence de Rostino[1]!»

La ville d'Ajaccio ne posséda pas longtemps l'illustre général. Les réactionnaires, tous ceux qui regrettaient l'ancien ordre de choses, profitèrent de son voyage pour agiter le pays; et l'élection d'un évêque constitutionnel faite à Bastia devint l'occasion des troubles les plus graves. Le peuple prit les armes, déchira les bulletins, mit en fuite les autorités, s'empara pour otage de Panattieri, secrétaire général du département, d'Aréna et de ses deux fils, qu'il fit embarquer, et resta maître pendant quelques jours. Gentili, Mattei, Pietri, membres de l'administration départementale, ayant pu sous un déguisement gagner Porta, prirent les mesures d'ordre qu'exigeait la circonstance, écrivirent à Paoli de revenir sur-le-champ, sa présence seule valant une armée, et dénoncèrent le fait à l'Assemblée nationale.

Dans ce sanctuaire des lois, on entendit alors Buttafuoco blâmer le département, accuser Paoli, qui, soutenus par Salicetti, protégés par leurs actes, guidés par leur patriotisme et leur courage, triomphèrent de la malveillance. Paoli quitte en toute hâte Ajaccio, vient à

[1] *Mémoires de Lucien Bonaparte*, t. 1er, p. 22.

Bastia, non comme un maître pour châtier, mais comme un père pour écouter et pour absoudre; et dès la fin de juin, tout rentrait dans l'ordre accoutumé. Sa présence ne fut pas moins utile trois mois plus tard, quand on élut les députés de l'Assemblée législative qui, le 1er octobre, devait remplacer la constituante. Réunis à Corte, les électeurs, parmi lesquels figurait Joseph Bonaparte, choisirent unanimement Paoli pour les présider; ils voulaient aussi le créer député; mais les citoyens paisibles craignaient de le voir s'éloigner, et lui-même pensait être plus utile sur le territoire corse que dans l'arène turbulente d'une assemblée dont il prévoyait la marche. Ce furent ses candidats qu'on choisit, savoir : Leonetti, Pietri, Pozzo di Borgo, membre du directoire; Boerio, président du tribunal de Corte; Arena, membre du directoire, et Peraldi.

Lucien Bonaparte avait accompagné son frère à Corte. Quand l'élection fut faite, Paoli, n'oubliant pas sa promesse, le prit avec lui, l'emmena au Rostino, lui confia différentes affaires qui demandaient autant de discrétion que d'intelligence, et commença cette éducation politique dont il devait si bien profiter.

Vers le même temps, une commission ministérielle détachait Napoléon de la garnison de Valence, et l'envoyait avec un autre Corse, Massoni, au polygone de Metz, pour étudier les effets du tir avec des bouches à feu de calibre différent.

Massoni, d'origine corse, homme du monde, aimable, gracieux, expansif, pénétré de principes absolutistes, n'envisageait point la révolution française du même point de vue que le faisait Bonaparte; aussi, quoique s'estimant beaucoup, n'avaient-ils pas l'un pour l'autre des sympathies très-grandes. Massoni, porteur d'une lettre de recommandation à l'adresse de M. Humbert-Pomcourt, jeune avocat, le pria de leur procurer une chambre garnie, qu'il choisit vers le milieu de la rue des Jardins, à droite en descendant. Napoléon ne partagea pas longtemps cette chambre; il préférait être seul, et se logea rue des Petites-Tappes, au premier, chez un parfumeur nommé Loison. Passant les nuits presque entières à travailler, ses fenêtres joignant fort mal, Napoléon, le soir, les tapissait avec deux matelas, dans le double but d'éviter le froid et d'échapper aux petites investigations du propriétaire ou des voisins, qui ne comprenaient pas des veilles si multipliées.

Bonaparte ne fréquentait guère que la famille de Bouchepôrn, dont le chef, alors intendant du Béarn, avait longtemps habité la Corse; mais il voyait beaucoup de militaires, tous plus âgés que lui, entre lesquels nous citerons notre aïeul, M. Le Doux, chevalier de Saint-Louis, à qui le baron de Pommereul avait recommandé chaudement Napoléon [1]. Cette circonstance fit naître le dévouement à l'Empereur de mes oncles et de plusieurs membres de ma famille, officiers supérieurs, officiers généraux qui, pendant vingt années, ont versé leur sang pour sa personne sur des champs de bataille où quelques-uns d'entre eux ont trouvé la mort.

L'émigration commençait : Bonaparte en était indigné. Il ne comprenait pas qu'un intérêt personnel, qu'un intérêt même dynastique pût prévaloir sur l'intérêt de la patrie, et se livrait aux sorties les plus vives contre ceux qu'il appelait les transfuges du drapeau. Massoni, voyant les choses autrement, discutait avec Bonaparte; mais il éprouvait d'honorables scrupules, et ce

---

[1] Ce baron de Pommereul est devenu préfet du Nord, puis inspecteur général de l'imprimerie et de la librairie.

ne fut qu'après la bataille de Valmy qu'il abandonna le sol français. Desmazis émigra vers la même époque.

Empereur, Napoléon conservait de son séjour à Metz un souvenir drôlatique, dont il donna lui-même témoignage la première fois qu'il vint dans cette ville après le couronnement. Ayant demandé des nouvelles de la femme qui faisait son ménage, et qui ne parlait jamais qu'en patois du pays, le préfet, vicomte de Vaublanc, lui présenta Fanchon, à qui Bonaparte dit aussitôt avec son bienveillant sourire : « *Me reconcheu-ve ica ben* [1] *?* » Puis il l'interrogea sur sa position, lui donna quelques louis, et la congédia, plus heureuse de sentir qu'un souverain ne l'avait point oubliée qu'elle ne l'était des éléments de mieux-être versés dans sa main.

Après deux ou trois mois de séjour sur les rives de la Moselle, séjour dont l'histoire n'a conservé presque aucune trace, et que nous sommes heureux d'avoir signalé le premier [2], Bonaparte s'en fut à Paris rendre compte de sa mission, revint à Valence, et de Valence gagna la Corse. Murat, qu'il ne connaissait point encore, portait, depuis le 30 mai 1791, l'épaulette de sous-lieutenant dans un régiment de chasseurs à cheval, et traînait son grand sabre sur les boulevards, escorté de Bessières, le futur maréchal, désigné par le département du Lot, comme l'avait été Murat, pour être un des gardes constitutionnels du roi. Bientôt cette garde fut dissoute, et pendant cinq années nos deux amis se perdirent de vue. Bessières entra simple volontaire dans la légion des Pyrénées, tandis que Murat devint aide de camp du général d'Hure, et paya de sa personne en plusieurs circonstances périlleuses.

---

[1] Me reconnaissez-vous bien?
[2] Voyez notre *Guide de l'étranger à Metz*, 1843, Metz, Verronnais.

CHAPITRE TREIZIÈME.

BEAUHARNAIS GÉNÉRAL. — PAOLI ET LES BONAPARTE. — NAPOLÉON CAPITAINE.

État des esprits après l'Assemblée constituante. — Alex. Beauharnais à l'armée du Nord et à celle du Rhin. — Occupations de Joséphine. — Retour de Napoléon en Corse. — Il accepte le titre de lieutenant-colonel des volontaires du Liamone. — Sa destitution comme officier d'artillerie. — Il se lie avec Volney. — Paoli et les frères Bonaparte au Rostino. — Sentiments de Paoli sur la révolution française. — Napoléon quitte la Corse. — Changements survenus dans la situation de ses connaissances à Valence et à Paris. — Il retrouve son ami Fauvelet de Bourrienne. — Leur situation respective. — L'encan national et projets de spéculations. — Impressions produites sur Napoléon par les événements du 20 juin et du 10 août. — Bonaparte nommé capitaine. — Sa lettre aux administrateurs de Versailles pour faire sortir Marie-Anne Bonaparte du pensionnat de Saint-Cyr. — Il retourne en Corse, chargé d'une mission. — Saliceti protecteur du capitaine Bonaparte.

> « La République n'avait encore que peu de mois d'existence, et ses bras, vainqueurs de l'étranger, s'enfonçaient chaque jour davantage dans ses propres entrailles.
>
> *Mémoires de Lucien Bonaparte*, t. 1er, p. 40.

Les vaines menaces de l'étranger, les concessions arrachées au pouvoir, l'indiscrète ardeur des champions du passé semblaient prendre à tâche de justifier les excès de la démagogie, qu'on voyait grandir chaque jour au-dessus des lois. Contre elle il n'y avait déjà plus d'asile que dans la retraite, la fuite et le silence. Alexandre Beauharnais le sentait bien ; aussi ferma-t-il ses salons dès que la Constituante eut elle-même fermé ses portes, et s'empressa-t-il de partir pour la campagne avec Joséphine. Tous deux ont passé l'hiver à la Ferté-Beauharnais ; mais au printemps, le vicomte, ayant demandé du service, fut mis, en qualité d'adjudant général, sous les ordres de Rochambeau, qui commandait l'armée du Nord: Biron, Dillon, Duchâtelet, servaient sur les mêmes frontières. Le 1ᵉʳ août, la formation d'un camp aux environs de Soissons fut décidée, et Beauharnais désigné pour être un des trois maréchaux de camp du général en chef Custine; mais Luckner, qui avait remplacé Rochambeau, conserva Beauharnais à l'armée du Nord. Ce général, forcé de se replier avec Luckner jusqu'aux rives de la Moselle, mérita d'être cité par les commissaires de la Constituante au nombre des officiers supérieurs dont les bonnes dispositions présentaient le plus d'espérances, puis il partit quelques jours après, pour remplir à l'armée du Rhin les fonctions de chef d'état-major. Il y reçut de la manière la plus fraternelle des prisonniers autrichiens, et leur procura les moyens de faire connaître combien tous avaient été touchés des procédés du peuple français envers eux : « Je veux faire savoir aux contrées voisines, écrivait Beauharnais, que la nation française est l'armée de tous les peuples, et n'est l'ennemie que des tyrans qui l'oppriment [1]. » Quelques jours après, dans une circulaire aux troupes de ligne, cet officier général stimulait les anciens gardes nationaux, les vieux militaires, pour l'instruction de leurs jeunes camarades : « Le soldat, disait-il, en faisant du laboureur un homme de guerre, double les obligations que lui a la patrie reconnaissante ; le laboureur, en faisant dans son nouvel état des progrès rapides, accélère l'instant heureux où les succès de la liberté et de l'égalité le ramèneront triomphant dans ses paisibles foyers. » Ces lettres et quantité d'autres, datées des rives rhénanes, respirent les sentiments les

[1] Lettre à l'Assemblée législative, datée de Strasbourg, le 14 octobre 1792.

plus droits, les intentions les plus logiques; mais elles sont rédigées avec la redondance sans laquelle le meilleur républicain eût été taxé d'incivisme, arrêté, mis en jugement. Devant Mayence, lignes célèbres où commandait Custine, Beauharnais fut cité par lui comme s'étant « conduit d'une manière très-distinguée, » et resta tout l'hiver à la même armée, tantôt sous les murs de Mayence, tantôt à Strasbourg, Wissembourg ou Landau. Affligé de voir l'esprit public si peu formé dans les départements du Haut-Rhin et du Bas-Rhin, et voulant porter la lumière parmi les classes ignorantes, ce fut alors que Beauharnais, s'adressant à la *Société des Amis de la liberté de Strasbourg*, lui proposa d'ouvrir un concours sur la question suivante : « *Quels sont les moyens de pratique les plus propres à former le plus promptement l'esprit public dans les départements du Haut et du Bas-Rhin?* Le prix sera de 300 livres en espèces, ajoutait le programme, outre les frais d'impression. » On nomma des commissaires pour les détails; on fixa au 1er mars 1793 le terme du concours. L'ouragan révolutionnaire aura sans doute emporté l'argent, les champions et les juges, comme il emporta plus tard le fondateur.

Demeurée seule, Joséphine préféra le séjour de la campagne au tumulte de Paris; elle s'y occupait d'éducation, dirigeait Hortense, et surveillait l'instruction d'Élinora, fille du William dont nous avons parlé, lequel, obligé d'aller aux grandes Indes avec sa femme, pria Joséphine d'être pour sa fille aussi bonne mère qu'elle avait été pour lui bonne amie. D'autres soins, puisés dans son excellent cœur, la préoccupaient encore : elle se faisait fréquemment amener une gentille petite personne du nom d'Adèle, que le vicomte avait eue pendant leur mésintelligence ; Beauharnais l'affectionnait d'autant plus, qu'ayant été privé des caresses d'Hortense, il tâchait alors de donner le change aux sentiments paternels qui lui déchiraient l'âme.

Revenu en Corse vers le mois d'octobre 1791, Napoléon avait cru pouvoir accepter, bien qu'il fût sur le cadre du régiment d'artillerie de Grenoble, le titre de second commandant ou lieutenant-colonel des volontaires du Liamone, que l'on organisait ; se réservant de faire régulariser cette position exceptionnelle, ou de donner sa démission s'il était forcé d'opter entre son arme et l'infanterie nationale corse. Jean-Baptiste Quenza était premier commandant ou colonel des volontaires; mais seul Bonaparte dirigeait le service, réglait l'administration du corps, instruisait les recrues, etc. A cette époque, une revue de rigueur ayant eu lieu dans tous les régiments, Napoléon, d'ordinaire si ponctuel, si scrupuleux en affaire de discipline, n'y fut point, mais il s'en fit excuser par le directoire départemental. Cela n'empêcha point de le considérer comme insubordonné. Quelques jours après il reçut sa destitution, mesure qui ne le blessa pas moins profondément qu'elle ne le surprit, car, en approuvant le cadre d'état-major des volontaires du Liamone, le ministre avait implicitement reconnu la situation de Bonaparte. Cet officier considéra le coup comme émané des bureaux, comme dirigé par une main ennemie ; chacun eut la même pensée, chacun voulut protester : la municipalité et la société patriotique d'Ajaccio, le département, le directoire, lui donnèrent les plus honorables certificats ; l'homme qui les contre-signa fut le même Pozzo di Borgo auquel, vingt-quatre années plus tard, il sera redevable de sa chute. Salicetti, qui montra tant de zèle, qui fut au ministère, qui bouleversa les bureaux, devait aussi, trois années après, changer de conduite et de sentiments à son égard. Le ministre Lajard, esprit droit, conscience loyale, ayant examiné les choses, n'hésita point d'écrire lui-même au jeune officier d'artillerie, et de le relever d'une mesure qu'il considérait comme injuste. Cette circonstance, non moins honorable pour le ministre qu'elle ne l'était pour Napoléon, empereur il ne l'oublia pas, et sut récompenser dignement les services que lui avait rendus Volney près de Pozzo di Borgo.

Ses *Voyages* en Égypte, en Syrie, mais surtout ses *Ruines*, donnaient à cet écrivain une réputation brillante qu'il eût conservée si l'originalité du style, la finesse des aperçus, l'éclat des pensées pouvaient se passer du charme inséparable de nos croyances religieuses. Savant ingénieux, conteur agréable, Volney captiva Napoléon et lui révéla l'Orient. Dans les entretiens solitaires des Melelli, où l'auteur des *Ruines* accompagna souvent Bonaparte, se sont développés les germes de l'expédition effectuée, sept années plus tard, sur la terre des Sésostris.

L'instruction des volontaires une fois faite, Napoléon, qui connaissait peu Paoli, et qui désirait beaucoup le voir, l'entretenir longuement de son administration souveraine, de ses idées régénératrices et le sonder relativement à la révolution française, partit avec Joseph pour le Rostino, résidence habituelle du grand homme, qui réunissait aux pouvoirs militaires d'un lieutenant général commandant les forces de l'île ceux d'un administrateur civil.

Il convenait alors aux projets ultérieurs de Paoli de ne point habiter la ville, de vivre solitaire parmi les paysans dont il était l'idole, et de faire mouvoir en même temps les deux plus puissants mobiles des insurrections populaires, la religion et le patriotisme local. Nul village ne s'y prêtait mieux que le Rostino. Composé de chaumières éparses, de chalets éloignés les uns des autres, ayant un vaste couvent où le grand chef avait fixé sa demeure, chaque jour ce village réunissait dans sa vaste enceinte la population la plus enthousiaste et la plus virile de la Corse. Les montagnards, venus en foule, attendaient l'heure de sa promenade pour le voir et le saluer : ordinairement accompagné de Lucien, qui ne le quittait point, Paoli posait avec un majestueux abandon dans cette multitude empressée, dont il traversait les rangs ouverts devant lui, appelant par leur nom des chefs de famille qu'il n'avait pas vus depuis le quart d'un siècle, les interrogeant sur leurs affections, s'initiant à leurs intérêts : il suggérait de la sorte à Napoléon le secret d'obtenir sur les âmes une puissance irrésistible, que son esprit d'à-propos utilisa plus tard avec tant de bonheur et de magie. « Pour figurer un patriarche législateur au milieu de sa race nombreuse, dit Lucien Bonaparte, la peinture et la poésie ne pourraient emprunter de plus nobles traits que ceux dont je contemplai l'image au Rostino. » Effectivement, le port, le geste, la voix de Paoli, la profonde sagesse de ses conseils, la réserve calculée de ses paroles, le cachet que leur imprimait l'auréole si pure de son ancienne gloire, lui donnaient l'ascendant d'un prophète. Une fascination extraordinaire dominait l'imagination de ses auditeurs si confiants et si crédules. Ses paroles, recueillies avec vénération, servaient de texte aux entretiens de la chaumière, aux espérances du pauvre. On s'en préoccupait également beaucoup dans une sphère plus élevée. Les jacobins administrateurs voyaient avec quelque inquiétude grandir l'influence d'un homme qu'ils savaient leur être hostile; les souches patriciennes, telles que les Bonaparte, dévouées à la France, à la révolution, quoique blâmant les monstrueux excès commis au nom de la liberté, se sentaient portées d'inclination vers lui, car entre les âmes honnêtes il existe toujours d'inexplicables sympathies. D'autre part, l'attitude insolite du héros, la nature de ses discours moins voilés à mesure que le temps marche, sa longue habitation chez un peuple étranger qu'il admire, son attachement aux Bourbons qu'un océan de préjugés séparent de la nation, imposaient une certaine réserve à tous ceux qui, dans leur accueil, avaient moins envisagé les circonstances présentes que les brillants souvenirs du passé.

Au Rostino, un certain nombre de convives, choisis tour à tour parmi ceux auxquels leur origine, leur courage ou leur capacité donnaient le plus d'influence, s'asseyaient journellement à la table frugale de Paoli. C'était le temps qu'il consacrait de préférence aux entretiens familiers dans lesquels il exposait, avec une logique aussi persuasive que passionnée, son système gouvernemental. L'Amérique, l'Angleterre, l'Angleterre surtout, lui servaient de point de mire. Il n'imaginait rien au-dessus du régime d'équilibre et de pondération établi chez nos rivaux d'outre-Manche; il ne souhaitait pas à la France une constitution plus parfaite; et lorsque, entraîné par cette anglomanie, sa voix, son geste devenaient trop animés, l'expression pénible qui éclatait dans les traits des Bonaparte ou de quelque auditeur d'élite, moins admirateur que Paoli de la constitution anglicane, le rappelait à lui-même : « Mes amis, reprenait-il aussitôt d'un ton de voix caressant, vous avez encore des préjugés de collége, des idées de républicanisme ancien que j'admire et que je dois ménager; mais elles sont incompatibles avec notre organisation sociale. Vous le sentirez plus tard. » Le respect imposait presque toujours silence à Lucien ; l'inhabitude des discussions politiques rendait Napoléon très-réservé. Il partageait d'ailleurs, en bien des points, la manière de voir de Paoli, et quoique détestant l'Angleterre comme nation, il avait appris de Raynal et de Mirabeau à l'apprécier comme gouvernement. Joseph, âme honnête et pure, déjà fort avancé dans les études d'économie sociale, logicien plus consommé, plus froid que Napoléon, n'augurait pas bien pour la France d'une forme politique mixte qui n'est ni républicaine ni monarchiste, et qui se soutient par la corruption tant que les hommes ne sont pas assez parfaits pour chercher leur mobile unique dans la vertu. Joseph suivait pied à pied les raisonnements du général et le forçait quelquefois au silence. Cela se passait sans aigreur, avec une politesse exquise, avec une convenance de parole qui n'altérait en rien la cordiale et franche harmonie des réunions du Rostino. D'autres fois, surtout le matin, Paoli et Napoléon parcouraient seuls, tantôt à pied, tantôt à cheval, la campagne circonvoisine. Leurs entretiens avaient alors un caractère spécial, conforme aux inclinations belliqueuses du jeune officier. Paoli lui enseignait les secrets de la guerre de montagnes, l'art de réunir instantanément sur un point des forces disséminées, et de les décupler par la rapidité des marches ou la promptitude audacieuse des attaques. Appliquant l'exemple à la théorie, il lui faisait comprendre comment, avec si peu de monde, il avait triomphé des Génois et tenu en échec les troupes françaises découragées ; comment il lutterait encore contre une armée cinq ou six fois supérieure à la sienne, pourvu qu'il ne fût trahi par personne. Napoléon écoutait, dans le silence de la réflexion, ces précieux enseignements de Paoli. Nul mieux que lui n'était à même de les comprendre, et lorsqu'en Italie, quatre années après, on le voit, d'un seul bond, se lancer à la hauteur des premiers capitaines du monde, il faut, pour bien apprécier les merveilleuses combinaisons de son génie, remonter aux secrets entretiens du Rostino.

Au mois de mars 1792, Napoléon quitta la Corse pour se rendre à Valence, et de Valence à Paris, où l'appelaient des intérêts de position et des intérêts de famille. Dans Valence, comme dans toutes les autres grandes villes, bien des changements avaient eu lieu : la société s'était dissoute; madame du Colombier, M. de Saint-Germain, l'abbé Rufe, vivaient incognito; M. Bachasson de Montalivet, qui briguait le cœur de mademoiselle de Saint-Germain, avait été forcé de prendre rang, comme simple fusilier, sur les contrôles de la garde nationale mobile. A Paris, changements plus notables encore : Bonaparte y trouva des protecteurs disgraciés, renversés par la tempête révolutionnaire, tandis que d'autres, comme Salicetti, suivaient la marée montante et cheminaient avec elle. Ayant revu la famille de Permon, qui lui était si chère, il lui rendit des services, ainsi qu'à beaucoup d'autres personnes inscrites comme suspectes sur les registres de la police. L'ami qu'il fréquentait le plus assidûment était Fauvelet, surnommé Bourrienne, dont le frère, qui tenait un magasin de meubles non loin du Carrousel, faisait l'usure, le prêt sur gage, sous le titre d'*Encan national*. Napoléon lui confia sa montre, témoignage de détresse honorable, car ce n'était point à l'inconduite qu'il devait cette gêne, mais aux circonstances et à sa disposition naturelle de partager avec d'autres ce qu'il appelait le superflu.

Privé de sa solde, qu'on ne payait presque à personne, n'ayant plus les ressources de famille d'autrefois, notre officier se trouvait aux prises avec le besoin. Il demeura quelque temps rue Saint-Avoye, chez un marchand de vins, et fut en retard pour l'acquit d'un loyer mensuel de quinze francs [1]. « Cette misère, écrivait Chateaubriand, augmente sa grandeur. » « Notre amitié d'enfance et de collége, dit Bourrienne, se réveilla tout entière. Bonaparte n'était pas très-heureux ; l'adversité pesait sur lui ; les ressources lui manquaient souvent. Nous passions notre temps comme deux jeunes gens de vingt-trois ans qui n'ont rien à faire, qui ont peu d'argent ; il en possédait encore moins que moi, et nous enfantions chaque jour de nouveaux projets... » Napoléon sollicitait du service à la guerre, et moi aux affaires étrangères.... » Les hommes graves qui sous diverses fortunes ont traversé la vie comprendront ces écarts d'esprit, cette sorte d'insurrection du cœur contre la destinée ; car ils savent qu'en de pareilles phases, la résignation est une vertu négative qui ne mène ordinairement à rien.

Une sorte d'ardeur inquiète, d'émouvante curiosité conduisait Napoléon dans tous les lieux où se passait quelque grande scène populaire. Quand retentit le tocsin du 20 juin, il sortait avec Bourrienne d'un restaurant de la rue Saint-Honoré, près du Palais-Royal. Ayant vu venir cinq à six mille vauriens déguenillés qui marchaient contre les Tuileries en poussant d'affreuses vociférations : « Suivons ces gueux-là, » dit Bonaparte ; et il se rendit aussitôt sur la terrasse du bord de l'eau. Lorsque l'infortuné monarque, coiffé du bonnet rouge, vint sur le balcon, incliner devant la populace son front royal

---

[1] Inventaire fait par Dumay, notaire, et Chariot, commissaire-priseur.

humilié : « Quelle honte ! s'écria Napoléon. Comment a-t-on pu laisser entrer cette canaille? il fallait la balayer avec du canon; le reste courrait encore. » Puis il discourait sur la marche de la révolution, sur les causes, les suites de cette émeute populaire, dont il développait avec sagacité, dit Bourrienne, toutes les conséquences. Le 10 août, quand les Tuileries tombaient sous la main d'une horde furibonde, Bonaparte courut au Carrousel, chez Fauvelet, et manifesta les mêmes sentiments.

Le 10 août fut le détrônement réel de Louis XVI; trois jours après ce massacre des Suisses, dernier boulevard d'une monarchie expirante, la famille royale entrait dans le tombeau vivant dont l'échafaud devait être le dernier terme, et par une de ces bizarres coïncidences qui semblent, au premier aspect, des impossibilités, Napoléon recevait, vingt jours après l'incarcération du monarque, un brevet de capitaine signé de sa main. Le brevet, contre-signé *Servan*, reportait la nomination au 6 février, et le ministre Lajard, écrivant le 12 juillet *au capitaine d'artillerie Bonaparte*, semblait dans le secret de cette mesure rétroactive. Quoi qu'il en soit, l'infortuné Louis, depuis le 10 août, n'a pu, *de sa certaine science*, comme on disait jadis, signer aucun acte : probablement qu'alors dans chaque ministère se trouvaient des brevets en blanc, faits d'avance. Servan aura utilisé l'un de ces brevets au profit de Napoléon.

Ayant reçu l'avis d'une mission prochaine pour la Corse, afin d'y préparer le matériel nécessaire à l'armement des côtes, Bonaparte, qui n'oubliait jamais les obligations que lui imposait son cœur, s'occupa le lendemain même des moyens de ramener dans sa famille la jeune Marianne, pensionnaire de Saint-Cyr.

19.

Voici la lettre qu'en conséquence il écrivit aux administrateurs [1] :

« *A Messieurs les administrateurs de Versailles.*

» Messieurs,

» Bonaparte, frère et tuteur de la demoiselle Marianne Bonaparte, a l'honneur de vous exposer que la loi du 7 août, et plus particulièrement l'article additionnel, décrété le 16 du même mois, supprimant la maison de Saint-Louis, il vient réclamer l'exécution de la loi, et ramener dans sa famille ladite demoiselle sa sœur; des affaires très-instantes et de service public l'obligeant à partir de Paris sans délai, il vous prie de vouloir bien ordonner qu'elle jouisse du bénéfice de la loi du 16, et que le trésorier du district soit autorisé à lui escompter les vingt sous par lieue jusqu'à la municipalité d'Ajaccio en Corse, lieu du domicile de ladite demoiselle, et où elle doit se rendre auprès de sa mère.

» Avec respect,
» Bonaparte.

» Le 1ᵉʳ septembre 1792. »

» J'ai l'honneur de faire observer à MM. les administrateurs que n'ayant jamais connu d'autre père que mon frère, si ses affaires l'obligeaient à partir sans qu'il m'emmenât avec lui, je me trouverais dans l'impossibilité absolue d'évacuer la maison de Saint-Cyr.

» Avec respect,
» Marianne Bonaparte. »

Parti pour Ajaccio vers le 10 septembre, Napoléon

[1] Copie littérale de pièces faisant partie des archives de la préfecture du département de Seine-et-Oise.

n'y demeura que peu de jours. Après une tournée le long du littoral et dans différentes stations maritimes, il se rendit à Bonifacio, où l'attendait la double obligation d'instruire les volontaires du Liamone, et d'organiser le matériel de siége dont pourrait avoir besoin le contre-amiral Truguet, chargé d'attaquer l'île de Sardaigne.

Pour des motifs de sécurité générale ou dans des vues d'ambition personnelle, Salicetti venait de faire légaliser par la Convention la création de quatre bataillons de volontaires corses. S'en étant réservé toutes les nominations, il y mettait ses créatures les plus dévouées, et tenait grand compte au capitaine Bonaparte de la peine qu'il se donnait pour l'instruction des nouvelles levées. « Vous pouvez ici compter entièrement sur moi, et peut-être je ne vous serai pas tout à fait inutile, » lui écrivait le 9 janvier 1793 Salicetti, qui, le croyant de son bord, l'initiait avec un farouche enthousiasme aux sanglantes hécatombes dressées sous les débris du trône.

CHAPITRE QUATORZIÈME.

DESCENTE EN SARDAIGNE ET CONTRE-RÉVOLUTION EN CORSE.

Expédition du contre-amiral Truguet contre la Sardaigne. — Son départ de Toulon; son arrivée au port d'Ajaccio. — Lucien Bonaparte court haranguer Truguet au nom de la société populaire. — Rixe entre les Corses et le bataillon des Marseillais descendus à terre. — Napoléon à Bonifacio. — Il est près d'y périr victime des mêmes Marseillais. — Bombardement de Cagliari. — Coopération de Bonaparte aux opérations militaires sur la côte. — Victor Porcile. — Retour de Napoléon à Bonifacio. — Précis de l'état actuel de la Corse par Volney. — Paoli dénoncé à l'Assemblée nationale législative. — Décret d'arrestation contre lui. — Commissaires nommés en Corse. — Lettre de Paoli aux membres de l'Assemblée législative. — Napoléon prend sa défense. — Le Comité de salut public sursoit à l'exécution du décret contre Paoli. — Retraite triomphale de Paoli au Rostino. — Napoléon l'y accompagne. — Consulte de Corte. — Discours de Paoli au Rostino. — Son dernier entretien avec madame Letizia. — Décisions de la consulte de Corte. — La contre-révolution envahit toute la Corse.

> « Le cornet populaire retentissait dans toutes nos vallées, et portait la menace jusque dans les remparts d'Ajaccio... ma mère retrouva l'esprit ferme et courageux qui l'avait illustrée dans ses premières années, pendant la guerre de l'indépendance. »
> *Mémoires de Lucien Bonaparte.*

Quatre vaisseaux de ligne, *le Tonnant, le Centaure, l'Apollon* et *le Vengeur*; cinq frégates, *l'Iris, la Vestale, la Sensible, la Fortunée, l'Aréthuse*, et deux bombardes, composaient l'escadre du contre-amiral Truguet. Il espérait rallier d'autres bâtiments, tels que *la Junon*, montée par l'ambassadeur Sémonville, se joindre à l'escadre du capitaine Latouche, qui croisait dans les eaux de Cagliari, et recevoir, indépendamment des 15,000 hommes de troupes de ligne qu'il emmenait, 4,000 Marseillais, ainsi qu'un ou deux bataillons de volontaires corses. Mais Truguet comptait sans la mer, qui était fort mauvaise; il comptait sans le mauvais vouloir du général Anselme, qui commandait à Nice, sans l'indiscipline audacieuse des Marseillais; aussi rien n'assurait le succès d'un débarquement contre lequel surgissaient d'avance les plus sérieux obstacles. Le 30 décembre, il mouillait dans le port d'Ajaccio; mais, comme si le ciel eût voulu l'avertir de l'insuccès qui l'attendait, *le Vengeur* et *l'Aréthuse* touchèrent les écueils voisins du port, et devinrent impropres à la navigation. D'autre part, d'affreux coups de vent du nord-est dispersaient tous les navires en station, les jetaient contre la côte, les démâtaient ou les entraînaient vers de lointains parages.

Pendant qu'une population nombreuse gagnait le port d'Ajaccio, Lucien Bonaparte, en l'absence de ses deux aînés, réunissait quelques membres de la société patriotique dont il faisait partie, et, se mettant à leur tête, perçait la foule en criant : « Voilà nos frères! vivent les Français! vive le pavillon tricolore! » Arrivés près du rivage, une barque les transporte au navire amiral; ils agitent le signe de ralliement, l'étendard aux trois couleurs; ils s'annoncent comme députation officielle de la société populaire d'Ajaccio, et Truguet vient à leur rencontre avec son état-major. Une société populaire! On ne se figure point quelle en était alors la puissance; nulle porte ne lui demeurait fermée, nul secret ne lui restait caché. Malheureusement, à bord aussi bien que dans les garnisons ou les camps, tout le monde acceptait comme légitime l'absolutisme de son autorité : sur chaque vaisseau, sans même excepter le navire amiral, les jeunes Marseillais, qui formaient la majeure partie des troupes de débarquement, avaient organisé un club, où se discutaient les faits politiques, les affaires administratives, les principes militaires, où se perdait en conséquence la discipline.

« A peine fûmes-nous annoncés, dit Lucien, que la société populaire du vaisseau amiral se réunit dans la grande salle du conseil, en séance publique. Je fis un discours. Le président nous donna l'accolade fraternelle et nous invita aux honneurs de la séance. Ce président était un commis à la distribution des vivres : il nous harangua pendant plus d'une demi-heure, de manière à nous défier de garder notre sérieux : je me souviens qu'il débuta ainsi avec une voix tour à tour grave ou perçante, et des gestes d'énergumène : « Tant plus je vais, tant » plus je vois que le patriotisme gagne de partout. Tant » plus je vais, tant plus je vois que les braves sans-cu-» lottes sont irrésistibles. Tant plus je vais, tant plus je » vois, » etc., etc. Il continua ainsi à nous répéter son *tant plus je vais, tant plus je vois,* au moins vingt fois, à la grande admiration de ses camarades et des matelots. Cette harangue rappelait parfaitement la comédie des *Plaideurs* : « Quand je vois le soleil et quand je vois » la lune. » Les officiers de marine qui assistaient à notre réception eurent, comme nous, le mérite de ne pas éclater. Nous annonçâmes à notre tour, pour le lendemain, une séance publique destinée à fraterniser avec le club du vaisseau, et nous partîmes au milieu des acclamations patriotiques. »

Jusque-là tout était pour le mieux, et Truguet s'estimait heureux de voir les aspérités du contact des Marseillais avec les Corses adoucies par une société conciliante : le port, la grande place, les principales rues d'Ajaccio se remplirent de soldats débarqués, et la population, naturellement hospitalière, faisait accueil aux nouveaux venus, lorsque le lendemain une sinistre rumeur vint troubler dans ses méditations Lucien Bonaparte, qui préparait le discours promis la veille.

« Le bruit des portes se fermant tour à tour était dominé par le cri habituel de nos émeutes : *Serra, serra!* fermez, fermez! Le tocsin appelait tout le monde aux armes; une troupe d'amis accourait à la maison lorsque j'en sortais. Nous marchâmes vers la grande place d'où venait le bruit. Les rues étaient remplies d'hommes armés. Près de la porte de la ville, une femme échevelée criait : « Les Jacobins assassinent mon mari! » C'était une Corse mariée à un Français du continent, qui jadis ayant rempli un poste d'administration, était connu par ses opinions aristocratiques. Il se trouvait malheureusement sur le môle lorsque les Marseillais arrivèrent; il fut désigné comme aristocrate : aussitôt le cri : « *Les aristocrates à la lanterne!* » retentit dans la multitude débarquée. Mais ce cri, auquel étaient habitués les Marseillais, enivrés de fanatisme démagogique, loin de trouver un écho parmi les bons habitants d'Ajaccio, excita leur indignation et leur horreur. Ils s'armèrent en foule pour défendre la victime. Lorsque j'arrivai sur la place, elle était couverte de toute la population, bien décidée à ne pas laisser déshonorer nos murailles par un si lâche attentat. Les officiers de l'escadre avaient rappelé tous les Marseillais. Secondés par nos efforts, ils réussirent à les entraîner : on les consigna sur leurs bords; ils ne parurent plus à terre, et certes nous avions perdu toute envie de fraterniser avec eux. La flotte mit à la voile peu de jours après [1]. »

Napoléon habitait Bonifacio depuis deux mois; il y tenait pour demeure une petite maison fort modeste, située rue Piazza-Longa, presque vis-à-vis celle qu'occupa

[1] *Mémoires de Lucien*, t. Ier, p. 13 et suiv.

Charles-Quint au retour de sa funeste expédition d'Afrique. Un homme actif, honnête, intelligent, appelé Quilicus Gazzano, lui servait alors de secrétaire, de commensal et de confident presque intime, composant ses tableaux de situation, écrivant ses lettres de service, et le secondant pour toute espèce de choses. Napoléon montrait déjà l'esprit d'ordre, la rapidité de conception, l'exquise propreté qui le caractérisaient sous l'empire, et Gazzano ne semblait point inférieur aux Bourrienne, aux Fain, aux Meneval, confidents futurs du héros d'Austerlitz.

Le 22 janvier, Bonaparte faillit être victime des fureurs populaires : l'escadre de Truguet stationnait au large; on allait mettre à la voile, et la veille tous les marins de *la Fauvette,* capitaine Goyetche, ainsi que ceux des autres petits bâtiments qui devaient recevoir des troupes, étaient descendus à terre. Ces marins démagogues ne se faisaient faute d'aucun excès. Ayant cherché querelle aux volontaires, Napoléon, leur lieutenant-colonel, accourut pour rétablir l'ordre; mais traité d'aristocrate, menacé de la lanterne, il dut tirer son épée et déployer une énergie qui faillit lui devenir fatale. Furieux, les marins se précipitèrent sur lui, et sans les efforts des volontaires pour le dégager, sans l'intervention du conseil municipal, des principaux habitants, c'en était fait du plus grand homme des temps modernes. Rendant compte à la Convention d'une lutte aussi déplorable, Truguet laisse déjà pressentir l'insuccès qui l'attend sous les murs de Cagliari. Il jeta cent dix mille bombes; mais après six heures d'infructueux efforts, il fallut abandonner la plage de Quartù; circonstance dont les Sardes font honneur à saint Effino; car cette vénérable effigie avait été promenée solennellement autour de la ville. Ce fut dans un débarquement isolé sur l'île de la Madeleine que Napoléon, ayant essayé l'effet des bombes et des boulets rouges du bastion Saint-Antoine, étonna tous les spectateurs par l'admirable justesse de son tir; il atteignait le but mieux que ne le faisaient les soldats avec leur fusil. La retraite fut précipitée; Napoléon voulait qu'au moins on emportât tout le matériel qu'il avait eu tant de mal à rassembler; mais la perte du *Vengeur* et la dispersion de plusieurs petits bâtiments faisaient que l'escadre entière ne pouvait plus contenir qu'avec la plus grande peine les troupes débarquées.

L'église de la Madeleine conserva quarante ans une bombe pointée vide par Napoléon lui-même. Voulant effrayer les habitants, il leur envoya de l'île Saint-Étienne ce projectile, qui tomba dans un tombeau du sanctuaire, sans avoir blessé personne. En 1832, le conseil municipal vendit 30 écus la bombe que sa provenance aurait dû lui rendre si chère.

Truguet s'étant réservé l'attaque de Cagliari, ce fut le général Césari qui conduisit vers la Madeleine la petite armée dont Napoléon dirigeait l'artillerie. Une attaque ne pouvait réussir sans l'autre, et les excellentes dispositions de Napoléon, dont le général avait adopté le plan, durent échouer devant l'opiniâtreté défensive d'un officier du mérite le plus rare, Victor Porcile, qui, devenu major général, mourut en 1815, âgé de cinquante-neuf ans, sans avoir, dans sa longue carrière, éprouvé le moindre échec.

Cette retraite si rapide, exécutée presque sans combat, en présence d'un ennemi numériquement assez faible, affligeait d'autant plus Bonaparte qu'il nourrissait l'intime conviction du succès, et qu'il en avait d'avance donné la garantie morale; mais d'autres soldats, d'autres chefs étaient nécessaires : les soldats manquaient d'habitude et de tenue, les chefs de résolution. Dans toute l'armée n'existait déjà qu'un seul homme : cet homme s'appelait Napoléon.

« La flotte de la République, écrivait Truguet, devait seconder les opérations de terre en Sardaigne. Il était bien facile de s'emparer de cette île importante, immédiatement après la conquête de Nice et de la Savoie; mais une longue et dispendieuse attente... des entraves sans nombre... une défense préparée... une indiscipline dans les troupes... une terreur anticivique et soudoyée... de basses jalousies... des complots dénoncés et impunis... Jetons un voile sur ces malheurs; le seul moyen de les affaiblir, c'est de les regarder comme des leçons. Que nous reste-t-il à faire? Presque tout, et cependant tout est encore possible [1]. »

Rentré vers la fin de février à Bonifacio, Bonaparte y trouva des lettres de Salicetti, de Fauvelet, de son frère Joseph; il y apprit la catastrophe du 21 janvier, les menaces hostiles de l'Europe entière, les mouvements réactionnaires de la Corse, la mission du conventionnel Lacombe-Saint-Michel, chargé d'y mettre un terme, et la création de quatre bataillons d'infanterie légère destinés au remplacement des bataillons de garde nationale, dont il était encore un des lieutenants-colonels.

Cette réorganisation de la milice corse, décrétée le 5 février sur la proposition de Salicetti, était une idée napoléonienne : les considérants du tribun se retrouvent dans les lettres que lui écrivait alors Bonaparte. Il en est de même des motifs pour lesquels, huit jours auparavant, Salicetti avait fait demander aux comités de la guerre,

[1] Rapport au Comité de salut public sur l'état de notre marine et de nos forces dans la Méditerranée; daté du 22 juillet 1792.

de la marine et de défense générale, un rapport sur les moyens protecteurs qu'exigeait la Corse. Pour y répondre, les comités n'auront eu qu'à puiser dans les *Mémoires*, déjà fort nombreux, fournis par notre officier d'artillerie.

Cette île préoccupait alors la Convention : nos législateurs la savaient inquiète, mécontente, regrettant Louis XVI, affligée de la destruction des autels, obéissante à Paoli, qui d'un geste pouvait la soulever ou l'apaiser. Ils voulaient envers elle prendre des mesures rigoureuses et la soustraire aux influences locales, au pouvoir de Paoli; mais la prudence leur disait d'attendre une occasion, un prétexte; aussi le *Précis de l'état actuel de la Corse*, par Volney, fut accueilli dans le journal officiel [1]. Volney déclare « qu'après avoir épuisé tous les moyens d'opérer le bien sans scandale, il ne lui reste, pour demeurer digne de la confiance nationale dont les Corses l'ont honoré, que de déchirer le voile du mensonge sous lequel un machiavélisme astucieux opprime la liberté du peuple insulaire et dévore la fortune du peuple français. » Tel est le préambule dont l'écrivain fait précéder la critique acerbe, exagérée qu'il fait d'un pays bouleversé dans le chaos des agitations sociales, mais qui gardait un précieux levain de mœurs primitives, de patriotisme et d'honnêteté. Volney n'aperçoit en Corse ni routes, ni comptes, ni recettes régulières, ni justice, ni liberté politique, ni liberté civile; il trouve l'agriculture misérable, l'industrie nulle; il ne voit que gaspillage, vols, assassinats impunis, dépenses annuelles évaluées à 50 millions, sans aucun résultat; puis il se plaint de tout le monde, de Paoli, qu'il traite ironiquement d'Excellence; de Pozzo di Borgo, qu'il accuse d'être le moteur

[1] *Moniteur*, nos 79, 80, 124.

principal du désordre; de Salicetti, auquel il suppose l'arrière-pensée de renverser Paoli, dont la personne, si l'on en croit Volney, ne serait plus qu'un fantôme... »
Cette dernière opinion sur l'illustre général pourrait donner la mesure des exagérations du critique, et conséquemment atténuer leur effet, si lui-même, dans les lignes suivantes, ne livrait avec ingénuité le secret de sa mauvaise humeur :

« J'avoue que je regrette de n'avoir pu trouver en Corse la paix agricole que j'y cherchais, et de n'avoir pu conserver le domaine national où je comptais cultiver le coton, l'indigo, le café, le sucre, et ouvrir la carrière d'une industrie et d'un commerce nouveau sur la mer Méditerranée... Mais tout le peuple corse m'est témoin que depuis trois ans personne ne jouit chez lui du bonheur champêtre que j'ai désiré; et quant à l'admission au conseil du département, où l'intérêt national m'ordonnait d'arriver, l'on croira difficilement en France que j'aie de l'humeur d'avoir été repoussé d'un pays où les motifs publics de ma défaveur ont été de passer pour un hérétique... »

Napoléon ne fut pas moins affligé que surpris de sentir son île natale mise de la sorte au ban des nations civilisées, et des hommes, qu'il estimait alors beaucoup, frappés dans leur honneur par un personnage considérable, dont il avait cru les sympathies acquises au peuple corse. Mais ce n'était qu'un premier pas, une première attaque ; d'autres accusations devaient bientôt surgir. Le 2 avril, Escudier se rendit l'organe de la Société républicaine de Toulon, qui, reprochant au général Paoli ses allures souveraines, son influence, son excessive autorité, ses attentats contre la liberté, demandait que la Convention traduisît immédiatement à sa barre le général Paoli et le procureur-syndic Pozzo di Borgo. Lasource, Marat, Cambon, Barrère, ayant appuyé la motion d'Escudier, on rendit séance tenante, sans autre examen, le décret suivant : « Les commissaires qui sont maintenant dans l'île de Corse peuvent, s'ils le jugent convenable, s'assurer de Paoli par tous les moyens possibles, et le traîner devant la Convention, ainsi que le procureur général syndic du département. Le présent décret leur sera porté par un courrier extraordinaire. »

Quelques jours après, Delcher, Salicetti partaient pour la Corse, munis de pleins pouvoirs, et l'escadre de la Méditerranée recevait l'ordre d'y transporter immédiatement des troupes. Cependant Paoli, Pozzo di Borgo ne trahissaient point encore et n'avaient peut-être même pas l'intention de le faire : ils comprenaient la révolution à peu près comme la comprenaient les Girondins; ils la voulaient honnête, libérale, mais ni coercitive ni sanglante; ils pensaient ne pas devoir l'isoler du sentiment de respect qu'inspirent les croyances ou d'anciennes habitudes nationales.

Paoli se trouvait à Calvi lorsque lui parvint le décret de la Convention. Rien n'était plus facile que d'en comprendre le sens; mais soit qu'il voulût gagner du temps pour résister les armes à la main, soit qu'il eût l'intention, en sauvegardant sa tête, d'éviter une guerre civile, il s'excusa de ne point déférer aux ordres du gouvernement, alléguant la caducité de son âge, des incommodités habituelles, la longueur du chemin. — « Si vous croyez, disait-il, citoyens représentants, qu'il soit nécessaire pour la paix et la sûreté de ce pays, et pour l'affermissement de la liberté et de l'égalité en Corse, que ma présence ne soit plus ici un sujet de méfiance, de haine ou de jalousie, parlez; je m'éloignerai sans murmure du pays qui m'a vu naître et qui a honoré ma vie et mon nom. Je consommerai, avec ce nouveau sacrifice, ceux que j'ai eu la satisfaction d'offrir à la patrie, à la révolution, emportant avec moi pour seules consolations, l'estime et les regrets de mes compatriotes, et une conscience exempte de tout reproche [1]... »

Lorsque Paoli se posait ainsi comme victime, il trouvait, sans le savoir, un défenseur énergique en Napoléon, qui, saisissant la plume avec la même hardiesse qu'il saisissait l'épée, ne craignit pas, quand lui parvint le *Moniteur,* de protester dans les termes suivants contre le décret de la Convention :

« Représentants,

» Vous êtes les vrais organes de la souveraineté du peuple. Tous vos décrets sont dictés par la nation, ou immédiatement ratifiés par elle. Chacune de vos lois est un bienfait, et vous acquiert un nouveau titre à la reconnaissance de la postérité, qui vous doit la république; à celle du monde, qui datera de vous sa liberté.

» Un seul de vos décrets a profondément affligé les citoyens de la ville d'Ajaccio; c'est celui qui ordonne à un vieillard septuagénaire, accablé d'infirmités, de se traîner à votre barre, confondu un instant avec le scélérat corrupteur ou le vil ambitieux.

» Paoli serait-il donc corrupteur ou ambitieux ?

» Corrupteur ! et pourquoi ? Est-ce pour se venger de la famille des Bourbons, dont la perfidie politique accabla sa patrie de maux et l'obligea à l'exil ?

» Est-ce pour rétablir l'aristocratie ? Lui qui détruisit les fiefs, et ne connut d'autre distinction que celle du citoyen ?... Est-ce pour donner la Corse à l'Angle-

[1] Lettre autographe en date du 26 avril.

terre, lui qui ne l'a pas voulu donner à la France, malgré les offres de Chauvelin?... Livrer la Corse à l'Angleterre! qu'y gagnerait-il? De vivre dans la fange de Londres. Que n'y restait-il lorsqu'il y était exilé?...

» Paoli serait-il ambitieux? Si Paoli est ambitieux, que peut-il désirer de plus? Il est l'objet de l'amour de ses compatriotes, qui ne lui refusent rien; il est à la tête de l'armée, et se trouve à la veille de devoir défendre le pays contre une agression étrangère; il a tout gagné à la république...

» Paoli ambitieux! Représentants, lorsque les Français étaient gouvernés par une cour corrompue, lorsqu'on ne croyait ni à la vertu ni à l'amour de la patrie, l'on a dû sans doute dire que Paoli était ambitieux... C'est à Coblentz que Paoli doit passer pour ambitieux; mais à Paris, dans le centre de la liberté française, Paoli, s'il est bien connu, sera le patriarche de la liberté, le précurseur de la république française; ainsi pensera la postérité, ainsi le croit le peuple. Rendez-vous à ma voix; faites taire la calomnie et les hommes profondément pervers qui l'emploient. Représentants! Paoli est plus que septuagénaire, il est infirme, sans quoi il serait allé à votre barre pour confondre ses ennemis. Nous lui devons tout, jusqu'au bonheur d'être république française. Il jouit toujours de notre confiance; rapportez, en ce qui le concerne, votre décret du 2 avril, et rendez à tout ce peuple la joie [1]... »

En avocat désireux d'ébranler, de toucher ses juges, Napoléon avait exprimé les pensées, pris le style, adopté les formes qu'il savait plaire à la Convention; aussi le terrible aréopage y eut-il égard, et, sur l'avis du comité

---

[1] Les points intercalés dans le texte indiquent des mots illisibles ou passés.

de salut public, on sursit jusqu'à plus amples informations au décret lancé le 2 avril contre Paoli [1]. Ce général toutefois ne crut pas devoir attendre un résultat qui pouvait lui devenir fatal, ou produire une collision funeste. En même temps qu'il écrivait à la Convention la lettre dont nous avons parlé précédemment, il chargeait deux hommes d'esprit fort adroits, Constantini et Ferandini, de le défendre près du comité de salut public, et ils le firent si bien, avec des raisons si plausibles, que le comité fut leur dupe. Fasciner de tels lynx, c'était le nec plus ultrà du savoir-faire.

Le 13 mai, les trois commissaires, qui n'osaient toucher à l'autorité militaire de Paoli, ayant cassé le directoire départemental, le directoire protesta, fit appel au suffrage des assemblées primaires, et convoqua pour le 26 mai une consulte générale à Corte. Ce fut dans cet intervalle qu'eut lieu la retraite triomphale de Paoli au Rostino. Sa puissance légale, il venait de la déposer; mais peut-être en aucun temps de sa vie puissance plus réelle ne l'avait soutenu; gloire aussi pure, désintéressement aussi profond n'étaient venus servir de relief à ses actes. « Je me rappelle encore avec émotion, disait l'Empereur sur son rocher d'exil, les moindres détails du voyage à Porto di Nuovo, pendant lequel j'accompagnais Paoli. Nous étions plus de cinquante jeunes gens, des premiers de l'île, pour lui faire une escorte d'honneur. Je me sentais fier de marcher à côté de lui; et il paraissait prendre plaisir à me montrer, avec une affection paternelle, les passages de nos montagnes témoins de l'héroïque lutte de nos compatriotes pour l'indépen-

---

[1] Séance du 29 mai : « Un citoyen de l'île de Corse sollicite le rapport du décret rendu contre Paoli; il expose que ce citoyen a combattu toute sa vie pour la liberté. » Cette pétition est renvoyée au comité de salut public.

dance nationale. Mes impressions en l'écoutant vibrent encore dans mon âme. — Tenez, Montholon, mettez la main sur mon cœur, voyez comme il bat.... »

Retranchés, avec une garnison nombreuse, derrière les murailles de Bastia, Delcher, Lacombe-Saint-Michel et Salicetti sentaient l'insurrection grandir autour d'eux, occuper toute la côte maritime dans un parcours d'environ cent lieues, irradier ou bondir à travers l'espace, monter aux clochers pour y sonner le tocsin, ouvrir les églises pour y ramener les prêtres, et chasser des municipalités les élus de la Convention; mouvement à la fois patriotique et religieux, dont Paoli semblait n'être que le témoin; mouvement instantané, presque universel, car Bastia, Calvi, Saint-Florent étaient les seuls points occupés par les Français.

A mesure que la révolution française marchait au milieu des décombres et du sang, Paoli, longtemps méditatif et silencieux, paraissait plus explicite; il voulait qu'on pensât comme lui, et sa bienveillance se retirait de ceux qu'il supposait devoir contrarier ses vues. La coopération des Bonaparte lui devenait précieuse autant que leur affection lui était chère. Pour se l'assurer, il n'y eut sorte de caresses et de raisons qu'il n'employât; peut-être même les eût-il ébranlés s'il avait toujours été calme; mais le caractère passionné de ses discours les tenait en garde contre l'entraînement d'ailleurs si naturel de leur âme.

« Les voilà, vos Français, disait-il à Lucien, vautrés dans le sang innocent! Eh bien! osez-vous encore les défendre? Je ne le souffrirai plus. Les fils de Charles Bonaparte ne peuvent m'abandonner. Il faut que tes frères se décident : qu'ils choisissent entre la France et moi. Mais il n'y a plus de France. Les misérables tuent tout ce qui mérite de vivre... Ils ont égorgé leur roi, le meilleur des hommes.... *un saint, un saint, un saint!*.... (répétait-il avec une ardeur croissante à chaque mot). La Corse ne veut plus d'eux.... Je n'en veux plus.... Qu'ils gardent pour eux leur sanglante liberté; elle n'est pas faite pour mes braves montagnards. Il vaudrait mieux redevenir Génois..... J'attends tes frères. Et malheur à qui se prononcera pour cette horde de brigands! Je ne connaîtrai plus personne..... personne..... pas même les fils de Charles!..... » — « Je vois encore cet ardent vieillard : son visage étincelait; sa colère le grandissait. Son erreur était déplorable, puisqu'il ne voyait dans notre immortelle révolution que les crimes de la Terreur. Nous lui disions vainement que l'exécrable régicide de Charles Ier n'avait pas empêché la liberté anglaise de s'établir plus tard; il ne voulait rien entendre. Mais le motif qui l'égarait était pur comme son âme. Il eut le tort de désespérer de la fortune de la France, et de ne voir de salut pour son pays que dans sa réunion à l'Angleterre, qu'il estimait par-dessus toutes les nations. Il s'est trompé sur l'avenir; mais il n'a pas cessé, malgré son erreur, d'être digne de lui-même. Ceux qui ont expliqué sa conduite par le motif d'une vulgaire ambition ne l'ont pas connu. Paix, honneur, gloire à sa cendre! Elle est digne du Panthéon d'une nation libre; elle est digne de reposer sous les voûtes de Westminster!..... »

Déposée sur son tombeau comme un baume consolateur pour ses mânes, par un illustre exilé dont le sort fut presque analogue au sien, cette appréciation juste des sentiments de Paoli sert à prouver qu'il y a chez les grands cœurs, même à l'énorme distance d'opinion qui les sépare les unes des autres, un profond sentiment d'équité dont les siècles confirment l'expression.

Avec son tact habituel, madame Letizia fut une des premières à pénétrer Paoli. Un jour même, elle crut devoir, vis-à-vis de lui, s'exprimer franchement et trancher la part du devoir, comme elle le comprenait et comme elle voulait le faire suivre aux siens. Devant une autre femme, Paoli eût employé des phrases évasives et voilé sa pensée. Devant madame Letizia, qui le fixait avec son œil incisif et sévère, qu'il jugeait d'ailleurs très-digne d'une conversation expansive, dût la conversation ne pas se trouver en rapport avec ses idées, Paoli ne déguisa rien. Madame Letizia le combattit vivement. Ce fut sans succès. « Eh bien, dit-elle après un entretien qui avait duré deux heures, je vous laisse huit jours de réflexion; je vous les accorde en mémoire de mon Charles, qui vous aimait; en témoignage de votre vieille gloire : puis, cette semaine écoulée, si vous persistez dans vos projets, je retire mes enfants près de moi, et d'amie la signora Letizia devient votre ennemie. — Signora, je ne cesserai d'être digne de vous et de la Corse, » répliqua Paoli, et lui serrant affectueusement les mains, il la quitta pour ne plus la revoir.

Sur ces entrefaites eurent lieu les fameuses séances de la consulte. Après avoir élu Paoli président, Leonardo vice-président, Pozzo di Borgo secrétaire, la consulte reconnut en principe notre autorité; mais elle déclara repousser les prêtres constitutionnels et les assignats; elle créa d'office Paoli généralissime, maintint le directoire, décida que les quatre anciens bataillons de milice nationale corse seraient immédiatement réorganisés; proscrivit Casabianca, Salicetti, ainsi que tous les hommes regardés comme hostiles aux insurgés, et voulut qu'on mît en arrestation leur famille pour servir d'otages.

Lorsque la consulte eut clôturé ses travaux, l'appel aux armes retentit; le peuple corse, organisé militairement, ne forma qu'un peuple de soldats; plusieurs combats furent livrés; et le 3 juin, deux mille rebelles attaquèrent Calvi. La courageuse activité du législateur Arena, l'intrépide sang-froid du colonel Sinetti, rendirent impuissants les efforts de Leonetti, neveu du général Paoli, qu'on entendait crier aux Français : « Scélérats! vous payerez cher le sang de votre roi ! »

Le 21 juin, Delcher et Salicetti s'embarquaient pour informer la Convention du véritable état des choses, réclamer des mesures vigoureuses et tâcher d'arracher la Corse aux mains de Paoli; mais la révolte marchait autrement vite que les commissaires : Lacombe Saint-Michel écrivait au comité de salut public :

« Tout est consommé, la contre-révolution est complète. Paoli est nommé généralissime, c'est-à-dire souverain; le clergé a été réintégré; les émigrés sont rentrés; Paoli s'est couvert du masque de la religion; il a été nommé président de la *consulta* (assemblée extraordinaire de députés de toutes les communes de Corse); il a égaré les habitants sur l'état de la France et sur les dispositions de la Convention nationale; il a daigné verser des larmes sur le sort de la patrie; les quatre cinquièmes des habitants sont égarés et séduits... »

Aucun manifeste cependant n'était encore émané de Paoli; mais, en ne refusant ni la présidence de la consulte, ni le titre de généralissime, en sanctionnant par sa signature et par son silence les actes d'une assemblée rebelle à la Convention, il assumait sur sa tête la responsabilité la plus grave. — « C'est chose faite, dit Joseph à Napoléon le lendemain de la consulte, Paoli pense, agit comme un factieux; nous devons rompre avec lui, car dans quelques jours il le deviendra sans doute. »

Napoléon, qui prisait ce caractère antique, qui portait le plus profond respect au grand capitaine, hésitait à le condamner, et trouvait dans son cœur des motifs d'excuse que ne pouvait admettre sa raison. Quant à Lucien, demeuré au Rostino, rien d'assez grave, rien d'assez significatif ne troublait sa candeur, pour qu'il s'affranchît des liens de gratitude et d'estime qui l'attachaient à l'héroïque défenseur du pays natal. Les sorties virulentes de Paoli contre la révolution française, justifiées d'ailleurs par tant d'excès, témoignaient à ses yeux la révolte d'une conscience indignée. Jamais il n'en eût été froissé si l'éloge de l'Angleterre n'était venu souvent s'y mêler. Lucien Bonaparte déplorait l'engouement du grand homme qui le rendait injuste envers sa nouvelle patrie, mais il ne persistait pas moins à lui rester fidèle.

CHAPITRE QUINZIÈME.

LES BONAPARTE OBLIGÉS DE QUITTER LA CORSE.

Les Bonaparte se déclarent contre Paoli. — Discours de Napoléon à la société patriotique d'Ajaccio. — Députation des républicains d'Ajaccio envoyée à Marseille et conduite par Lucien. — Paoli veut enlever les Bonaparte. — Joseph et Napoléon Bonaparte se rendent, sous un déguisement, Joseph à Bastia, Napoléon à Calvi. — Napoléon arrêté en traversant le Marzzolino. — Arrivée de Lucien à Marseille; son discours à la société populaire, ses succès de tribune et son retour sur lui-même. — Conduite héroïque de madame Letizia dans la ville d'Ajaccio. — Sa fuite au Monte-Rotondo. — Incendie d'une portion de la maison patrimoniale des Bonaparte. — Retour de Napoléon dans la banlieue d'Ajaccio. — Décrets de la Convention relativement à la Corse. — Dangers courus par Napoléon. — Sa constance énergique et sa résolution. — Débarquement de la famille Bonaparte au port de Calvi.

> Tu sortis d'un orage;
> Tu foudroyas le monde avant d'avoir un nom.
> Tel ce Nil, dont Memphis boit les vagues fécondes,
> Avant d'être nommé fait bouillonner ses ondes
> Aux solitudes de Memnon.
>
> LAMARTINE.

Après les derniers entretiens de Paoli, le voile tombait déchiré. Il fallait se décider pour ou contre lui; épouser la révolution française avec toutes ses conséquences, ou rétrograder vers l'ancien régime; rester Corse sous le protectorat du Lion britannique, ou devenir Français malgré la guillotine. « L'ancien chef de notre pays, l'ami de notre père, l'homme que nous admirions, que nous aimions le plus, était d'un côté, dit Lucien Bonaparte; la France était de l'autre... Nous nous séparâmes de Paoli. »

Dans un conseil de famille présidé par madame Letizia, conseil auquel assistèrent ses deux fils aînés, ses parents les plus proches, ses amis les plus intimes, il fut décidé que sur-le-champ Lucien quitterait le Rostino; que Joseph et Napoléon iraient donner l'éveil aux partisans de la France, et qu'ils provoqueraient un mouvement républicain dans Ajaccio, tandis que les Gentili et les Giubega détermineraient un mouvement semblable aux environs de Saint-Florent et de Calvi. Il fallait se hâter; car, au premier cri d'alarme jeté par Paoli, tous les échos de l'île avaient répondu; au premier signal donné par lui, quarante mille insulaires avaient saisi leurs armes. *Viva Paoli!* vive Paoli! criait-on. — *Che il solo Paoli ci governi!* que Paoli seul nous gouverne! — *Noi vogliamo tutto ciò che vuole;* nous voulons tout ce qu'il veut; — *Guai a suoi nemici!...* malheur à ses ennemis!...

Tout cela s'opérait avec la rapidité de la pensée. Les Gentili, les Giubega, secondés par Lacombe-Saint-Michel, qui se trouvait à Bastia; les Bonaparte, appuyés par la société populaire d'Ajaccio, firent seuls une résistance efficace. Chaque soir, à l'assemblée démocratique de la place de Mer, discourait Napoléon Bonaparte ou l'un de ses frères. Napoléon ordinairement employait cette éloquence concise et péremptoire qui le caractérisait déjà; tandis qu'un peu plus loin une autre assemblée, dirigée par des créatures de Paoli ou par des hommes de l'ancien régime, soutenait des doctrines diamétralement opposées. Quand la révolte de Paoli fut bien avérée, Napoléon, du haut de la tribune populaire, avec une véhémence entraînante, tonna contre les créatures de Pitt et de Cobourg, contre les modérés qui rêvent une restauration d'abus, et qui ne voient pas qu'échapper à la protection puissante de la France, c'est passer sous les fourches caudines de l'Angleterre. — « Qu'est-ce que la

Corse? s'écriait l'orateur. Une île vaillante, à la tête de feu, au cœur d'acier sans doute; mais c'est un point perdu dans l'espace, incapable de lutter seule et de garder son indépendance absolue au milieu des mers. L'Angleterre l'absorbera, et vous deviendrez la proie de l'égoïsme perfide du peuple le moins généreux de l'univers. » — « Non, non, jamais, jamais! » répétaient les tribuns avec un tonnerre d'applaudissements et des trépignements presque frénétiques. — « Alors, reprenait Napoléon, puisque vous ne voulez pas être esclaves, demeurez unis, et jetez l'épouvante chez vos adversaires par la spontanéité des résolutions. L'incertitude, l'hésitation seraient désormais un crime. Dans les troubles politiques, il faut se dessiner. Il n'y a sur la scène révolutionnaire qu'amis et ennemis. C'est un devoir de réfléchir, de peser le juste et l'injuste, puis d'opter. Solon, ajoutait l'orateur en terminant, punissait de mort tout homme resté neutre dans les troubles civils, et Solon avait raison. Que les vrais patriotes considèrent les modérés comme leur étant hostiles; qu'ils épient leurs démarches, leurs discours, et qu'au premier mouvement de leur part, ils prennent des fascines et brûlent leur salle d'assemblée. » Napoléon, entraîné par son débit fort au delà de ses sentiments personnels, avait parlé durant trois quarts d'heure. A différentes reprises des acclamations vives l'interrompirent, elles redoublèrent lorsqu'il eut terminé son discours, et plusieurs démocrates exaltés, après lui avoir donné l'accolade fraternelle, le portèrent en triomphe de l'estrade à sa place.

Cette harangue tribunitienne électrisa les républicains conventionnels d'Ajaccio, terrifia leurs adversaires. Il fut résolu que sur-le-champ une députation prise dans le sein de la société populaire, ayant à sa tête Lucien

Bonaparte, qui venait de quitter le Rostino, se rendrait à Marseille, et de Marseille à Paris, pour implorer de prompts secours; que Joseph irait à Bastia s'entendre avec le représentant du peuple, et que Napoléon, après avoir donné des ordres pour la défense de la ville en cas d'attaque, tâcherait de recruter, de réunir et d'organiser les républicains de la montagne.

Paoli, sachant ce qui se passait, et n'ayant de résistance à craindre que dans les villes du littoral, ne négligeait, de son côté, aucun moyen d'action. Il préparait quelques coups hardis et décisifs. Il voulait enlever les Bonaparte, et, dans sa première fureur contre Joseph et Napoléon, il avait ordonné de les lui amener morts ou vifs, *morte o viventi!* En quelques heures, les trois frères eurent quitté la ville d'Ajaccio, abandonnant, non sans de vives inquiétudes, une mère chérie, une famille bien-aimée, exposée à la haine des partisans de Paoli. Mais madame Bonaparte elle-même, qui grandissait avec le danger, leur avait commandé d'aller où l'intérêt public réclamait leur présence, et de ne se préoccuper de leur mère qu'après avoir sauvé la patrie.

Sous le déguisement d'un marchand de bestiaux, Joseph traversa l'île en biais; il arriva promptement à Bastia, où sa présence devenait fort utile, par la connaissance qu'il possédait du personnel et des ressources de l'administration dont il faisait partie. Napoléon, accompagné d'un Corse fidèle appelé Moltedo, costumé comme lui en matelot, gagna la montagne. Mais à peine avait-il franchi trois ou quatre lieues qu'une troupe considérable de villageois armés qui descendaient des vallées supérieures, voulut l'arrêter ou le contraindre à marcher avec eux. Il leur échappa, non sans peine, et traversant le Marzzolino, petit district intermédiaire, il gagna Calvi après avoir erré plusieurs jours à travers la campagne, dont toutes les issues étaient déjà gardées par les volontaires du généralissime.

Pendant ce temps-là, Lucien, à la chute du jour, s'embarque dans la rade d'Ajaccio, arrive le lendemain vers la même heure au port de Marseille, et avec la députation, il se rend sans retard, sans prendre le moindre repos, à la société populaire, l'une des plus exaltées de nos provinces méridionales. Là, dans une vaste salle assez sombre, garnie de tribunes où s'agitaient des femmes échevelées, siégeaient, couverts du bonnet phrygien et revêtus de la carmagnole, autour d'un tapis rouge, des hommes à figure atroce, tels qu'on n'en voit heureusement plus. On annonce une députation des patriotes corses. — « Qu'ils entrent, dit le président d'une voix de stentor, qui, loin de rassurer, eût fait frémir les plus audacieux ; qu'ils viennent au soleil de la liberté marseillaise ; la Corse a toujours été l'amie de Marseille. » — Et les tribunes d'applaudir ; et la foule de se tasser pour livrer passage aux insulaires, à la tête desquels s'avance, la tête haute, l'œil fier et la démarche assurée, le jeune Lucien Bonaparte. Il réclame la parole pour une communication d'urgence. On la lui accorde immédiatement, et il monte à la tribune avec l'intention bien arrêtée de ménager Paoli, mais de révéler la trahison et de faire ressortir le pressant danger que courent en Corse les amis de la république. « Pour la première fois, dit Lucien, j'éprouvai combien les passions de ceux qui écoutent ont de force sur celui qui parle. Entraîné par les cris, les trépignements des tribunes, j'en vins bientôt à dire tout ce qu'il fallait pour les exciter davantage : ce ne fut plus seulement un prompt secours que je demandai, mais je peignis Paoli comme ayant abusé de la confiance nationale, et n'étant entré dans son île que pour la livrer aux Anglais. Ceux-ci surtout ne furent pas épargnés dans mes figures de rhétorique : c'était la corde sensible des auditeurs, et j'en fis mon thème favori. Je fus accablé d'embrassades et de compliments : on ne voulait pas me laisser quitter la tribune ; j'y bavardai deux heures à tort et à travers. Les motions se succédèrent l'une à l'autre : l'impression de mon discours, un message aux administrateurs du département pour envoyer des troupes au secours d'Ajaccio, une députation de trois membres pour nous accompagner aux Jacobins de Paris, dénoncer la trahison et demander vengeance, toutes ces mesures furent prises d'urgence et à l'unanimité. Mes collègues ne se trouvaient pas en fonds pour le voyage de Paris : je résolus de partir seul avec les députés de Marseille, et nous sortîmes de la séance après minuit. La solitude et le repos calmèrent mes esprits ; l'image de ce Paoli, si longtemps l'objet de mon culte, vint porter dans mon âme un trouble qui ressemblait presque à des remords. Je me répétais les conversations du Rostino. Je venais précisément de débiter, sans préméditation, le contraire de ce que j'entendais depuis plusieurs mois d'une bouche révérée. Des cris furieux contre Paoli avaient répondu à mon éloquence emportée. On m'avait associé, pour aller à Paris, des hommes dont l'aspect repoussant, la parole sauvage et le ton des halles m'avaient désagréablement surpris. Après un sommeil agité, je me réveillai mécontent et incertain. Les députés marseillais vinrent me prendre pour déjeuner au café ; je les suivis. Ils me conduisirent à la Cannebière, la principale rue de Marseille. J'admirais cette longue place environnée de superbes édifices : une foule immense d'hommes, de femmes, d'enfants s'y promenait ; on se coudoyait pour avancer. Je demandai à un des frères et amis si c'était un jour de fête. « Non, me répondit-il tranquillement, ce n'est qu'une vingtaine d'aristocrates qui font la culbute; est-ce que tu ne les vois pas? » Je regardai dans la direction de son bras étendu..... et je vis la guillotine, rouge de sang, qui travaillait.... C'étaient les plus riches négociants que l'on immolait depuis un quart d'heure! Et cette foule qu'ils avaient tant de fois nourrie venait se promener à la Cannebière pour jouir du spectacle! Et les boutiques étaient pleines de chalands comme à l'ordinaire! Et les cafés étaient ouverts! Et les gâteaux et les pains d'épice circulaient comme en un jour de foire!!! En me promenant pour la première fois dans les rues de Marseille, voilà ce que je vis, et ce que je n'oublierai jamais. Je quittai le café, sous je ne sais quel prétexte, et je déclarai le lendemain que je n'irais pas à Paris [1]. »

Demeurée seule avec ses deux plus jeunes fils, ses trois filles et son frère l'abbé Fesch, environnée d'ennemis, madame Letizia Bonaparte n'était au-dessous ni des circonstances, ni de l'espoir qu'on plaçait en elle. Sa maison ressemblait à la tente d'un état-major général, d'où partaient incessamment des ordres ou des avis pour tous les points de l'île. En habile chef, elle pourvoyait à tout, prévoyait tout, maintenait les mutins, encourageait les faibles, soutenait l'énergie des forts, expédiait de nombreux messages par terre et par mer, appelait des secours, annonçait comme prochains ceux mêmes qu'elle n'attendait pas, signalait comme positive l'arrivée de la flotte française, qu'elle désirait sans y compter, et pressait le retour de Joseph et de Napoléon, que les républicains conventionnels réclamaient pour guides.

[1] *Mémoires* déjà cités.

L'abbé Fesch lui servait de chef d'état-major; et souvent elle-même, quand il le fallait, parcourait les rues d'Ajaccio, où sa présence produisait un grand effet. Certain jour, par exemple, elle apprend que les gens de Paoli marchent sur la municipalité pour en arracher le drapeau français. Aussitôt quittant sa demeure, suivie d'amis courageux, elle arrive sur la place, harangue la multitude, et fait respecter les couleurs de la république, sur lesquelles personne n'ose mettre la main.

Cette position toutefois, dans l'isolement où se trouvait madame Bonaparte, devenait plus dangereuse de jour en jour; on avait beau fermer les portes d'Ajaccio, il ne fallait qu'un traître pour les livrer, et plusieurs fois déjà des avis secrets annonçant le prochain enlèvement, même l'assassinat de la famille Bonaparte, étaient parvenus à madame Letizia. Que faire? quel moyen tenter? Fuir lui semblait plus dangereux encore que d'attendre. Des amis dévoués, armés jusqu'aux dents, gardaient les abords de sa maison. Pour le jour, elle craignait peu; mais la nuit lui suggérait de bien tristes sollicitudes. Couchée la dernière, la première debout; couvant sans cesse de ses yeux des êtres chéris qu'elle aurait voulu sentir loin d'elle, et dont elle n'osait se détacher, presque toujours elle veillait seule; s'il lui arrivait de céder au sommeil, il fallait que le sommeil vînt la surprendre; et jamais un lit ne la recevait déshabillée. Certaine nuit que, harassée de fatigue, elle s'était profondément endormie, des pas d'hommes retentissent dans la rue; on frappe à la porte doucement d'abord, plus vivement ensuite; une domestique se lève, et tremblante demande qui va là. — *Presto! presto!* répond l'homme qui a frappé; et dès que la porte s'est entr'ouverte, il se précipite avec trois ou quatre autres personnages armés qui le suivent droit à l'appartement de la signora Letizia. *Presto, alzatevi, alzatevi*, vite, levez-vous, levez-vous; *il tempo sollicita,* le temps presse..... Éveillée subitement, madame Bonaparte se croit entourée d'ennemis, et déjà se résigne à son sort, lorsque la lueur d'une torche de sapin, tombant tout à coup sur la figure du chef qui parle, lui fait reconnaître l'un des partisans les plus dévoués aux Bonaparte, l'un des braves les plus intrépides de la montagne : « *Casta de Bastélica,* dit-elle en lui tendant affectueusement la main, *caro amico, voi ed i vostri mi avete spaventato,* mon ami, vous et les vôtres, vous m'avez fait peur. — Soyez sans crainte, signora. Nous venons vous sauver; mais dépêchez-vous; les gens de Paoli nous suivent de près. Pas un moment à perdre; mes hommes vous attendent. Nous vous sauverons, je le jure, ou nous périrons avec vous! »

Bastelica est un des villages les plus populeux de la Corse : situé au pied du mont d'Or, au milieu d'une forêt de châtaigniers séculaires, il renferme des habitants renommés par leur bravoure audacieuse et par une fidélité sans bornes à leurs affections. Un de ces intrépides chasseurs, traversant la chaîne des montagnes qui sépare l'île en deux parties, avait rencontré une troupe nombreuse qui descendait vers Ajaccio; il avait appris que cette troupe devait être introduite la nuit dans la ville par des créatures de Paoli, y enlever la famille Bonaparte et la conduire prisonnière à Calvi. Retourner comme un trait dans son village, avertir l'intrépide Casta, armer tout ce qui avait un fusil, un poignard, et traverser à grands pas la forêt de Bastelica, fut l'affaire d'un moment. Après plusieurs heures d'une marche forcée, ces braves amis étaient entrés de nuit dans la ville au nombre de trois cents; ils ne précédaient toutefois les ennemis que de peu de milles.

On se hâta; on prit à peine le temps de s'habiller et d'enlever l'argenterie, les bijoux et divers papiers; chaque montagnard entré dans la maison s'empara d'un enfant; deux autres montagnards robustes firent de leurs bras liés l'un à l'autre une assise pour madame Letizia, puis, à pas de loup, la colonne se mit en route, ayant au centre la famille Bonaparte, et pour avant-garde quelques éclaireurs dirigés sur Corte. Il était environ une heure après minuit; la ville, plongée dans le sommeil, ne se douta de rien. On marcha jusqu'à l'aurore à travers champs, et avant qu'il fît jour on s'arrêta sur le sommet d'une colline escarpée couronnée d'arbres, d'où l'on pouvait apercevoir une partie du rivage et la ville d'Ajaccio. Quelques tentes furent dressées; des branches coupées dans la forêt voisine servirent de lits de repos à la caravane. Les plus jeunes enfants, Caroline et Jérôme, s'endormirent paisiblement comme chez eux, tandis que les aînés, pressés contre leur mère, partageaient ses appréhensions légitimes. A tout instant on entendait résonner autour de soi tantôt la cloche d'alarme, tantôt le cornet ou le sifflet des montagnards; plusieurs fois les vedettes signalèrent le passage de troupes armées, qui n'eussent pas manqué d'attaquer les fugitifs, s'ils les avaient sus ennemis de Paoli; une lutte des plus acharnées, des plus meurtrières s'en serait suivie; mais la Providence veillait, et tout se passa le mieux possible.

Le jour pointait à peine quand nos voyageurs aperçurent au loin, vers la direction d'Ajaccio, une colonne de feu tourbillonnant dans l'espace. On y fit peu d'attention, jusqu'à ce que cette colonne, devenue plus haute et plus éclatante, eût permis de distinguer autour d'elle un groupe de bâtiments. « *Ecco la vostra casa che abbruccia, signora Letizia.* Voilà votre maison qui brûle, signora Letizia, s'écria tout ému l'un des chefs de la bande. — *Eh! che importa?* répondit-elle sans donner le moindre signe d'émotion. *La riedificaremo più bella.* Nous la rebâtirons plus belle. *Viva la Francia!* Vive la France! » C'était effectivement le foyer domestique des Bonaparte que consumaient les flammes; des partisans de Paoli, dont il eût certes désavoué les actes, y ayant mis le feu. Avec les meubles héréditaires, aussi anciens que la maison, avec les portraits de famille, précieuses et vivantes images des pensées intimes de ceux qui nous sont chers, avec les titres généalogiques d'une honorable ascendance, périrent d'autres choses beaucoup plus regrettables à nos yeux, les lettres confidentielles où le cœur s'épanche; la trace effacée des rêveries de l'adolescence; quelques essais littéraires et des mémoires politiques du père des Bonaparte; souvenirs matériels autour desquels se groupent tant d'idées consolantes dont se compose la véritable vie, la vie de l'intelligence et de l'âme.

Napoléon pressentait les événements d'Ajaccio; aussi s'était-il hâté de quitter Calvi, et de revenir défendre sa famille. Suivant, pour plus de sécurité, des sentiers perdus le long du littoral, il débarqua loin de la rade d'Ajaccio, sur une plage déserte, avec l'intention de gagner la ville à la faveur des ténèbres, et d'en arracher les siens, ou de leur faire un rempart de son corps, une égide de son épée. Informé du juste état des choses, ne pouvant franchir l'espace qui le séparait du Monte-Rotondo, il reprit la voie maritime qu'il avait parcourue, et rentra dans Calvi, bourrelé d'inquiétudes.

CHAPITRE XV.

Les représentants du peuple Delcher et Salicetti venaient d'y arriver, montés sur une escadre, accompagnés d'une troupe assez considérable, et tenant à la main deux nouveaux décrets de la Convention nationale : l'un de ces décrets, rendu le 1er juillet, cassait la consulte, assurait des secours aux familles républicaines chassées de leur domicile, ordonnait l'arrestation des fauteurs de la révolte, et divisait l'île en deux départements ; le second décret, daté du 17 juillet, plus explicite que le premier, devenait une déclaration de guerre, une annonce d'hostilités immédiates.

Sur le rapport de Barrère, organe du Comité de salut public, la Convention nationale avait décrété :

« Art. 1er. Paschal Paoli est déclaré traître à la République française, et mis hors la loi.

» Art. 2. Il y a lieu à accusation contre Pozzo di Borgo, procureur général syndic ; Peretti, Negroni et Tartaroli, commissaires du département de Corse à Ajaccio ; contre Gigli, Gastojoli, Ferrandi, Giagomoni, Ordioni, Benedetti, Balestriani, Chivelli, Manfredi, Auziani, Francaschi, Savelli, Filippi, Viggiani, Cottoni, Campana, Panattieri et Autout, membres du directoire et du conseil général du département de Corse ; contre Colonna-Leca et Quiderra, maire d'Ajaccio.

» Art. 3. Les nommés Marsilli et Berthola, détenus par ordre des représentants du peuple à Toulon et à Bastia, continueront d'être en état d'arrestation jusqu'à ce que les pièces qui constatent leur délit soient parvenues au Comité de salut public, qui demeurera chargé d'en rendre compte.

» Art. 4. La Convention nationale charge le conseil exécutif de déployer les forces de terre et de mer nécessaires pour mettre le département de Corse à l'abri de l'invasion des puissances coalisées, et pour y faire exécuter les lois de la République. »

Les commissaires du gouvernement, d'accord avec Napoléon, qui venait d'explorer le littoral, et qui, mieux que personne, pouvait les guider, jugèrent convenable de commencer par l'attaque d'Ajaccio, l'escadre devant bombarder la ville pendant que Napoléon la tournerait et tâcherait de s'y introduire. A cet effet, il débarque de l'autre côté du golfe, enlève la tour blanche dite Capitello, l'arme d'une pièce de canon, s'assure du terrain et attend l'ordre de marcher; mais l'ordre ne vient pas.

Si braves au bas de leurs rapports, si redondants quand il s'agissait de discourir, ces représentants du peuple furent effrayés des boulets rouges qui tombaient des remparts, ou qui leur arrivaient des vaisseaux anglais : ils décidèrent la retraite et prirent le large, lorsqu'une tempête arriva fort à propos pour sauver leur honneur. Napoléon demeura soixante-douze heures dans la tour de Capitello, attendant le signal, vivant de la chair d'un cheval, menacé d'abandon par sa troupe découragée, et ne regagnant la rive qu'après avoir tenté de faire sauter cette tour : la poudre lui manqua; la tour, restée fendue, semble debout pour rappeler une des circonstances les plus notables de la vie du héros. Son retour à Calvi, plus périlleux encore que ne l'était sa position défensive, fut un miracle.

Errante nuit et jour, madame Bonaparte ne savait quelle destinée l'attendait; mais sur elle, sur sa famille comme sur Napoléon, veillait un œil invisible. Les représentants du peuple, longeant de nouveau le rivage, apercevaient des signaux, et lançaient quelques canots qui recueillirent la famille Bonaparte. Dire les fatigues, les souffrances, les appréhensions maternelles qui ont rempli cette semaine; peindre les précautions stratégiques, les délicates prévenances imaginées par des hommes agrestes qu'inspire le sentiment du devoir, ce serait composer un livre où brilleraient à la fois la résignation d'une femme dans toute sa grandeur, et le caractère du montagnard corse dans toute l'énergie de son dévouement, dans toute la hauteur de son courage et de sa générosité. Une frégate déposa les Bonaparte au port de Calvi, où les attendait la population calvienne presque entière.

CHAPITRE SEIZIÈME.

ALEXANDRE BEAUHARNAIS GÉNÉRAL EN CHEF.

Joséphine quitte la Ferté-Beauharnais pour habiter Strasbourg. — Alex. Beauharnais successivement chef d'état-major, général de division et général en chef de l'armée du Rhin. — Il refuse le ministère de la guerre. — Accusé d'incivisme par la Commune de Paris, il adresse au *Moniteur* une lettre justificative. — Ses opérations militaires. — Il se démet du commandement et vient habiter Strasbourg. — Débats auxquels donne lieu cette démission dans le sein de la Convention nationale; Beauharnais est défendu par Tallien. — Caractère politique et militaire de ce général. — Destinée des Beauharnais, des Barral et des Tascher de la Pagerie. — Position critique de la jeune Émilie de Beauharnais. — Le vicomte et la vicomtesse de retour à la Ferté-Beauharnais. — Préludes à leur incarcération prochaine.

> « J'en suis à craindre la vie.... »
> « Ma plume est trop faible pour mon cœur!... »
> ÉMILIE DE BEAUHARNAIS, comtesse de LAVALETTE
> (*Lettres autographes*).

Les lueurs funèbres de 93 montaient à l'horizon, et, semblables aux clartés du Vésuve, chaque jour leurs clartés néfastes menaçaient de quelque nouvelle catastrophe les peuples consternés. Compagne ordinaire des incertitudes de la vie, une profonde agitation bouleversait la société tout entière, et le calme, le repos, l'espérance, ne relevaient les consciences abattues que sous le verrou d'une prison ou sur le front de bataille d'une armée.

Par son isolement, le château de la Ferté-Beauharnais n'offrait pas à Joséphine une grande sécurité; aussi le vicomte la fit-il venir à Strasbourg. Elle s'y rendit avec ses deux enfants, et continua de garder Hortense auprès d'elle, tandis qu'Eugène fut mis dans un pensionnat. Chef d'état-major d'une armée défensive, Alexandre Beauharnais s'estimait heureux d'avoir sa femme presque constamment à ses côtés; mais bientôt le titre de général de division lui imposa d'autres devoirs; il remplaça Després Crassier, qui commandait les troupes du Haut-Rhin, et se trouva forcé de subvenir, par la multiplicité des mouvements, au défaut numérique des soldats. Ce n'était qu'un prélude à de plus hautes destinées; car, dans les premiers jours de juin, la Convention nationale le nomma, sans qu'il l'eût désiré ni brigué, général en chef de l'armée du Rhin.

La France comptait alors dix grandes armées : celle du Rhin, dont le quartier général occupait Wissembourg, était devenue la plus importante, depuis que l'on comptait sur elle pour débloquer Mayence : ce fut donc avec orgueil qu'Alexandre Beauharnais accepta la haute position qui le rendait un des arbitres de notre destinée, comme nation indépendante. Il venait d'être reconnu par les troupes, d'inspecter leurs postes avancés, leurs campements, et d'annoncer l'ouverture d'hostilités prochaines, lorsque, sous l'influence du caractère d'incertitude propre aux assemblées délibérantes, même les plus énergiques, la Convention le nomma ministre de la guerre. Ce décret, rendu le 12 juin, lui arriva le 16; mais il crut devoir refuser : « Citoyens représentants, écrivait-il, je ne m'aveugle sur aucun des dangers qui environnent le poste que vous m'assignez; je ne me dissimule aucun des nombreux obstacles qui s'élèvent au milieu du pénible exercice de ces importantes fonctions, et cependant je ne redoute aucun de ces dangers ni de ces obstacles; ce n'est donc point une faiblesse coupable qui me fait prier avec respect la Convention nationale de faire un autre choix; c'est le sentiment que je dois à la République d'exposer que je me crois plus propre à servir ma patrie contre la coalition des tyrans, au milieu de mes frères d'armes, que je ne le suis à être ministre au milieu des orages d'une révolution. Trop chaud révolutionnaire pour composer avec les partis, trop éloigné de tout esprit d'intrigue pour posséder l'art nécessaire de me concilier, par ma conduite, des suffrages opposés, je déclare que je ne me crois pas propre à être ministre en ce moment, et que n'ayant pas la confiance d'y pouvoir faire le bien, je respecte trop les intérêts du peuple pour me charger de fonctions qui ont des rapports si multipliés avec son bonheur et une influence si directe sur sa liberté [1].... »

Le décret qui nommait Beauharnais ministre ayant pourvu à son remplacement, le général terminait sa lettre en témoignant le désir de servir sous tel chef qui lui serait désigné, d'exposer sa vie pour défendre l'indépendance nationale, et de revenir un jour, porté par le suffrage populaire, dans cette enceinte de législateurs dont il avait fait partie.

La Convention respecta, chose qui ne lui arrivait pas souvent, les scrupules de l'honorable général; mais le conseil de la Commune de Paris ayant saisi l'occasion d'une faveur accordée au *ci-devant vicomte*, pour faire écarter des fonctions publiques tous les nobles, Beauharnais crut nécessaire de lui répondre. Sa lettre, insérée au *Moniteur* du 14 juillet, porte le témoignage d'une loyauté de sentiments, d'une candeur de principes bien rares aujourd'hui, et qui, dès lors, pouvaient devenir le prétexte d'accusations de la part d'hommes moins purs que gênait cette vertu rigide.

[1] Lettre autographe à la Convention nationale.

« Quand la philosophie vous commande de ne plus voir dans les hommes que leurs vertus ou leurs vices personnels, accordez votre confiance, disait en terminant Beauharnais, à celui qui ne veut pas d'autre récompense de son dévouement, à celui dont le dernier soupir sera pour le bonheur de l'humanité, la liberté des peuples et la gloire du nom français [1]. »

Après cette déclaration, allégé du poids dont l'injustice d'un soupçon avait oppressé son âme, Beauharnais prit l'offensive. Le 3 juillet, il adresse à ses troupes une proclamation fort longue, sentant plutôt le style de tribune que le langage prétorien, lève les camps de Wissembourg, de Lauterbourg, et s'avance de quatre lieues vers l'ennemi. Ses éclaireurs poussent leurs reconnaissances le long du Rhin ; il s'empare des hauteurs de Manfeld, emporte les gorges d'Auweiller, établit par le duché de Deux-Ponts une communication directe avec l'armée de la Moselle, culbute les Prussiens à la Chapelle-Sainte-Anne, force leur position d'Eickossen, malgré la résistance la plus vive, et touche au moment de pouvoir ravitailler Mayence comme il a ravitaillé Landau. Ses bulletins, accueillis avec faveur au sein de la Convention, excitaient les applaudissements qu'avaient excité naguère ses improvisations présidentielles, et nul chef d'armée ne jouissait d'une estime mieux sentie, quand la reddition inattendue de Mayence le contraignit à rétrograder. Dans une adresse aux troupes, il motiva son mouvement, tâcha de les rassurer, et reprit le 27 juillet sa position première, après avoir introduit des vivres, des munitions et des ouvriers à Landau. Cette courte campagne, exécutée avec autant d'intelligence, de résolution et de bravoure que de bonheur, ne pré-

[1] Lettre autographe en date du 14 juillet.

serva point Beauharnais des soupçons, des haines du jacobinisme. Ne pouvant attaquer sa conduite militaire, on attaqua son berceau, et l'on ne tint compte ni de ses convictions, ni de ses paroles, ni du désintéressement dont il avait donné tant de preuves. Frappé de la plus injuste réprobation, abreuvé d'ennuis, blessé dans son cœur par quelques énergumènes qui ne pouvaient comprendre une loyauté de sentiments, une hauteur d'abnégation personnelle dont ils étaient incapables, il pria les commissaires du gouvernement de recevoir son épée; et, sur leur refus, il supplia la Convention, le Comité de salut public de le décharger d'une responsabilité qu'il ne voulait plus assumer sur sa tête. « Il me suffit, disait Beauharnais dans sa dernière proclamation aux soldats, qu'un sentiment d'inquiétude atteigne une classe éteinte, mais dont j'ai fait partie, pour oublier moi-même mes titres nombreux à la confiance publique, et pour demander ma propre exclusion... Mon exemple servira d'ailleurs à consacrer un grand principe de notre égalité politique : c'est que toutes nos fonctions sont temporaires, et n'attachent pas, comme ci-devant, une sorte de caractère indélébile à celui qui en est maître ; c'est que l'homme qui plusieurs fois a présidé l'Assemblée nationale et commandé en chef une grande armée, est encore honoré quand dans les rangs il se confond avec tous ses frères d'armes, et quand il continue à consacrer sa vie à la défense de sa patrie. » —Pourquoi différerait-il davantage de quitter les insignes d'un pouvoir dont la dignité repose sur la confiance nationale? Pourquoi n'irait-il point au-devant de l'arrêt d'interdiction qui d'un moment à l'autre sortira de l'urne des dictateurs souverains qui gouvernent la France? Il ne défend pas sa vie ; il ne choisit pas sa mort, puisqu'au lieu de l'attendre sous le panache du commandement, il veut l'affronter, le fusil sur l'épaule, confondu parmi les soldats... Cette pièce, monument d'une grandeur calme, d'une abnégation complète, d'une résolution loyale, est datée du quartier général de Wissembourg, le 6 août de l'an II. L'armée, confiante dans son chef, en resta stupéfaite et chagrine ; on le conjura d'attendre ; on fit mouvoir tous les grands ressorts, patriotisme, abnégation, générosité, auxquels l'âme du général se laissait aller ; mais il avait de l'énergie, du cœur, et nulle influence ne pouvait désormais le faire transiger avec ce qu'il pensait être un devoir envers lui-même comme envers l'intérêt national. Au surplus, le procès de Custine, de Westermann, de Brunet, les soupçons déversés sur la plupart des anciens généraux de la République lui disaient qu'incessamment il aurait sans doute à justifier ses actes, et il aimait mieux briser son épée que de la laisser briser par les dictateurs du Comité de salut public. Le 13 août, rendant compte de quelques succès obtenus sous les murs de Landau, Beauharnais écrivait :

« Le temps n'a point changé ma résolution ; elle est inébranlable ; j'ai le malheur de faire partie d'une classe ci-devant privilégiée ; et quand l'opinion publique a élevé sur toute la caste une méfiance légitimée par un si grand nombre de ceux qui en faisaient partie, je dois provoquer moi-même l'ostracisme, et vous solliciter de me permettre de prendre rang comme soldat parmi les braves républicains de cette armée. Je suis si résolu dans ce parti, que je ne cesserai de vous adresser journellement mes sollicitations ; elles ont été vaines auprès des représentants du peuple députés aux armées du Rhin et de la Moselle ; mais vous connaissez toutes les raisons puissantes qui combattent l'obligeance de leur refus, et je n'y ajouterai qu'une considération, c'est que la seule perspective d'une méfiance possible, et dont je serais injustement l'objet, suffit pour affecter mon âme et me faire perdre ce caractère entreprenant, souvent si utile à un général et toujours si naturel à qui commande des soldats français. Faites donc droit à ma demande, je vous en conjure, et comptez que rien ne pourrait affaiblir ma détermination de servir la République par mon sang, par mes écrits et par mon attachement à la Constitution [1]. »

Quelques jours après, profitant d'une légère maladie qui venait de lui survenir, Beauharnais remit son commandement entre les mains habiles du général Landremont, rejoignit Joséphine à Strasbourg, et, dans un mémoire détaillé, dicté par la franchise et la modestie, rendit compte au Comité de salut public de la véritable situation de son armée. Il la laissait animée d'un esprit excellent, disciplinée non moins que brave, ayant de vieux soldats, de bons généraux et quelques gloires naissantes, parmi lesquelles commençait à poindre celle du général Desaix, du colonel Molitor, du chirurgien Larrey et de l'adjudant général d'artillerie Abbatucci.

Dans la séance du 21 août, quand Barrère soumit la démission d'Alexandre Beauharnais à l'acceptation de la Convention nationale, Montant et Gaston furent d'avis qu'on se montrât plus prudent envers lui qu'on ne l'avait été vis-à-vis Custine, et que la créature, le confident, l'ami d'un traître ne demeurât point chargé de la conduite d'une armée; mais Tallien ramena la question sur le terrain convenable, et ne voulut pas qu'une inculpation vague vînt flétrir des lauriers dont jusqu'alors rien ne devait faire suspecter l'éclat; il fit admettre la dé-

[1] Lettre au Comité de salut public.

mission pure et simple. Néanmoins, le soupçon, germe fatal semé d'avance dans les champs de la mort, ne se montrait pas impunément, et d'une pensée, d'un mot restait toujours quelque chose qui pouvait servir ultérieurement d'assise à l'échafaud.

L'excellente organisation dont Beauharnais avait doté l'armée du Rhin, les positions stratégiques qu'il avait su lui ménager rendaient facile la tâche de Landremont ; aussi de Strasbourg l'ex-général en chef put-il reconnaître le canon de victoire dans la direction où lui-même l'avait placé naguère.

Ici se terminent la carrière politique, la carrière militaire d'Alexandre Beauharnais ; il disparaît de la scène sous l'auréole d'un éclat modeste, après d'honnêtes et légitimes succès, ne laissant la réputation ni d'un orateur de premier ordre, ni d'un capitaine exceptionnel, ayant apporté sur le siége du législateur l'héroïque vigueur d'un soldat, et sous la tente la réflexion, la prudence d'un législateur ; mieux fait pour la guerre défensive que pour la guerre offensive, offrant, au reste, les qualités et les défauts qui ont assuré la réputation et déterminé la chute des Girondins. Entre Alexandre Beauharnais et le père de Napoléon se trouvent plusieurs points de ressemblance : ils ont pu préparer l'essor du génie qui devait régulariser le mouvement révolutionnaire ; mais ils n'avaient point la main assez ferme ni la tête assez puissante pour le contenir, encore moins pour le diriger et le féconder.

Aux yeux du Comité de salut public, refuser un commandement c'était trahir les intérêts de la patrie ; il n'admettait pas qu'un général redevînt soldat, et poursuivait de sa haine quiconque l'avait poursuivi des scrupules de sa conscience ou de sa modestie. Aussi, la défense d'approcher Paris, en deçà d'une limite moindre que vingt lieues, fut-elle notifiée au vicomte de Beauharnais, peu de jours après qu'on eut officiellement accepté sa démission.

Que de choses fâcheuses survenues depuis six mois dans les destinées de sa famille ! Combien d'inquiétudes, de pertes pécuniaires, d'appréhensions pénibles ! Tous les Beauharnais, à quelque ligne politique qu'ils appartinssent, se trouvaient alors en fuite ou cachés; il en était de même des Tascher, ramenés sur le sol français par la révolution des Antilles. Le marquis, le comte de Beauharnais, celui-ci cousin germain, l'autre frère d'Alexandre, avaient émigré. Pour sauver sa tête et quelques débris d'une immense fortune, profondément compromise, madame de Beauharnais, fille de la comtesse Fanny, profitant du bénéfice d'un divorce qu'autorisait le gouvernement entre des époux que séparait l'émigration, faisait rompre ses liens conjugaux. Sa mère, depuis l'arrestation de Dorat-Cubières, de Condorcet et de plusieurs autres amis, était allée se réfugier à Saint-Germain, tandis que les Barral, les Tascher cherchaient un asile hors de France, ou se dérobaient aux poursuites que la police dirigeait contre eux.

Nonobstant son divorce, la fille de madame Fanny de Beauharnais, déclarée suspecte, épiée dans les démarches les plus innocentes, fut bientôt arrêtée; un matin du mois de novembre des hommes à figure sinistre cernent son hôtel, rue de la Chaussée-d'Antin, et l'arrachent de l'entresol dont la nation lui réservait la jouissance gratuite, depuis qu'en raison de l'absence de son mari, le séquestre frappait cette propriété. Elle laissa de la sorte ses deux filles aux mains d'une gouvernante avide, dure, impitoyable. L'aînée (madame la comtesse de Lavalette), dont nous avons parlé précédemment, martyre précoce, vouée aux souffrances, aux angoisses du cœur, comme d'autres naissent pour les félicités d'ici-bas, entrait dans sa quatorzième année, âge heureux qui s'ouvre presque toujours si riant sur le chemin de la vie, mais qui ne devait, hélas! lui présenter qu'amertume et déceptions. Ses tuteurs naturels, son père, sa mère, son aïeule, la comtesse Fanny, sa tante Joséphine, ses oncles, lui manquaient tous à la fois ; les amies de la famille les plus bienveillantes et les plus dévouées, mesdames de Montesson, de Valence, de Byron, se trouvaient incarcérées. Émilie, ainsi que l'enfant royal sorti du Temple, ne conservait d'autre appui que *la République une et indivisible,* d'autres ressources que la prière et les larmes. Il en était de même de sa sœur (madame la comtesse Richard de Querelles) qui, beaucoup plus jeune, souffrait moins d'un isolement si cruel.

Si la conscience de devoirs religieusement accomplis, si l'ombrage solitaire d'une campagne animée de souvenirs, si la gratitude expansive d'habitants dont le vicomte Alexandre et la vicomtesse avaient fait le bonheur, étaient, par les tempêtes révolutionnaires, des motifs de sécurité suffisants, rien n'eût troublé leur repos ; mais chaque jour ils apprenaient quelque nouvelle catastrophe survenue à leurs amis, quelque mesure atrocement injuste, colorée du prétexte spécieux de salut public : Custine avait porté sa tête sur l'échafaud ; Houchard et Landremont l'y suivaient, le front ceint de lauriers cueillis la veille; la plupart des chefs d'armée, des généraux divisionnaires que connaissait Beauharnais gémissaient sous le poids d'accusations vagues formulées avec perfidie; le dernier supplice de Marie-Antoinette venait de terminer son supplice de huit mois; tandis que la célèbre commission des Douze et les Girondins expiaient, sous la hache du bourreau, le tort de n'avoir pas eu le courage de leur opinion. Les visites domiciliaires qu'on faisait fréquemment à la Ferté-Beauharnais devenaient les tristes avant-coureurs de mesures plus graves, et le vicomte ne doutait pas que, d'un instant à l'autre, son tour viendrait de payer tribut au régime révolutionnaire. Le décret d'accusation rendu contre plusieurs hommes d'État qui le protégeaient lui parut de funeste augure ; mais l'arrestation de sa belle-sœur, madame Louise-Françoise de Beauharnais, fut pour lui plus significative encore. On la conduisit à Sainte-Pélagie le 9 ou le 10 brumaire an II, au moment où madame Dubarry, arrêtée dans le château de Lucienne, commençait l'expiation de ses erreurs, et quand Philippe-Égalité arrivait de Marseille pour subir son jugement.

Le procès d'Alexandre Beauharnais semblait tracé par les circonstances mêmes de sa vie militaire, quand encore il ne l'aurait point été par sa naissance, par son éducation, par ses anciennes relations sociales, et par la candeur d'opinions politiques que repoussait la démagogie triomphante : il avait servi sous Custine déclaré traître ; il avait remis ses pouvoirs à Landremont, autre traître du même genre, et, comme ces derniers, il avait eu le malheur d'emporter l'estime des troupes, le regret des peuples, et de réaliser des succès sans exactions, sans violences, avec l'armée la mieux disciplinée peut-être qui fût en France : jamais Beauharnais ne pourra se laver de pareils crimes !...

CHAPITRE DIX-SEPTIÈME.

NAPOLÉON ET LES BONAPARTE DANS LE MIDI.

Les Bonaparte quittent Calvi et se fixent à Marseille. — Leur position. — Joseph commissaire des guerres; Lucien et Fesch préposés aux subsistances militaires. — Les Clary. — Présence à Marseille des d'Orléans. — Évolution des royautés bourgeoises et populaires de l'époque. — Attaque d'Avignon par le général Carteaux. — Napoléon marche sous ses ordres. — Détails sur l'insurrection du Midi, extraits d'un écrit de Napoléon intitulé *le Souper de Beaucaire*. — Napoléon devant les murs de Marseille, puis au camp d'Ollioules. — Entretien avec Letourneur, prélude de la prise de Toulon. — Inclination de Fréron pour Caroline Bonaparte. — Voyage dangereux que Louis fait à Châlons-sur-Saône. — Événements de la Corse.

>   Quel est-il? Dans quel rang puisa-t-il sa naissance?
>   Quelle couche de pourpre a bercé son enfance?
>   Est-ce le fils d'un roi? Non, ce n'est qu'un soldat.
>   Le voilà ce soldat grand homme!...
>
>   A. Bignan, *Napoléon*, ch. 1.

Il y a des noms qui, doués d'une force attractive inconnue, et semblables aux molécules de la matière, se rapprochent ou se repoussent, se confondent ou s'isolent à certaines heures, à certains moments suprêmes; qui, dominés par des impulsions diverses, fonctionnent, ceux-ci dans un même but, ceux-là dans un but opposé; tantôt groupés autour d'un nom fameux, dont ils reçoivent leur activité normale; tantôt, pour développer d'autres foyers rivaux, se détachant du foyer brillant autour duquel convergent les forces morales de l'époque. Tels on voyait les Pozzo di Borgo, les Cottoni, les Marsilli, les Peretti, esclaves d'antipathies traditionnelles contre le régime administratif français, appuyer le mouvement de Paoli; tandis que les Abbatucci, les Arrighi, les Bonaparte, les Casabianca, les Cervoni, les Pietri, les Ornano, subordonnant l'intérêt local aux intérêts de la mère patrie, l'amitié personnelle au devoir, marchaient vers l'avenir dans une mutuelle solidarité de principes et d'affections. Et n'est-il point remarquable que ces mêmes noms, unis entre eux sous la bannière nationale de 1793, alors que l'Europe voulait notre esclavage, s'y retrouvent, longtemps après, pour assurer le triomphe honnête, l'application possible des théories gouvernementales de 1789! Seulement ici, un nom plus grand, plus majestueux, plus solennel que celui de Paoli, le nom de Bonaparte, a dominé l'horizon, entraînant à sa suite, comme un astre lancé dans l'espace, ces noms amis qui lui servent de satellites.

La famille Bonaparte avait abordé Calvi saine et sauve, mais presque sans effets, sans argent, sans ressources; tout le monde se l'arracha. Pour mieux répondre aux empressements, aux témoignages d'affectueux intérêt qu'on lui manifestait, il fallut que madame Letizia laissât Caroline chez les Paravicini, Jérôme chez le général Casabianca, et qu'elle-même descendît chez les Giubega. Deux ou trois jours après, Napoléon et Joseph la rejoignirent; puis, avec ses deux filles et l'abbé Fesch, elle partit pour Marseille, ville que Lucien n'avait point quittée depuis la mission bénévole dont il s'était chargé. Jérôme demeura provisoirement sous la garde tutélaire de Casabianca, qui devait déployer tant d'héroïsme dans la défense des remparts confiés à sa bravoure. Devenu secrétaire du conventionnel Salicetti, Joseph fut un appui pour les siens, tandis que Napoléon, à peine débarqué, reçut l'ordre de réunir une batterie de siége et de se rendre sous les murailles d'Avignon, où stationnait l'armée du général Carteaux. « Ma famille fugitive, dit Lucien, arriva dans le port de Marseille privée de toute ressource, mais pleine de courage et de santé. Joseph, Napoléon et moi, nous luttâmes contre la mauvaise fortune. Napoléon consacra la plus forte part de ses appointements au soulagement de sa famille; Joseph fut nommé commissaire des guerres, et moi, je fus placé dans l'administration des subsistances militaires. A titre de réfugiés patriotes, nous obtînmes des rations de pain de munition et des secours modiques, mais suffisants pour vivre, à l'aide surtout de l'économie de notre bonne mère. Le récit des périls qu'elle avait courus, l'incendie de nos propriétés, l'ordre de nous prendre morts ou vifs, donné, dit-on, par Paoli, n'eurent pas de peine à vaincre mes scrupules ; et je serais parti pour Paris bien volontiers, si la députation de Marseille n'eût déjà pris les devants. D'ailleurs mon emploi réclamait ma présence à Saint-Maximin, petite ville à quelques lieues de Marseille, et j'allai y remplacer le garde-magasin des vivres, promu au grade d'inspecteur [1]. »

Joseph Fesch, dont ne parle point le prince de Canino, ne tarda pas non plus à obtenir un poste qui, pour lui, devint non-seulement une ressource, mais un gage de civisme, et partant de sécurité. Employé, comme Lucien, dans les subsistances militaires, on l'inscrivit sur le cadre d'état-major de l'armée du général Montesquiou, qui devait incessamment occuper la Savoie et manœuvrer vers les Alpes liguriennes. Grâce à d'heureux loisirs, à quelques ressources pécuniaires, Fesch, qu'éclairait un sentiment instinctif des merveilles de l'art,

[1] Mémoires, t. I, p. 40.

eut l'heureuse pensée de sauver des fureurs aveugles de la populace ou du soldat les œuvres qu'il jugeait dignes d'être conservées. Ainsi, c'est de l'année 1793, c'est du moment fatal où tant d'admirables choses tombaient sous le marteau des vandales modernes, que date la mission tutélaire de l'abbé Fesch, et que naissent les germes d'une des plus importantes collections artistiques du siècle.

Le cardinal futur avait déjà trente ans; son physique était agréable, sa physionomie animée, sa conversation attachante; il joignait à la pétulance, nous pourrions même dire à l'emportement des Méridionaux, la sage maturité des Allemands, et l'on ne savait quelle nature chez lui prédominait l'autre, ou de la nature helvétique transmise par son père, ou de la nature italienne léguée par sa mère. On pouvait être plus profond, plus spirituel que l'abbé Fesch; mais, au rang des hommes distingués de l'époque, nul mieux que lui n'a tenu sa place d'une manière convenable, nul peut-être n'a mieux vu le côté pratique, mieux apprécié l'utilité réelle des plans conçus par un génie supérieur au sien. Il possédait d'ailleurs le meilleur guide que puisse avoir homme d'église, homme du monde, homme d'État, la conscience, conscience droite, sévère, courageuse, qui justifie ses luttes contre l'empereur, son opposition à certains membres du sacré collége et son exigence envers lui-même. L'ordre, la méthode, l'économie qu'ambassadeur, grand aumônier de l'Empire, cardinal-archevêque, Joseph Fesch introduira dans sa maison, dans ses bureaux, il les pratiquait déjà sous les ordres du général Montesquiou, qui ne connut guère de comptables aussi honnêtes, aussi scrupuleux.

Quoique d'une générosité remarquable et d'un cœur

CHAPITRE XVII.

excellent, Fesch, gêné sans doute lui-même, n'était pas très-secourable à la famille Bonaparte : Napoléon, Joseph, Lucien, Louis, dans les souvenirs qu'ils nous ont légués de cette phase pour eux si critique, ne parlent point de leur oncle, qui demeura loin des siens jusqu'au 13 vendémiaire.

Pendant leur séjour à Marseille, les représentants du peuple Delcher et Salicetti se montrèrent fort dévoués aux Bonaparte, et quand ces deux magistrats durent quitter les Bouches-du-Rhône, ils recommandèrent leurs protégés à Fréron et Ricord, commissaires extraordinaires de la Convention près la commune de Marseille; mais quelques jours après la ville se souleva; Ricord fut arrêté, Fréron fut obligé de fuir, et pendant six semaines une réaction légitimiste qui, sous le même réseau d'opposition armée, comprenait Lyon, Avignon, Marseille, Aix, Montpellier, Toulon, etc., rendit très-difficile, très-alarmante la situation des Corses fugitifs réputés démocrates.

Ce fut alors qu'une maison des plus honorables, la maison Clary, sans autre motif que certaines sympathies affectueuses, enveloppa de sa considération tutélaire la famille Bonaparte, et l'aida puissamment à traverser les mauvais jours du mois d'août 1793. Si l'on ne connaît la Provence, on ne peut se faire une idée juste des grandes souches bourgeoises qui formaient la partie virile de sa population; souches profondément fixées dans le sol, glorieuses d'une longue hérédité d'industrie, mêlées avec les races nobles qu'elles soutenaient de leur fortune, comme celles-ci les protégeaient de leurs titres; comptant des illustrations municipales, des célébrités parlementaires, des capitaines de navire, et pouvant s'allier aux plus hautes lignées aristocratiques du pays.

Les Forbin, les Esménard, les Clary sont des types émanés de cette bourgeoisie exceptionnelle, bien autrement estimable par les services qu'elle a rendus, par la moralité de sa conduite, que ne l'était jadis l'aristocratie militaire.

Quand la royauté du droit divin montait à l'échafaud, par quelle singulière coïncidence les trois berceaux des royautés populaires qui devaient incessamment gouverner l'Europe se trouvaient-ils en regard l'un de l'autre, dans la même ville, groupés sur un sol qu'avait fécondé le souffle des républiques phocéennes? Incarcérés au château de Notre-Dame, les d'Orléans étaient-ils là pour recevoir, avant de sortir de France, le dernier soupir d'agonie des Capétiens expirants, et pour être témoins d'une évolution dynastique dont les suffrages populaires feront la destinée?... Historien, je l'ignore; mais chrétien, je suppose que la Providence aura, de sa puissante main, disposé sous les yeux mêmes des d'Orléans l'assise d'un trône qu'elle destinait à leurs rivaux, ne voulant pas que le patrimoine du petit-fils de saint Louis, du roi très-chrétien, se perpétuât sous la descendance de Philippe-Égalité.

Bonaparte venait d'arriver sous les remparts d'Avignon, lorsque, le 16 août, Carteaux attaqua les bandes marseillaises qui s'étaient emparées du château de Cadenel, qu'elles occupaient depuis huit jours. Il leur tua beaucoup de monde, fit quelques prisonniers, et força l'armée réactionnaire d'évacuer le comtat. D'un rapport des conventionnels Rovère et Poultier il résulte que leurs collègues Robespierre jeune et Ricord, qui suivaient les mouvements de Carteaux, coururent certain danger; qu'ils perdirent leur voiture, leurs bagages, et qu'eux-mêmes furent exposés au risque d'être enlevés. Napoléon les ayant secourus, cette circonstance, qui lui devint quelque temps favorable et lui valut l'estime et la gratitude des deux représentants, faillit le perdre après les événements du 9 thermidor.

La prise d'Avignon, ses résultats, ses conséquences probables furent tracés de la manière suivante par Napoléon, qui, fidèle à d'anciennes habitudes, posait l'épée pour prendre la plume :

« L'armée de Carteaux, dit-il, était forte de 4,000 hommes lorsqu'elle a attaqué Avignon, elle est aujourd'hui à 6,000 hommes, elle sera avant quatre jours à 10,000 hommes. Elle a perdu cinq hommes et onze blessés; elle n'a point été repoussée, puisqu'elle n'a fait aucune attaque en forme; elle a voltigé autour de la place, a cherché à forcer les portes en y attachant des pétards; elle a tiré quelques coups de canon pour essayer la contenance de la garnison; elle a dû ensuite se retirer dans son camp pour combiner son attaque pour la nuit suivante. Les Marseillais étaient 3,600 hommes; ils avaient une artillerie plus nombreuse et de plus fort calibre, et cependant ils ont été contraints à repasser la Durance. Cela vous étonne beaucoup; mais c'est qu'il n'appartient qu'à de vieilles troupes de résister aux incertitudes d'un siége. Nous étions maîtres du Rhône, de Villeneuve et de la campagne; nous eussions intercepté toutes leurs communications. Ils ont dû évacuer la ville. La cavalerie les a poursuivis dans leur retraite; ils ont eu beaucoup de prisonniers et ont perdu deux pièces de canon.... Dans quatre jours, Carteaux sera au delà de la Durance, et avec quels soldats! Avec l'excellente troupe légère des Allobroges, le vieux régiment de Bourgogne, un bon régiment de cavalerie, le brave bataillon de la Côte-d'Or, qui a vu cent fois la victoire le précéder dans les combats, et six ou sept autres corps tous de vieilles milices, encouragés par leurs succès aux frontières et sur votre armée..... »

Ce passage est extrait d'une brochure intitulée *le Souper de Beaucaire*, que Bonaparte écrivit dans les dix jours écoulés entre la prise d'Avignon et la prise de Marseille. Il suppose réunis, pour s'occuper des affaires publiques, un militaire, un Marseillais, un Nîmois, un marchand de Montpellier. Le Marseillais professe des opinions contre-révolutionnaires très-prononcées; les deux autres interlocuteurs sont plus modérés. Quant au militaire, il parle, il discute avec logique, donnant sur l'état des provinces méridionales, sur les chances de l'insurrection, des renseignements positifs, annonçant l'immanquable triomphe de l'armée républicaine et prêchant la concorde parmi les citoyens du même pays.

« Que fera votre armée? dit Napoléon. Si elle se concentre à Aix, elle est perdue : c'est un axiome dans l'art militaire, que celui qui reste derrière des retranchements est battu; l'expérience et la théorie sont d'accord sur ce point, et les murailles d'Aix ne valent pas le plus mauvais retranchement de campagne, surtout si l'on fait attention à leur étendue, aux maisons qui les environnent extérieurement à la portée du pistolet. Soyez donc bien sûrs que ce parti, qui vous semble le meilleur, est le plus mauvais. Comment pourrez-vous d'ailleurs approvisionner la ville en si peu de temps de tout ce dont elle aurait besoin? — Votre armée irait-elle à la rencontre de l'ennemi? mais elle n'a pas de cavalerie, mais elle est moins nombreuse; mais son artillerie est moins propre pour la campagne; elle serait rompue dès lors, défaite sans ressource, car la cavalerie l'empêchera de se rallier. — Attendez-vous donc à voir la guerre dans le territoire de Marseille : un parti assez nombreux y tient pour la République; ce sera le moment de l'effort; la jonction se fera; et cette ville, le centre du commerce du Levant, l'entrepôt du Midi de l'Europe, est perdue... — Mais quel esprit de vertige s'est tout d'un coup emparé de votre peuple? quel aveuglement fatal le conduit à sa perte? comment peut-il prétendre résister à la République entière? Quand il obligerait cette armée à se replier sur Avignon, peut-il douter que sous peu de jours de nouveaux combattants ne viennent remplacer les premiers? La République, qui donne la loi à l'Europe, la recevrait-elle de Marseille? — Unis avec Bordeaux, Lyon, Montpellier, Nîmes, Grenoble, le Jura, l'Eure, le Calvados, vous avez entrepris une révolution; vous aviez une probabilité de succès, vos instigateurs pouvaient être mal intentionnés, mais vous étiez une masse imposante de forces; au contraire, aujourd'hui que Lyon, Nîmes, Montpellier, Bordeaux, le Jura, l'Eure, Grenoble, Caen, ont reçu la constitution, aujourd'hui qu'Avignon, Tarascon, Arles ont plié, avouez qu'il y a dans votre opiniâtreté de la folie; c'est que vous êtes influencés par des personnes qui, n'ayant plus rien à ménager, vous entraînent dans leur ruine. — Votre armée sera composée de tout ce que vous avez de plus aisé, des riches de votre ville, car les sans-culottes pourraient trop facilement être tournés contre vous. Vous allez donc compromettre l'élite de votre jeunesse accoutumée à tenir la balance commerciale de la Méditerranée, et à vous enrichir par leur économie et leurs spéculations, contre des vieux soldats, cent fois teints du sang du furibond aristocrate, ou du féroce Prussien. — Laissez les pays pauvres se battre jusqu'à la dernière extrémité : l'habitant du Vivarais, des Cévennes, de la Corse, s'expose sans crainte à l'issue

d'un combat; s'il gagne, il a rempli son but; s'il perd, il se trouve comme auparavant dans le cas de faire la paix et dans la même position... Mais vous!.. perdez une bataille, et le fruit de mille ans de fatigues, de peines, d'économies, de bonheur, devient la proie du soldat....
— Désormais, tout grand mouvement en votre faveur est impossible dans votre département; il pouvait avoir lieu lorsque l'armée était au delà de la Durance et que vous étiez entiers..... A Toulon, les esprits sont très-divisés, et les sectionnaires n'y ont pas la même supériorité qu'à Marseille; il faut donc qu'ils restent dans leur ville, pour contenir leur adversaire.... Quant au département des Basses-Alpes, vous savez que la presque totalité a accepté la constitution.... »

Répondant à l'intention manifestée par les royalistes d'attaquer Carteaux dans les montagnes, Bonaparte prouve que l'artillerie pourrait alors remplacer efficacement la cavalerie; il relève les épithètes au moyen desquelles Marseille voudrait flétrir ses ennemis, prend la défense des Allobroges, de Dubois-Crancé, d'Albitte, dont il vante la modération et le patriotisme; de Carteaux, qu'il représente comme veillant sur l'ordre et sur la discipline, et il rehausse les sentiments pacifiques, les intentions de l'armée républicaine envers les Marseillais qui l'engagent à secouer *le joug du petit nombre d'aristocrates qui les conduisent.* Le peuple de Marseille lui fait l'effet d'un peuple faible, malade, aveuglé sur ses véritables intérêts, et qui, par ses mouvements désordonnés, par son alliance avec les ennemis de la République, avec les ennemis de la France, compromet la sécurité générale. Qu'importe que le drapeau tricolore soit le drapeau des Marseillais, si les contre-révolutionnaires l'adoptent comme signal : « Paoli aussi, continue Bonaparte, l'arbora en Corse, pour avoir le temps de tromper le peuple, d'écraser les vrais amis de la liberté, pour pouvoir entraîner ses compatriotes dans ses projets ambitieux et criminels; il arbora le drapeau tricolore, et il fit tirer contre les bâtiments de la République, et il fit chasser nos troupes des forteresses, et il désarma tous les détachements qu'il put surprendre, et il fit des rassemblements pour chasser la garnison de l'île, et il pilla les magasins, en vendant à bas prix tout ce qu'il y avait, afin d'avoir de l'argent pour soutenir sa révolte, et il ravagea et confisqua les biens des familles les plus aisées, parce qu'elles étaient attachées à l'unité de la République, et il se fit nommer généralissime, et il déclara ennemis de la patrie tous ceux qui resteraient dans nos armées : il avait précédemment fait échouer l'expédition de Sardaigne. Et cependant il avait l'impudeur de se dire ami de la France et bon républicain, et cependant il trompa la Convention, qui rapporta son décret de destitution; il fit si bien enfin, que, lorsqu'il a été démasqué par ses propres lettres, trouvées à Calvi, il n'était plus temps, les flottes ennemies interceptaient toutes les communications. » Ce passage écrit de verve, avec le sentiment d'une conviction profonde, le plus rapide, comme agencement d'idées et de mots, des divers passages du factum que nous analysons, fait voir à quel point Napoléon était animé contre Paoli. *Il n'examine pas si vraiment* les Girondins, point de mire des Marseillais révoltés, *et qui avaient bien mérité du peuple dans tant d'occasions, ont conspiré contre lui,* mais il leur reproche de ne point s'être inclinés sous la constitution, de ne point avoir *sacrifié leur intérêt au bien public;* puis retiré de la discussion, le militaire laisse discourir le Marseillais, le Nîmois et le fabricant de Montpellier qui finit par dire : *Le centre d'unité est la*

Convention, c'est le vrai souverain, surtout lorsque le peuple se trouve partagé; en conséquence, toute mesure prise en dehors de l'Assemblée devient une usurpation, un attentat..... Suit le tableau, fort animé, fort sombre des excès commis dans la ville de Marseille; suit l'exposé simple des désastres commerciaux, du ridicule odieux qu'exciterait le débarquement d'Espagnols, contre lesquels courraient aussitôt 60,000 soldats si les Marseillais étaient assez lâches pour leur ouvrir la porte. « Croyez-moi, Marseillais, ajoute le militaire, secouez le joug du petit nombre de scélérats qui vous conduisent à la contre-révolution; rétablissez vos autorités constituées; acceptez la constitution; rendez la liberté aux représentants; qu'ils aillent à Paris intercéder pour vous; vous avez été égarés, il n'est pas nouveau que le peuple le soit par un petit nombre de conspirateurs et d'intrigants; de tout temps la facilité et l'ignorance de la multitude ont été la cause de la plupart des guerres civiles; soyez d'accord, et l'armée, sans s'arrêter un seul moment, ira sous les murs de Perpignan faire danser la carmagnole à l'Espagnol enorgueilli de quelques succès; et Marseille demeurera toujours le centre de gravité de la liberté; ce sera seulement quelques feuillets qu'il faudra arracher de son histoire..... »

Les idées ambitieuses de Napoléon sont ici subordonnées à l'influence d'un sentiment abnégatif, le patriotisme : il s'exprime sans détour, sans périphrase, dans toute la sincérité de son cœur, comme il l'avait fait six mois auparavant, pour défendre Paoli; comme il lui est arrivé de le faire à chaque occasion où l'état des choses semblait imposer le devoir d'émettre certaines vérités utiles. La faveur prédominante d'un parti, ses exigences et ses menaces ne semblent pas le préoccuper du tout : il marche résolument vers un but qu'il croit bon, il ne s'enquiert de rien autre chose que du triomphe d'idées préconçues, poursuivant ses adversaires sur le papier avec l'énergique vivacité dont tout à l'heure il poursuivra Beaulieu, Marck et Wurmser au delà des Alpes.

Napoléon avait suivi Carteaux dans son mouvement contre Marseille. Attaqués le 24 à dix heures du matin, les insurgés se retranchèrent avec dix-sept pièces de canon sur la hauteur de Septèmes, mais ils y furent forcés le lendemain, mirent bas les armes, et le même jour l'armée républicaine fit son entrée dans la ville, accompagnée des conventionnels Albitte, Salicetti, Nioche, Gasparin, Escudier. Leur premier soin fut de mettre en liberté Ricord ainsi qu'une foule de jacobins incarcérés, et quand les rigueurs regardées comme nécessaires furent accomplies, l'armée marcha sur Toulon, dont le port venait d'être livré au vice-amiral Hood, qui croisait avec vingt-huit voiles dans la Méditerranée. « Nous allons chasser les Anglais, ou périr sous les murs de Toulon, mais de grâce, que le Comité se débarrasse des traîtres, » écrivait Salicetti.

Le 7 du mois de septembre, Carteaux emportait sur les Anglais les gorges d'Ollioules, défilé d'accès fort difficile, le seul praticable entre Marseille et Toulon. Secondé par le général Dommartin, vieil officier d'artillerie, il balayait les sommets de Faron et du cap Brun, qu'il fallut abandonner faute de troupes suffisantes. Peu à peu, néanmoins, ces forces s'accrurent, et Letourneur de la Manche, représentant du peuple, vint de Paris pour imprimer aux travaux du siége une activité normale.

Le proconsul, accompagné de sa femme, occupait dans les environs d'Ollioules un appartement assez vaste, où madame Letourneur recevait avec une dignité gracieuse les hommes d'élite, les officiers supérieurs qu'attirait auprès d'elle la haute position de son mari. Napoléon le connaissait beaucoup et venait volontiers chez lui. Certain jour que Letourneur discutait avec divers généraux les moyens proposés pour attaquer la ville, il sort de son cabinet d'étude, aperçoit Bonaparte, le saisit familièrement au collet et lui dit : « Parbleu, capitaine, vous voilà fort à propos; nous faisons le siége de Toulon; venez nous donner votre avis. » Et Bonaparte de le suivre, après avoir pris congé de la citoyenne Letourneur. Notre jeune officier examine, de la manière la plus attentive, les plans développés sous ses yeux, écoute plutôt qu'il ne discute les raisons de telle ou telle mesure stratégique, puis saisit un crayon et fait une croix sur le fort Murgrave en ajoutant : « Citoyens, cette position prise, la ville est à vous. » — « Une conviction formulée si nettement, sans affectation, sans fausse modestie, nous frappa tous de surprise, disait Letourneur, et devint le motif du choix qu'on fit de Bonaparte pour commander l'artillerie du siége [1]. »

Sa famille, moins alarmée depuis que les troupes républicaines avaient triomphé dans le Midi, n'en jouissait pas pour cela d'une aisance plus grande; mais Barras et Fréron, qui se trouvaient à Marseille, lui procuraient toutes les indemnités, tous les soulagements auxquels des exilés pouvaient prétendre. Fréron surtout se montrait fort zélé, car il était pris d'une passion assez vive pour Caroline Bonaparte, qui, ne le payant pas de

[1] Homme grave, honnête, digne de toute croyance, Letourneur a raconté cette anecdote à notre honorable ami le docteur Nacquart, membre de l'Académie impériale de médecine de Paris, qui nous l'a répétée tout récemment.

retour, employait envers lui cette politesse charmante dont l'amour-propre des hommes demeure si souvent satisfait.

Les opinions exaltées de Fréron et de Barras n'allaient guère à madame Letizia; elle ménageait néanmoins ces deux proconsuls, dont l'omnipotence pouvait lui devenir très-utile, et qui depuis n'ont jamais oublié la famille Bonaparte. Plusieurs historiens inattentifs prétendent qu'alors Lucien était employé comme secrétaire par M. de Semonville, mais depuis le mois de juillet cet ambassadeur se trouvait détenu avec Maret dans la forteresse de Mantoue. Quant à Louis, après des examens probatoires, il recevait une commission d'élève à l'école militaire de Châlons, et Napoléon, sur ses épargnes, lui faisait parvenir la somme qu'exigeait son trousseau. Quand tout fut prêt, Joseph le conduisit jusqu'à la diligence; et au moment de quitter l'enfant, la réflexion lui étant venue que le froid des nuits pourrait l'incommoder, il se dépouilla de son propre manteau pour l'en vêtir. « Cette action, qu'ils se rappelèrent mutuellement quand ils étaient rois, resta toujours gravée dans leur cœur comme un tendre souvenir de leur constante amitié [1]. »

Les voyages alors n'étaient pas chose facile, et le passe-port le mieux légalisé, l'âge le plus inoffensif ne préservaient d'aucune des avanies qu'entraîne la suspicion. Arrivé à Lyon dans le moment des mitraillades, Louis fut très-embarrassé d'y trouver un gîte et d'en sortir; des gens aux regards farouches l'arrêtaient, l'interrogeaient, le conduisaient de poste en poste, lui faisaient craindre quelque emprisonnement préventif. Ayant continué sa route, il atteignit Châlons-sur-Saône,

[1] *OEuvres* de Louis-Napoléon Bonaparte, t. II, p. 344-345.

et se crut sauvé; mais une personne mal instruite lui assura que l'école d'artillerie venait d'être fermée, et il regagna Marseille, où la famille Bonaparte, fort inquiète, fut aussi surprise que ravie de son retour.

En Corse, tous les paysans au service de la République avaient déserté leurs drapeaux : pour consolider sa dictature, Paoli organisait une terreur, opérait des confiscations, des saisies, incarcérait les personnes suspectes. Les prisons d'Ajaccio, la citadelle de Corte se remplissaient chaque jour d'une foule de détenus, au nombre desquels se trouvaient Boerio, beau-frère de Salicetti, et le vieux général Abbatucci. Pendant plusieurs années Abbatucci languit comme otage, tandis que les Gaffori durent à leur intrépide agilité le moyen d'échapper aux cachots où gémissaient tant d'honorables citoyens. Leur évasion, au-dessus du ravin dans le fond duquel roule le Tavignano, est une des plus audacieuses entreprises qu'ait imaginées le désespoir. A mesure qu'ils descendaient, ils apercevaient la glorieuse embrasure où fut attaché l'enfant de cet intrépide Gaffori dont nous avons parlé précédemment, souvenir qui devait électriser leur courage.

Quelques actes d'hostilité s'effectuaient le long du littoral; l'escadre anglaise, attaquant la tour Mortella de Saint-Florent, était vigoureusement repoussée par Gentilli; dans un combat glorieux, le brave Oletta, qui commandait une felouque, tombait sous une balle britannique, et du haut des murailles de Calvi, Casabianca faisait des prodiges.

CHAPITRE DIX-HUITIÈME.

BONAPARTE A TOULON.

Situation de la France, de la capitale et de nos armées. — Mission du capitaine Bonaparte à Paris. — Position de nos troupes au camp d'Ollioules. — Arrivée de Napoléon sous les murs de Toulon. — Dugommier nommé général en chef, et Napoléon chargé du commandement de l'artillerie. — Succès obtenu par le courage et la présence d'esprit de cet officier. — Première apparition du nom de Bonaparte au *Moniteur*. — Anecdotes relatives à Junot surnommé la Tempête. — Prise de Toulon. — Louis Bonaparte, Muiron, Marmont, Suchet, Victor. — Napoléon Bonaparte proposé pour l'avancement. — Lucien à Saint-Maximin ; sa conduite courageuse et réservée ; il prononce au club de véhéments discours et joue la tragédie.

> C'est aux murs de Toulon que ta race commence.
> VIENNET, *Épître à Napoléon*.

> Toulon, c'est le point de départ de la plus grande vie politique des temps modernes...
> CAMILLE PAGANEL, *Essai sur Napoléon*.

Lorsqu'après un an d'absence Napoléon Bonaparte rentra dans la capitale, l'heure des résolutions extrêmes avait sonné : la levée en masse s'opérait, et, pour marcher aux frontières, la France debout n'attendait plus que le signal. On frappait de réquisitions forcées les personnes et les choses ; chaque citoyen devenait soldat ; chaque ville présentait l'image d'un camp où les principaux édifices tenaient lieu de casernes ; et Paris, camp central, constituait le levier de cette immense stratégie qui occupait le périmètre de la république armée. Sur les rives de la Seine, aux jardins des Tuileries et du Luxembourg fonctionnaient 250 forges, des foreries, des fonderies de canons : une manufacture spéciale qui réunissait 6,000 ouvriers devait livrer par jour 6,000 fusils, tandis qu'ailleurs on voyait des parcs sortir d'ateliers organisés en plein vent; les arts de luxe concouraient avec les arts utiles pour improviser des éléments de résistance, et Paris semblait le chantier du travail matériel en même temps que le chantier de l'intelligence.

Malheureusement, l'exécution du brave Custine, le procès criminel intenté à la plupart des généraux, prouvaient aux chefs d'armée qu'ils jouaient, comme les héros du Bas-Empire, leur tête contre des victoires, et qu'un soupçon les conduisait souvent du char triomphal à l'échafaud. Malheureusement aussi les ordres émanés des bureaux devenaient quelquefois inexécutables sur le champ de bataille, et faisaient dépendre nos destinées d'une pensée qu'on pouvait mal saisir ou de l'exécution intempestive d'un mouvement. Carnot, depuis le 14 août, siégeait au Comité de salut public : il y était arrivé avec un nouveau système d'attaque, qui consistait à suppléer par les masses aux lenteurs de la tactique, et à faire converger sur un point donné le plus de forces possible. Carnot voulait que ce point fût une des deux ailes de l'armée qu'on avait en face; mais Napoléon, qui perfectionna le système, aima mieux attaquer le centre, pour se jeter ensuite vers la droite ou vers la gauche.

Tandis qu'entouré de cartes et faisant mouvoir des pions sur une vaste échelle où stationnaient les quatorze armées républicaines, Carnot, du fond de son cabinet, résistait à l'Europe; tandis que les représentants du peuple, administrateurs et généraux créés de la veille, suppléaient par un zèle énergique à ce qui leur manquait d'instruction spéciale et d'aptitude, Maximilien

Robespierre promenait son impitoyable niveau sur toutes les têtes dont il croyait devoir redouter quelque obstacle ou quelque ombrage. Organe foudroyant du Comité de salut public, Barrère dictait à la Convention plutôt qu'il ne lui proposait la ratification des mesures de sûreté générale; Billaud-Varennes, au tribunal criminel révolutionnaire, se posait en pourvoyeur d'échafaud; Danton, le Démosthène populaire, d'un geste, d'une parole, d'un regard, apaisait ou soulevait les faubourgs; et la cause des Girondins emprisonnés, plaidée sous les murs de Lyon, perdue dans l'affreux désastre de cette ville, ne leur laissait d'autre attente que la mort.

L'Ouest avait fait une soumission apparente; le Midi s'était vu contraint de déposer les armes, en sorte que tous les regards, détournés du spectacle des troubles intérieurs, se portaient vers les frontières : au Nord, on suivait Jourdan, dont les mouvements timides, gênés d'abord par la présence de Carnot, ont eu néanmoins pour résultat la victoire de Watignies et le déblocus de Maubeuge, succès remarquables que compromirent les fausses manœuvres du général Davesne. A l'armée du Rhin, renfermée dans les lignes de Wissembourg, à l'armée de la Moselle, stationnée sur la Sarre, se succédaient des traits d'audace sans résultat, des périls sans gloire : Bessières et Desaix sauvaient d'un désastre ces deux armées qui, réunissant leurs forces, eussent écrasé Brunswick, Hohenlohe et Waldeck. Par delà les fiers sommets des Alpes, au Val-d'Aoste, Kellermann repoussait les troupes austro-sardes, tandis que Dugommier triomphait d'elles sur les rives du Var. Aux Pyrénées, mêmes succès; le drapeau tricolore s'y développait avec éclat, sous les ordres du vieux Dagobert. De défensive qu'elle avait été généralement, la guerre devenait donc offensive, et pour triompher, nos phalanges de la Moselle et du Rhin voyaient venir deux hommes dignes de les guider, Hoche et Pichegru.

Telle était, à la fin du mois d'octobre, notre situation vis-à-vis de l'Europe coalisée. Certes, jamais la Convention n'avait été si puissante, et cependant jamais elle ne fut si terrible : à peine l'infortunée Marie-Antoinette eut-elle expié le crime de sa naissance, que les Girondins subirent le châtiment de leurs tergiversations, et jusqu'au 9 thermidor la hache fatale ne cessa de tomber sur les victimes.

Entre les milliers de témoins consternés d'une semblable succession d'hécatombes, il s'en trouvait un qui, déplorant les excès de la liberté, ne jugeait la nation française ni moins grande ni moins digne du haut intérêt de la philosophie, et qui pensait avec raison que, l'effervescence des passions populaires apaisée, rien n'empêcherait le pays de marcher dans des voies normales : ce témoin, c'était Napoléon Bonaparte. Son épaulette, ses services, les lettres de recommandation qu'il avait reçues de Dubois Crancé, du général Carteaux, des représentants du peuple Barras, Robespierre jeune, Fréron et Salicetti, lui donnaient entrée partout. Il allait sans cesse des clubs aux divers comités, des comités à la Convention, de la Convention aux assemblées sectionnaires. Non moins avide d'émotions que de nouvelles, promenant dans les rues une inquiète curiosité, dans les salons une prudente réserve, sachant se faire des amis, mais s'occupant beaucoup plus de leur intérêt que du sien propre, notre officier examinait le terrain où luttaient les opinions, étudiait les hommes qui dirigeaient la machine gouvernementale, et savait démêler au milieu des ruines quelques-uns des secrets de l'avenir.

Toulon, que la présence des Anglais et la crainte des massacres commis à Lyon faisaient persister dans sa révolte, s'était organisée pour une résistance opiniâtre : sur tous les clochers, sur toutes les hauteurs flottait le drapeau blanc; quatorze mille hommes défendaient les remparts; des postes retranchés commandaient les sommités voisines, ainsi que les îles d'Hyères, et l'amiral Hood, avec vingt vaisseaux de ligne, rendait impossible l'entrée du port. Après avoir emporté les gorges d'Ollioules, Carteaux s'était rallié au corps de Lapoype, qui venait de ressaisir Hyères, et les deux divisions réunies stationnaient derrière cent canons de gros calibre en batterie, lorsque Napoléon, nommé commandant, reçut l'ordre d'aller seconder le général Dommartin, à qui les travaux du siége étaient confiés. Il quitte Paris dans le courant d'octobre, traverse rapidement la France, s'arrête à Marseille le temps d'y préparer un appareil d'attaque, et s'élance vers Toulon, accompagné de son frère Louis, comme le chasseur s'élance sur une proie certaine. Trente mille hommes se trouvaient réunis; mais Carteaux semblait s'être chargé du triste soin de prouver à quel point l'inhabileté présomptueuse pouvait compromettre la gloire d'une armée : il voulait bombarder Toulon pendant trois jours, puis monter à l'assaut, et ses batteries n'atteignaient pas même les ouvrages les plus avancés. Un autre général, Darçon, proposait des attaques combinées, et pour les effectuer on manquait d'une grande moitié des troupes indispensables. Le représentant du peuple Gasparin, ancien militaire, qui sentait l'absurdité de tous les plans proposés, mettait obstacle à leur exécution, sans oser encourir la responsabilité d'un système d'attaque dont il faudrait prendre l'initiative. L'inquiétude naissait parmi les troupes lorsqu'on annonça l'arrivée du commandant Bonaparte.

Cet officier, revenant à l'idée qu'il avait précédemment émise chez Letourneur, fut d'avis qu'on canonnât Murgrave, redoute formidable élevée par les Anglais près du promontoire de l'Éguillette; qu'on la prît d'assaut, et que ses pièces servissent ensuite à foudroyer la flotte et le port. Carteaux, d'un air distrait, caressait sa moustache quand Napoléon lui parlait. — « C'est bien, c'est bien, jeune homme, dit-il, nous ferons mieux; j'enverrai mes ordres, et tu t'y conformeras. » — Napoléon s'incline et sort. Effectivement, le soir même lui arrive un plan d'attaque rédigé de la main de Carteaux. Bonaparte y jette les yeux, écrit en marge ses observations, le déclare impossible, et le remet à Gasparin, qui l'envoie au Comité de salut public. Quelques jours après, 1er novembre, le peintre Carteaux était remplacé par le médecin Doppet, autre nullité militaire, qui ne craignait point d'écrire au gouvernement : « Les murs de cette cité tomberont. » Doppet ne fit que des sottises. Un jour que le bataillon des volontaires de la Côte-d'Or allait pénétrer dans le Petit-Gibraltar par la gorge du Caire, il ordonna la retraite, et compromit non-seulement le succès de l'attaque, mais encore la valeur morale des troupes. Un autre jour, à l'assaut d'un front inabordable du fort Faron, deux cents grenadiers mordirent la poussière. « Si j'avais commandé, dit Napoléon au jeune Louis Bonaparte ému d'un tel revers, tous ces braves gens vivraient encore. Apprends, mon ami, par cet exemple, combien l'instruction est nécessaire et obligatoire pour ceux qui aspirent à diriger les autres. »

Mieux inspiré qu'il ne l'avait été jusqu'alors, le Comité de salut public venait de jeter les yeux sur Dugommier, et de l'appeler du versant des Alpes sous les murs de Toulon. « Il compte en sa faveur les témoignages des patriotes et le témoignage de ses propres actions, » disait Maximilien Robespierre. L'armée accueillit ce nouveau chef avec non moins d'espérances que la Convention ; bientôt les choses changèrent de face ; les travaux de siége furent repris avec vigueur ; on écarta les incapables, et Bonaparte, retenu momentanément à Marseille par des affaires de service, reçut l'ordre de venir sur-le-champ remplacer le chef de brigade Dommartin.

Tout semblait assurer désormais nos succès ; mais l'intempestive coopération des représentants du peuple devait les compromettre encore. Bonaparte s'était hâté de construire, près d'un fort appelé Malbousquet, vis-à-vis du promontoire de l'Éguillette, une batterie cachée par des oliviers ; il s'en promettait un effet d'autant plus terrible et plus décisif que les assiégés ignoraient son existence ; malheureusement, le 27 novembre au soir, sans que Bonaparte eût été ni consulté ni prévenu, les représentants du peuple Albitte et Salicetti donnèrent l'ordre d'un feu général qui dura toute la nuit. Furieux, Bonaparte courut chez Dugommier, chez Gasparin, chez Salicetti, leur annonçant quelque immanquable désastre pour le lendemain matin, et déclarant qu'il aimerait mille fois mieux briser son épée que de marcher de la sorte à l'aventure. Ce qu'avait pressenti notre officier d'artillerie eut lieu dès le point du jour : le général anglais O'Hara, suivi de six mille hommes d'excellentes troupes, fit une sortie, culbuta les avant-postes français et s'empara d'une hauteur fortifiée, les Arènes. L'ennemi enclouait déjà les pièces, lorsque tout à coup, sur la gauche, commence une fusillade très-vive, qui jette le trouble et l'épouvante parmi les vainqueurs. C'est Bonaparte arrivant, suivi d'une poignée d'intrépides volontaires, avec lesquels il ressaisit le terrain perdu, ramène au général Garnier les soldats qui l'avaient abandonné, et fait un millier de prisonniers, parmi lesquels on cite le général O'Hara, blessé d'un coup de feu au bras droit. Ainsi le mal se trouvait réparé : dans la spontanéité de son courage, notre jeune commandant convertissait une défaite en triomphe. « Je ne saurais trop louer la bonne conduite de tous ceux de nos frères d'armes qui ont voulu se battre, écrivait au gouvernement le général Dugommier. Parmi ceux qui se sont le plus distingués et qui m'ont le plus aidé à rallier et pousser en avant, ce sont les citoyens Buona Parte (*sic*), commandant l'artillerie; Arena et Cervoni, adjudants généraux. » Évidemment Dugommier ne disait pas tout. Pour être exact, il eût fallu s'effacer devant un officier auquel revenait presque toute la gloire de la journée.

Cette affaire fit beaucoup d'honneur au jeune commandant d'artillerie. On ne douta plus qu'il ne dût emporter Toulon, et quand le *petit Corse* (les soldats l'appelaient ainsi) passait devant les rangs, chacun le regardait comme la providence de l'armée.

Le 14 décembre, Dugommier, accompagné de Bonaparte et de Marescot, opère la reconnaissance d'une redoute anglaise à laquelle son escarpement et ses fortifications avaient fait donner le nom de Petit-Gibraltar. Entourée de palissades, de fossés profonds, d'abatis d'arbres, défendue par quinze cents hommes et par trente-six bouches à feu, elle paraissait inaccessible. Bonaparte conseilla de menacer en face la redoute pendant qu'une colonne, dirigée le long de la mer, escaladerait la sommité retranchée qui dominait le fort de l'Éguillette. Dugommier approuva cet avis, et jusqu'au

16 décembre, jour fixé pour l'attaque, Bonaparte construisit les diverses batteries destinées à pratiquer la brèche. Un représentant du peuple ayant blâmé leur disposition : « Citoyen, répondit Bonaparte avec la fierté courageuse qu'inspire le savoir, faites votre métier de député, laissez-moi faire le mien d'artilleur. Les batteries resteront où je les ai dressées, et je réponds du succès. » Le conventionnel n'insista pas davantage.

L'infatigable commandant d'artillerie ne se bornait point aux obligations générales du service ; il devenait tour à tour, selon l'occurrence, chef et soldat : deux canonniers servant leur pièce tombent morts ; Bonaparte saisit le refouloir et continue le service de la pièce jusqu'à ce qu'un canonnier soit venu le remplacer. Ce fut là qu'il contracta la gale, le refouloir ayant été manié par un homme infecté de cette maladie. Napoléon eut quelque peine à s'en guérir, car elle reparut deux ou trois années après.

Mille anecdotes apocryphes circulent sur le siège de Toulon. Il en est d'authentiques néanmoins, comme celles qui précèdent et celles que nous allons rapporter. Certain jour, Napoléon se trouvant au poste de la batterie dite des Sans-Culottes, demande un sous-officier ayant de l'audace et de l'intelligence ; le lieutenant appelle aussitôt *la Tempête;* Napoléon le regarde et lui dit : — « Tu vas quitter ton habit ; puis (indiquant du doigt un point éloigné de la côte) tu iras porter là ce papier. » — Le jeune sergent devient rouge de colère. — « Commandant, je ne suis pas un espion, répond-il avec brusquerie ; cherchez un autre que moi pour exécuter vos ordres ; » et il se retire. — « Tu refuses d'obéir, reprend Napoléon d'un ton sévère ; sais-tu bien à quoi tu t'exposes ? — Je ne demande pas mieux, dit la Tempête, d'aller où vous voulez, mais il y aurait lâcheté d'ôter mon uniforme, et je ne le ferai pas. — Mais, mon brave, les Anglais te tueront, reprend Bonaparte avec un sourire d'estime. — Que vous importe? vous ne me connaissez pas assez pour que cela vous fasse de la peine, et quant à moi, ça m'est égal... Allons, je pars comme je suis, n'est-ce pas? » Puis, mettant la main dans sa giberne : « Bien, ajoute-t-il, avec mon fusil, avec ces dragées, la conversation du moins ne languira pas, si messieurs les kaiserlicks veulent causer. » Et il partit en chantant. — « Comment s'appelle ce jeune homme? dit Bonaparte, quand *la Tempête* s'éloignait. — Junot, répond le lieutenant. — Il fera son chemin, » ajoute l'officier supérieur.

Quelques jours après, Bonaparte exprime le désir d'avoir quelqu'un qui ait une belle écriture. *La Tempête* sort des rangs et se présente. — « Mets-toi là, dit le commandant d'un air de satisfaction, car il avait reconnu Junot; et sur l'épaulement d'une batterie exposée au feu des assiégés, il lui dicte des ordres. Tous deux avaient l'impassibilité de gens assis dans un salon, entourés du confortable de la vie : une bombe arrive, éclate à dix pas; l'officier supérieur demeure impassible; la Tempête, couvert de terre, s'écrie en riant et secouant son papier : « Bon, nous n'avions pas de sable pour sécher l'encre. »

Cette double circonstance décida du sort de Junot, enfant de bonne famille, joignant au courage le plus éprouvé, le maintien le plus fier, une élocution facile et quelque instruction classique. Il faisait partie des volontaires de la Côte-d'Or, bataillon si riche en illustrations guerrières, qu'il contribua lui-même à produire, quand Napoléon l'eut créé l'un des arbitres de ses grâces. Junot n'est pas le seul dignitaire du futur empire qui ait fait ses armes sous les murs de Toulon; on y voyait Victor, nommé colonel à l'attaque du fort Faron; Marmont, Suchet et quantité d'autres renommées naissantes, ignorées alors dans les derniers rangs de la milice.

Une batterie établie par Bonaparte à deux cent cinquante mètres de la redoute du Petit-Gibraltar, foudroyée dès que les Anglais l'eurent découverte, n'en opérait pas moins un feu des plus vifs. Trois jours lui suffirent pour raser les défenses, et le 16 décembre une brèche devenait praticable. La nuit suivante, Dugommier divisa son armée en quatre colonnes; les deux premières eurent ordre d'observer les forts Saint-Antoine et Malbousquet; la troisième constitua la réserve; la quatrième dut monter à l'assaut, tandis que Lapoype opérait une fausse attaque contre le fort Faron. Au signal donné, Muiron, capitaine d'artillerie, jeune homme plein d'espérance, s'élance le premier sur la brèche, suivi du général en chef, de Bonaparte et de Salicetti. Quelques grenadiers les secondent, mais les Anglais, d'abord épouvantés, reviennent à la charge; on se bat avec fureur, les rangs s'éclaircissent; le succès reste douteux. Cette fois, Bonaparte décide de nouveau la victoire; il tourne contre les assiégés six de leurs propres pièces qu'il charge à mitraille et les écrase. Au même moment, Lapoype gravissait la pointe de la Croix-Faron et s'emparait des retranchements. « Demain, après-demain au plus tard, nous souperons dans Toulon, » cria Bonaparte à des soldats qui déjà prenaient l'habitude de le croire sur parole.

Une plus longue résistance devenant impossible, l'amiral Hood donna le signal de la retraite : en quelques heures tous les forts furent évacués, hormis le fort Lamalgue, dont la prise eût rendu la fuite des Anglais impossible. Le soir, ils mirent le feu aux poudres; l'arsenal sauta en l'air avec un bruit effroyable, et bientôt neuf vaisseaux de ligne et quatre frégates que l'amiral ne put emmener devinrent la proie des flammes; un violent incendie se manifesta dans la ville. Il y eut de touchantes scènes de désespoir; des milliers d'habitants compromis se pressaient sur le port, et sollicitaient avec prière une place sur l'escadre qui s'éloignait. L'amiral espagnol Langara en recueillit un certain nombre sur ses chaloupes; le reste dut se résigner à son sort. Dans ce moment terrible où hommes et femmes se tordaient dans les convulsions de la peur, à la lueur sombre de l'incendie, au bruit lointain du canon, des inconnus se montrèrent avec des figures sinistres en criant : « Voici les républicains! » et cette foule épouvantée se dispersa, jetant çà et là ses effets les plus précieux, magnifique proie pour les galériens déchaînés, qui, mus par un sentiment honorable, éteignirent le feu sans commettre de vols [1].

Ce fut le 19 décembre que l'armée républicaine fit son entrée dans cette ville fumante, à moitié dépeuplée, où quelques rares habitants erraient comme des spectres parmi les ruines; où sept vaisseaux, onze frégates restaient seuls de cinquante-six bâtiments que les Anglais avaient trouvés amarrés au port; mais la conquête, malgré les désastres qui l'accompagnaient, n'en était ni moins belle ni moins rassurante pour les destinées ultérieures de la République.

Du quartier général d'Ollioules, Dugommier le 29 frimaire (19 décembre) avait fait un éloge mérité des conventionnels Robespierre jeune, Fréron, Ricord, Salicetti, dont l'intrépide audace se montrait au niveau de leur mission; il s'était tu sur le compte de Bonaparte,

[1] Ch. Burette et Ulysse Ladet, *Histoire de la Révolution française*. 1847, t. I, p. 246.

mais il le proposait pour l'avancement. Les témoignages des représentants du peuple, d'accord avec la voix unanime de l'armée, parlaient en sa faveur plus haut que ne faisait Dugommier.

Dans une sphère beaucoup plus circonscrite, et sur un autre théâtre, Lucien Bonaparte ne se produisait pas non plus sans quelque honorabilité, sans quelque gloire. Arrivé vers la fin du mois d'août à Saint-Maximin, lieu de sa résidence comme directeur des subsistances militaires, il se fit inscrire à la société populaire, et la tribune retentit bientôt des discours du jeune réfugié corse, que la faveur publique porta rapidement du fauteuil de la société à la présidence du comité révolutionnaire. « En quelques jours, dit-il, j'avais acquis une petite dictature, et quoique ce succès fût bien imprévu, je ne me sentis pas moins fier de l'avoir obtenu. Pour cimenter mon influence, je passais mes soirées au sein de ces réunions où toute la ville venait m'entendre. Le peu de personnes bien élevées se trouvant renfermées comme suspectes, il n'était pas étonnant que je l'emportasse sur mes rivaux de tribune; aussi n'y avait-il d'applaudissements que pour moi. Les femmes, riches et pauvres, assistaient régulièrement aux séances avec leur ouvrage; toutes travaillaient pour n'être pas accusées d'incivisme, et faisaient chorus avec les hommes pour battre des mains et pour chanter les hymnes patriotiques [1]. »

On ne saurait trop admirer la prudente réserve dont ce tribun si jeune accompagna ses actes; sa conscience régularisa les soubresauts de son esprit, et, lorsque d'un mot du haut de la tribune, d'un trait de plume au comité révolutionnaire, il pouvait disposer de la liberté, de la vie des citoyens, lorsqu'entouré de gens sim-

[1] *Mémoires* de Lucien Bonaparte, p. 42-43.

ples et de gens exaltés, il dominait un public docile à ses ordres, jamais il ne lui arriva d'abuser d'une position exceptionnelle. Écoutons-le raconter avec autant de simplicité que de candeur ce singulier épisode :

« Mon comité révolutionnaire était composé d'artisans, de gens du peuple, et d'un ancien moine qui savait seul écrire et qui tenait le haut bout avant mon arrivée. Je fus assez heureux pour inspirer une espèce d'enthousiasme à ce défroqué qui n'avait rien d'aimable, mais qui n'était pas méchant; il s'attacha à tous mes pas, me céda de tout son cœur le haut du pavé, et me fut aussi utile qu'il eût pu m'être nuisible; aussi je le plaçai dans mon administration, et je l'acquis entièrement. On améliora le sort des suspects; on en fit sortir quelques-uns pour jouer sur un théâtre de société des pièces patriotiques, et on prit la résolution, dans le comité, de ne jamais envoyer personne à la boucherie d'Orange. Une dame fort aimable et fort bien née, la sœur de l'auteur des *Voyages d'Anténor,* était plus compromise que les autres : j'eus beaucoup de peine à lui faire représenter des pièces républicaines, mais je ne voulus pas renoncer à une si bonne actrice, et je la forçai presque à jouer avec nous le rôle de Junie dans le *Brutus* de Voltaire. Cet acte de dictature lui valut cependant sa liberté. Nous passions ainsi le moins terriblement que nous pouvions cette épouvantable année... Comme la mode était de prendre des noms antiques, mon ex-moine adopta celui d'Épaminondas, et moi je choisis celui de Brutus. Tous les autres membres du comité suivirent notre exemple, et dans nos séances on pouvait faire un cours de nomenclature grecque ou romaine. Un pamphlétaire attribue à Napoléon cet emprunt du nom de Brutus; mais il n'appartient qu'à moi. Napoléon pensait élever son propre nom au-dessus des noms de l'ancienne histoire, et s'il eût voulu figurer dans nos mascarades, je ne crois pas qu'il eût choisi le nom de Brutus [1]. »

Les transformations de noms étaient à l'ordre du jour; aussi Lucien Bonaparte, poursuivant cette voie d'innovation, débaptisa certains édifices, certaines rues, et fit appeler la ville de Saint-Maximin, Marathon-Maximin.

[1] *Mémoires* déjà cités, p. 47-48.

CHAPITRE DIX-NEUVIÈME.

NAPOLÉON GÉNÉRAL DE BRIGADE.

Principaux faits d'armes des derniers mois de 1793.—Hoche, Desaix, Kléber, Marceau, Masséna, Moreau, Joubert, Richepanse et Napoléon.— La famille Bonaparte au château de Sallé. — Joseph amoureux de mademoiselle Julie Clary. — Leclerc d'Ostein. — Bonaparte proposé pour remplacer Henriot dans le commandement de Paris. — Son pressentiment remarquable. — Habitudes intimes de Bonaparte. — Une soirée chez Suchet. — Terrorisme exercé par Barras et Fréron. — A Saint-Maximin, Lucien leur résiste et sauve trente victimes des mains du bourreau. — Ses amours avec Christine Boyer. — Caractère de cette jeune personne. — Mission confiée au général Bonaparte par le représentant du peuple Ricord.

> « Aujourd'hui il n'y a de place honorable pour moi qu'à l'armée : prenez patience, je commanderai Paris plus tard. »
> *Paroles de Napoléon.*

Les lauriers croissent pour la jeunesse : pendant que Napoléon en cueille à pleines mains sur les murailles de Toulon, Lazare Hoche, Desaix, Kléber et Marceau les voient grandir devant eux chaque fois qu'ils font un pas, Hoche au versant septentrional des Vosges, Desaix entre le Rhin et la Moselle, Kléber, Marceau dans les plaines vendéennes. Mais quel est cet autre inconnu, sorti brillant du combat de Castel-Geneste, et dont la renommée éclose sur les Alpes, près de son berceau même, va dépasser leurs plus hardis sommets?... C'est Masséna. Aux grandeurs militaires naissaient en même temps Moreau, Joubert, Richepanse et tant d'autres. Le Comité de salut public concevait si bien l'ardent essor des hommes nouveaux qu'enfantait la révolution, qu'il leur subordonnait les hommes anciens, préférant, par exemple, l'élan fébrile de Hoche à la science stratégique de Pichegru, les inspirations froidement audacieuses de Bonaparte aux mesures lentes de Dugommier.

La coalition refoulée n'occupe déjà plus que d'insignifiantes places fortes ou des rochers stériles ; le Rhin coule presque libre d'entraves, et pour que les Alpes et les Pyrénées s'abaissent il va suffire d'y déployer l'étendard aux trois couleurs. Une confiance légitime, un sentiment d'orgueil qui fait sa force, exalte l'esprit national, et les chants du triomphe étouffent les chants funèbres des victimes qu'incessamment les bourreaux promènent de la prison au supplice. Malgré les mitraillades de Lyon; malgré les noyades de Nantes et les décrets sanglants de la Convention nationale; malgré toutes ces lugubres scènes renouvelées des mystérieux spectacles d'une antiquité barbare, il y avait encore de la joie dans les cœurs, sur la place publique et jusqu'au fond des cachots : Chénier, Gossec unissaient leurs inspirations pour célébrer le triomphe de Dugommier ; le peintre David soumettait à l'approbation de la Convention un projet de fête calquée sur les fêtes de l'ancienne Grèce, projet ridicule comme tout ce qu'une époque emprunte aux époques antérieures, sans tenir compté de l'intervalle qui les sépare.

Pour Napoléon, après le bonheur légitime qu'inspire le succès, son plus grand bonheur, sa récompense la plus douce furent de se rendre utile aux siens. Confirmé dans le titre de général de brigade, dont il remplissait les fonctions depuis la dernière période du siége, chargé de remettre sur un pied défensif respectable non-seulement Toulon, mais encore toute la côte, il pensa que son séjour se prolongerait là quelque temps; et comme il lui fallait un état-major et des bureaux, Dugommier lui permit d'occuper, non loin d'Antibes, le château de Sallé. Napoléon l'ayant fait approprier en quelques jours, y appela sa famille et l'y logea commodément. Joseph seul demeura à Marseille, où le retenaient des fonctions administratives, et plus encore une passion naissante pour mademoiselle Julie Clary. Duphot, mort si malheureusement, recherchait en mariage sa sœur, mademoiselle Désirée, plus tard reine douairière de Suède, et tous deux étaient payés d'un tendre retour.

Les vues de Fréron sur Caroline Bonaparte, les craintes qu'inspirait à Napoléon l'immoralité de Barras et de quelques démagogues aux visites desquels madame Letizia ne pouvait sans danger soustraire sa famille, furent probablement la cause déterminante du parti que prit le général de mettre ses trois sœurs sous son égide; mais autant il restait inaccessible à ceux qu'il jugeait indignes d'une alliance avec lui, autant il accueillit bien la passion naissante de l'adjudant général Leclerc pour Pauline, entrée depuis peu dans sa quatorzième année. Leclerc avait de l'instruction, de l'honnêteté, de la droiture et de la bravoure; ses traits réguliers, la transparence de son regard exprimaient le calme d'une imagination pure, et son esprit réfléchi paraissait doué de cette réserve qui forme la sauvegarde de la sensibilité. Les passions de Leclerc ne pouvaient être que des passions douces, mais profondes, et ses douleurs comme ses joies dévoraient son âme avant de se produire sur sa physionomie.

Les réunions du château de Sallé étaient des réunions charmantes, caractérisées par le sans-façon de la vie militaire et par la franche cordialité de gens qui s'estiment et qui s'aiment. Joseph, Lucien y sont venus quelquefois, et Napoléon donnait aux siens tous les instants dont il pouvait disposer. L'importance de ses fonctions, non moins que son mérite personnel, lui faisaient déjà sentir qu'il serait désormais l'arbitre des destinées de sa famille.

Un jour, se promenant avec Joseph et Lucien, il leur annonce, après quelques instants de silence, qu'il ne tient qu'à lui d'aller se fixer à Paris d'une manière très-avantageuse; que Maximilien Robespierre, organe du Comité de salut public, le demande, et que Robespierre jeune le presse d'accepter, mais qu'il ne peut s'y résoudre. — « On m'offre, dit Napoléon, la place de Henriot. Je dois donner ma réponse ce soir. Eh bien! qu'en dites-vous? » — Joseph et Lucien hésitèrent un moment. — « Eh! eh! reprit le général, cela vaut bien la peine d'y penser : il ne s'agirait pas de faire l'enthousiaste; il n'est pas si facile de sauver sa tête à Paris qu'à Saint-Maximin. » — Robespierre jeune est honnête; mais son frère ne badine pas. Il faudrait le servir. — « Moi, soutenir cet homme! non, jamais! Je sais combien je lui serais utile en remplaçant son imbécile commandant de Paris; mais c'est ce que je ne veux pas faire. Il n'est pas temps; aujourd'hui, il n'y a de place honorable pour moi qu'à l'armée : prenez patience, je commanderai Paris plus tard. » — Telles furent les paroles de Napoléon : ensuite il exprima son indignation contre le régime de la terreur, dont il annonça la chute prochaine, puis, moitié sombre et moitié souriant, il finit par répéter plusieurs fois : « Qu'irais-je faire dans cette galère [1]? »

Le jet de prédestination qu'on voit illuminer ici la pensée du futur empereur se renouvela quelques mois après, quand, désirant obtenir la main de mademoiselle Désirée Clary, il lui disait : « Peut-être ne ferai-je que

[1] *Mémoires* déjà cités, p. 56-57.

passer comme un météore; mais, j'ose vous l'assurer, le souvenir de mon voyage restera. » Mademoiselle Désirée, flattée des hommages du brillant triomphateur de Toulon, n'en fut point séduite, et jusqu'en 1798 Duphot seul régna souverainement sur son cœur.

Quoique le général Bonaparte eût d'immenses occupations, certains loisirs lui restaient, et ceux qu'il ne passait point au milieu des siens il les consacrait le plus ordinairement à son ami Chauvet, commissaire-ordonnateur en chef de l'armée, ou bien au commandant Suchet (plus tard duc d'Albuféra), qui vivait en cantonnement à la Seille, joli village posé contre l'anse la plus profonde de la rade de Toulon. Suchet occupait là, avec son frère Gabriel, une bastide ravissante, propriété d'un chef de constructions maritimes, qui avait deux filles fort jolies, dont l'une captivait l'ordonnateur Chauvet. — « Si nous allions dîner chez Suchet? dit un jour à Chauvet le général Bonaparte; fais-le prévenir. » Et un planton partit aussitôt annoncer la visite des deux amis, qu'accompagna le sous-lieutenant Junot, aide de camp de Bonaparte. Suchet se hâte d'inviter son propriétaire et ses deux filles, tandis que Gabriel, l'économe du ménage, prépare un repas splendide. Ce festin fut extrêmement gai; l'harmonie la plus franche, la plus cordiale, régnait entre ces têtes folles, dont le Nestor n'avait pas vingt-cinq ans; mais pendant que l'on vidait des bouteilles de champagne à la plus grande gloire de la République, aux charmes séducteurs des deux aimables invitées, une neige abondante couvrait le sol et formait un verglas qui rendait impraticable le chemin de la rade à la ville. Il fallut se résigner; attendre le matin; chose facile en société de personnes charmantes. Suchet ordonna du thé, puis du punch, et minuit arriva presque trop tôt au gré des convives. A la fin cependant les paupières de nos jeunes filles devenaient lourdes. On leur offrit le seul lit qui se trouvât dans la bastide ; mais elles ne voulurent pas l'accepter, parce que la chambre qu'il occupait était la seule pièce où il fût possible de faire du feu et qu'elle servait de salon commun. — « Eh bien, dès lors, s'écria Bonaparte, passons gaiement la nuit, et vite, au vingt et un. » Ce jeu lui plaisait, surtout quand il pouvait y tricher sans scrupule. La gaieté se soutint une heure ou deux ; mais peu à peu le froid s'empara des jeunes filles, le sommeil les domina malgré les œillades de Chauvet, de Junot et l'entrain de Bonaparte : elles se jetèrent habillées sur le lit, et bientôt elles y dormirent profondément. A la fin, tout le monde ronfla, excepté Bonaparte et Gabriel Suchet, qui demeurèrent attablés pendant sept heures, jouant toujours le même jeu, et n'interrompant le silence monotone de la chambre qu'en disant : *Carte... Content.*

Bonaparte occupait l'unique fauteuil du logis. Appuyé sur le bras gauche, l'œil fixé sur le tapis vert, c'était à peine si de loin en loin, et avec une tranquillité d'imagination remarquable pour son âge, il regardait la pose gracieuse de l'une des jeunes filles endormies.

Pendant qu'au milieu des camps, rassurés par le bruit des armes, quelques citoyens vivaient heureux de la sorte, Barras et Fréron promenaient leurs yeux de lynx sur la Provence terrifiée. On leur avait appris qu'une petite ville ne fournissait aucun tribut à la guillotine, que les suspects y jouissaient de tous les égards dus aux prisonniers, qu'on leur permettait la déclamation théâtrale, la musique, et qu'un aristocrate modéré, Lucien Bonaparte, détournait tant qu'il le pouvait le glaive de la loi. « Deux familiers de l'inquisition représentative, dit le prince de Canino, se chargèrent *de nous mettre au pas.* »

Le tribun Brutus se promenait avec Épaminondas, lorsqu'une vieille femme, dont le fils était captif, accourant vers Lucien-Brutus, s'écria : — « Citoyen président, au nom du ciel, viens nous défendre; on emmène nos enfants dans les prisons d'Orange. Rappelle-toi tes promesses...
— Quoi! réplique Lucien étonné, sans ordre du comité révolutionnaire! sans avis préalable! Nous allons voir ce que cela signifie. » Et, pressant le pas, il fut bientôt de retour en ville, suivi d'un certain nombre de personnes qui s'étaient répandues dans la campagne pour l'y chercher. — « Sonnez le tocsin, dit le jeune président; appelez de ma part les membres du comité, les membres du club; je vais les attendre sur la place. » Cette place touchait à la prison. En y arrivant, suivi d'une centaine de personnes, Lucien aperçoit cinq ou six charrettes gardées par des gendarmes et remplies déjà de prisonniers enchaînés. Un jacobin, acolyte de Barras, ceint d'une écharpe tricolore, empanaché d'un plumet rouge, ordonnait l'opération, tandis qu'un secrétaire, coiffé du bonnet rouge, écrivait sur son portefeuille les noms des victimes, et qu'un piquet de gendarmes refoulait avec rudesse la population éplorée. Revêtu des insignes de sa dignité présidentielle, Lucien faisant aussitôt écarter la foule : « Citoyen, cria-t-il au familier du bourreau qu'il avait devant lui, au nom de la loi, retire-toi; le comité révolutionnaire n'a point ordonné d'extradition; la société populaire va s'assembler; tu viendras lui présenter tes pouvoirs. En attendant, gendarmes, déliez les suspects et remettez-les où vous les avez pris. » Mais les gendarmes demeuraient immobiles; l'homme empanaché résistait, et traitant

Lucien d'aristocrate, de ci-devant, de modéré, il le menaçait de lui faire partager le sort de ceux qu'il emmenait.
— « Je ne te connais pas, répliqua le courageux président; je ne connais que la loi, le Comité de salut public et mon devoir. Gendarmes, vous refusez d'obéir? eh bien, le peuple va défendre son droit. » Et d'un geste il ordonne que les prisonniers soient replacés dans leur asile. Le peuple ne se le fit pas répéter : « En quelques minutes, écrivait le prince de Canino, les suspects étaient dans leurs chambres, et les portes de la maison d'arrêt, bien fermées, étaient gardées par une troupe nombreuse qui ne reconnaissait que mes ordres. Trente victimes étaient sauvées [1]. »

Le tocsin continuait de retentir; les campagnards des villages voisins accouraient; on avait improvisé des armes; à côté d'un fusil brillaient les dents d'une fourche ou le tranchant d'une faux; à côté d'un sabre un fléau, une pique, un gourdin; et déjà l'heure approchait de sauver non les suspects, mais les gendarmes, non le président Lucien, mais le délégué de Barras. Traduit devant le Comité, cet homme eut peur; Lucien lui demanda son ordre, ses papiers; il déclara n'en point avoir, balbutia des excuses, des protestations de patriotisme, de dévouement, complimenta le Comité, et s'en alla le jour même, suivi des alguazils qui l'accompagnaient. Évidemment la mission de cet homme était réelle, mais verbale; et Lucien Bonaparte, en lui faisant résistance, assumait une responsabilité qui ne pouvait manquer de compromettre sa position personnelle. Les cœurs généreux sont au-dessus des calculs; le digne frère de Napoléon s'applaudit de l'attitude qu'il avait prise, quelles qu'en fussent ultérieurement les consé-

[1] *Mémoires*, t. I, p. 51-52.

quences, et disait, quarante années après, ne pas compter une journée plus heureuse dans sa vie.

Défenseur des faibles, des opprimés et des suspects, notre jeune tribun rendit encore d'éminents services à la ville de Saint-Maximin, qu'il habita plusieurs mois; les bourgeois honnêtes l'estimaient beaucoup, ne pensaient, n'espéraient que par lui, tandis que les démagogues furieux auraient voulu perdre un homme qui sans cesse déconcertait leurs mesures. Christine Boyer, ange de bonté, Provençale aux traits fins et délicats, au cœur naïf et pur, veillait sur Lucien; il l'aimait, il en était aimé, et quoiqu'elle n'eût qu'une culture d'esprit fort médiocre, son esprit naturel, son tact remplaçaient l'éducation qu'elle n'avait pu recevoir. Cette inclination, dont il ne dit pas un mot dans ses *Mémoires*, sans doute pour ménager la susceptibilité jalouse de sa seconde femme, devenue princesse de Canino, influa considérablement sur sa destinée, car elle le mit fort mal avec Napoléon, avec madame Letizia, et devint le point de départ d'une opposition, d'une lutte d'amour-propre dont souffrirent beaucoup Christine Boyer et Lucien.

Si voisine de la Corse, la famille Bonaparte suivait de l'œil les mouvements du pays natal : les Anglais en défendaient les approches; Paoli régnait comme un dictateur; mais Bastia, Calvi tenaient encore. Pour le salut de cette dernière ville, Casabianca déployait une vigueur remarquable, tandis que les jacobins de Paris rayaient le nom de son frère de la liste de leurs membres, comme n'étant pas d'un civisme assez pur, et comme ayant voté *la réclusion du tyran*.

Vers la même époque, Napoléon, non moins capable d'exercer des fonctions diplomatiques que des fonctions

CHAPITRE XIX.

militaires, était chargé par un représentant du peuple d'inspecter les côtes liguriennes, de reconnaître la situation défensive de Savone, et de pénétrer les vues du gouvernement génois en ce qui concernait la coalition. Datées de Loano le 25 messidor an II, les instructions sont écrites et signées par Ricord. C'était une mission secrète dont le général s'acquitta fort bien, et qui lui servit, pour ses campagnes ultérieures, d'étude préliminaire sur les choses et sur les hommes. A Gênes, il fréquentait particulièrement notre chargé d'affaires, M. Faypoult, homme estimable, animé d'un courage civil peu commun, et qui secondera plus tard Napoléon, lors des guerres d'Italie.

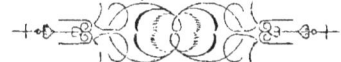

CHAPITRE VINGTIÈME.

ALEXANDRE BEAUHARNAIS ET JOSÉPHINE EN PRISON.

Marche des idées révolutionnaires en 1794. — Complot des hébertistes et des indulgents. — Arrestation d'Alexandre de Beauharnais; il est conduit à la prison du Luxembourg. — Son entrevue avec ses enfants et sa femme. — Correspondance. — Prétendu complot dont il est regardé comme le chef. — Son interrogatoire. — Interrogatoire subi par Joséphine, Hortense et Eugène. — Haine de Vadier contre Alexandre Beauharnais. — Il trouve des appuis dans la personne de Tallien, de Louis du Bas-Rhin et de Prosper Sijas. — Madame Fanny de Beauharnais faisant la malade. — Arrestation de Joséphine. — On la conduit aux Carmes. — Eugène est mis chez un menuisier et Hortense chez une couturière. — Entrevue du vicomte et de la vicomtesse de Beauharnais, racontée par cette dernière. — Elle sollicite, au nom de son mari, la mise au rôle de leur procès. — Singulière coïncidence d'une démarche qui devient la cause innocente d'un supplice. — Mademoiselle Lenormand prédit à Joséphine la fin prochaine du vicomte et les brillantes destinées qui l'attendent elle-même.

> Oubliés comme moi dans cet affreux repaire,
> Mille autres moutons, comme moi,
> Pendus aux crocs sanglants du charnier populaire,
> Seront servis au peuple-roi.
> A. CHÉNIER à ses amis.

Les plus nobles têtes une fois tombées, la République s'était tournée contre elle-même, et chaque jour on la voyait traîner sa robe souillée de crimes dans le sang de ses adorateurs. Robespierre, aux Jacobins, ayant pour satellites Hébert, Barrère, Billaud-Varennes, Couthon, David, Saint-Just, dominait la montagne; de concert avec Saint-Just, il voulait mettre à l'ordre du jour la probité, et commençait son système d'épuration en frappant les hébertistes, républicains ultra, promoteurs d'athéisme, véritables énergumènes qu'il fit monter, au nombre de vingt, sur l'échafaud. Les chefs seuls succombèrent; Carrier, Collot d'Herbois, Fouché furent épargnés, et la faction des indulgents se crut un instant triomphante. Malheureusement des inimitiés personnelles surgirent; Danton, Camille Desmoulins, arrêtés le 31 mars, devinrent victimes, parce qu'ils ne voulaient point être bourreaux. Ils rencontrèrent à la Conciergerie Hérault de Séchelles, Philippeaux, compris ainsi qu'eux dans la conspiration du modérantisme; ils moururent avec Lacroix, qui montra le plus grand calme; avec Hérault de Séchelles, qui fit voir une remarquable égalité d'humeur; avec Westermann, non moins brave sur la place de la Révolution que dans les plaines de Savenay; ils eurent pour compagnons d'infortune le comédien Fabre d'Églantine, Bazire, Delaunay, Deiderichsen.... Ce procès criminel, terminé le 5 avril, fut aussi dramatique que le grand spectacle offert par les Girondins: Paris s'en émut, et toute la France présagea qu'une série d'exécutions sanglantes allait, sous divers prétextes, confondre dans la même destinée des victimes choisies pêle-mêle parmi les diverses catégories sociales.

Voulant créer, disait-il, une conscience publique, Saint-Just proposait des mesures exceptionnelles contre les agents du gouvernement, contre les ex-nobles, contre les étrangers; Billaud-Varennes mettait en suspicion l'omnipotence de l'autorité militaire; la Convention intimidée ne sortait d'un mutisme habituel que pour applaudir les orateurs du Comité de salut public, seul pouvoir resté debout; et décidait, conformément aux conclusions de Robespierre, l'existence d'un Être suprême et l'immortalité de l'âme. De cette double découverte, sanctionnée par cinq cents boules blanches, à l'institution des fêtes nationales, il n'y avait plus qu'un pas; les jacobins trouvaient le moment opportun pour célébrer la Divinité; mais combien de familles qui, dans la voix comme dans les yeux, n'avaient que des larmes! combien de négociants, d'agriculteurs, d'industriels ruinés par le *maximum*, par les confiscations ou par les emprunts forcés! combien d'honorables existences compromises et d'innocents citoyens traînés dans les cachots!....

Alexandre Beauharnais ne devait point jouir plus longtemps du privilége d'être oublié. Un ordre de comparution lui fut signifié par des gendarmes, qui l'emmenèrent à Paris, où l'accompagna Joséphine avec ses deux enfants; mais il ne fit presque qu'entrevoir les verrous, des amis s'étant portés caution pour lui. Cette faveur exceptionnelle ne pouvait durer longtemps. Certain jour, vers huit heures du matin, un jeune ouvrier nommé Névil, d'une figure douce et honnête, portant quelques souliers dans son tablier, frappe à la porte de l'hôtel qu'occupait le vicomte. — « La citoyenne a demandé des souliers de prunelle grise, dit-il, et je les apporte. » — Introduit près de Joséphine, Névil lui fait des signes, exprime le désir d'être seul avec elle, et dès que la femme de chambre, Victorine, s'est éloignée : — « Citoyenne, ajoute Névil, vous n'avez pas un moment à perdre pour sauver votre mari. Cette nuit, le comité révolutionnaire a pris la résolution de le faire arrêter; on en rédige l'ordre. — Et comment savez-vous ?... demande Joséphine presque défaillante. — Je suis du comité, répond-il, et comme j'exerce l'état de cordonnier, ces souliers m'ont servi de prétexte pour me présenter. » Au même moment, Alexandre entre dans la chambre. « Mon ami, du courage, de la résolution; pour moi, pour vos enfants, pour la France, sauvez-vous; ils veulent vous arrêter; ce bon jeune homme le sait; il vient vous avertir; hâtez-vous... » — Beauharnais tendit affectueusement la main à Névil, le remercia, mais ne voulut point fuir. — « Que peut-on me reprocher? disait-il. J'aime la liberté; j'ai servi la révolution; je voulais qu'elle tournât au profit du peuple. — Mais, répliqua Névil, votre titre de noble est un tort grave aux yeux des jacobins, et puis vous avez fait partie, dans la Constituante, du parti des modérés. — Ma naissance est un fait irréparable; mon plus beau titre de gloire, le seul que je réclame, est d'avoir assuré le règne des lois, les droits des citoyens, en même temps que la chute du despotisme... » — Quand Névil fut sorti, Beauharnais, fort animé, résumant sa position et présageant l'avenir, ajouta comme conclusion finale : — « S'ils n'étaient tous que turbulents et cruels, cette ardeur du despotisme, cette soif sanguinaire s'éteindraient; mais ils ont un système, et Robespierre réduit l'action gouvernementale en doctrine; son mouvement ne s'arrêtera qu'après que ses ennemis réels ou présumés seront anéantis, ou lorsque lui-même n'existera plus; c'est un opiniâtre qui croit consolider la liberté en la forçant de cuver du sang. — Vous me faites frémir, Alexandre; pouvez-vous penser ainsi et ne pas vous sauver? — Mais où donc fuir? Est-il un réduit où ne pénètre l'œil du tyran? Il voit par les yeux de quarante mille comités animés de son esprit et forts de sa volonté. Le torrent est débordé; le peuple, en s'y jetant, le grossit. Il faut céder. Si je suis condamné, comment me soustraire? Si je ne le suis pas, libre ou détenu, je n'ai rien à craindre. » — Les larmes, les sollicitations pressantes, les tendres supplications de Joséphine furent vaines. Rien n'eût fait fléchir la grande âme de Beauharnais. Pour lui, se cacher, se dérober à une mort presque certaine, c'était presque s'avouer coupable, c'était abandonner la solidarité de principes et d'actions qui, depuis une année, conduisait tant d'hommes vertueux à la gloire par les degrés sanglants de l'échafaud. Ils considéraient la révolution française comme devant servir d'enseignement au monde, et le sacrifice de leur vie semblait la conséquence naturelle des autres sacrifices qu'ils avaient faits sur l'autel de la patrie. Presque tous les constituants auraient cru s'isoler de la cause populaire en ne portant pas jusqu'au bout l'énergie du dévouement et de l'abnégation personnelle. Va pour la guillotine, se disaient-ils, si la guillotine devient un sceau nécessaire au triomphe des doctrines libérales proclamées du haut de la tribune, et périssent cent mille âmes plutôt qu'un principe... Ainsi pensaient, agissaient nos puritains politiques, ainsi voulait agir Beauharnais jusque sous l'impression douloureuse des objets chéris dont il allait être séparé. Quand Joséphine eut épuisé les moyens de le ramener à des idées personnelles, quand elle vit le sentiment du devoir envers la patrie triompher du sentiment marital, du sentiment paternel, elle respecta les convictions de son mari, et s'immolant à leur triomphe, elle ne songea plus qu'à s'y préparer conjointement avec lui. Eugène se trouvait en pension, Hortense fut envoyée chez une amie sous la garde de Victorine, et nos deux époux infortunés firent la part des objets d'affection auxquels il fallait renoncer et de ceux qui devaient leur survivre. Le feu détruisit quantité de papiers précieux, des notes, des discours politiques, une correspondance intime à travers laquelle s'infiltrait goutte à goutte tantôt un principe d'âcreté qui leur avait causé d'affreux chagrins, tantôt un baume de consolation et d'espérance. Parmi les lettres s'en trouvaient plusieurs de Bailly, de Custine, des Girondins les plus célèbres, des personnages éminents de l'ancienne cour, et des auteurs à la mode au commencement de la révolution française. Un seul rouleau de papiers fut sauvé. Alexandre Beauharnais l'entoura d'un ruban bleu, et le mit avec une tabatière enrichie du portrait de sa femme dans un tiroir de son grand bureau, dont l'ouverture restait cachée parmi les veines de l'acajou. Chose intéressante à signaler, en ce qu'elle donne un démenti formel au soupçon de mésintelligence qu'on prétendait exister alors entre Alexandre et Joséphine, c'est que la clef du secrétaire de la femme allait au secrétaire du mari.

Vers midi la force armée cerne l'hôtel, et trois membres du comité révolutionnaire, après une visite minutieuse dans l'appartement, après avoir mis les scellés sur tous les papiers, ordonnent à Beauharnais de les suivre. Pendant que le vicomte chemine vers la prison du Luxembourg, Joséphine, revenue de l'accablement profond où la jetait une séparation si cruelle, parcourt éperdue son appartement, adresse aux objets sur lesquels se concentraient leurs sympathies mutuelles tout ce que lui suggère le désordre fiévreux de sa pensée; puis elle demande du papier, une plume, écrit à madame Fanny Beauharnais, alors à Saint-Germain, et lui fait de cet événement funeste un récit détaillé, dont nous avons extrait ce qu'on vient de lire.

Le lendemain, les jours suivants, occupée d'alléger la captivité d'Alexandre, Joséphine multiplia les démarches; elle courut voir ses enfants, puiser près d'eux l'énergie dont elle avait besoin et se consoler de l'abandon soudain d'un monde qui ne tient jamais contre l'adversité. « Voilà ma maison seule, et moi plus seule, plus délaissée encore, écrivait Joséphine à sa tante Fanny. Depuis cinq jours *qu'il* n'y est plus, tous ses amis ont disparu peu à peu. Il est six heures au moment où je vous écris, et personne n'est venu. Personne, je me trompe : mon brave jeune homme ne se rebute point; il vient deux ou trois fois par jour avec des nouvelles du Luxembourg. Tant que son devoir n'est pas engagé, il se soucie peu d'exposer sa personne : la peste du malheur ne le rebute point. C'est à lui qu'Alexandre confie celles de ses lettres qu'il veut que je lise seule : les geôliers, le comité, ont la primeur des autres. »

L'homme le plus dévoué, le seul véritablement dévoué à l'infortune d'Alexandre était donc un simple cordonnier, Névil, âme noble et généreuse qui n'en espérait rien, qui n'en voulait rien, qui ne partageait ni ses idées politiques, ni ses antipathies sociales, mais qui s'éprenant du juste et du beau, sur quelque terrain qu'il les rencontrât, voulait épargner à la République la honte de les méconnaître. Trois fois le jour, cet artisan jouait sa tête, non pas en face de l'ennemi avec une perspective d'applaudissements et de gloire, mais en présence de la guillotine et d'un arrêt de flétrissure comme traître à la patrie. Oui, la sublimité de l'héroïsme est en raison directe de l'obscurité du théâtre où s'accomplissent ses actions.

Nous regrettons bien que les limites de notre ouvrage et l'extrême multiplicité des événements qui doivent s'y presser nous imposent une grande sobriété de citations, car la correspondance d'Alexandre Beauharnais avec Joséphine fournirait d'admirables pages de morale, de spirituelle finesse et de philosophie religieuse, comme le témoigne la lettre suivante du vicomte : « Eh bien! pauvre petite, vous n'êtes donc pas raisonnable, et il faut que ce soit moi qui vous console? Je le puis aisément, car c'est ici le séjour de la paix, lorsque la conscience est tranquille. On peut y puiser pour soi, pour les autres tous les bons sentiments du cœur, toutes les bonnes idées de l'esprit, toutes les douces affections de la nature. Je serais troublé par notre séparation, si elle devait être longue; mais je suis soldat; et loin de vous, ma douce Joséphine, loin de nos chers enfants, il me semble que je fais la guerre : le moindre événement est une campagne contre le malheur. Ah! si vous voyiez comme on sait le combattre ici, vous rougiriez d'être affligée. Chaque détenu laisse les chagrins à la porte, et ne montre que bonne humeur et sérénité. Au Luxembourg, nous avons transféré la société, moins la politique; nous avons conséquemment laissé les ronces pour ne garder que les fleurs. Il y a parmi nous des femmes charmantes qui ne sont ni coquettes, ni prudes; des vieillards qui ne frondent et ne moralisent pas, mais qui reprennent avec douceur; des hommes mûrs qui ne spéculent point; des jeunes gens presque raisonnables; des artistes polis, sobres, sans orgueil, nous égayant par une foule de traits plaisants et d'anecdotes amusantes; et ce qui vous étonnera surtout, des financiers devenus aussi bien élevés qu'ils étaient en général impertinents et grossiers. Nous avons donc ici ce qu'il y a de mieux, excepté pourtant ma Joséphine et nos chers enfants : oh! c'est encore du choix, du bon et du meilleur que ce trio chéri. Je dois excepter aussi notre bon ami Névil; celui-là n'a de tort que de se croire un parent de Brutus. Quant à son titre de membre du comité, je ne le lui reproche point, je m'en trouve trop bien. C'est lui, ma chère amie, qui vous remettra cette lettre, dans laquelle j'enferme mille baisers, jusqu'à ce que je puisse vous les prodiguer plus réellement sans les compter. »

Pour ne point inquiéter les enfants, on leur avait dit que M. de Beauharnais, atteint d'une maladie longue mais guérissable, laquelle exigeait les soins assidus d'un célèbre médecin, s'était décidé à entrer dans une maison de santé fondée depuis peu au Luxembourg, et qu'ils seraient bientôt admis à le voir. Ce jour arrivé, Hortense, la droiture même, fut d'abord dupe de l'officieux mensonge imaginé par Joséphine; mais l'aspect des lieux lui suggéra quelques réflexions; elle trouva le logis bien exigu, les malades bien nombreux, bien bruyants; et tout à coup sa figure ayant pris l'air boudeur et négatif qui lui seyait si bien, elle suffoqua de sanglots, et jetant ses bras enlacés autour du cou d'Alexandre, elle s'indigna d'une arrestation injuste, le pressa, le conjura de dire à sa fille toute la vérité; de ne lui cacher ni ses dangers, ni ses craintes. Eugène, non moins ému qu'Hortense, versait d'abondantes larmes, passait des genoux de la vicomtesse aux genoux du vicomte, qui, dans le calme d'une raison réfléchie, donnait aux siens l'exemple de la résignation, et leur conseillait la retenue que suggère le véritable courage, l'espoir qu'inspire l'innocence.

« Peu à peu, dit Joséphine écrivant à sa tante la comtesse Fanny, la conversation prit un tour moins pénible. On oublia le malheur présent, pour se livrer à de doux souvenirs et à des projets. Vous comprenez que dans ces derniers vous étiez pour beaucoup. — Je veux infiniment de bonheur à ma tante, dit en riant Alexandre; cependant, comme on assure que les muses ne sont jamais si intéressantes que quand elles sont affligées, je souhaiterais à celles de ma tante quelques jours de captivité : il nous en reviendrait une belle élégie, et la gloire du poëte, en immortalisant sa prison, le consolerait aisément du chagrin de l'avoir habitée. — Que direz-vous de ce souhait, ma chère tante? Peut-être le jugerez-vous dans vos véritables intérêts; pour moi, qui aime encore plus votre personne que vos vers, je ne puis m'empêcher de faire un vœu contraire; et dussiez-vous ne jamais joindre votre nom à celui d'Ovide et de madame de la Suze, continuez d'écrire en prose, et demeurez libre, pour être heureuse, en vous livrant au besoin de votre cœur, celui de faire le bien.

» Joséphine. »

Il arrivait souvent que les entretiens familiers accordés aux prisonniers étaient des piéges tendus par leurs bourreaux. On épiait ces épanchements qu'une vivacité de tendresse ou qu'une profonde amertume de douleur rendait indiscrets; on notait les plaintes, on pesait les expressions, et d'un suspect on faisait aisément un coupable. L'entrevue du vicomte de Beauharnais avec ses enfants leur devint fatale à tous. Le comité de sûreté générale, instruit de quelques phrases qui lui avaient échappé, redoubla ses rigueurs. On l'isola des autres prisonniers. On le renferma seul dans une chambre, qui, communiquant heureusement à une seconde pièce inoccupée, augmentait du triple son parcours. Malgré les instances de Tallien et de ses autres amis, Joséphine ne put obtenir une nouvelle entrevue, et ses inquiétudes devinrent extrêmes. Qui donc les avait trahis? se demandait-elle. Et le nom de Névil, ce nom si cher, était venu se poser sur ses lèvres et recevoir la malédiction du désespoir; mais rejetant aussitôt l'indignité d'un tel soupçon, elle se disait: L'une des plus tristes faiblesses du malheur est de rendre injuste, et de vous conduire à douter de la sincérité de l'amitié; puis récapitulant tout ce que Névil avait fait, et cherchant au fond de son propre cœur la vérité qui s'y cachait, elle se laissait entraîner par l'ascendant de l'innocence et par le poids si doux et si léger de la gratitude. — Non, non, répétait Joséphine, Névil n'est pour rien dans cette infamie. Les apparences sont souvent trompeuses. Je ne veux interroger que mon cœur, et mon cœur me dit qu'il n'est pas coupable. — Madame de Beauharnais terminait ce monologue, quand Névil entra. Il venait lui donner des nouvelles de son mari et lui dire qu'un ancien constituant, président du comité de sûreté générale, vieillard défiant et farouche, soupçonneux à proportion de son habituelle misanthropie, que Vadier avait eu avec Alexandre Beauharnais un entretien fort long, duquel résulterait une aggravation de culpabilité; qu'au lieu de se maintenir dans les bornes de la modération, Beauharnais, comme Socrate sur son lit de mort, avait disserté, et qu'on l'avait entendu s'écrier d'une voix forte : « Malheur! malheur aux tyrans qui par une métaphysique insidieuse expliquent ou plutôt embrouillent leur système homicide! On repousse aisément le glaive tout nu; et, comme disait le président du Harlay, il y a loin du cœur de l'homme de bien au poignard du scélérat; mais comment éviter une arme cachée? Il faut se taire et tendre la gorge... » — Une telle imprécation tombait trop directement dans le sein de Vadier pour qu'il ne la recueillît pas. Il sortit sans mot dire, et sa figure observée par Névil, qui écoutait dans le corridor, prit une expression équivoque d'un très-mauvais augure. — Névil ne doutait pas que la haine de Vadier ne s'exerçât sur madame de Beauharnais, et que d'un moment à l'autre elle ne fût arrêtée. Il la conjurait de se cacher, de ménager dans l'avenir au moins un appui tutélaire à ses enfants, si leur autre appui venait à leur manquer, et il s'engageait sur l'honneur, quelles que fussent les circonstances, à continuer d'être leur intermédiaire. —

Le lendemain matin, Joséphine lut sur un journal :

« Une grande conspiration a été découverte dans la maison de réclusion du Luxembourg ; l'avoir découverte et signalée, c'est l'avoir déjouée et anéantie. L'un des chefs paraît être le ci-devant vicomte de Beauharnais, membre de l'Assemblée dite constituante, et l'un de ses présidents. Par ce qu'on a démêlé dans les lettres interceptées, les papiers saisis et les interrogatoires subis, on peut comprendre qu'il ne s'agissait de rien moins que d'opposer une résistance à l'action du gouvernement révolutionnaire. Cette résistance, d'abord d'intention, n'attendait vraisemblablement qu'une conjoncture favorable pour devenir armée. Telle était la doctrine, telle eût été la conduite des conjurés. Ils étaient aidés dans leurs coupables manœuvres par un jeune homme attaché à Beauharnais, et qui paraît avoir été placé au comité révolutionnaire de la section pour servir de patron aux conspirateurs... »

La feuille tomba des mains de Joséphine consternée. Elle y reconnut la manœuvre ordinaire du parti démagogique ; elle ne douta point qu'une aggravation de peines pour elle et pour M. de Beauharnais ne s'ensuivît ; et le sort du généreux Névil, car c'était de lui qu'il s'agissait, l'affligea profondément. Peu à peu néanmoins la réflexion vint, et avec la réflexion un sentiment d'espoir fondé sur l'absurdité du thème imaginé contre les détenus. « A-t-on recours aux exagérations de l'imposture, se dit-elle, lorsque l'exposé seul de la vérité suffit pour persuader ? Après beaucoup de mouvements et de tapage, où quelques intéressés trouveront moyen de faire éclater leur zèle, on s'arrêtera devant la nullité des faits. Il n'y aura pas de conspirateurs, parce qu'il n'y aura pas de conspiration, et tout cela ne fera que mieux ressortir l'innocence du vicomte de Beauharnais, le noble désintéressement de Névil.... » Pauvre femme, qui, dans sa candeur, avait le tort si commun de juger les autres par elle-même, et de s'imaginer qu'on avait le moindre souci de la justice et de la vérité. Aussitôt elle écrivit à madame Fanny de Beauharnais, dépositaire habituelle des secrets de son cœur; elle tâcha de la rassurer en se rassurant. Elle espérait encore qu'un autre que Névil était arrêté; et lorsque au moment de fermer sa lettre la sonnette s'ébranla, elle courut ouvrir, persuadée qu'elle allait le voir. Mais, hélas! au lieu de Névil, une jeune personne, sa fiancée, vint la confirmer dans les terreurs légitimes que lui avait inspirées la lecture du journal.

Alexandre-Louis de Beauharnais subit un long interrogatoire, où, selon l'expression de Joséphine, *le ridicule le disputait à l'horrible*[1]; la vicomtesse, ses enfants durent également répondre aux questions les plus insidieuses, formulées avec des intentions perfides. « L'ingénuité de mon fils et la spirituelle adresse de sa sœur ont déconcerté la fourberie, s'ils ne l'ont point confondue, » écrivait Joséphine; mais elle ne s'en tenait pas plus rassurée, au contraire, et courait chercher quelque appui près des jacobins qu'elle avait connus jadis. De ce nombre était Louis, du Bas-Rhin, membre du comité de sûreté générale, républicain honnête, presque sans crédit, et qui, ne pouvant rien par lui-même, agissait par ses amis, au nombre desquels se trouvait un homme serviable, Prosper Sijas, dont Joséphine, dans sa correspondance, se loue beaucoup[2]. Tant qu'Alexandre s'était vu seul inculpé, il avait expressément interdit à

---

[1] Lettre à la citoyenne Fanny Beauharnais.
[2] Idem.

sa femme la moindre démarche près des dictateurs du moment; mais quand il vit un fait personnel prendre les dimensions d'un complot, où plusieurs victimes innocentes étaient compromises, il regarda comme un devoir de défendre la cause commune. On rangeait déjà la conspiration du Luxembourg dans la catégorie des conspirations de la Gironde, de Saint-Amaranthe, de Danton ; l'opinion publique ébranlée désignait d'avance au choix des bourreaux la tête des principaux coupables ; aux gazetiers perfidement officieux qui parlaient de l'encombrement des prisons, de la nécessité d'une épuration et d'une mise en liberté, d'autres gazetiers soudoyés répondaient avec un style atroce que, pour diminuer le nombre des prisonniers, il existait un moyen *plus expéditif, plus républicain, plus égalitaire...*

On aurait lieu de s'étonner qu'au milieu des méfiances du Comité de salut public Joséphine eût conservé sa liberté, si l'on ne savait que son amie intime était la citoyenne Thérèse de Cabarrus (madame de Fontenay), l'idole de Tallien; que le peintre David, Mercier-Tableau et autres révolutionnaires conservaient à sa tante Fanny un affectueux souvenir, dont le reflet les protégait toutes deux. Mais, dans le chaos de cette turbulente époque, personne n'eût osé compter le lendemain sur les puissances de la veille; on vivait au jour le jour; et telle recommandation excellente devenait, d'un instant à l'autre, une cause d'incarcération ou de mort. Pour mieux servir les siens, pour demeurer abritée du soupçon, madame Fanny Beauharnais, dans sa nouvelle retraite à Fontainebleau, faisait la malade, se composait les traits, et recevait, sans quitter le lit, quelques-uns des membres de la société populaire qui ne trouvaient pas trop mauvais qu'elle fût une ci-devant. L'arrestation d'Alexandre Beauharnais, l'émigration de son neveu, de son mari, le prétendu complot du Luxembourg, l'avaient gravement compromise; mais aucun de ses rapports avec les inculpés n'ayant été connu, on la considéra comme inoffensive, quoique suspecte. « Ah ! ma tante ! lui écrivait Joséphine, au milieu de ce trouble, que je vous sais bon gré d'être malade ! Quelque pénible que me soit votre absence, continuez à la prolonger. Votre tranquillité, qui m'est si chère, me dédommage un peu de mes souffrances; et Alexandre me fait dire qu'il supporte patiemment toutes les vexations tant qu'il sait que nous ne les partageons pas. »

Un matin, la mère de Névil entre chez Joséphine avec l'expression du chagrin peinte sur sa physionomie: « Qu'avez-vous? Parlez, je vous conjure, s'écrie madame de Beauharnais. Qu'est-il arrivé à votre fils? — Hélas ! ce n'est pas pour lui que je pleure, réplique en sanglotant cette excellente femme; quoiqu'il soit au secret, je ne crains rien, il est d'une classe à laquelle on pardonne et qu'on oublie. — Vous me faites trembler; Alexandre?... — Rassurez-vous, le sort de Monsieur n'a pas changé. — Ma tante, sans doute... — Non, Dieu soit loué !... — Qui donc?... — Vous, madame. » Aussitôt Joséphine se sentit soulagée. « Après avoir tremblé pour ce qu'on aime, qu'il est doux, écrivait-elle à sa tante, de n'avoir plus peur que pour soi ! » Mais cette quiétude ne dura pas longtemps. Elle ne pouvait isoler ses enfants d'elle-même; et les sentir seuls, livrés peut-être à des gens qui pervertiraient en eux une nature excellente, s'arracher de leurs bras, échapper à leurs caresses pour l'éternité, lui brisait l'âme. Elle balançait entre le devoir d'épouse, qui prescrit de s'associer à la mauvaise fortune d'un mari, et l'amour maternel criant plus haut en-

CHAPITRE XX.

core : *Vis pour eux!* La journée se passa dans cette accablante incertitude. Le soir, une lettre anonyme l'avertit d'un danger tout à fait imminent, qui ne fit que redoubler son angoisse, sans lui inspirer le courage d'une résolution à laquelle sa propre existence se trouvait engagée. « J'aurais pu fuir ; mais où aller, sans compromettre mon mari ? Décidée à attendre, je m'entourai de mes enfants ; et, dans leurs innocentes caresses, j'aurais presque oublié mes adversités, si leur présence même ne m'avait plus vivement retracé l'absence de leur père. Le sommeil les arracha de mes bras, dont il semblait qu'un instinct plus tendre les rapprochait encore davantage. Hélas! l'amour qui unit une mère à ses enfants a aussi ses superstitions ; et je ne sais quel pressentiment invincible me plongeait dans une terreur stupide. Jugez si, restée seule, je pus écarter ce pénible sentiment! Le ciel m'est témoin cependant que les trois êtres chéris qui font tout mon bonheur font aussi toute ma peine : comment songer à moi dès qu'ils sont menacés ?

» Je continuais à me plonger dans ces réflexions quand un grand bruit se fit entendre à la porte de l'hôtel. Je compris que mon heure était venue ; et trouvant dans l'inévitable coup qui m'allait frapper le courage nécessaire pour le souffrir, je me résignai. Tandis que le tumulte croissait, je passai dans la chambre de mes enfants : ils dormaient! et ce contraste de leur sécurité avec le trouble de leur mère fit couler mes larmes. Hélas! je déposai sur le front de ma fille peut-être mon dernier baiser ; elle sentit les larmes maternelles ; et, tout endormie, passant autour de mon cou ses bras caressants : « Couchez-vous, ma mère, me dit-elle à demi-voix, et ne craignez rien ; ils ne viendront pas cette nuit ; je l'ai demandé à Dieu. » Cependant on entrait alors en foule dans mon appartement.... Quand les scellés furent apposés sur les meubles fermant à clef, j'ai été conduite dans la maison de détention des Carmes (rue de Vaugirard). Oh! quels frissons n'ai-je point ressentis en franchissant ce seuil encore teint du sang des victimes [1]!... »

Qu'on juge de l'affreuse situation où se trouvèrent Eugène et Hortense lorsqu'éveillés avant l'heure, et demandant le baiser maternel qu'ils recevaient d'habitude, Victorine vint leur dire que madame de Beauharnais était sortie, partie pour la campagne. Ils avaient entendu quelque bruit; dans un demi-sommeil, ils avaient recueilli certains mots qui, concordant avec l'absence de leur mère, avec des bandes de papier apposées sur les meubles, les initièrent à la catastrophe. — Tu nous trompes, Victorine, dit Hortense; maman est arrêtée. Pourquoi ne nous avoir pas emmenés avec elle? Et Victorine, ne pouvant retenir ses larmes, fut obligée d'avouer. Alors eut lieu une inexprimable scène de désespoir. Hortense, d'une raison fort avancée, mesurait toute l'étendue de son malheur, et mêlait à ses sanglots entrecoupés la naïve et touchante expression de la douleur la plus vraie. Eugène, dont l'énergie de caractère grandissait déjà avec les peines, la consolait de son mieux et lui promettait secours. Les choses en étaient là; les heures s'écoulaient dans la désolation, et la charité publique, le pain de la section devenaient leur unique ressource, lorsqu'arriva l'excellente madame Holstein, cette bonne amie des Beauharnais, qui, ne pouvant rien pour eux, venait arracher leurs enfants à la misère. Dès le soir même, ils étaient chez elle, rue Saint-Dominique. « Je me rappelle, à cette occasion, disait un jour la reine Hortense, que madame Holstein,

[1] Lettre à la citoyenne Fanny Beauharnais.

bien que ne partageant nullement les passions qui agitaient alors la multitude, était forcée d'assister aux processions patriotiques qui se renouvelaient tous les *décadis* en l'honneur de la République *une et indivisible*. La noblesse y était fort maltraitée, moi surtout, à qui mes compagnes ne pardonnaient pas d'être la fille d'un vicomte, d'un ci-devant emprisonné ; elles ne me trouvaient pas digne de figurer parmi elles. Cette exclusion m'eût charmée ; mais madame Holstein avait grand soin de me conduire à leurs réunions. Je me conformais à sa volonté, car je savais qu'un témoignage de répugnance de ma part l'eût exposée à être arrêtée comme suspecte. »

C'est de là qu'Eugène et Hortense écrivaient à leurs parents des lettres vraiment charmantes, d'une exquise sensibilité, qu'on pourrait offrir comme modèles de style enfantin : « Vos deux billets sont jolis, mes bons enfants, leur répondait un jour Joséphine, car ils disent bien que vous m'aimez. Si votre tante ne m'assurait qu'elle n'y est pour rien, j'aurais cru y reconnaître la main de la fée... Votre père sera aussi charmé que moi. Vous trouvez juste de nous donner des consolations, tandis que les méchants nous persécutent ; ceux-ci passeront et seront punis ; vous, mes bons enfants, serez récompensés de votre bon cœur par votre félicité. Mettez-vous aux deux côtés de la fée bienfaisante, et baisez-la, pour votre père et moi, à qui mieux mieux. »

Dans la crainte qu'on n'incarcérât son fils, âgé de treize ans et demi, et qu'on n'inquiétât madame Holstein, cette généreuse amie, Joséphine, bien conseillée, avait écrit de mettre Eugène en apprentissage chez un menuisier. On l'habilla très-simplement ; on fit choix d'un maître demeurant rue de l'Échelle-Saint-Honoré ; on avisa le comité de surveillance de la section, qui approuva la mesure, et Eugène se soumit volontiers aux pénibles épreuves qu'exigeait de lui la sécurité des siens. Bientôt il mania le rabot facilement. Son maître le tutoyait, le traitait à la républicaine : c'était convenu. Maintes fois on l'a vu sortir ayant sur l'épaule une planche ou sous le bras quelque outil du métier. Ses compagnons l'aimaient. Pour le fils d'un ci-devant, ils ne le trouvaient *ni fier, ni manchot,* et pensaient que nulle autre profession ne pouvait mieux lui convenir. Nous sommes bien loin de la vice-royauté d'Italie.

Esprit sérieux, calculateur, plein de patience et de raison, Eugène ne dédaignait point l'état du menuisier, parce qu'il offre une application immédiate de la géométrie. L'abstraction dans les calculs, que ne saisit jamais le commun des ouvriers, lui présentait un grand charme, et si ce n'eût été le contact pénible de gens grossiers, il n'aurait regretté de sa condition passée que la vie de famille, qu'il menait si douce entre sa sœur et sa mère. Dans les loisirs qu'on lui laissait, il levait des plans, construisait des redoutes en carton, apprenait l'art de la guerre et lisait des ouvrages sérieux. Deux ou trois mois s'écoulèrent ainsi, après lesquels Joséphine, espérant de l'avenir et voyant beaucoup moins d'inconvénients à placer Hortense près de madame Fanny de Beauharnais, la lui envoya sous la conduite de madame Holstein.

Un de ces changements si communs dans les temps de trouble où l'on vivait, venait d'adjoindre Prosper Sijas à l'administration de la guerre. C'était un homme sec et froid, mais juste. Il craignait qu'un seul juge instructeur, préoccupé ou prévenu, devînt défavorable au vicomte de Beauharnais; et pour maintenir l'équilibre entre l'innocence et la culpabilité, il avait fait décider que le prévenu comparaîtrait en plein comité. Sollicité par Dorat-Cubières, il arrêta de plus que madame Joséphine serait entendue, confrontée avec son mari. Le vicomte ignorait même cette mesure, et madame de Beauharnais n'en connaissait pas le véritable but, lorsqu'on la transféra des Carmes au bureau du comité. « J'attendais dans une antichambre qu'on m'appelât, écrivait-elle à son ami Dorat-Cubières, lorsqu'à mon inexprimable étonnement je vois entrer Alexandre; lui, de son côté, n'éprouve pas moins de surprise ; mais ni lui ni moi ne savions encore s'il fallait nous livrer à l'espérance. Pourtant le bonheur d'être réunis nous procura un de ces rares moments de félicité qui suffisent pour adoucir, pour faire oublier une année d'infortune. Nous en jouissions avec une ivresse que les indifférents nommeraient puérile; elle fut interrompue par le citoyen Sijas..... Je ne sais ce qu'aura pensé de moi mon pauvre Alexandre; pour moi, je l'ai trouvé bien pâle, bien maigre et bien changé. Quant à son humeur, c'est toujours la même ; il est le plus aimable et le plus noble des hommes : de la résignation, du courage, des discours héroïques, et une conduite plus magnanime encore. Il avait pleuré de joie en me revoyant; quand il a fallu se séparer, ce ne fut plus que calme et fermeté. Il m'embrassa en ami plus qu'en époux, et me recommanda ses enfants. Tant de tranquillité va bien à tant d'innocence. Pourtant je m'afflige que les gens du comité ne l'aient pas vu : auraient-ils résisté à cet ascendant de la vertu ? »

Hélas! dans la candeur de son âme, Joséphine se trompait sur le compte des cannibales politiques, dont le glaive frappait indistinctement toutes les têtes qui dépassaient leur niveau. Elle en était encore à croire qu'une vertu haute et fière pouvait imposer l'admiration du respect. Mais plus ces qualités exceptionnelles tranchaient avec les vices des accusateurs ou des bourreaux, plus leur odieux tribunal mettait d'empressement pour en finir. Si Beauharnais et Joséphine avaient été interrogés ensemble par le comité, nul doute qu'ensemble ils eussent monté les degrés de l'échafaud. La nature bienveillante et douce de Joséphine inspirait moins de crainte que la nature impétueuse d'Alexandre, aussi provisoirement on ne s'occupa point d'elle.

D'une entrevue rapide, instantanée, que la Providence semblait avoir ménagée comme une station d'attente entre la terre et le ciel, comme un adieu suprême aux limites des deux mondes, Beauharnais conserva le souvenir à la fois le plus douloureux et le plus tendre. L'amaigrissement, la pâleur de sa figure contristaient Joséphine; mais l'altération des traits de cette femme angélique ne le préoccupait pas moins. Sous le voile expressif d'une émotion profonde qui animait la physionomie de madame Beauharnais, il avait facilement distingué l'empreinte qu'y dessinaient des soucis rongeurs, des chagrins cuisants. Son cœur en éprouvait un sentiment ineffable de gratitude, en même temps qu'il s'abandonnait au remords, pour tout ce qu'elle avait souffert de sa part d'injustice outrageante. On assure qu'au retour du comité Beauharnais fut quarante-huit heures silencieux, sombre, courbé sous le poids d'un passé qu'il eût voulu racheter au prix de son existence, tandis que Joséphine généreusement oublieuse, préoccupée des choses présentes, sans scruter l'avenir, sans jeter en arrière un seul regard, renaissait à l'espérance. Elle écrivait *au citoyen Prosper Sijas :*

« J'apprends, citoyen, que vous êtes chargé de préparer le rapport que le représentant Louis (du Bas-Rhin) doit faire au comité de sûreté générale sur l'affaire du général Beauharnais : j'en remercie le ciel; et si je connaissais celui qui vous a remis cette besogne, je l'en remercierais plus expressément. Si l'on m'eût donné le choix d'un juge, c'est sur vous, citoyen, qu'il serait tombé. J'avais ouï parler de vous; et toujours votre nom avait été accompagné de ces épithètes honorables, mais senties, que la flatterie ne trouverait pas, qui ne peuvent être inspirées que par la reconnaissance, et qui ne sauraient être trompeuses..... Ce n'est plus sa liberté qu'Alexandre sollicite, c'est son jugement qu'il demande; un brave militaire en a le droit, lorsqu'il est accusé d'un crime qui compromet son honneur. — Alexandre de Beauharnais conspirateur!... Vous ne l'avez jamais cru, citoyen; et ceux qui l'accusent ne le croient pas plus que vous. Mais l'important est que ses juges ne le croient pas davantage. Qu'ils vous entendent, et ils seront dissuadés. Ne leur dites même pas que son épouse, aussi innocente que lui, gémit loin de lui, sous des verrous autres que les siens : je ne parle de moi que pour faire apprécier l'injustice des persécutions exercées contre Alexandre. Oubliez la mère persécutée et les enfants dispersés, pour ne vous occuper que du père, de l'époux, ou plutôt du soldat, du citoyen digne de recouvrer l'honneur et la liberté.

» Joséphine. »

Ici encore ne voit-on pas le poids léger dont pèse, dans la balance des destinées, cette prudence humaine tant vantée par les sages? Une famille entière, confiante en l'innocence de son chef, se préoccupe et s'agite pour voir conclure un fatal procès qui doit marquer le terme de sa vie. Le moindre retard le sauverait, l'omission d'une simple formalité fermerait à Joséphine l'accès futur du plus beau trône du monde ; à sa fille Hortense, un autre trône ; à Eugène, la vice-royauté d'Italie !... Quel vaste problème se déroule ainsi au pied de l'échafaud !...

Superstitieuse en raison directe de ses craintes, Joséphine avait trouvé le moyen de faire interroger, sur la destinée du vicomte et sur la sienne, mademoiselle Lenormand, jeune sibylle déjà célèbre, et que Robespierre détenait à la Force depuis qu'elle lui avait prédit qu'il perdrait dans l'année le pouvoir et la vie. — « J'aperçois dans ces cartes un général, s'était empressé de répondre la prophétesse, qui tombera bientôt victime de la révolution, et dont la femme, devenue veuve, épousera un jeune officier que son étoile appelle à de hautes destinées. »

CHAPITRE VINGT ET UNIÈME.

NAPOLÉON DANS LES ALPES-MARITIMES.

Situation générale des armées républicaines, et particulièrement de l'armée d'Italie. — Arrivée de Napoléon sur les Alpes. — Il commande l'artillerie et dirige une division. — Son plan de campagne. — Il marche sur Oneille, longe le Tanaro, attaque Ponte-di-Nave, Ormea, Garessio, Saorgio, et parvient au col de Tende. — Sang-froid et dévouement fraternel de Louis Bonaparte. — Napoléon propose en vain de tourner Céva et de franchir le Piémont. — Louis Bonaparte quitte l'état-major de Napoléon pour tenir garnison à Saint-Tropez. — Mariage de Joseph Bonaparte avec mademoiselle Julie Clary. — Impatience belliqueuse de Napoléon; ses excursions; ses études. — La signora Catalina Stephanopoli, cousine du général, lui propose une spéculation qu'il repousse avec dédain.

> Sur un plus grand théâtre exerçant son génie,
> Le sauveur de Toulon eût sauvé l'Italie...
> JOSEPH BONAPARTE, *Napoléon*, poëme, ch. I.

Quel était, malgré l'indifférence humaine, le sentiment qui groupait autour d'un jeune chef tant de guerriers préludant à leurs éclatantes destinées? Bonaparte n'avait pour lui ni la prestance, ni le séduisant des formes, ni la magie des souvenirs, ni la maturité que donne l'usage du commandement. Général de la veille, d'hier seulement il prend date dans les annales européennes, et voilà que déjà plusieurs âmes sympathiques recherchent son âme, que plusieurs gloires naissantes viennent grandir autour d'une gloire juvénile. « Ce général Bonaparte, d'où vient-il? d'où sort-il? Personne ne le connaît, écrivait à son fils le père de Junot. Tu as tort de le préférer au général Laborde... — Ce qu'il est, répondait Junot, pour le savoir il faudrait être lui-même;

je le crois un de ces génies dont la nature se montre avare, et puisqu'il m'a choisi, je reste au service de sa personne. » — « L'armée républicaine possède, réunies sur une tête de vingt-cinq ans, la sagesse de Fabius, l'audace d'Annibal, la science stratégique de César, » disait Marmont à qui voulait l'entendre. Beaucoup d'officiers pensaient comme Marmont et Junot; mais nul peut-être ne montrait l'abnégation éminemment fraternelle de Louis Bonaparte. Improvisé sous-lieutenant, il n'envisageait d'autre perspective que celle d'aider Napoléon, et voulait vaincre ou mourir pour lui.

Par l'abondance extraordinaire de ses neiges, l'hiver, pendant quatre mois, venait de rendre impossible le mouvement des troupes. Sur le Rhin, les Prussiens refoulés demeuraient immobiles derrière les murs de Mayence; au nord, quoique l'ennemi tînt Condé, le Quesnoy, Valenciennes, nos légions n'attendaient du général Pichegru qu'un mot pour franchir la Sambre et porter la guerre au delà de notre territoire. Renforcée d'une partie des troupes victorieuses à Toulon, l'armée des Pyrénées orientales, sous la conduite de Dugommier et du vieux général Dagobert, menaçait les Espagnols retranchés dans le camp du Boulou; tandis qu'aux Pyrénées occidentales Muller allait ouvrir devant lui la vallée de Bastan. L'armée des Alpes, que conduisait Alexandre Dumas; l'armée d'Italie, ayant pour chef Dumerbion, se donnaient la main, d'une part, depuis le lac Léman jusqu'à la Méditerranée; d'autre part, sur les crêtes du comté de Nice et de la Savoie. Nous possédions ainsi cinq cent mille hommes le long des frontières, auxquels pouvaient incessamment s'adjoindre six cent mille hommes qui étaient en marche, et six cent mille qui dans les dépôts s'exerçaient au maniement du fusil.

CHAPITRE XXI.

D'Oneille à Dunkerque, de Perpignan à la Bidassoa, quatre cent cinquante mille ennemis nous enveloppaient de leur ceinture armée. Dans les Pays-Bas, cent soixante mille confédérés stationnaient sous les ordres du généralissime prince de Cobourg; à Namur, Beaulieu commandait vingt mille hommes; dans l'électorat de Trèves, quinze mille soldats servaient d'avant-garde aux soixante-dix mille Prussiens que protégeait Mayence. De Manheim à Bâle, cinquante mille Autrichiens avec cinq ou six mille émigrés occupaient le cours du Rhin; cinquante mille Austro-Sardes défendaient le passage des Alpes; soixante mille Espagnols fermaient les vallées pyrénéennes, et dans l'île de Jersey, dix mille Anglais menaçaient de descendre sur les côtes de la Bretagne. L'Espagne faisait d'énormes sacrifices d'hommes et d'argent; l'Autriche remplissait les vides formés dans ses bataillons par la mitraille républicaine; dix-huit mille Napolitains, soixante mille Prussiens se disposaient à marcher, et l'Angleterre animait de son souffle les puissances qu'intimidait notre attitude. Heureusement la neutralité du Danemark, de la Suède, de la Suisse surtout, et d'une partie des petits États d'Italie, nous favorisait; mais l'ardeur du patriotisme le plus énergique nous secondait bien davantage encore.

Telle était la situation générale des choses lorsqu'au mois d'avril 1794 Napoléon Bonaparte, revêtu depuis quelque temps du commandement en chef de l'artillerie dans l'armée des Pyrénées orientales, fut détaché de l'état-major du général Dugommier, et chargé de la conduite d'une des ailes de Dumerbion. Ce vieux brave se trouvait malade à Nice, quand Bonaparte, suivi de son frère Louis, de Junot et de Marmont, vint le trouver. Accueilli cordialement, comme méritait de l'être le vainqueur de

26.

Toulon, Dumerbion, avec une modestie rare, le pria de le conseiller, de le remplacer au besoin, et accepta le plan d'opérations qu'il lui soumit.

L'armée occupait l'entrée des vallées qui s'ouvrent sur le Piémont et le pays de Gênes. Ayant reconnu l'impossibilité d'une attaque de front contre Saorgio, Bonaparte voulut tourner la position, et proposa des manœuvres aussi simples qu'ingénieuses. Saorgio, située sur la rive gauche de la Roya, doit son importance capitale, pour une armée qui descend vers l'Italie, au passage que cette forteresse commande entre les plaines liguriennes et les vallées piémontaises. Deux vallées parallèles, dites de la Roya et de la Taggia, que termine la petite ville d'Oneille, s'offraient comme première base d'opérations. Il s'agissait pour Bonaparte de franchir la Roya, puis la Taggia, de remonter jusqu'aux sources du Tanaro, de tourner ainsi l'armée austro-sarde, et de déboucher, en arrière de Saorgio, vers la grande route de Nice à Turin. Ainsi débordé, séparé de sa ligne de retraite, l'ennemi se trouvait forcé d'évacuer les formidables retranchements qu'il avait élevés aux Fourches; mais il fallait traverser le territoire génois, pays déclaré neutre. « Cette difficulté diplomatique, avait dit Bonaparte, ne peut être une difficulté sérieuse. Les Anglais, dans le port même de Gênes, n'ont-ils pas les premiers violé la neutralité par leur attentat contre notre frégate *la Modeste?* et n'avons-nous pas vu deux mille Piémontais fouler sans scrupule le sol génois, pour s'embarquer dans le port d'Oneille et marcher au secours de Toulon? » Les commissaires conventionnels goûtèrent l'avis de Bonaparte, et firent immédiatement à la république génoise la demande d'un libre passage, qu'elle refusa. Dumerbion aussitôt décida l'attaque : il n'avait que quatorze mille hommes, divisés en cinq brigades; mais Bonaparte et Masséna les commandaient; fallait-il autre chose pour être invincible? Le 6 avril (17 germinal), l'armée traverse la Roya; Masséna, suivi de deux brigades, remonte les deux rives de la Taggia, et prend position sur le mont Tanaro; Bonaparte, au contraire, avec trois brigades, se porte vers Oneille, où les Piémontais occupaient en force le poste de Sainte-Agathe, que longeaient des rochers inaccessibles. Nul moyen apparent d'emporter ce passage; aussi dans Oneille chacun dormait tranquille sous le vigilant *qui vive?* d'une foule de sentinelles; sécurité fatale dont profite Bonaparte : sur des sommets regardés comme inaccessibles, il fait monter quelques pièces d'artillerie, et quand on s'y attend le moins, leur voix retentissante annonce le prochain triomphe de l'armée républicaine : Oneille épouvantée ouvre ses portes le 17 avril; la plupart des habitants prennent la fuite pour échapper à des soldats qu'on leur a peints si barbares, et Bonaparte fait avec eux son entrée solennelle au sein de la ville conquise. « Soyez tous de la plus sévère discipline; respectez les églises, les madones; ne heurtez ni symboles ni croyances, » avait-il dit aux soldats, et les soldats obéissants l'écoutèrent. Quelques jours après, les fuyards reparaissaient, l'image de la paix régnait au milieu des appareils de guerre.

L'armée napoléonienne se reposa vingt-quatre heures; elle reçut du vin, du pain, quelques rations de tabac et d'eau-de-vie; d'une bouche avare d'éloges, elle recueillit un témoignage de satisfaction, et, criant *Vive la république!* chantant la *Marseillaise,* elle compléta la manœuvre circulaire imaginée par son chef. On suivit à contre-cours les bords du Tanaro; Ponte-di-Nave, Ormea, Garessio succombèrent, et le camp des Fourches fut tourné. Le 30 avril, Saorgio, village considérable sur la grande route entre Nice et Tende, pris de face et de flanc, n'opposa qu'une résistance inutile. L'ennemi faisait un feu très-vif, ses pièces tiraient à mitraille : malgré le danger, Napoléon s'approcha des retranchements défendus par les Austro-Sardes, et prit le temps de les visiter; mais Louis Bonaparte, ému du péril auquel s'exposait le général, courut lui faire un rempart de son corps, et ne le quitta qu'après que l'inspection fut terminée.

Vigoureusement pressés, les Austro-Sardes rétrogradèrent sur le col de Tende, puis jusqu'à Limone. Au versant méridional des Alpes se trouvait une batterie dont les épaulements étaient à barbette, c'est-à-dire de la hauteur d'environ un mètre : pour rester abrités, les canonniers baissaient la tête, tandis que Louis, imitant Napoléon, demeurait immobile : — « Comment, lui dit le général, vous bravez les boulets? — Vous m'avez appris, répliqua Louis, qu'un officier d'artillerie ne doit pas craindre le canon; c'est notre arme. » Ce jeune brave n'avait guère alors que quinze ans. Les représentants du peuple voulurent le nommer capitaine, mais son frère s'y opposa, l'estimant trop jeune [1].

Pendant que Napoléon, rival heureux de Masséna, maîtrisait tous les obstacles, faisait fuir devant lui les meilleurs soldats d'Italie, l'enfant chéri de la victoire [2] parcourait en vainqueur les vallées de Tenubia et de Vesubia; en sorte que dans les premiers jours du mois de mai, cette armée, dominant la pente italienne des Alpes, s'étendait vers la droite jusqu'à Vado, vers la

---

[1] *Documents historiques et réflexions sur le gouvernement de la Hollande*, par Louis Bonaparte. Paris, 1820, t. 1er, p. 41-42.

[2] Dénomination donnée par Napoléon à Masséna.

gauche jusqu'à l'Argentière, et couvrait la rivière de Gênes, qui lui procurait presque tous ses approvisionnements. D'un autre côté, l'intrépide Alexandre Dumas franchissant le mont Cenis, déployait ses tentes dans le camp de l'Assiette que venait d'abandonner l'ennemi. Dumerbion et Dumas pouvaient donc se joindre, combiner ensemble leurs opérations ultérieures, et, réunissant cinquante-cinq mille hommes, demeurer maîtres des Alpes.

Bonaparte aimait ces luttes de géants où, rivaux en valeur, cent bataillons massés combattaient pour quelques pics dénudés ou pour quelques villages veufs d'habitants; la guerre qu'il rêvait, qu'il apprenait jadis en Corse, il l'exécutait sur les Alpes; mais une autre guerre, grande par ses combinaisons, féconde par ses résultats, lui souriait bien davantage : or, pour la faire, les forces de Dumas et de Dumerbion lui semblaient suffisantes. Bonaparte eût voulu tourner Ceva, descendre dans les plaines fertiles du Piémont, écraser la Sardaigne ou traiter avec elle, puis envahir toute l'Italie. La chose était exécutable; nous le verrons plus tard; mais il fallait qu'une volonté sans contrôle dirigeât ce mouvement. Dumerbion n'en voulut point accepter la responsabilité, et les représentants du peuple n'osèrent l'imposer à personne. On demeura donc immobile. Insensiblement, sous l'influence des mesures sages que prenaient Bonaparte et Masséna, sous l'empire de la discipline, villes et villages se repeuplèrent; l'armée trouva des ressources, et jusqu'à l'hiver les subsistances furent assurées, principalement dans le corps du général Bonaparte.

Vers cette époque, un décret ayant obligé tous les officiers d'état-major à rentrer dans un régiment, Louis se vit contraint d'accepter la lieutenance d'une compagnie de canonniers volontaires en garnison à Saint-Tropez, qu'il habita quelques mois. Ce fut pour Louis une séparation très-pénible, car il affectionnait beaucoup son frère; mais le devoir, la raison avaient parlé, et Louis demeurait l'esclave de la raison et du devoir. Le 1er août de la même année, Joseph Bonaparte, toujours commissaire des guerres, épousa mademoiselle Julie Clary, dont la dot était d'un demi-million. Napoléon en fut ravi, et toute la famille quitta le château de Sallé pour revenir habiter Marseille.

Rien alors ne semblait devoir manquer désormais aux Bonaparte : ils possédaient la considération qu'inspirent le mérite, le patriotisme, le courage et des services rendus; ils vivaient unis, s'entr'aidant avec une touchante sollicitude; la gloire du jeune général rejaillissait déjà sur eux tous, et l'éclat de son épée victorieuse ne leur devenait pas moins tutélaire que n'était secourable au foyer domestique l'épargne mensuelle qu'il leur envoyait. Il ne se réservait rien, rien que l'avenir, dont la lueur apparaissait brillante. Tout à coup néanmoins elle s'obscurcit, comme si la Providence, avant d'élever Napoléon plus haut, eût pensé devoir lui faire traverser des épreuves inattendues, de peur sans doute qu'arrivé par une ascension si rapide au pinacle, quelque vertige soudain ne lui tournât la tête. Semblable au héros de la Bible, des grandeurs il tomba dans l'abaissement; atteignant la fortune, il la vit disparaître, et devant ses pas s'entr'ouvrir l'abîme.

Les noces de Joseph furent célébrées avec la simplicité la plus grande; on n'eût point affiché de luxe sans encourir une accusation d'incivisme; mais le cortége était nombreux, presque imposant, par le grand nombre d'uniformes qui vinrent y figurer. Nous n'avons pu sa-

CHAPITRE XXI.

voir si Napoléon quitta l'armée pour signer le contrat; la chose serait possible, puisque depuis six semaines nos soldats demeuraient l'arme au bras, attendant avec impatience qu'un ordre de marcher en avant émanât du Comité de salut public.

Notre héros bouillonnait d'irritation et de colère contre Dumerbion, contre les représentants du peuple, et plus encore contre le comité directeur, qui, par ses hésitations, laissait à l'ennemi tout loisir de se fortifier et de réunir des forces nouvelles. Allant d'Oneille à Nice, de Nice à Gênes, il étudiait le pays; il ne veillait pas moins sur les postes qui gardaient les vallées alpines que sur le mouvement du rivage, où la flotte anglaise tentait de débarquer des armes, des munitions et des marchandises. Un jour qu'il avait transporté son quartier général à proximité de la côte, l'officier du poste lui fait annoncer qu'un étranger, qu'on vient d'arrêter, prétend le connaître et demande la faveur de l'entretenir quelques minutes. — « Laissez-le venir, » répond Bonaparte. — L'étranger, montagnard corse, déjà vieux, était l'ancien domestique d'un Stéphanopoli, petit-cousin du général, dont la fille, la signora Catalina, sœur de madame Permon-Comnène et mariée à M. de Saint-Ange, faisait un commerce de toiles assez considérable. L'inconnu se nommait Bartolomeo Peraldi; il connaissait tous les Bonaparte, et vrai loup de mer, livré depuis longtemps au cabotage, il ne s'intimidait pas plus devant un état-major qu'en présence d'une tempête. Le jour commençait seulement : habillé, botté, coiffé, prêt à monter à cheval, Bonaparte était debout au rez-de-chaussée, dans une antichambre qui communiquait avec la pièce occupée par ses aides de camp. — « Qu'est-ce? que me veux-tu? » dit le général en fixant le montagnard avec un œil dont la pénétration l'eût remué jusqu'au fond des entrailles, si d'avance chez lui la réflexion n'en avait atténué l'effet. — *Una lettera de la signora Catalina*. — Et Napoléon tend la main pour recevoir la missive, qu'il décachette, qu'il parcourt d'abord avec curiosité, puis avec un sourire moqueur, et à la fin avec autant d'indignation que de colère. Bartolomeo s'en doutait; mais il affecta la plus complète ignorance; il s'assit paisible sur une chaise, et d'un œil calme il suivait le plissement du front, la contractilité des lèvres, la saillie des sourcils du général, comme le pilote calcule le développement progressif d'un grain qui va devenir une tempête. — « Que signifie ce grimoire-là? dit Napoléon en froissant la lettre et la jetant sur le bureau avec un mélange de mépris et de fierté. — *Non capisco niente a tutto;* je ne comprends rien, répond Bartolomeo, que la fureur de Napoléon déconcertait, et qui ne voulait pas relever les expressions blessantes pour madame de Saint-Ange ou pour lui-même, qu'il prévoyait devoir échapper au général. — Vous savez, ajouta le malin commissionnaire, qu'en Corse, nous autres pauvres diables, *noi altri poveri diavoli,* nous ne parlons que notre langue bien-aimée, *non parliamo che la nostra cara lingua;* faites-moi donc la faveur d'user du même langage, *fate mi dunque il favore di parlare la nostra...* — Je suis sorti trop jeune de la Corse, répond Napoléon, pour savoir l'italien; mais toi, tu connais le français, car depuis quinze années, cette lettre le dit du moins, tu es fixé sur la côte de Provence. Drôle que tu es, que signifie cette affectation?... Parle... Sais-tu ce que contient la lettre de ta *signora Catalina?...* » — Bartolomeo le regarde fixement, et de la tête fait un signe affirmatif. — « Alors, réplique aussitôt Bonaparte avec l'indignation d'une âme honnête profondément offensée, tu es

CHAPITRE XXI.

plus hardi que je ne croyais, en venant m'apporter un semblable message. Figurez-vous, messieurs, dit-il aux aides de camp, qui venaient de passer du cabinet dans l'antichambre, que ce drôle arrive ici avec une pacotille expédiée de Marseille à Calvi, par une de mes compatriotes qui s'imagine qu'en ma qualité de général je dois faire acheter par la République ses draps brûlés, ses toiles éventées. Elle m'offre, il est vrai, de payer une commission, un pot-de-vin!... la commère connaît bien les termes; et me propose cette pièce n° 2, dont voici l'échantillon... Conçoit-on pareille impertinence ou pareille bêtise?... Pour toi, hors d'ici! ajoute Napoléon en jetant la lettre au commissionnaire; tu es heureux de n'en être que le porteur... » — Et Bartolomeo sortit articulant des phrases entrecoupées comme celles-ci : *Non è bisogno di tanto far, signor Napoleoncino... Benedetto Dio!... che fuoco!...*

CHAPITRE VINGT-DEUXIÈME.

ÉVÉNEMENTS DU 9 THERMIDOR.

Alexandre Beauharnais condamné à mort. — Sa lettre d'adieu, ses pressentiments, ses dernières volontés, son supplice. — Joséphine apprenant la mort du vicomte. — Récit de madame d'Aiguillon. — Acte d'accusation dressé contre Joséphine. — Elle se dispose à quitter la vie; lettre pour ses enfants. — Symptômes précurseurs du 9 thermidor; situation des esprits; Tallien et madame de Fontenay. — Joséphine sort de prison; son dénûment absolu. — Conduite généreuse de Tallien à son égard. — Le carrosse du vicomte de Beauharnais. — Les mauvais jours continuent encore; isolement de Joséphine et de sa fille Hortense. — Eugène tiré de son atelier par le général Hoche. — Destinée des Beauharnais.

« Nuit du 3 au 4 thermidor an II, à la Conciergerie.

» Encore quelques minutes à la tendresse, aux larmes et aux regrets; puis, tout entier à la gloire de mon sort, aux grandes pensées de l'immortalité. Quand tu recevras cette lettre, ma Joséphine, il y aura bien longtemps que ton époux ne sera plus, mais il y aura déjà quelques instants qu'il goûtera, dans le sein de Dieu, la véritable existence. Tu vois donc bien qu'il ne faut pas le pleurer; c'est sur les méchants, les insensés qui lui survivent, qu'il faut répandre des larmes; car ils font le mal et ne pourront le réparer. Mais ne noircissons pas de leur coupable image ces suprêmes instants. Je veux les embellir, au contraire, en songeant que, chéri d'une femme charmante, j'aurais pu voir s'écouler sans le plus léger nuage les années que j'ai passées avec elle, si des torts, que je reconnais trop tard, n'eussent troublé notre union. Cette pensée m'arrache des pleurs; ton âme généreuse m'a pardonné dès que j'ai souffert; je dois te récompenser de tes bienfaits en en jouissant sans te les rappeler, puisque c'est te faire souvenir de mes erreurs et de tes peines. Que de grâces je dois à la Providence, qui te bénira!.... Aujourd'hui, elle dispose de moi avant le temps, et c'est encore un de ses bienfaits. L'homme de bien peut-il vivre sans douleur, quand il voit l'univers en proie aux méchants? Je me féliciterais donc de leur être enlevé, si je ne sentais que je leur abandonne des êtres précieux et chéris. Si pourtant les pensées des mourants sont des pressentiments, j'en éprouve un dans le fond de mon cœur qui m'assure que ces horribles boucheries vont être suspendues; qu'aux victimes vont succéder les bourreaux; que les arts et les sciences, prospérité des États, refleuriront en France; que des lois sages et modérées régiront après de si cruels sacrifices; et que tu obtiendras le bonheur dont tu fus toujours digne, et qui t'a fui jusqu'à présent. Nos enfants s'en chargeront; ils acquitteront la dette de leur père..... Je reprends ces lignes incorrectes et presque illisibles, que mes gardiens avaient interrompues. — Je viens de subir une formalité cruelle, et que, dans toute autre circonstance, on ne m'aurait fait supporter qu'en m'arrachant la vie; mais pourquoi se révolter contre la nécessité? la raison veut qu'on en tire le meilleur parti. Mes cheveux coupés, j'ai songé à en racheter une portion, afin de laisser à ma femme, à mes enfants, des témoignages non équivoques, des gages de mes derniers souvenirs... Je sens qu'à cette pensée mon cœur se brise et que des pleurs mouillent ce papier... Adieu, tout ce que j'aime! Aimez-vous, parlez de moi, et n'oubliez jamais que la gloire de mourir victime des tyrans, martyr de la liberté, illustre l'échafaud.

» Alex. Beauharnais. »

Monument précieux de résignation chrétienne et d'affectueux repentir, témoignage d'une lucidité d'intelligence remarquable en ce qui concernait la marche des choses, ces pages déchirantes étaient destinées à passer de main en main, avec d'autres adieux suprêmes, jusqu'à la dernière victime qui survivrait dans ce sanglant naufrage. Mais la mère de Névil ayant appris la condamnation d'Alexandre Beauharnais, courut le consoler et recevoir l'expression douloureuse des pensées qu'il laissait sur la terre. — « Citoyenne, soyez la bienvenue, lui dit Beauharnais... S'il ne m'est pas donné d'embrasser avant de mourir ma pauvre Joséphine, mon Eugène, mon Hortense, faites-le pour moi. Gardez-vous de les entretenir de mon supplice. Peut-être l'ignoreront-ils quelque temps : ce sont autant d'illusions conquises sur la triste réalité qui les poursuit... Plus tard, vous ou votre fils, ou tel autre auquel vous confierez cette pieuse mission, vous irez porter à mes enfants, car les bourreaux vont immoler leur pauvre mère, les cheveux et la lettre que voici. Je n'ai pas d'autre témoignage de tendresse à leur laisser. Mais je leur lègue ma mémoire. Ils la trouveront sans tache. » — La citoyenne Névil fondait en larmes; elle baisa les mains du vicomte et se retira.

On comprend que la veille Alexandre Beauharnais avait été condamné par le tribunal criminel révolutionnaire. Le lendemain, la tête du vicomte roulait sur l'échafaud; tandis que l'espérance absorbait à tel point les facultés de Joséphine, qu'il n'y restait plus de place pour la crainte. — Il devenait bien pénible, disait à mademoiselle Hortense de Beauharnais madame d'Aiguillon, d'entendre une malheureuse femme nous parler de sa tendresse, de ses projets, quand celui qu'ils concernaient ne pouvait plus en jouir. A la fin, cependant, on ne souriait plus; on gardait le silence, on soupirait en se détournant; et plus d'une larme cachée s'échappait de nos yeux. On avait soustrait, à cause de madame votre mère, les horribles journaux du huit; elle les demanda d'abord, sans y attacher beaucoup d'importance; on lui répondit qu'ils n'étaient point venus. Quelques jours après elle les réclama avec une insistance provoquée par nos prétextes, nos délais et nos refus. Enfin le secret fatal lui fut révélé. Aussitôt une pâleur mortelle couvre ses traits; un vomissement de sang se déclare; on s'empresse autour d'elle; on invoque des secours; on presse, on sollicite le geôlier d'envoyer chercher un médecin. — « A quoi bon? dit-il; hier le tour de son mari, demain le sien. » — Joséphine ne sortit d'un état aussi fâcheux que pour s'abandonner au plus violent désespoir. Personne ne chercha le moyen de la consoler. En est-il d'autre que l'excès même de la douleur? « Essayer de distraire madame de Beauharnais de son juste chagrin deviendrait inutile, écrivait cette même marquise d'Aiguillon; nous ne pouvons toutefois en diminuer l'amertume que par le détail des devoirs qu'un cœur comme le sien doit remplir. Croyez, mademoiselle, que nous ne négligerons rien; pourrait-on connaître votre mère et rester indifférente à ses peines! »

Madame d'Aiguillon, qui fut alors une des consolatrices les plus dévouées de Joséphine, se maria depuis à M. Louis de Girardin. Restée l'intime amie de l'impératrice, elle occupa toujours une large place dans son cœur.

L'acte d'accusation de Joséphine, avant-coureur d'une mort presque certaine, lui avait été remis au moment de la condamnation du vicomte. Elle ne s'en préoccupait point; mais quand elle vit que la marche du tribunal révolutionnaire restait la même, qu'une simple prévention établissait une culpabilité suffisante pour entraîner la mort, elle passa de la plus entière sécurité à l'abnégation la plus absolue. Ses dispositions furent bientôt prises : après avoir distribué quelques souvenirs matériels d'une valeur très-médiocre entre ses compagnes d'infortune qu'elle affectionnait davantage, elle fit couper ses cheveux, les envoya à ses enfants comme dernier legs de sa tendresse, et leur écrivit une longue lettre où respire une indulgence vraiment céleste, un pardon sublime qui doit la grandir dans l'esprit de toutes les femmes, dans l'estime de toutes les mères.

« La main qui vous remettra ceci est fidèle et sûre : c'est celle d'une amie qui a éprouvé et partagé mes douleurs. Je ne sais par quel hasard on l'épargna jusqu'ici ; j'appelle ce hasard une bonne fortune, elle le nomme une calamité. « N'est-il pas honteux de vivre, » me disait-elle hier, quand tous les gens de bien ont » l'honneur de mourir ? » Puisse le ciel, pour le prix de son courage, lui refuser ce fatal honneur ! Quant à moi, je suis digne de le recevoir, et je m'y prépare... Épouse, ne dois-je pas suivre le sort de mon époux ?... L'échafaud !... c'est presque un brevet d'immortalité que l'on achète !... Mais, puisque avant ce moment suprême les bourreaux me laissent quelques instants, je veux les employer à m'entretenir avec vous ; mon dernier soupir sera de tendresse, et mes dernières paroles deviendront une leçon. J'ai la faiblesse de l'arroser de mes larmes ; bientôt j'aurai le courage de la sceller de mon sang... Si c'est à mon union avec votre père que je dois ma félicité, j'ose croire et dire que c'est à mon caractère que je dois cette union. Tant d'obstacles s'y opposaient ! Sans efforts d'esprit, j'ai su les aplanir ; j'ai puisé dans mon cœur les moyens de gagner l'affection des parents de mon mari; la patience, la douceur finissent toujours par obtenir la bienveillance des autres. Vous possédez aussi, mes enfants, des avantages naturels, qui coûtent si peu et qui valent tant; mais il faut savoir les employer, et c'est ce que je me plais encore à vous enseigner par mon exemple.....

» Pour moi, mes enfants, qui vais mourir, comme votre père, victime des fureurs qu'il a toujours combattues et qui l'ont immolé; je quitte la vie sans haine contre la France et ses bourreaux, que je méprise; je meurs pénétrée de compassion pour les malheurs de mon pays. Honorez ma mémoire en partageant mes sentiments; je vous laisse pour unique héritage la gloire de votre père, le nom de votre mère, dont quelques infortunés se souviendront, notre amour, nos regrets et notre bénédiction.

» JOSÉPHINE. »

Heureusement une aussi cruelle attente allait être déçue. Écrit dans la pensée des bourreaux, l'arrêt de la vicomtesse de Beauharnais ne l'était point encore sur le *Moniteur,* et le péril d'une femme chère à Tallien, madame de Fontenay, allait provoquer le 9 thermidor. Avant d'être descendue sur le théâtre où périssaient les dernières victimes du terrorisme, cette lueur de salut semblait d'avance apparaître dans l'air et briller dans les consciences inquiètes. Un je ne sais quoi, qui n'a de nom chez aucun peuple, et qui surgit des plus grandes catastrophes, faisait naître des pensées d'espérance et ramenait, à travers l'agitation générale, certain calme qui n'était plus de l'abattement, certain courage plus énergique que ne l'est la résignation. Les bourreaux se lassaient d'eux-mêmes; des cœurs farouches jusqu'alors s'ouvraient à la pitié depuis qu'on avait vu l'instrument du supplice, promené de la place Louis XV à la place de la Bastille, frapper aveuglément l'humble citoyen, le pauvre ouvrier comme le grand seigneur. Le morne silence qu'amènent les réflexions pénibles succédait aux vociférations dont les cannibales insultaient la vertu malheureuse; les quatorze cents têtes qui, dans l'espace de quarante-cinq jours, du 22 prairial au 9 thermidor, avaient rougi le sol parisien, se dressaient menaçantes aux regards effrayés des Fouquier-Tinville. L'indignation publique dominait enfin la crainte; et tandis que Beauharnais, Roucher, André Chénier, fermaient le funèbre cortége sous lequel frémissaient les marches de la guillotine; tandis qu'entre les membres des divers comités s'opérait une scission définitive, du sein des montagnards éclatait le cri de Mort aux tyrans! les deux Robespierre, Saint-Just, Lebas, Couthon, Henriot, livrés au bourreau le même jour, en assumant toute l'horreur du passé, délivrèrent la France entière d'une appréhension sinistre. Chacun se sentit renaître à l'espérance; insensiblement les prisons s'ouvrirent, et, des premières, Joséphine et madame de Fontenay recouquirent la liberté.

En sortant de sa prison, Joséphine manquait des objets de première nécessité. Madame de Montmorin les lui procura; d'autres compagnes d'infortune la secoururent également, chacune dans la proportion de ses moyens. Mais ce fut madame Dumoulin, femme d'un riche fournisseur aux armées, qui vint le plus en aide à la future impératrice. Deux fois la semaine, cette femme éminemment charitable réunissait chez elle, malgré l'énorme cherté des vivres, un certain nombre

CHAPITRE XXII.

d'amis ruinés par les événements. Tous apportaient leur pain, excepté madame de Beauharnais, qui, plus pauvre encore que les autres invités, recevait sans rougir ce qu'elle appelait son *pain quotidien*. Assez souvent aussi elle se rendait à pied de la rue Saint-Dominique à Chaillot, chez madame de Fontenay, que la position de Tallien mettait dans l'aisance. Un jour d'automne qu'elle venait de dîner chez cette dame avec plusieurs hauts fonctionnaires, on forma le projet d'aller au spectacle : Joséphine aussitôt de s'en excuser, sous prétexte qu'Hortense est malade, qu'elle l'attend et qu'il lui tarde de regagner son domicile. — «Alors, reprend Tallien, vous me permettrez de vous y conduire. Je rejoindrai ces dames au théâtre un peu plus tard. » — Madame de Beauharnais refuse; Tallien insiste. Au milieu de ce débat de politesse, on annonce que la voiture est prête, et tous deux y montent. Chemin faisant, « Citoyenne, lui dit Tallien, vous vous êtes plainte à moi de la rigueur du sort qui vous oblige de franchir à pied, pour voir vos amis, des distances considérables. — C'est vrai. — Eh bien, nous ne voulons pas qu'une semblable cause vous empêche de venir à Chaillot. Cette voiture vous appartient désormais. — A moi? — A vous, la voiture même d'Alexandre Beauharnais; ne la reconnaissez-vous pas? — En effet, je crois me rappeler... — Le comité m'a chargé de vous la rendre. J'ai obtenu, en outre, du commissaire du gouvernement auprès de l'administration des domaines, une mainlevée des scellés apposés sur votre mobilier. — Ah! quel bonheur pour mes pauvres enfants!... — Quant à vos biens séquestrés, ils vous seront rendus avant peu. Voici, en attendant, un mandat d'indemnité sur le trésor de la République, » et il le tira de son portefeuille. La joie de Joséphine fut extrême. Son âme, accablée sous les privations, s'épancha, et l'idée de rendre à sa famille une partie du bien-être dont elle jouissait autrefois lui fit éprouver la seule émotion douce qu'elle eût ressentie depuis le 9 thermidor. « Hortense, mon Hortense!... Eugène!... mes pauvres enfants, s'écriat-elle, tout n'est pas perdu. Le ciel nous rend quelque aisance. Que sa volonté sainte soit bénie!... » Cette félicité si grande ne fut, hélas! qu'un éclair. Faute de quelques formalités qui entraînèrent des longueurs, le mandat demeura non payé, et pour exister Joséphine se trouva contrainte à vendre la voiture et les chevaux qui venaient de lui être rendus. Elle occupait alors un appartement fort exigu; elle n'avait personne à son service; Hortense lui tenait lieu de ménagère, et le charme des rapprochements intimes, des concessions réciproques qui avaient lieu de la mère à la fille, de la fille à la mère fut tel, qu'arrivées au faîte de la grandeur, Joséphine, Hortense regrettaient souvent leur vie modeste et retirée où l'âme réalisait toutes les jouissances les plus douces de l'humanité. Ce fut, bien certainement, à cette école du malheur et de la résignation, à ces entretiens familiers, à ce contact d'une mère adorée qu'Hortense acquit ou développa les qualités précieuses que ses ennemis eux-mêmes ne lui ont jamais refusées : bonté réfléchie, réserve affectueuse, dignité sans froideur, imagination vive tempérée par la raison, sensibilité profonde régularisée par le sentiment du devoir.

Eugène, qu'une louable prudence avait fait laisser chez l'honnête menuisier dont il était le compagnon, offrait déjà le caractère d'un homme fait, tenant de la nature bienveillante et douce de Joséphine et de l'inflexible droiture des Beauharnais. Il n'aimait aucun jeu d'enfant, lisait volontiers les récits contemporains, et manifestait souvent des opinions personnelles déduites des faits eux-mêmes. Émerveillés de son intelligence autant qu'ils pouvaient l'être de sa modestie, les ouvriers de l'atelier venaient se grouper autour de lui pour l'entendre raisonner tantôt sur l'histoire, tantôt sur la géométrie appliquée ou la mécanique. Un jour qu'absorbé par de tristes pensées il se tenait assis sur le seuil du maître, donnant à son infortuné père des larmes de regret, à sa mère des larmes d'espérance, un militaire de haute stature s'arrêta devant lui. Cet homme portait le costume d'officier général : habit long et carré, bordé d'une feuille de chêne d'or, chapeau empanaché, gilet blanc, épais col noir, culotte jaune et bottes flexibles. L'enfant ouvre des yeux surpris, se lève et salue machinalement. — « Mon pauvre garçon, lui dit le général avec une expression de bonté des plus touchantes, je sais le malheur qui te frappe; ce matin, un membre du Comité de salut public m'a parlé de toi; je viens te chercher; en place du rabot que tu tiens, je t'offre une épée. Voyons, te sens-tu le poignet assez fort pour la manier? » — Eugène, ému jusqu'au fond de l'âme, ne peut d'abord articuler une syllabe; mais il jette au loin son outil de travail, détache son tablier, puis il s'écrie : — « Général, si tu n'abuses pas un pauvre enfant, je suis à tes ordres, et soldat. — Soldat, non, mais officier, aide de camp de Hoche, si ça peut t'aller. — Quoi, général... vous seriez... — Hoche lui-même, admirateur de ton père, Hoche, que la république honnête envoie pour te consoler. » — Et l'enfant lui baise les mains, lui saute au cou; puis Hoche, qui sortait de prison, qui venait d'échapper aux bourreaux, l'emmène avec lui. Quelques mois après, tous deux enveloppés du même manteau, rêvant la gloire, l'immortalité, dormaient dans les marais de la Vendée. Ce fut là qu'un jour, ayant lu le récit d'une bataille et préjugeant l'avenir, Eugène s'écria : « Moi aussi, je serai général. »

Lorsque Joséphine tâchait de ressaisir quelques lambeaux épars d'une des plus belles fortunes de Paris; lorsque, grâce aux démarches officieuses de Tallien et de Barras, on lui laissait la sécurité dont ne jouissaient point encore ceux qui figuraient comme elle sur la liste des suspects, les autres membres de la famille Beauharnais regagnaient une certaine quiétude, dont Joséphine devenait presque l'arbitre. La comtesse Fanny continuait de vivre sinon alitée, du moins solitaire; retrouvant dans la culture des lettres un attrait qu'aux jours néfastes de la terreur elle n'y rencontrait plus, s'ennuyant toutefois loin de Paris, et sentant renaître le désir d'y revenir en raison directe de la paix qu'on espérait y trouver. La comtesse François de Beauharnais, détenue dans les prisons, recouvrait sa liberté; la pauvre Émilie (comtesse de la Valette) et sa sœur se replaçaient heureuses sous la tutelle de Joséphine ou de leur aïeule.

CHAPITRE VINGT-TROISIÈME.

ARRESTATION DE NAPOLÉON.

Salicetti dénonciateur. — Napoléon destitué, mis au secret. — Junot veut le sauver ; Napoléon lui conseille la prudence. — Il sort de prison. — Il se rend à Paris. — Position gênée de la famille Bonaparte. — Rencontre singulière et générosité de Desmazis. — Junot vient retrouver son général. — Leurs rapports, leurs habitudes, leurs relations sociales. — Promenades sur les boulevards et dans le Jardin des Plantes. — Junot amoureux de Pauline Bonaparte. — Il la demande en mariage à Napoléon. — Conversation, épanchements des deux amis pour cet objet ; Napoléon lui conseille d'attendre.

> Bonaparte avait en lui quelque chose du caractère de son pays natal : il n'oubliait ni un bienfait ni une injure.
> S. Walter Scott, *Vie de Napoléon*, III, p. 59.

Dans la droiture de son âme et la spontanéité généreuse de son cœur, Napoléon, croyant Paoli non coupable, avait osé le défendre au sein même du sombre aréopage où siégeaient ses accusateurs : la feuille officielle qui publia le fait omit d'en désigner le signataire ; peut-être l'inhabileté calligraphique de notre héros, cause probable quoique futile, sauvegarda sa tête. Cette pièce d'accusation restait oubliée, lorsqu'après le 9 thermidor, Albitte, Laporte et Salicetti tremblèrent. Salicetti, voyant le terrorisme abattu, redoutant pour lui-même d'indiscrètes révélations, voulut anéantir différentes lettres qu'il avait écrites à Napoléon : rien ne lui sembla mieux que de le faire arrêter, sous prétexte de trahison. L'ordre en fut signé par les trois proconsuls le 19 thermidor, à Barcelonnette ; mais saisir un général au milieu de son armée n'était pas chose facile : Salicetti sut l'attirer loin du camp, et vers minuit l'adjudant général Aréna, ennemi personnel de Napoléon, le commandant de gendarmerie Viervein, allèrent lui demander une épée qu'il remit sans la moindre résistance; puis, avec le plus grand soin, on apposa les scellés sur ses papiers. Ce fut Denniée, commissaire ordonnateur des guerres, nommé plus tard intendant militaire de la garde impériale, qu'on chargea de les examiner.

Pour expliquer cette mesure arbitraire, dont l'Empereur lui-même, à Sainte-Hélène, ne se rendait pas bien compte, il est inutile d'imaginer, ainsi que l'ont fait certains historiens, une rivalité d'amour entre le général et le conventionnel. Comme tant d'autres, Bonaparte subissait les inévitables conséquences d'une ancienne liaison avec des gens compromis. Afin d'excuser la non-révélation de faits passés depuis longtemps, et de justifier l'ardeur d'une délation subite à l'abri de laquelle d'importants services et des victoires récentes devaient placer Bonaparte, Salicetti feignit avoir reçu de la Corse des lettres confidentielles, des documents ignorés : vain subterfuge duquel personne ne fut dupe, et qui ne lui servit aucunement, car dans les papiers du général ne se rencontrèrent que des papiers de service et des plans de campagne. Cette mesure inique fit murmurer l'armée; déjà Bonaparte jouait un rôle d'assez grande importance pour que ses destinées comptassent parmi les destinées communes; en vain d'obscurs ennemis s'agitèrent; des amis beaucoup plus nombreux surent neutraliser leur influence, et pour maîtriser le serpent de la calomnie s'éleva la voix puissante des champs de bataille où Napoléon avait triomphé. Toulon, Oneille, Saorgio, Cairo, parlaient déjà si hautement, qu'ils couvraient d'une égide brillante l'impuissant murmure de l'envie.

CHAPITRE XXIII.

L'arrestation du général eut lieu dans le courant d'août; Salicetti le fit mettre au secret, l'accusa de trahison, de jacobinisme, d'espionnage même, et se montra le plus inexorable de ses ennemis. En vain Albert de Permon, alors secrétaire du proconsul, et madame de Permon; en vain Junot, qui ne pouvait supposer le moindre tort chez son général, prièrent-ils Salicetti d'avoir quelque égard pour un compatriote déjà célèbre; Salicetti fut sans pitié. Junot exaspéré n'imaginait rien de mieux que de provoquer en duel le proconcul et de le tuer. N'ayant pu voir Bonaparte et voulant le sauver à tout prix, il lui fit parvenir une lettre à laquelle Napoléon répondit :

« Je reconnais bien ton amitié, mon cher Junot, dans la proposition que tu me fais; depuis longtemps tu connais aussi toute celle que je t'ai vouée, et j'espère que tu y comptes. Les hommes peuvent être injustes envers moi; mais il suffit d'être innocent; ma conscience est le tribunal où j'évoque ma conduite : cette conscience reste calme quand je l'interroge. Ne fais donc rien, tu me compromettrais. Adieu, mon cher Junot, salut et amitié. »

Bientôt le secret fut levé; les amis du général purent lui faire visite, et Junot écrivit sous sa dictée un mémoire justificatif où se lisent les phrases suivantes : « Déclarer un patriote suspect, c'est lui ravir ce qu'il a de plus précieux, la confiance et l'estime de ses concitoyens... Salicetti, tu me connais... Albitte, tu ne me connais point; mais tu sais avec quelle adresse la calomnie siffle... Entendez-moi; restituez-moi l'estime des patriotes; une heure après, si les méchants veulent ma vie... Je l'estime si peu! je l'ai si souvent méprisée... » Ce mémoire produisit-il quelque effet sur l'esprit des proconsuls; craignirent-ils d'assumer l'odieux d'une arrestation non motivée; on l'ignore. Nous ne savons pas non plus quelles pensées se croisèrent dans l'esprit de Salicetti quand il ne trouva nulle trace des lettres confidentielles qu'il espérait découvrir. Au lieu de poursuivre le général, jugeant beaucoup plus sage de faire déclarer son innocence, la chambre d'accusation, « Eu égard aux services que la République pouvait encore espérer de lui, rendit un arrêt de non-lieu. » Napoléon ne fut point dupe des vrais motifs d'une mesure digne du gouvernement occulte de Venise. « Salicetti, disait-il, a voulu me faire un tort immense, mais mon étoile ne l'a pas permis. »

La déclaration qui libérait Bonaparte ne lui restituait pas son commandement; et la qualification de suspect, dont il demeurait entaché, l'obligeait d'aller se justifier devant le Comité de salut public. Il eut mille peines à effacer l'impression fâcheuse qu'avait produite l'accusation des représentants du peuple, et durant plusieurs mois il resta sans place, habitant, rue de la Michodière, un appartement très-modeste. Napoléon ne brillait point alors sous le rapport de la mise : il portait, comme le voulait la mode, des cheveux plats dont la coupe en oreilles de chien faisait ressortir les saillies osseuses de sa maigre figure; un chapeau rond lui couvrait presque les yeux, et sa redingote offrait sinon la taille, du moins la teinte grise, devenue célèbre, qu'elle présenta sur les champs de bataille d'Austerlitz, de Wagram et de Waterloo. Les royalistes, la jeunesse dorée, avaient des redingotes de la même couleur, mais avec collet noir; leur cravate était verte; leurs cheveux nattés, poudrés, se relevaient par un petit peigne; une grosse canne formait l'accessoire obligé de ce costume. Les démocrates, au contraire, se coiffaient à la Titus et s'habillaient d'une manière fort excentrique. Napoléon se rapprochait donc de la mise des royalistes plutôt que de celle des démagogues.

Cette époque fut assurément une des plus malheureuses de la vie du héros dont nous écrivons l'histoire, parce qu'au milieu des enivrantes illusions de la fortune son avenir venait d'être brisé; parce que sa famille, un instant au niveau de la position honorable qu'il occupait à l'armée des Alpes, retombait dans un état de gêne semblable à celui qu'elle avait éprouvé après son départ de la Corse. Dans une dictée confidentielle faite à Montholon, l'Empereur a peint lui-même de la manière suivante sa position critique : « Je me trouvais dans une de ces situations nauséabondes qui suspendent les facultés cérébrales et rendent la vie un fardeau trop lourd. Ma mère venait de m'avouer toute l'horreur de sa position. Elle était à Marseille sans aucun moyen d'existence, et n'ayant que ses vertus héroïques pour défendre l'honneur de ses filles contre la misère et les corruptions de tout genre qui étaient dans les mœurs de cette époque de chaos social. La méchante conduite du représentant Aubry m'ayant privé de mes appointements, toutes mes ressources étaient épuisées; il ne me restait qu'un assignat de cent sous. J'étais sorti, comme entraîné par un instinct vers le suicide, et je longeais les quais en sentant ma faiblesse, mais sans pouvoir la vaincre. Quelques instants de plus, et je me jetais à l'eau, quand le hasard me fit heurter un individu couvert des habits d'un simple manœuvre, et qui, me reconnaissant, me sauta au cou en me disant : « Est-ce bien toi, Napoléon? Quelle joie de te revoir! » C'était Desmazis, mon ancien camarade d'artillerie; il avait émigré; pour voir sa vieille mère, il était rentré en France déguisé, mais il allait repartir.

« Qu'as-tu? me demanda-t-il; tu ne m'écoutes pas; tu ne te réjouis pas de me voir. Quel malheur te menace? tu me représentes un fou qui va se tuer. » Cet appel direct à l'impression qui me dominait produisit en moi une révolution, et sans réflexion je lui dis tout. « Ce n'est que cela! reprit-il en ouvrant sa mauvaise veste et en détachant une ceinture qu'il me mit dans les mains; voilà trente mille francs; prends-les et sauve ta mère. » Sans pouvoir me l'expliquer aujourd'hui, je pris cet or comme par un mouvement convulsif, et je courus comme un fou pour l'expédier à ma mère. Ce ne fut qu'une fois l'argent hors de mes mains que je pensai à ce que je venais de faire. Je revins à la hâte à l'endroit où j'avais laissé Desmazis; mais il n'y était plus. Plusieurs jours de suite, je sortais dès le matin et ne rentrais que le soir, parcourant tous les lieux où j'espérais le retrouver. Mes recherches d'alors, comme celles que je fis à mon avénement au pouvoir, furent inutiles. C'est seulement vers la fin de l'empire que par hasard je retrouvai Desmazis. » Cette somme considérable, en rassurant Napoléon sur la position de sa famille, ne le rendit pas personnellement plus riche, car il ne s'était rien réservé pour lui-même. Quelque temps il fut seul, mais bientôt Junot vint partager sa mauvaise fortune. Le général et l'aide de camp vécurent en commun rue de la Michodière et rue du Mail. Bonaparte paraissait ordinairement soucieux, Junot d'une gaieté charmante, d'une admirable égalité d'humeur. « Les galions sont-ils arrivés? » lui disait quelquefois Napoléon quand il supposait la caisse vide, et qu'on attendait un mandat soit de Junot père, soit de Joseph Bonaparte, qui l'un et l'autre pourvoyaient aux besoins des deux jeunes gens. « S'ils ne viennent pas ce soir, ajoutait Napoléon, nous courons grand risque de ne pas dîner demain. » Ne prenons cependant point à la lettre ces paroles, car nos deux amis, quoi qu'aient pu dire les faiseurs d'histoire, n'ont jamais été réduits à la triste nécessité de courir après un repas. Ils possédaient de nombreuses relations, des amis empressés, sincères; Bourrienne était revenu d'Allemagne depuis peu; Volney se trouvait à Paris; Talma, connaissance toute récente mais bien dévouée, pouvait leur courir en aide, et quand les fonds devenaient rares, Junot ne s'adressait jamais impunément à son oncle le chanoine Bien-Aimé, ecclésiastique généreux, homme simple, âme pure, naturaliste distingué, auquel Napoléon dut la connaissance de Bernardin de Saint-Pierre, de Daubenton, des frères Thouin et de presque tous les conservateurs du Jardin des Plantes. Junot avait un défaut, il jouait; mais il gagnait bien plus qu'il ne perdait; Napoléon le prêchait, et pour éviter quelque catastrophe, il tenait la bourse, n'en laissant que le quart à la disposition de son ami. « C'était chose convenue, disait Junot, entre le sage et le fou. »

Passé le temps consacré au jeu, aux petits bals de société, aux amours d'occasion, Junot ne quittait guère Bonaparte. Ils faisaient ensemble de longues promenades, tantôt le long des boulevards, où l'empereur futur aimait à heurter les incroyables parfumés, coiffés en cadenette, tantôt dans le Jardin des Plantes. « Là, répétait souvent Junot, nous respirions un air plus pur; il nous semblait, en passant le seuil de la grille, que nous y déposions un lourd fardeau; tout prenait autour de nous un aspect de paix et de bonhomie. Le soir était ordinairement l'heure que nous choisissions pour nos visites à M. Daubenton... »

Quelquefois les deux amis s'enfonçaient dans les allées couvertes, sombres, marchant à pas mesurés, en silence, et se tenant par le bras qu'ils se serraient d'intervalle en intervalle, comme s'ils eussent voulu mutuellement interroger leur âme et se répondre, sans se laisser distraire par les formes prosaïques du langage. Il n'y avait alors ni général, ni aide de camp, ni hiérarchie, ni supériorité. Ce n'étaient que deux hommes sous l'empire de sympathies identiques.

Napoléon aimait et n'était pas heureux. Un soir, ayant fait à Junot la confidence de sa passion, celui-ci prit occasion de lui parler de la sienne pour Paulette Bonaparte. Paulette qui depuis le siége de Toulon connaissait Junot, ne le voyait pas sans quelque émotion; elle le préférait même à Leclerc d'Ostein, dont le caractère froid, réservé, convenait beaucoup moins que celui de Junot à la fougue capricieuse de son esprit.

La veille, Junot avait reçu de son père une lettre qu'il s'était empressé de montrer à Bonaparte. M. Junot disait à son fils qu'en fait de dot, il ne devait s'attendre à rien pour le moment, mais que plus tard il aurait vingt mille francs. « Je serai donc riche, s'écriait Junot, puisque, indépendamment de ma solde, je jouirai de mille à douze cents livres de rente. Général, je vous en conjure, écrivez à la citoyenne Bonaparte; dites-lui que j'aime sa fille, que mon père consent au mariage, que vous avez lu sa lettre, et qu'il est prêt à faire une demande en forme, si mademoiselle Paulette et madame Letizia veulent bien l'agréer. — Je ne puis écrire à ma mère pour lui présenter une telle demande, répondit Napoléon : tu auras douze cents livres de rente, soit; mais tu ne les as pas; ton père se porte parbleu bien, et te les fera longtemps attendre. Tu n'as donc rien, si ce n'est ton épaulette de lieutenant. Quant à Paulette, elle n'en a pas même autant. Ainsi, résumons : tu n'as rien, elle n'a rien. Quel est le total? Rien. Par conséquent, vous ne pouvez pas vous marier à présent; attendez. Peut-être aurons-nous de meilleurs jours, mon ami; oui, nous en aurons, quand je devrais les aller chercher dans une autre partie du monde. »

En sortant du Jardin des Plantes, ils avaient passé l'eau dans un batelet, puis gagné le boulevard. Arrivés vis-à-vis les bains chinois, ils se promenèrent le long de la contre-allée, remontant, redescendant tour à tour; mais, rapportent quelques intimes, la bonhomie, le laisser aller de Napoléon disparaissaient à mesure qu'il s'éloignait du Jardin des Plantes et qu'il rentrait dans l'agitation du monde. Personne, néanmoins, ne sentit mieux que lui le charme des épanchements, le besoin d'un autre soi-même; souvent il disait qu'un ami véritable est la plus fidèle image de l'ange gardien dont la religion nous enseigne la présence à nos côtés.

Vers cette époque, M. de Permon-Comnène, qui depuis le 9 thermidor était allé résider de Toulouse à Bordeaux, venait d'arriver à Paris pour y mourir, circonstance identique avec le voyage de Charles Bonaparte, qui, dix années auparavant, avait quitté la Corse pour demander au soleil de Montpellier une prolongation d'existence arrivée à son terme. Les Permon descendirent rue de la Loi, hôtel de l'Autruche, vaste maison en face d'une fontaine située au point de jonction de la rue Traversière et de la rue précitée. M. de Permon souffrait beaucoup. Son fils étant allé voir Bonaparte, lui peignit cette situation comme très-grave, et Bonaparte, qui dans toutes les phases d'une carrière agitée conserva la mémoire du cœur, courut embrasser le moribond, lui donner des consolations, des soins, et remplir en tous points les devoirs d'un fils affectueux. « Napoléon, dit madame la duchesse d'Abrantès, venait tous les jours dîner avec nous et passait sa soirée dans le salon, causant à voix basse, près de la bergère de ma mère, qui, excédée de fatigue, sommeillait quelques instants pour reprendre des forces, car elle ne quittait pas le chevet du lit de mon père. Un soir, à dix heures, M. de Permon s'étant trouvé plus mal, on voulut avoir le médecin; aucun domestique n'eût osé sortir; mais Bonaparte, sans dire mot, courut chercher M. Duchanois, qu'il amena par une pluie battante, trempés tous deux, n'ayant pu se procurer un fiacre. » La famille devait être profondément touchée de l'assiduité, du zèle de Napoléon, tandis que lui ne voyait dans sa conduite qu'une conséquence bien naturelle de son affection. « Si là-haut, pensait-il, ceux qui ne sont plus éprouvent quelque joie des sentiments qu'ils inspirent, mon père sentira qu'aujourd'hui je paye sa dette de gratitude en payant une partie de la mienne. »

Quand M. de Permon fut décédé, le général continua de fréquenter sa maison; il y rencontrait du monde, surtout des Corses, parmi lesquels nous citerons Moltedo, l'abbé Arrighi, Chiappe, Arena, Salicetti, qu'il ne voyait jamais sans éprouver un frisson d'indignation et de colère. « Salicetti, disait-il un jour à M. de Permon fils, m'a fait bien du mal.... cependant je ne lui en souhaite pas.... Cet homme a été mon mauvais génie.... Dumerbion m'aimait.... Tôt ou tard il m'eût compris, il m'eût employé activement... Mon rapport au retour de Gênes, qui devait être pour moi un motif de gloire, et dont Salicetti, dans sa méchanceté, a fait une base d'accusation, a failli me perdre..... Je puis le lui pardonner; mais l'oublier... jamais..... »

CHAPITRE XXIII.

Au nombre des habitués du logis figurait un député fort spirituel, Romme, qui contait à ravir, et dont la féconde imagination produisait quantité d'histoires. Des heures entières se passaient en récits de toute nature; quand Romme finissait, Bonaparte lui succédait. Ce dernier, moins châtié dans le langage, avait le secret d'exciter l'intérêt par l'originalité des types qu'il créait et par l'imprévu des catastrophes. Madame de Permon n'aimait pas que l'on causât politique, et Bonaparte évitait de la désobliger : s'il arrivait que la conversation prît cette voie, hardi jouteur, il maintenait ses auditeurs sur un terrain qu'il savait remuer d'une manière non moins vigoureuse qu'originale. Ayant des idées à lui, aucune faction dominante ne l'absorbait complétement; son républicanisme restait girondin, au fédéralisme près; il aurait voulu, comme les révolutionnaires du 31 mai, la destruction des abus, sans que le nivellement coûtât trop cher. — « Cette pauvre constitution de 1793, tout le monde la déchire et la calomnie; pourtant je la crois convenable, » disait un jour madame de Permon à Bonaparte, afin de le voir venir. — « Dans un sens, elle a du bon, répliqua-t-il, mais tout ce qui tient au carnage ne vaut rien. » Puis, après quelques secondes de réflexion : « Non, non, pas de constitution de 1793; je n'aime pas ce système-là. » Madame de Permon aussitôt de sourire; et le général, s'apercevant du piége qu'elle avait voulu lui tendre, ajouta d'une manière expansive : « *Ah! signora Panoria! signora Panoria! quest' è malissimo! Come! mi volete prendere per sorpresa*[1] ! » Parler italien était alors chez Napoléon le *nec plus ultrà* de la confiance et de la familiarité.

[1] *Mémoires* de la duchesse d'Abrantès, t. I, p. 262-263.

CHAPITRE VINGT-QUATRIÈME.

ÉVÉNEMENTS DE PRAIRIAL. — NAPOLÉON EN DISPONIBILITÉ. — LUCIEN EN PRISON.

La politique se réfugie dans les salons. — Lutte des jacobins avec les thermidoriens. — Napoléon Bonaparte en butte aux soupçons du pouvoir. — Misère publique exploitée par les agitateurs. — Événements de prairial. — Manière dont Napoléon apprécie ces événements. — Salicetti proscrit se cache chez madame de Permon. — Napoléon le devine, s'en assure et s'en indigne. — Projet conçu par Bonaparte d'aller en Orient pour détruire la puissance anglaise. — Prédiction de mademoiselle Lenormand. — Les Permon quittent Paris. — Lettre de Napoléon à madame de Permon sur Salicetti. — Joseph Bonaparte quitte la France. — Lettre affectueuse que lui écrit Napoléon. — Position critique de Lucien Bonaparte. — Il quitte Saint-Maximin pour habiter Saint-Chamans. — Son arrestation et son élargissement.

> L'opinion se précipitait impétueuse vers un autre ordre d'idées... La seconde partie de l'année 1795 fut glorieuse pour la Convention; elle sut dompter les convulsions de la terreur et les hardis complots des royalistes.
>
> LUCIEN BONAPARTE, *Mémoires*, p. 61 et 67.

Du sein des sociétés populaires, devenues presque désertes et sans échos, la politique, la vie sociale s'étaient réfugiées dans les salons. Terrifiés d'abord, mais revenus de leur accablement, les jacobins cherchaient à se grouper autour de quelques hommes, tels que Barrère, Bourdon (de l'Oise), David, Raisson, qui, d'une main ferme, agitaient encore le drapeau de la démagogie; d'autre part, les thermidoriens vainqueurs laissaient fonctionner la guillotine, soit pour satisfaire des haines personnelles, soit pour substituer une terreur occulte à celle qu'ils venaient de renverser. Conduits par Cambacérès, Carnot, Boissy d'Anglas, Merlin de Thionville, appuyés des muscadins et de toute la population honnête, les modérés minaient profondément le sol où jacobins et thermidoriens se heurtaient avec violence, lorsque l'assassinat de Tallien fit comprendre à ces derniers qu'une seule voie de salut leur restait ouverte, la voie du modérantisme. Alors, dans un journal réactionnaire, l'*Orateur du peuple*, Fréron donnait chaque jour aux muscadins leur mot d'ordre, en même temps qu'il publiait d'hypocrites tendresses sur Marat ; alors Tallien, guéri d'une blessure qui le rendait populaire, préparait dans sa demeure de Chaillot une fusion pour laquelle mesdames Joséphine de Beauharnais et de Fontenay déployaient une diplomatie séduisante ; alors aussi Robert Lindet, résumant avec non moins de prudence que d'énergie la situation réelle de la République, prêchait l'oubli, la mansuétude, la concorde, et traçait un programme politique tout entier : sorte de codicille honnête qu'avant sa régénération la Convention nationale voulait promulguer ; sorte de retour vers les grands principes, qu'en leur conscience bourrelée les anciens membres du Comité de salut public, Billaud-Varennes, Barrère, Collot d'Herbois, Carnot, Prieur et Lindet lui-même, venaient solennellement offrir à la France fatiguée d'excès, de délations odieuses et de crimes juridiques. Au mois de novembre (brumaire), l'antre du jacobinisme, frappé depuis longtemps par le ridicule, demeura scellé sous le cachet de la police, aux cris discordants d'une émeute qui bouleversa quelques jours le quartier Saint-Honoré ; la démocratie chancela sur sa base ; soixante-treize députés détenus et plusieurs autres mis hors la loi revinrent siéger dans la Convention ; les séquestres furent levés, les confiscations judiciaires annulées ; un décret rendit la politesse civique d'incivique qu'elle était auparavant ; les bustes de Marat, qu'on avait tout récemment promenés d'une manière triomphale, subissaient mille outrages; et, pour célébrer le 9 thermidor, on institua un anniversaire. L'influence du Comité de salut public, sans être moindre, se modifiait chaque mois en raison de son renouvellement par tiers, qui permettait d'appeler de ses décisions à son propre tribunal. Évidemment on marchait vers une situation meilleure; mais tant d'intérêts avaient été compromis, déplacés, qu'il fallait bien des jours avant que la position de chacun pût s'améliorer et se raffermir.

Le soupçon, cette croyance inquiète des âmes pusillanimes, des cœurs corrompus et des gouvernements coupables, planait encore sur Bonaparte, le frappait de ses traits invisibles, l'enveloppait de ses filets impurs, et ne lui laissait la faculté ni d'éclairer sa marche ni de combattre à découvert. Un obscur administrateur, intelligence étroite, Aubry, chargé de l'organisation des armées, et quelques autres bureaucrates en voulaient au vainqueur de Toulon, qui cependant, à force de démarches, de constance et d'énergie, finit par triompher des basses intrigues ourdies contre lui. Rétabli sur le tableau de l'armée active, il reçut la promesse d'un commandement et l'assurance d'une demi-solde, qu'on ne lui paya jamais avec exactitude. Junot n'ayant obtenu qu'un congé sans solde après l'expiration du premier, Napoléon, par une juste réciprocité, pourvoyait, tant qu'il le pouvait, aux besoins de son fidèle compagnon d'infortune.

Cette existence difficile était presque l'existence commune dans l'armée, dans la bourgeoisie, dans le peuple; on manquait du nécessaire; aux tortures de l'esprit se joignaient les souffrances matérielles que venaient d'accroître singulièrement les rigueurs d'un long hiver et les tristes effets du *maximum*. La mauvaise saison néanmoins se passa sans émeute; on eût dit qu'avant tout le peuple curieux voulait assister aux dernières luttes du jacobinisme contre les thermidoriens, car le printemps commençait déjà lorsque du fond des faubourgs, dont quelques agitateurs remuaient la boue, retentit ce cri précurseur d'une tempête effrayante : *Du pain! du pain!....* « La Convention est à son poste, retournez à vos travaux, » répondit aux pétitionnaires Thibaudeau, son président, qui lui-même nous a raconté cette scène [1]. Mais le moyen de ne point écouter une clameur sympathique de l'estomac, quand la prévoyance républicaine ne lui livre par jour que deux onces de pain ! le moyen de ne pas protester révolutionnairement, quand des insinuations perfides font remonter jusqu'au pouvoir les causes cachées d'une misère incessante ! Aux énergiques protestations de Thibaudeau contre les insurrections partielles, aux mesures de rigueur proposées par Sieyès, aux phrases sentimentales de Pélet, aux explications nettes, catégoriques de Boissy d'Anglas, l'émeute faubourienne envahissant les Tuileries répondit : *Du pain ! et la constitution de* 93 ! Or la Convention n'était pas plus en mesure de lui livrer une chose que l'autre.

Le 1er avril (12 germinal), la populace à grands flots fit irruption dans l'Assemblée; quelques députés pactisèrent avec elle; mais quinze d'entre eux furent arrêtés. On nomma Pichegru commandant de l'armée parisienne; on lui donna pour adjoints Barras et Merlin de Thionville; on décréta la réorganisation de la garde nationale : mesures inefficaces, car l'émeute continua d'agiter les rues, et la disette de dépopulariser la Convention. Bo-

---

[1] M. le comte Thibaudeau, ancien conseiller d'État, aujourd'hui membre du sénat.

naparte suivait avec une ardeur inquiète toutes les péripéties du grand drame dont les scènes tumultueuses se précipitaient vers un dénoûment funèbre, atroce, mais sublime. « Je viens de rencontrer, disait ce général, les sections du faubourg Saint-Antoine : ce sont les mêmes individus que j'aurais voulu recevoir le 10 août quand ils envahissaient les Tuileries. La Convention, heureusement, est présidée par un homme de tête (André Dumont); sans cela, tout irait mal. »

Le 20 mai (1er prairial) l'émeute, annoncée depuis la veille, devint tout à coup une insurrection formidable. A cinq heures du matin le tocsin sonne dans les faubourgs Saint-Antoine et Saint-Marceau; la générale bat dans les rues; les conventionnels sont à leur poste, comme les sénateurs romains sur leur chaise curule, et jurent tous de mourir pour la République. Les tribunes se remplissent, les vociférations commencent, les portes cèdent, le flot populaire inonde la salle. Vainement Féraud veut l'arrêter, on le menace; vingt fusils couchent en joue le président, qu'il couvre de son corps; le président demeure impassible; Féraud tombe massacré, déchiré par une horde d'égorgeurs soudoyés. Alors vient se produire aux regards de la postérité cet émouvant spectacle que tout le monde connaît, que la peinture et la poésie ont reproduit tant de fois, mais dont l'imagination muette peut seule, en se recueillant bien, concevoir la majestueuse grandeur.

Le soir, Bonaparte, qui avait tout vu, arriva brisé d'émotions, mourant de faim, chez madame de Permon. — « Ces cannibales, dit-il, ont présenté la tête de Féraud à Boissy d'Anglas, et peu s'en est fallu qu'ils ne le tuassent sur son fauteuil. En vérité, si nous continuons à salir de la sorte notre révolution, on sera honteux d'être Français. Barras occupe l'extrémité du boulevard avec pas mal de troupes; il se propose, m'a-t-il dit, de lancer des bombes, mais je l'en ai détourné : la population faubourienne sortirait de sa tanière, et commettrait dans Paris mille excès. Tout cela me semble bien triste..... Avez-vous vu Salicetti depuis quelques jours? ajouta Napoléon après un moment de silence; on le dit impliqué dans l'affaire de Bourbotte et de Soubrani. On dit aussi que Romme s'y trouve compromis. J'en serais fâché pour ce dernier; il a du mérite, et je le crois républicain vertueux, de bonne foi... Quant à Salicetti!... » Le général n'ajouta rien de plus, dit madame la duchesse d'Abrantès, qui rapporte cette conversation dont elle fut témoin; son front se plissa, ses sourcils se rapprochèrent; sa prunelle devint fixe; il parut recevoir quelque impression vive d'une pensée pénible profondément cachée.

Napoléon était bien informé. Échappée au plus grand péril qu'elle eût jamais couru, péril qui dura trois jours, la Convention nationale avait fait décréter d'accusation ceux de ses membres qu'elle croyait coupables, parmi lesquels Romme, Albitte aîné, Salicetti; une commission militaire devait les juger immédiatement, pendant qu'à la tête de trente mille hommes le général Menou cernait les faubourgs rebelles, et les forçait de rendre leurs armes, de livrer les chefs de l'émeute et les assassins!

Le 3 prairial, dès le matin, Bonaparte se présente chez madame de Permon, la prie d'accepter un gros bouquet de violettes qu'il tient à la main, lui parle des événements du jour, encore gros d'orages, puis il ajoute : « Eh bien, voilà Salicetti qui peut à son tour juger quels ennuis cause une arrestation. Ce sont des fruits d'autant plus amers pour ses adhérents et pour lui qu'eux seuls ont planté les arbres qui les produisent. — Comment! réplique d'un air étonné madame de Permon en faisant signe à Laure (madame d'Abrantès) de fermer la porte du salon, comment! Salicetti décrété d'accusation!... — Eh quoi! ne le saviez-vous pas? J'en étais si persuadé, que je le supposais réfugié chez vous. — Chez moi? Mais vous êtes fou, mon cher enfant; il faudrait que j'eusse un chez moi. N'allez pas répéter ailleurs semblable plaisanterie, vous joueriez ma tête... ». — « Alors, dit madame d'Abrantès dans ses Mémoires[1], Bonaparte se lève, s'avance lentement, se place devant ma mère, et, croisant ses bras, il la fixe en silence. — « Madame Permon, dit-il, Salicetti est ici; veuillez ne pas m'interrompre; je le suppose réfugié chez vous parce que hier soir, vers cinq heures, on l'a vu sur le boulevard parlant avec Gauthier, qui lui conseillait de ne point se rendre à la Convention. Il s'est dirigé de ce côté, et, excepté vous, on ne lui sait aucune connaissance assez intime pour avoir, en le recevant, exposé sa destinée ainsi que la sienne. » — Ma mère, qui, sans changer de visage, sans baisser les paupières, avait pu supporter le regard de l'aigle, reprit avec assurance : — « Et de quel droit Salicetti serait-il venu me demander asile? Il sait que nous ne pensons pas de même; que je suis au moment de partir pour la Gascogne... — De quel droit il serait venu chez vous?... Voilà ce que vous avez dit de plus juste, chère madame; s'imposer à une femme seule, la compromettre pour quelques heures de salut conquises sur une proscription bien méritée, est une conduite indigne, dont tout autre que lui ne se serait pas rendu coupable. Vous croyez lui

[1] T. I, p. 316 à 325.

devoir de la reconnaissance, et il vous la fait payer comme une lettre de change, pour l'acquit de laquelle il se transforme en huissier venant vous faire un commandement. »

» Je travaillais dans l'embrasure d'une fenêtre sur laquelle étaient beaucoup d'arbustes, continue madame la duchesse d'Abrantès ; j'avais l'air de regarder l'un d'eux, et je ne répondais pas aux monosyllabes interrogateurs que m'adressait Bonaparte. — « Laurette, le général te parle, » reprit ma mère. Et je me tournai vers lui avec un trouble qu'on pouvait traduire par celui qu'éprouve une jeune fille qui, sans le vouloir, vient de faire une chose impolie. Alors Bonaparte me prit la main, qu'il serra dans les deux siennes ; puis, se tournant vers ma mère : — « Je vous demande pardon, j'ai eu tort ; votre fille me donne une leçon de convenance. — Vous accordez à Laurette plus de mérite qu'elle n'en a, mon cher ami ; elle, vous donner une leçon ! et dans quel but ? C'est moi qui tout à l'heure vous en donnerai une, si vous persistez à croire une chose impossible. — Madame de Permon, répliqua le général d'une voix émue, vous êtes une femme remarquablement bonne, et cet homme un méchant, vous ne pouviez pas lui fermer votre porte, il le savait.... Vous exposer, vous et cette chère enfant, et tous les vôtres !... Autrefois je ne l'aimais pas ; maintenant je le méprise. — Napoléon, lui réplique aussitôt ma mère en le regardant avec amitié, sur ma foi je vous jure que Salicetti n'est point ici ; mais faut-il tout vous dire ? — Dites, dites... — Eh bien, hier, à six heures, il se trouvait chez moi ; mais occupant un hôtel garni, je lui ai démontré l'impossibilité de le garder ; il l'a compris, et s'en est allé vers neuf heures. » Bonaparte, les yeux fixés avec attention sur ma mère tant qu'elle lui parlait, se mit à marcher rapidement, lâchant par saccades des paroles coupées, comme celles-ci : — « Ainsi, je l'avais deviné; il est venu, le lâche, dire à une pauvre femme, à une mère : Donnez votre vie pour moi! sacrifiez-vous... Mais lui, s'est-il accusé d'avoir fait assassiner un de ses collègues? s'est-il lavé les mains avant de toucher les vôtres pour vous implorer?... »

» Bonaparte, ajoute en terminant madame d'Abrantès, était lancé après Salicetti comme un chien de chasse le serait après un cerf; toujours il cherchait à l'atteindre, et n'écoutait rien; ma mère se désespérait; Salicetti entendait tout, une simple planche le séparant de nous. Moi, dans mon inexpérience, je tremblais de le voir quitter sa retraite; je ne connaissais pas encore le monde. Enfin, après une longue conversation de deux heures, Bonaparte sortit; et il était temps, car ma mère tombait épuisée. Elle me fit signe de pousser le verrou de sa chambre, puis elle ouvrit la retraite du proconsul. »

Le lendemain Bonaparte revit madame de Permon; il ne lui parla plus directement de Salicetti; mais, à l'expression de sa physionomie, à quelques phrases qu'il lançait comme une flèche aiguë, on pouvait croire ses idées bien arrêtées sur cet objet. Le proscrit continua d'occuper le même réduit, et Bonaparte de venir presque chaque jour. — « Ah çà, disait-il quelquefois en se mettant à table, décidément je suis votre pensionnaire; voulez-vous de moi? » Salicetti était sur un gril, et malgré le plaisir qu'éprouvait l'empereur futur de vivre en intimité chez madame de Permon, nous croyions bien que l'idée d'infliger une punition morale au conventionnel entrait pour quelque chose dans cette assiduité. Vers le 20 prairial, la famille fit ses préparatifs de voyage. —

CHAPITRE XXIV.

« Allons, emmenez-moi, dit Bonaparte; j'irai voir ma mère pendant qu'à Toulouse et Bordeaux vous emballerez votre mobilier; puis je vous rejoindrai, et nous reviendrons ensemble ici. Grâce à ce coquin, à ce scélérat qui m'a perdu, qui m'a ruiné, je n'ai rien à faire; je suis ce qu'on veut : Chinois, Turc, Hottentot; si je ne pars pas avec vous, je m'en vais en Orient, et je ne désespère pas d'y provoquer un traité de commerce entre la France et la Turquie... » Ce fut alors que notre héros, préoccupé de l'idée d'aller à Constantinople, consulta mademoiselle Lenormand. — « Vous n'obtiendrez point de passe-port, lui répondit la sibylle. Mais pourquoi vous éloigner? Vous êtes appelé à jouer en France un grand rôle. Une dame veuve fera votre bonheur, et par son influence vous atteindrez un rang très-élevé; gardez-vous d'ingratitude envers elle : il y va de votre bonheur et du sien. » — Cette prédiction singulière eut-elle quelque influence sur la détermination soudaine que prit Bonaparte de demeurer à Paris? La pensée d'épouser madame de Permon-Comnène, d'une quinzaine d'années plus âgée que lui, traversa-t-elle son esprit, et conçut-il la possibilité de réaliser l'oracle, en mêlant au sang des empereurs de Trébizonde le sang des Ramolini et celui des Bonaparte? Nous ne pourrions l'affirmer. Madame d'Abrantès regarde cette inclination comme positive; mais d'une alliance si disproportionnée devait inévitablement jaillir le ridicule; or chacun sait avec quel soin, à toutes les époques de sa vie, Napoléon tâcha de l'éviter.

La veille du départ de la famille Permon pour le Midi, Bonaparte, qui la secondait dans toutes ses dispositions, ne la quitta pas d'un instant. Il dîna chez elle avec les intimes, MM. Brunetière, Emilhaud, et vers dix heures du soir, quand madame de Permon, fatiguée, congédia son monde, Bonaparte, s'approchant d'elle, lui prit la main en disant : « Quand vous reviendrez ici, veuillez vous rappeler, signora, que je vous ai donné toute mon affection; peut-être ne nous reverrons-nous plus; ma destinée m'entraînera sûrement avant peu loin de la capitale, mais où que j'aille vous aurez un ami véritable. — En tous lieux, Napoléon, comptez aussi sur moi; je vous regarde, mon cher enfant, vous le savez bien, comme le frère d'Albert... »

Le lendemain, à la Croix-de-Berny, un postillon s'approcha de la voiture dans laquelle cheminait cette famille, demanda madame de Permon et lui remit une lettre écrite de la main de Junot sous la dictée de Bonaparte. Madame de Permon, étonnée, ne sachant d'où peut lui venir ce message si peu prévu, offre au commissionnaire un assignat de cinq francs, qu'il refuse, se disant payé *par le jeune homme.* « Le jeune homme! dit-elle; en vérité, vous verrez qu'on me prendra pour une *innocente* que ses parents enlèvent à celui qu'elle aime. Que peut m'écrire *le jeune homme?*... » Il se faisait tard, et force fut d'attendre au lendemain pour prendre connaissance de cette singulière épître, qui mérite d'autant plus d'être connue, qu'elle place le caractère de Napoléon sous un jour que ses ennemis ont souvent tâché d'obscurcir. La voici textuellement reproduite : — « Madame Permon, je n'ai jamais voulu être pris pour dupe; je le serais à vos yeux si je ne vous disais que je sais, depuis plus de vingt jours, que Salicetti est caché chez vous. Le 1er prairial, j'en avais presque la certitude morale. Maintenant je le sais positivement. — Salicetti, tu le vois, j'aurais pu te rendre le mal que tu m'as fait, et me venger; tandis que, toi, tu m'as fait du mal sans que je t'eusse offensé. Quel est en ce moment le plus beau rôle, du mien ou du tien? Oui, j'ai pu me venger et je ne l'ai pas fait. Peut-être diras-tu que ta bienfaitrice te sert de sauvegarde. Il est vrai que cette considération est puissante; mais seul, désarmé et proscrit, ta tête eût été sacrée pour moi. Va, cherche en paix un asile où tu puisses revenir à de meilleurs sentiments envers ta patrie. Ma bouche sera fermée sur ton nom et ne s'ouvrira jamais. Repens-toi, mais surtout apprécie mes motifs; je le mérite, car ils sont nobles et généreux. — Madame Permon, mes vœux vous suivent ainsi que votre jeune enfant. Vous êtes deux êtres faibles, sans nulle défense; que la Providence et les prières d'un ami vous accompagnent! Soyez surtout prudente, et ne vous arrêtez jamais dans les grandes villes. Adieu; recevez mes amitiés. »... — Bien qu'à travers les expressions de Napoléon perçât certaine lueur d'orgueil, madame de Permon dut applaudir aux sentiments qui les avaient inspirées. « Mais comment, disait-elle, le général est-il si bien au fait? » Quelqu'un me trahit donc? Plus tard, on sut que Mariette, femme de chambre, courtisée par le domestique de Bonaparte, avait, moyennant une chaîne d'or, livré le secret du logis.

L'absence d'une famille au sein de laquelle Napoléon retrouvait presque sa propre famille doubla les ennuis qu'il éprouvait. Inquiet sur lui-même, il ne l'était pas moins sur les siens, car les mesures réactionnaires, les proscriptions, les vengeances n'épargnaient personne, et Joseph, ancien secrétaire du conventionnel Salicetti, le plus en évidence des Bonaparte après Napoléon, se voyait forcé de partir pour Gênes avec sa femme, seul moyen d'éviter la prison. Il recevait alors de son frère le général la lettre suivante :

« Paris, 6 messidor (25 juin) an III.

» Dans quelque événement que la fortune te place, tu sais bien, mon ami, que tu ne peux pas avoir de meilleur ami, à qui tu sois plus cher et qui désire plus sincèrement ton bonheur. La vie est un songe léger qui se dissipe. Si tu pars, et si tu penses que ce puisse être pour quelque temps!!!! envoie-moi ton portrait. Nous avons vécu tant d'années ensemble, si étroitement unis, que nos cœurs se sont confondus, et tu sais mieux que personne combien le mien est entièrement à toi; je sens, en traçant ces lignes, une émotion dont j'ai eu peu d'exemples dans ma vie; je sens bien que nous tarderons à nous voir, et je ne puis plus continuer ma lettre.... Adieu, mon ami!»

Sur le manuscrit autographe se trouvent plusieurs mots presque effacés par des larmes; circonstance très-rare chez notre héros, car il avait l'habitude de refouler toutes les siennes au fond du cœur, pour maintenir sa sensibilité sous la puissance permanente de sa raison.

Lucien n'était pas plus heureux que Joseph et Napoléon. « Je commençais, dit-il, à voir changer autour de moi les dispositions bienveillantes en froideur et en dédains. Les suspects rendus à leur famille oublièrent bien vite que nous les avions empêchés d'aller au supplice. Ne se souvenant que de leur détention, ils envahirent la société populaire, et la faveur de la multitude nous délaissa graduellement pour s'attacher au parti contre-révolutionnaire, qui confondait dans un anathème commun les jacobins et les modérés... Après le 9 thermidor, j'avais pensé solliciter un changement de résidence; mais les instances des patriotes de Saint-Maximin me retinrent encore plusieurs mois au milieu d'eux; nous

CHAPITRE XXIV.

disputâmes le terrain aux réactionnaires, et nous reprîmes assez d'influence pour nous rassurer [1]. »

Ce mieux-être, résultat trompeur d'une halte faite dans les voies de la réaction, fut de bien courte durée. L'imprévoyant décret qui prescrivait le désarmement des terroristes amena celui de tous les républicains, et la contre-révolution put triompher sans obstacle. « Je me hâtai, dit encore Lucien, de quitter Saint-Maximin, et je partis comme inspecteur dans une administration militaire pour la commune de Saint-Chamans, près de Cette, pendant que Napoléon, rebuté par le comité militaire, songeait à aller chercher du service en Orient [2]. » Il s'agit ici de l'offre faite au général d'une brigade d'infanterie dans l'armée qui guerroyait contre les Vendéens, proposition qu'il refusa, ne voulant pas, disait-il, changer d'arme. Le Comité de salut public l'avait, en conséquence, rayé des contrôles de l'armée, et, chose curieuse, Cambacérès, qui devint le second personnage de l'Empire, fut un des signataires de cette mesure. Bonaparte demeurait alors rue du Mail, rue où je débarquai, dit Chateaubriand dans ses *Mémoires,* en arrivant de Bretagne avec madame Rose. Bourrienne l'y rejoignit, de même que Murat, soupçonné de terrorisme, et dont le régiment occupait Abbeville.

« A Saint-Chamans, continue Lucien [3], on s'occupait de politique comme partout, mais sans exagération. Mon service ne remplissait qu'une partie de mes journées, et j'allais habituellement passer les après-dîners dans une fort aimable famille, la plus considérable de la commune. On jouait ordinairement aux petits jeux dans le

---

[1] *Mémoires* précités, p. 62-63.
[2] *Ibid.*, p. 68.
[3] *Mémoires*, p. 68 à 75.

jardin de la maison où se réunissaient plusieurs voisines, jeunes et vieilles. J'étais précisément condamné, pour retirer un gage, à déclamer je ne sais quels vers, lorsque, averti qu'un militaire me demandait à la porte, je m'empressai de m'y rendre..... C'était le jeune Auguste Rey, de Saint-Maximin, dont les parents, il y avait quelques mois, liés sur une charrette, allaient partir pour le tribunal d'Orange, quand je les délivrai. Il portait le brillant uniforme adopté par les assassins du Midi, connus sous le nom trop fameux de compagnons de Jéhu.
— Bonjour, Auguste, que me veux-tu? m'écriai-je.
— Marche, brigand, et donne-moi tes mains, répond le jeune homme; puis, les mains liées, je suis conduit chez moi pour livrer mes papiers. Auguste tenait le bout de la corde et me menaçait de son sabre, tandis que mes compagnes de jeux, accourues, intercédaient en ma faveur... On prit tout ce que je possédais, et, après m'avoir mis des menottes, mon garde me fit placer près de lui dans un cabriolet; ses compagnons montèrent à cheval, et nous partîmes. « Où me conduis-tu? Vas-tu m'égorger pour me récompenser d'avoir sauvé tes parents? — Non, tu n'as rien à craindre de ce côté-là; je te mène dans la prison d'Aix. — Mais il y a peu de jours que les prisonniers y ont été massacrés.... » — Quelles qu'aient pu être mes représentations, il fallut subir les horreurs de l'emprisonnement. Ces jeunes gens qui m'escortaient, bien élevés en apparence, beuglaient sans cesse à mon oreille le refrain du *Réveil du peuple : Ils ne nous échapperont pas,* et Auguste dit au geôlier en me consignant : « Un de plus en cage; garde-nous-le bien jusqu'*à notre première sortie.* » Dans cette horrible maison, malgré beaucoup de lavages, on distinguait encore les traces du sang des malheureux qu'on y avait

assassinés sept ou huit jours auparavant. Elle s'était remplie de nouveau; la chambre où je fus placé contenait une centaine de prisonniers.... Nous eûmes plusieurs alertes d'égorgeurs, mais nous en fûmes quittes pour leur féroce musique. Plus heureusement encore, un ordre de Paris, obtenu par Napoléon, vint me rendre à la liberté. Il est juste de dire que Barras ne témoigna pas de rancune contre celui qui avait repoussé la mission de son terrible agent, non qu'il eût oublié mon action, mais, par une facilité de caractère qui fut son plus grand mérite, il aimait à obliger. A cette occasion, il se contenta de dire que j'avais été bien hardi, et que je l'avais échappé belle. Ce fut lui qui remit à mon frère l'ordre de ma liberté. J'avais été six semaines en prison; après ma délivrance, je me retirai à Marseille, où l'opinion dominante se déchaînait presque autant contre la Convention victorieuse que contre les jacobins vaincus. »

CHAPITRE VINGT-CINQUIÈME.

13 VENDÉMIAIRE ET SES CONSÉQUENCES. — MARIAGE DE NAPOLÉON.

Corrélation de certaines dates et de certains faits. — Constitution de l'an III soumise à l'acceptation des assemblées primaires. — Journées des 11, 12 et 13 vendémiaire. — Rôle que joue Bonaparte dans cette circonstance. — Il est nommé général en chef de l'armée de l'intérieur. — Ses projets de mariage entre sa famille et celle de Permon-Comnène. — Eugène Beauharnais va demander l'épée de son père au général Bonaparte. — Premiers rapports de ce général avec Joséphine. — Famine dans Paris. — Conduite généreuse de Bonaparte. — Marianne Huvé. — Lettre de Joséphine relative à son alliance projetée avec Napoléon. — Position des frères Bonaparte. — Napoléon est nommé général en chef de l'armée d'Italie. — Son mariage avec Joséphine.

> « Croient-ils donc que j'aie besoin de protection pour parvenir?... Ils seront tous trop heureux un jour que je veuille leur accorder la mienne. Mon épée est à mon côté ; avec elle j'irai loin. »
> *Paroles de Napoléon à Joséphine.*

Parmi les dates, parmi les faits qu'enregistre l'histoire, quelques dates sont éloquentes, quelques faits se correspondent : le 13 vendémiaire 1795, le 2 décembre 1851 sont de ce nombre. Ils apparaissent pour servir de barrière à l'émeute; ils terminent une ère tumultueuse et commencent l'ère pacifique où marche aujourd'hui la révolution.

Depuis qu'une commission organique avait substitué une constitution nouvelle à la constitution de 1793, si tristement célèbre, le sol tremblait sous les pas de la Convention nationale, mais cette assemblée n'en poursuivait pas moins son œuvre, et le 20 fructidor (6 septembre) le peuple était convoqué pour sanctionner les derniers décrets qu'elle avait rendus. Il s'agissait du maintien des deux tiers de la Convention dans le Corps législatif. Le peuple, qui volontiers acceptait le nouveau programme gouvernemental, ne voulait pas de cette clause, et quelques hommes hostiles aux conventionnels parce qu'ils l'étaient au radicalisme issu du mouvement révolutionnaire, fomentaient, développaient l'opposition violente qu'allaient manifester les assemblées primaires. Plusieurs noms jouissant déjà de quelque célébrité, le général Miranda, le chimiste Cadet de Gassicourt, La Harpe, Quatremère de Quincy, Morellet, Fiévée, Lacretelle jeune figuraient à la tête de la sédition.

Connaissant bien le véritable état des choses, ne supposant pas que la victoire de prairial et les mesures rigoureuses qu'elle avait provoquées eussent rendu toute réaction ultérieure impossible, la Convention veillait attentive; mais le général Menou, qui commandait l'armée de l'intérieur, campée dans la plaine des Sablons, agissait avec une mollesse compromettante; mais le cri *A bas les décrets!* devenait plus fort de jour en jour, d'heure en heure; mais la plupart des assemblées primaires insurgées prenaient les armes. Le 11 vendémiaire on allait, on venait dans Paris, on assistait aux spectacles comme si la paix la plus profonde eût régné entre tous les citoyens, et pourtant une douzaine de sections rebelles venaient de déclarer la déchéance du pouvoir conventionnel. La nuit se passa, de part et d'autre, en dispositions pour un combat définitif, qu'on pensait devoir être le dernier. Menou fut destitué; Barras, mis à sa place, ayant jeté les yeux sur Napoléon, « connu par ses talents militaires et par son attachement à la

République[1], » demanda de se l'adjoindre. Dans un danger si grand, le Comité de salut public oublia volontiers les dénonciations de Salicetti qui présentaient Napoléon comme un terroriste, ainsi que la lettre d'Aubry qui le qualifiait d'insubordonné. Relevé de sa destitution, il reçut le commandement supérieur des troupes de ligne, conduites par Brune, Carteaux, Duvigier, Montchoisy, Vachet. Berruyer protégeait les Tuileries avec quinze cents volontaires, formant le bataillon appelé sacré, et Barras dirigeait l'ensemble des manœuvres.

Quand Bonaparte apprit cette nomination, seul peut-être il n'en fut pas étonné, car, depuis trois jours, une espérance instinctive l'agitait et lui faisait pressentir le besoin qu'on pourrait avoir de son épée. Moins soucieux que d'habitude, parlant davantage, laissant distinguer dans ses traits l'indéfinissable préoccupation d'une pensée rêveuse, on eût dit qu'en lui-même Bonaparte sentait germer l'avenir.

Esclave du devoir, ami de l'ordre, mais désireux d'épargner le sang du peuple, ce général fit aussitôt ses dispositions pour sauver l'Assemblée et comprimer l'émeute. Il n'avait guère que quatre ou cinq mille hommes, qu'il massa dans le quartier des Tuileries et qu'il appuya de canons chargés. L'ordre fut donné aux troupes de ne commencer aucune agression, de supporter l'insulte avec patience, mais en même temps de garder les postes et de repousser, s'il en était besoin, la force par la force. Le 13 vendémiaire, dans l'après-midi, plusieurs coups de fusil partent de la rue Saint-Honoré; l'armée républicaine y répond, la lutte s'engage, devient vive, les sectionnaires refoulés se retranchent sur le perron

---

[1] Rapport du représentant du peuple Barras sur les journées des 13 et 14 vendémiaire (5 et 6 octobre).

CHAPITRE XXV.

de l'église Saint-Roch, mais Bonaparte les en déloge par quelques coups de canon chargés à mitraille, qui décident le succès. D'autres engagements eurent lieu dans la rue Richelieu, vers les Feuillants, sur le pont au Change, à la place du Palais-Royal, à la barrière des Sergents; on se battit la nuit jusqu'au lendemain matin. Bonaparte était partout, foudroyant l'émeute sans pitié, mais miséricordieux pour les vaincus, et loin d'oublier ses amis au milieu des soucis plus graves, ouvrant un œil tutélaire sur leurs demeures. L'émeute comprimée, Bonaparte, la tête pleine des événements, se hâta de les décrire à Bourrienne, qui, depuis le mois de juillet, habitait Sens. Le récit du général respire une simplicité antique; il n'y fait nulle parade de courage, indique les mouvements principaux, semble vouloir être confondu avec les autres généraux qui l'ont secondé, et ne parle de sa personne qu'à l'occasion d'un cheval tué sous lui.

Le 19 octobre, sur la proposition de Barras, Bonaparte fut nommé général en chef de l'armée de l'intérieur. Un grand changement s'opéra dès lors dans ses habitudes: il occupa, rue des Capucines, l'hôtel consacré depuis au ministère des relations extérieures, prit pour aides de camp Junot et Lemarrois, eut un bel équipage, des domestiques, une loge à Feydeau, une stalle aux concerts de Garat, rue Saint-Marc. « Tous les jours il venait nous voir avec la même amitié, le même naturel qu'autrefois, écrit madame d'Abrantès; quelquefois, mais rarement, il nous amenait un de ses aides de camp, ou son ami Chauvet, jeune homme d'une humeur douce, ou son oncle Fesch, l'être de la société la plus égale, la plus agréable. » Aux intimes que fréquentait Bonaparte nous ajouterons le vénérable père Patrault, dont nous avons parlé précédemment. Bonaparte avait eu l'idée de faire ménage commun avec son ancien maître et son oncle, rue du Marais, vis-à-vis du pied à terre de Bourrienne; mais vendémiaire changea ses projets.

Sans cesse préoccupé des siens, Napoléon songeait à les établir : croyant la famille de Permon beaucoup plus riche qu'elle n'était, car le décès de son chef ne lui laissa rien, notre général dit un jour à madame de Permon : « Je veux faire un mariage qui unisse les deux familles, c'est celui de Paulette avec Permon. Votre fils a quelque fortune; ma sœur n'a rien, mais vous savez comme elle est jolie; ma mère est votre amie, et je suis en position de beaucoup obtenir; je puis procurer une bonne place à Permon. Allons, dites oui; ce sera une affaire arrangée. » Madame de Permon ne voulant répondre ni oui ni non, répliqua que son fils était maître de sa destinée, qu'elle ne voudrait pas l'influencer, qu'il fallait voir. Napoléon alors proposa l'union future de Louis ou de Jérôme avec Laurette. — « En vérité, mon cher Napoléon, vous faites aujourd'hui le grand prêtre, vous mariez tout le monde, même les jeunes enfants. » Bonaparte sourit et n'insista pas davantage, des projets personnels l'ayant bientôt préoccupé d'une manière exclusive. Voici sous l'empire de quelles circonstances : il se trouvait chez lui, rue Neuve-des-Capucines, lorsqu'un jeune homme aux manières aristocratiques demande à le voir. « Faites entrer, répond Bonaparte, qui eut toujours un faible pour la distinction du maintien, de la mise et du langage. — « Mon jeune ami, que voulez-vous? lui dit le général avec cette expression d'indulgence officieuse qu'on ne rencontrait alors presque nulle part; que puis-je pour vous? ajoute-t-il avec intérêt. — Oh! beaucoup, réplique l'enfant; beaucoup pour ma mère et ma sœur. — Voyons? — Je m'appelle Eugène Beauharnais;

CHAPITRE XXV.

je suis fils du général en chef Beauharnais qui a servi la République sur le Rhin. — Oui, bon citoyen, brave militaire... — Dénoncé au Comité de salut public, ils l'ont assassiné... — Assassiné! — Oui, général, assassiné; cinq jours avant la chute du tyran, des juges impies l'ont condamné sans l'entendre, et le lendemain il mourait sur l'échafaud. » En arrivant à ce mot affreux, l'énergie de l'enfant faiblissait; des larmes se mêlaient dans sa voix. Bonaparte aussitôt lui tend la main : « Allons, mon jeune ami, du courage; le ciel ne vous a pas tout enlevé, puisqu'il vous reste une mère. C'est beaucoup encore. Soyez-en digne. — Oh! général, je veux la rendre heureuse, mais vous pouvez y contribuer comme moi. — Parlez. — Général, faites-nous rendre l'épée de mon père, que la police vient de confisquer. — Vous l'aurez, je vous le promets. — Merci, général, merci; un jour je veux m'en servir pour défendre la République!... » Tant d'âme, de piété filiale, de franchise et de résolution étonna Bonaparte. « Bien, jeune homme, très-bien, lui dit-il, j'aime ces sentiments; ils vous honorent; ils glorifient votre mère. Mais en attendant que des recherches indispensables soient faites, je veux vous donner un sabre, certain qu'il sera toujours bien placé dans votre main. » Et Lemarrois, son aide de camp, qu'il appela de la pièce voisine, courut chercher une arme de fantaisie, qu'Eugène accepta volontiers, sous la réserve qu'un jour on lui rendrait l'épée paternelle. Pendant quelques minutes, Bonaparte se plut à interroger l'enfant. Il en était charmé. « Mon jeune ami, ajouta-t-il du ton le plus familier, je serais heureux si je pouvais faire plus pour vous, pour votre famille. — Eh bien, général, nous tous, maman, ma sœur et moi, nous ferions des vœux en votre faveur. » Cette naïveté excita le sourire de Bonaparte. « Nous nous reverrons, citoyen Beauharnais; vous avez su me trouver; revenez quelquefois; nous causerons ensemble; je n'oublierai ni vous, ni votre famille, ni l'épée du général. Adieu. » — «Une mère doit s'estimer heureuse d'avoir un tel fils, dit Bonaparte aux officiers d'état-major qui l'entouraient; il a raison; la mort de Beauharnais est un assassinat fait à froid, le pire de tous. »

«Maman, maman, s'écriait Eugène en rentrant chez lui, réjouissez-vous, l'épée de papa nous sera rendue, et nous aurons un protecteur, un puissant protecteur. — Et qui donc? — Le général Bonaparte. — Bonaparte? — Oui, maman, un bon et brave général, qui m'a parfaitement reçu... » Eugène se pâmait d'aise, et ses paroles, quelque rapides qu'elles fussent, restaient fortement en arrière de ses pensées. Joséphine le gronda doucement d'une démarche inconsidérée, qui témoignait de son amour filial plus que de sa docilité à prendre conseil; mais au fond, comme il avait réussi, sa mère n'était point fâchée que la chose fût faite. Trois ou quatre jours après, un officier d'ordonnance vint, de la part du général Bonaparte, apporter au jeune Beauharnais l'épée qu'il réclamait. Cette nouvelle scène devint attendrissante, et rappela les anciens âges; Eugène pressa l'épée sur son cœur, la baisa avec transport, jura d'en être digne; puis il demanda la permission d'embrasser l'envoyé, et il le pria de témoigner au général Bonaparte la gratitude dont il était pénétré. Joséphine, Hortense ne montrèrent pas moins d'émotion qu'Eugène. Le lendemain, madame de Beauharnais, accompagnée de son fils, courut exprimer à Bonaparte combien ses procédés l'avaient touchée; mais elle ne le rencontra point. Bonaparte savait trop bien vivre pour différer de rendre une visite dont rigoureusement sa position le dispensait; le ton noblement réservé, le tact exquis de Joséphine lui plurent beaucoup; cet intérieur le charma; il se montra désireux de guider Eugène et de l'initier dans l'art de la guerre, comme l'avait fait Hoche, des mains duquel il était sorti depuis peu. Madame de Beauharnais n'ayant aucune raison de refuser cette offre de Bonaparte, l'accepta sans hésiter, et les relations devinrent chaque jour plus fréquentes, plus intimes entre l'aimable veuve et le général.

La famine régnait alors dans Paris plus qu'ailleurs : Napoléon fut d'un grand secours à ses amis; il leur envoya des bons de pain, de viande et de légumes secs; il fit faire des distributions gratuites de comestibles aux indigents, secourut et sauva d'une mort imminente des milliers de malheureux. Un jour Bonaparte, venant dîner chez madame de Permon, fut arrêté par une femme qui tenait sur ses bras le cadavre encore chaud d'un enfant, le plus jeune de sa nombreuse famille. Cette femme, veuve d'un couvreur tombé deux mois auparavant d'une des toitures du palais des Tuileries, réclamait vainement cinquante journées dues à son mari. Elle nourrissait; mais le chagrin, les privations avaient tari son lait, et son œil terne, sa main décharnée, ses traits allongés et flétris indiquaient assez, sans qu'il fût besoin de le dire, toutes les tortures qu'elle venait d'éprouver. — « Si vous me refusez un secours, s'écriait l'infortunée, je prendrai mes cinq autres enfants, et nous irons tous nous jeter dans la Seine. » Elle l'eût fait, car la misère tournait quantité d'imaginations vers le suicide. Profondément ému, Bonaparte lui donne quelques assignats, s'informe de son nom, de sa demeure, arrive au salon tout bouleversé, prie madame de Permon de vouloir bien s'enquérir de la position de cette femme. Rien n'était plus facile, car elle demeurait à proximité. La malheureuse, nommée Marianne Huvé, n'avait été que vraie; aussi Bonaparte ne la perdit point de vue, lui fit payer les journées dues à son mari et la gratifia d'une petite pension.

Au milieu des misères, des souvenirs pénibles et des incertitudes où chacun vivait, l'inclination du général marchait avec sa fortune. « On veut que je me remarie, écrivait Joséphine; tous mes amis me le conseillent; ma tante me l'ordonne presque, et mes enfants m'en prient. Vous avez vu chez moi le général Bonaparte; eh bien, c'est lui qui veut servir de père aux orphelins d'Alexandre, d'époux à sa veuve ! — L'aimez-vous? allez-vous me demander. — Mais... non. — Vous avez donc pour lui de l'éloignement? — Non; mais je me trouve dans un état de tiédeur qui me déplaît, et que les dévots trouvent plus fâcheux que tout en fait de religion; l'amour étant une espèce de culte, il faudrait aussi avec lui se trouver différente de ce que je suis; et voilà pourquoi je voudrais vos conseils, qui fixeraient les irrésolutions perpétuelles de mon caractère faible. Prendre un parti a toujours paru fatigant à ma créole nonchalance, qui trouve infiniment plus commode de suivre la volonté des autres. J'admire le courage du général, l'étendue de ses connaissances en toutes choses, dont il parle également bien; la vivacité de son esprit, qui lui fait comprendre la pensée des autres presque avant qu'elle ait été exprimée; mais je suis effrayée, je l'avoue, de l'empire qu'il exerce sur ceux qui l'entourent. Son regard scrutateur a quelque chose de singulier qui ne s'explique pas, mais qui impose même à nos directeurs : jugez s'il doit intimider une femme ! »

Pendant que Joséphine hésitait de la sorte, Napoléon subissait aussi des influences opposées qui, l'une par l'autre, se neutralisaient dans son esprit. Barras, Tallien, connaissant les qualités excellentes de Joséphine, le poussaient au mariage; tandis que ses frères Joseph et Lucien, qu'il avait appelés près de lui depuis les événements de vendémiaire, l'en détournaient; madame de Beauharnais n'ayant pour elle, disaient-ils, ni jeunesse ni fortune. A cette époque, Louis suivait les cours de l'école d'artillerie de Châlons-sur-Marne, où Bonaparte l'avait placé peu de jours après les événements de prairial. La jeunesse d'alors se faisait gloire d'être opposée au gouvernement, et Louis puisait chez ses condisciples des principes qui cadraient assez bien avec sa politesse aimable, sa douceur et sa réserve.

Dans les premiers jours de l'année 1796, les incertitudes matrimoniales de Joséphine n'avaient point encore cessé, mais touchaient à leur terme. « Je glisse sur les idées noires, écrivait-elle, pour ne m'occuper que d'un avenir qui promet d'être heureux. Sans ce mariage, qui me tracasse, je serais fort gaie, en dépit de tout; tant qu'il sera à faire je me tourmenterai; une fois conclu, *advienne que pourra*. Je me suis fait l'habitude de souffrir, et si j'étais destinée à de nouveaux chagrins, je crois que je les supporterais, pourvu que je conservasse mes enfants, ma tante et mes amies..... » D'un autre côté, Napoléon rêvait tantôt la gloire, tantôt la solitude; il écrivait à Bourrienne: « Cherche un petit bien dans les belles vallées de l'Yonne; je l'achèterai dès que j'aurai de l'argent; mais n'oublie pas que je ne veux point de bien national. » Et ces lignes glissaient sur le papier comme une ombre vaine qu'allait effacer le soleil d'Arcole, de Montenotte et de Millesimo. Barras,

Carnot, divisés si souvent d'opinion, s'entendaient pour nommer Bonaparte général en chef de l'armée d'Italie, et Letourneur partageait d'autant plus volontiers leur avis, qu'il se reprochait d'avoir aveuglément signé la destitution d'un homme élevé si haut dans l'estime publique.

Cette commission, signée le 22 février (4 ventôse an IV), leva les dernières incertitudes de Joséphine, et quinze jours après, le 9 mars, Marie-Joséphine-Rose de Tascher de la Pagerie épousait, à la mairie du deuxième arrondissement du canton de Paris, le général Napoléon Bonaparte. Paul Barras, membre du Directoire, Jean Lemarrois, capitaine aide de camp, Jean-Lambert Tallien, membre du Corps législatif, Étienne-Jacques-Jérôme Calmelet, homme de loi, assistaient comme témoins, et Charles-Théodore-François Leclercq remplissait les fonctions d'officier de l'état civil. Joséphine demeurait alors rue Chantereine, et Bonaparte s'était logé rue d'Antin. L'acte d'union, pure flatterie municipale à l'endroit de Joséphine, donne vingt-huit ans aux deux époux.

C'est ici, comme l'exprime Chateaubriand, que Napoléon entre pleinement dans ses destinées : il avait eu besoin des hommes, les hommes vont avoir besoin de lui ; les événements l'avaient fait, il va faire les événements ; il a subi les misères auxquelles les natures supérieures sont condamnées avant d'être reconnues ; il a fléchi sous l'humiliant patronage de la médiocrité : le germe du plus haut palmier n'est-il point abrité d'abord sous un vase d'argile par l'Arabe du désert ?

FIN DU TOME PREMIER.

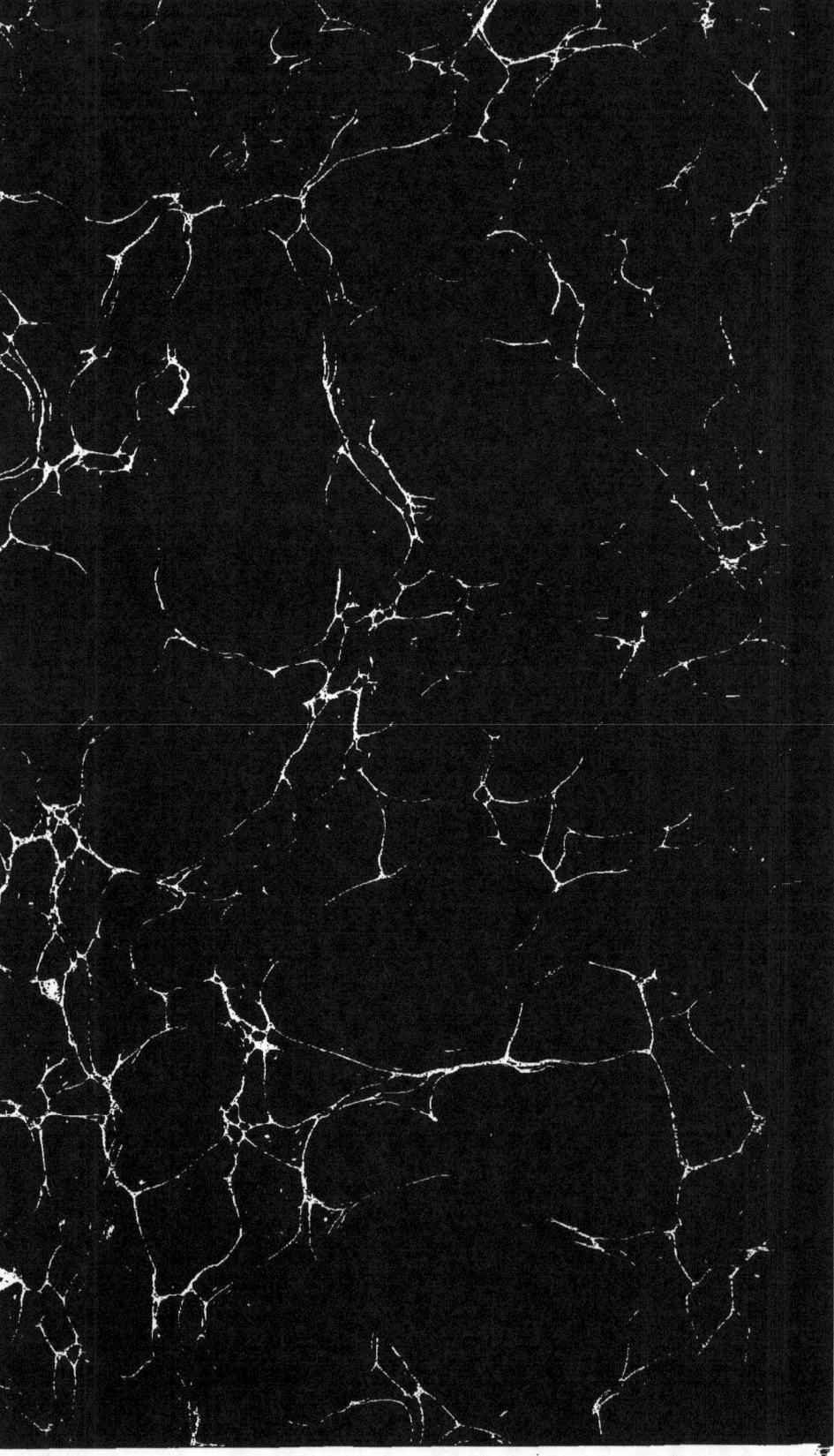

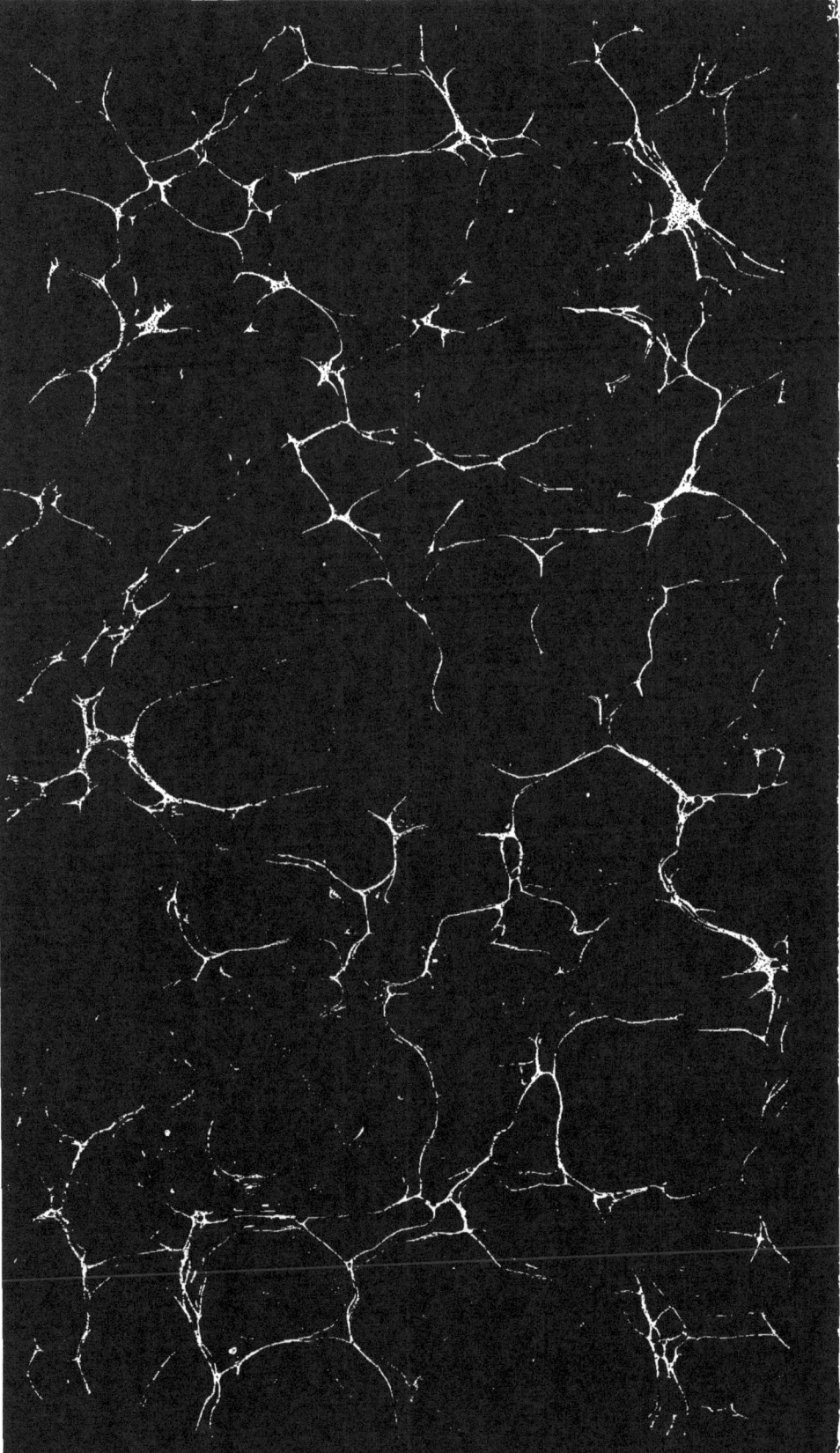

www.ingramcontent.com/pod-product-compliance
Lightning Source LLC
Chambersburg PA
CBHW072107220426
43664CB00013B/2025